U0506184

2025 敦煌學國際聯絡委員會通訊

2025 Newsletter of International Liaison Committee for Dunhuang Studies

高田時雄 柴劍虹
策 劃

郝春文
主 編

陳大爲
副主編

敦煌學國際聯絡委員會
中國敦煌吐魯番學會
首都師範大學古文獻研究中心
主 辦

上海古籍出版社
2025.8.上海

敦煌學國際聯絡委員會幹事名單：

中　國：樊錦詩　郝春文　柴劍虹　榮新江　張先堂
　　　　鄭阿財(臺灣)　　汪　娟(臺灣)
日　本：高田時雄　荒見泰史　岩尾一史
法　國：戴　仁
英　國：吳芳思　高奕睿
俄羅斯：波波娃
美　國：梅維恒　太史文
德　國：茨　木
哈薩克斯坦：克拉拉・哈菲佐娃

敦煌學國際聯絡委員會網頁：
http：//www.zinbun.kyoto-u.ac.jp/~takata/ILCDS/
敦煌學國際聯絡委員會秘書處地址：
日本國　京都市　左京區北白川東小倉町 47
　　　　京都大學人文科學研究所
　　　　高田時雄教授　Tel：075—753—6993
INSTITUTE FOR RESEARCH IN HUMANITIES
KYOTO UNIVERSITY KYOTO 606—8265,JAPAN

2025

敦煌學國際聯絡委員會通訊

目　録

2024 年敦煌學研究綜述

劉　生　管世堯(上海師範大學)

據不完全統計,2024 年度中國大陸地區出版與敦煌學相關的學術專著 80 餘部,公開發表研究論文 700 多篇。茲分概説、歷史、社會文化、宗教、語言文字、文學、藝術、考古與文物保護、少數民族歷史語言、古籍、科技、書評與學術動態等十二個專題擇要介紹如下。

一、概　　説

本年度,敦煌學概説性研究主要涉及敦煌學術發展總論、敦煌文獻的刊佈與整理以及敦煌學人等方面。

敦煌學術發展總論方面。郝春文主編《敦煌學大辭典》(第二版)(上海辭書出版社)是在第一版基礎上全面修訂和擴充的大型學術辭典,吸收了敦煌學最新研究成果,涵蓋歷史、藝術、宗教、語言、文學等多個領域,是敦煌學研究的重要工具書。郝春文《敦煌學隨筆》(浙江古籍出版社)共收錄文章 16 篇,兼具學術性與通俗性,涉及敦煌與敦煌學、敦煌學史、敦煌遺書的價值與整理方法等内容,展現作者對敦煌學學科的深入思考與學術見解。榮新江《敦煌學十八講》(第二版)由北京大學出版社出版,分十八個專題從多角度探討敦煌學的發展過程與學術研究情況。本次再版修改了部分錯字,在年號前增補當時統治者名字,刪除重複出現的外語或年代等。馬德主編、付華林副主編《敦煌石窟知識辭典》(敦煌文藝出版社)是一部兼具學術性和通俗性的敦煌學知識工具書,涵蓋敦煌石窟的歷史、壁畫、地理、工匠、音樂、建築、古代科技、文物保護、圖像解讀以及敦煌石窟研究等多方面内容。張涌泉《敦煌寫本文獻學》(增訂本)(商務印書館)是張涌泉教授三十多年敦煌文獻研究的結晶,系統梳理敦煌寫本的語言特點和書寫特例,構建寫本文獻學的完整理論體系。史睿《敦煌寫本書籍史研究路徑的探索》(《文獻》2024 年 6 期)從寫本書籍史的物質文化史基礎、寫本學方法的視角、學術史的脈絡、社會史的觀照等方面探索書籍史的研究路徑,再現寫本書籍時代的學術史、文化史、社會史和思想史,爲敦煌文獻研究追尋更廣闊的前景。巫鴻等著《了不起的敦煌》(生活·讀書·新知三聯書店)由十位敦煌學學者從歷史地理、藝術文化、美學鑒賞、文物保護等多個角度全方位解讀敦煌,爲讀者提供一種瞭解敦煌的全新途徑。沙武田《敦煌藏經洞史話》一書由甘肅人民出版社再版,介紹敦煌藏經洞的發現歷史、本來面貌、封閉時間和原因,以及對藏經洞文獻內容、流散情況、國內外的收藏情況和藝術品進行説明。劉夢溪《甲骨學、簡帛學、敦煌學、考古學》(北京時代華文書局)系統梳理近百年來甲骨學、簡帛學、敦煌學和考古學的學術發展歷程,分析各學科的學術脈絡、研究方法及學術成就,並對未來的研究方向進行展望。

敦煌研究院《賡續守護,讓千年文化瑰寶璀璨依舊》(《求是》2024 年 8 期)回顧敦煌文化在絲綢之路上的歷史地位,總結敦煌研究院在文物保護、數字化建設、學術研究及文化傳播等方面取得的成績,推動敦煌文化在保護中傳承,在創新中發展。鄭炳林《傳承弘揚敦煌文化 建設中華民族現代文明》(《中國社會科學》2024 年 7 期)指出傳承弘揚敦煌文化、建設中華民族現代文明的重要性,要求以實際行動推動敦煌學的新發展,爲建設中華民族現代文明貢獻智慧與力量。鄭炳林《傳承保護敦煌文化 將敦煌學做大做强》(《中國社會科學報》2024 年 9 月 23 日)指出敦煌歷史彰顯中華文明的優秀特性,應在共建"一帶一路"的機遇下激發敦煌學活力,在更好肩負新時代文化使命中發展敦煌學。樊錦詩《敦煌文化遺產的智慧啓示》(《敦煌研究》2024 年 4 期)認爲敦煌文化遺產博大精深,是中國精神的重要標識和中國智慧的集中體現,應在世界多元文化交流互鑒與實現中華民族偉大復興的進程中發揮重要作用。趙聲良《敦煌文化的當代啓示》(《文匯報》2024 年 9 月 25 日)指出敦煌文化對當今文化建設具有重要價值,認爲應當在對古代石窟進行全面完整保護和深入研究的基礎上傳承和弘揚敦煌藝術,使之在新時代發揚光大,爲當今社會創作豐富的中國特色新藝術。

敦煌文獻的刊佈與整理方面。文獻刊佈的成果,榮新江《法國國家圖書館藏敦煌文獻》(21—110 冊)(上海古籍出版社)對法國國家圖書館所藏敦煌文獻進行高清全彩影印整理,根據最新研究成果重新定名,展現法藏敦煌文獻的原貌與多樣性,爲學術研究提供寶貴的圖像資料。西北民族大學、上海古籍出版社、英國國家圖書館編纂《英國國家圖書館藏西域藏文文獻》(21—23 冊)(上海古籍出版社)收錄斯坦因從敦煌及西域地區帶走的古藏文文獻,由專家進行藏漢文定名及編目,爲研究吐蕃歷史文化提供重要資料。趙聲良主編《甘肅藏敦煌文獻》(13—30 冊)(甘肅教育出版社)對散藏於甘肅省內 11 家文博單位的敦煌文獻進行系統整理與研究。30 冊總計收錄文書 1100 多號,以高清全彩方式呈現給學界,相比 1999 年出版的六卷本《甘肅藏敦煌文獻》,新版收錄文書更加全面,圖版更加清晰。敦煌研究院、重慶中國三峽博物館編《重慶藏敦煌文獻》(全三冊)(上海古籍出版社)首次刊佈重慶中國三峽博物館、重慶寶林博物館、西南大學圖書館三家機構收藏的 48 件敦煌文獻,對研究敦煌的寫經制度、譯經體系以及漢藏文化間的交流、敦煌當地的信仰、歷史文化等具有學術價值。方廣錩編《務本堂藏敦煌遺書（二）》（廣西師範大學出版社）收錄務本堂 2013 年後新得的 48 號敦煌遺書，以及少量山西晉南古代寫經與日本古代寫經，包括罕見的三階教經典，其中部分遺書達到國家珍貴古籍名錄評選標準，具有重要的校勘與研究價值。〔印〕羅凱什·錢德拉等《新德里國家博物館中的敦煌遺書》（世界圖書出版公司）是唯一關於敦煌流失文物印度部分的正式出版物，主要對新德里國家博物館藏的 143 件敦煌流失繪畫作品的圖片及資料進行全面展示，包括絹本畫、麻布畫和紙本畫，主題基本爲佛畫。甘肅簡牘博物館、甘肅省文物考古研究所等編《懸泉漢簡（肆）》（中西書局）收錄並整理懸泉置遺址出土的漢代簡牘。這批文獻爲研究漢代絲綢之路、西北邊疆歷史及社會歷史提供重要的實物資料。

文獻整理成果方面，如郝春文等編著《英藏敦煌社會歷史文獻釋錄》（第二十卷）（社會科學文獻出版社）將英藏敦煌文書斯四四三八至斯四六〇〇中的社會歷史類文獻按號排序釋錄成規範繁體字，並對原件錯誤進行校正，解決文書的定性、定名、定年、綴合等問題。楊富學、張田芳、王書慶《敦煌寫本禪籍輯校》（文物出版社）選取敦煌文獻中與禪宗相關的重要文獻進行輯錄與校釋，包括燈史、語錄、偈頌、雜集等內容，揭示禪宗在敦煌的興衰及其影響。郭丹《遼寧省博物館藏敦煌文獻綴殘及其意義》（《敦煌研究》2024 年 5 期）將遼寧省博物館藏敦煌文獻與法藏、國圖藏等文獻進行綴合研究，涉及定性、定年、定名等相關問題。榮新江《關於敦煌文獻的"數字化"問題》（《敦煌研究》2024 年 4 期）就目前中國古代文獻的數字化現狀進行分析與評價，並從圖片、編目、電子文本、檢索四個層面探討敦煌文獻真正數字化的途徑。

敦煌學人方面的成果也非常豐富。郝春文、寧欣主編《寧可文集》第四卷、第五卷、第六卷、第九卷、第十卷（人民出版社）收錄寧可先生在歷史學、敦煌學、唐史等領域的重要學術成果，其中第五卷《敦煌社邑文書輯校》是對敦煌出土社邑文書整理與研究的重要成果，第六卷《敦煌的歷史和文化》是作者爲普及敦煌學與宣傳敦煌歷史文化的著作。鄭炳林主編《唐耕耦敦煌學論集》（上、下）（上海古籍出版社）收錄敦煌文獻研究專家唐耕耦先生近 40 篇論文，涵蓋敦煌經濟、社會政治、敦煌與吐魯番文書、唐代社會經濟制度、農業與科技等領域，體現唐耕耦在敦煌學研究中的重要成就。榮新江《溫故與知新——榮新江序跋二集》（浙江古籍出版社）收錄其爲其他學者著作及自身論著撰寫的序跋 60 篇，分上下兩編，內容涉及敦煌學、西域史、中古史、絲綢之路等領域，展現作者的治學方法與學術傳承。榮新江《滿世界尋找敦煌》（中華書局）通過自己在世界多國調查學習的經歷，梳理敦煌文獻的收藏情況，同時融入與國際學者的交流及軼事,是一部兼具學術性與通俗性的敦煌學入門讀物。方廣錩《緣督室劄記》(商務印書館)全書分爲"談敦煌遺書""書評""他人論著序跋""自己論著序跋""回憶録"五個部分。書中既有精深的學術研究,也有通俗易懂的知識普及,體現出方廣錩教授的學術心路歷程和研究成果。

敦煌研究院編《千年瑰寶守護人:莫高窟人的奮鬥歷程》(甘肅人民出版社)以奮鬥初心、奮鬥之路、奮鬥精神、奮鬥之源、奮鬥價值和堅守傳承爲主綫,記録從 20 世紀 40 年代至今,幾代學者在常書鴻、段文傑、樊錦詩等帶領下從事敦煌石窟保護、研究與弘揚工作,爲敦煌學發展和文化遺産保護做出的卓越貢獻。樊錦詩《敦煌石窟守護雜記》(甘肅文化出版社)精選樊錦詩先生多年來撰寫的文章 30 餘篇,闡釋敦煌文化貫通中西、兼容並蓄的精神内涵,展現作者作爲敦煌石窟守護人的心路歷程與對敦煌文化保護、研究的深刻思考。張涌泉《走近敦煌》(浙江古籍出版社)分爲師澤、序跋與評論三個部分,分别記録作者的問學經歷、著作序跋、學術評論及治學感悟,多維展現其在敦煌學、寫本文獻學等領域的學術思考與治學門徑。趙聲良《瀚海雜談》(甘肅文化出版社)收集作者近年的隨筆、雜談類文章近 40 篇,内容涉及敦煌、語言文字、"讀書、編書、寫書"等,展現作者在敦煌學及中國美術史研究中的學術思考與文化情懷。李錦繡《半枰小草》(甘肅文化出版社)既有作者關於唐史、敦煌學、絲綢之路等歷史文化的研究成果與普及性文章,又收録作者内陸歐亞學研究及活動的記敘,以及懷念王永興先生的文跋和紀念師友的序跋等,體現出一代學人的學術傳承。鄧文寬《狷廬文叢》(全三册)(山西人民出版社)是作者學術研究的總結,分爲《天文與曆法》《歷史與文獻》《禪籍與語言》三册。施萍婷著,王惠民編《隴上學人文存·施萍婷卷》(甘肅人民出版社)收録施萍婷研究員多年來關於敦煌學研究的代表性論文十餘篇,分爲"史地與石窟藝術研究""文獻整理與研究"兩部分,集中展現她在敦煌學研究中的學術成就與貢獻。

劉進寶《姜亮夫教授與"敦煌學"講習班》(《中國史研究動態》2024 年 4 期)講述"敦煌學"講習班舉辦的背景、運作、成功原因與後期規劃,並指出其由姜亮夫先生主持的原因。李正宇《躋身"破門之學"》(《敦煌研究》2024 年 4 期)回憶作者在敦煌文物研究所(後爲敦煌研究院)從事敦煌遺書研究工作的經歷、治史的方法與研究的路徑。[日]森安孝夫著,甄廣成、白玉冬譯《學問人生——森安孝夫先生學術生涯回顧》(《絲路文明》第九輯)回顧森安孝夫先生的學術生涯,列舉他在中亞史、敦煌學、回鶻學等領域的卓越成就,展現其作爲日本著名中亞史學家的學術貢獻和治學精神。趙青山《道藉人

弘——記敦煌學大家鄭炳林先生》(《國學茶座》第 37 輯)通過對鄭炳林教授
學術生涯的回顧,展現其在敦煌學研究領域的卓越成就,特別是在敦煌歷史、
敦煌佛教、敦煌文獻整理等方面作出的貢獻。劉進寶《朱雷老師與姜伯勤先
生的學術友誼》(《中國社會科學報》2024 年 8 月 22 日)回顧朱雷先生與姜伯
勤先生自 1977 年在吐魯番文書整理工作過程中相識後,近半個世紀的深厚學
術友誼,展現他們在學術上的志趣相投、彼此欣賞、相互支持與交流。

二、歷　　史

本年度有關敦煌歷史的成果主要集中於政治史、家族史、經濟史、法制
史、西北史地等研究領域。

政治史研究方面。李韞卓《敦煌吐魯番文書所見唐天寶年間河西節鎮史
事二題》(《敦煌吐魯番研究》第二十三卷)通過對"天威健兒赴碎葉"一事的
分析與對《唐天寶十三載敦煌郡會計牒》的再研究,探討安史之亂前北部邊疆
各方勢力的消長與社會經濟的問題。徐偉喆《曹氏歸義軍交聘後漢史事表
微——以 P.3438V 王鼎狀爲中心》(《敦煌研究》2024 年 6 期)揭示曹氏歸義
軍在五代時期與中原王朝的互動關係,認爲對該狀的釋讀有助於廓清後晉、
後漢之際沙州與中原的交聘史事。章澤瑋《從長沙吳簡與敦煌文獻新釋步騭
生平》(《史學月刊》2024 年 8 期)利用長沙吳簡和敦煌文獻,對三國時期東吳
名將步騭的生平進行重新考證,揭示步騭在政治、軍事以及家族背景等方面
的新信息。陳瑋《河隴陷蕃後河西、西域與唐廷交通往來新探》(《西域研究》
2024 年 4 期)探討自河西節度使移鎮沙州後至北庭失陷於吐蕃前,河西、西域
與唐廷之間的交通往來情況。張雨《敦煌文獻 P.4518(9bis)敕牒年代的初步
分析》(《西域文史》第十八輯)對敦煌文獻 P.4518(9bis)中的敕牒年代進行初
步研究,進一步明確敕牒在唐代行政體系中的具體應用和功能,探究唐代中
央政府通過敕牒對地方行政的控制方式,以及這種文書在地方行政運作中的
具體應用。陳踐《吐蕃告身(yig gtshang)瑣識》(《西域歷史語言研究集刊》第
二十輯)對吐蕃時期的告身制度進行研究,認爲告身用於標識社會等級和官
員身份,與吐蕃的職官體系密切相關。黃維忠、象毛措《吐蕃重臣算使(rtsis
pa)初探》(《西域歷史語言研究集刊》第二十輯)探討吐蕃時期重臣算使(rtsis
pa)的相關問題,揭示算使在吐蕃政治體系中的重要地位,其職責可能涉及行
政管理、軍事指揮或宗教事務等。王使臻《宋代敦煌孔目官楊洞芊寫本群初
探》(《寫本學研究》第三輯)探討宋代敦煌歸義軍使府內孔目官楊洞芊的寫
本群,通過對 28 個卷號、51 件寫本的分析,結合史傳、金石及出土文獻,總結
出孔目官的文書職守及其在地方行政中的作用。王使臻《從敦煌寫本看宋代

孔目官的教育職能——以氾祐禛爲中心》(《寫本學研究》第四輯)通過以氾祐禛爲中心的案例分析,發現孔目官在宋代不僅負責文書工作,還承擔一定的教育職能,包括文書的起草、審核、保管以及對下屬官員的培訓和指導。

家族史研究方面。杜海、蔣候甫《遷徙歷史與家族世系——敦煌索氏家族的祖先歷史書寫》(《魏晉南北朝隋唐史資料》第四十九輯)探討敦煌索氏家族的遷徙歷史和家族世系,分析索氏家族如何通過祖先歷史的書寫來構建家族認同和地方影響力。魏軍剛《甘肅敦煌新出魏晉十六國鎮墓文研究》(《敦煌研究》2024 年 2 期)指出這些鎮墓文記錄曹魏、前涼、後涼時期敦煌鄉里名稱,彌補相關家族人物活動的時代缺環,也證明十六國時期敦煌鄉里設置、名稱沿革的延續性。張慶禛《敦煌文書 S.2078V〈史大奈碑〉相關問題研究》(《敦煌學輯刊》2024 年 1 期)補充傳世文獻中關於史大奈及其家族的記載,並以史大奈經歷爲綫索,對在隋朝"遠交近攻,離強合弱"戰略影響下的突厥汗國內亂問題進行探討。范英傑《敦煌本〈史大奈碑〉補考》(《唐史論叢》第三十八輯)通過對碑文的復原和考證,進一步展現突厥人在隋唐時期的活動及其與中原王朝的關係。金玉《敦煌大族與隋朝經略西域——新出〈隋張毅墓誌〉考釋》(《中國邊疆學》第十八輯)探討隋朝時期敦煌大族與隋朝經略西域的關係,認爲墓誌記載的張毅籍貫、家族背景、生平經歷等信息,爲研究北朝至隋朝敦煌張氏家族的歷史提供了資料。馮培紅《〈唐曹懷直墓誌銘并序〉與敦煌粟特曹氏》(《唐研究》第二十九卷)指出曹懷直家族可能源自疏勒王族裴氏後裔,這一發現爲研究敦煌歸義軍曹氏家族的族屬問題提供新的視角。

經濟史研究方面。魏迎春、鄭炳林《西漢敦煌郡移民問題再探——以敦煌懸泉漢簡爲中心》(《敦煌學輯刊》2024 年 3 期)探討了西漢時期敦煌郡的移民問題,認爲隨着中原移民不斷進入,敦煌郡勞動人口得以補充,並形成移民文化,其影響擴展至西域地區,胡姓居民的遷入也推動西漢敦煌郡畜牧業、商業的發展和國際化進程。鄭炳林、魏迎春《西漢敦煌郡聚落與移民、水渠關係研究——以敦煌出土文獻記載大穰里爲中心》(《敦煌研究》2024 年 4 期)指出大穰里的得名有祈求豐收之意,該里可能是由南陽郡穰縣移民建立。陳瑞青、劉沖《日藏敦煌所出四葉夏漢合璧典當文書研究》(《西夏研究》2024 年 3 期)通過對西夏文典當文書的譯釋,發現西夏典當鋪存在党項人、漢人多名賬房輪流記賬的情況,認爲夏漢合璧文書補充了典當文書形成環節,爲研究西夏末年敦煌地區社會經濟狀況與民族交融提供珍貴資料。

法制史研究方面。張雨《法藏敦煌文獻 P.4745 考——以〈唐年代未詳(貞觀或永徽)吏部格或式斷片〉爲中心》(《寫本學研究》第四輯)探討法藏敦煌文獻 P.4745 號寫本,對正面所抄初唐法典官寫本與背面所抄北派禪宗文獻《觀心論》的關係進行考證。貢保華旦、杭改《敦煌古藏文刑事法律規定中的"財産刑"研究》(《青藏高原論壇》2024 年 2 期)認爲藏族傳統刑事習慣法中的"財産刑"在我國刑罰中具有因地、因案、因人協調的可能,提倡對本土法治文化資源的挖掘和進一步研究,以助力民族地區法治社會建設及和諧發展。陳大爲、馬聚英《敦煌永安寺僧人借糧糾紛案研究》(《敦煌研究》2024 年 5 期)指出該案件反映了唐後期五代宋初敦煌僧人民事訴訟案件的審理過程,也爲研究中古時期敦煌司法運行的實際狀況提供了珍貴資料。

西北史地研究方面。鄭炳林、司豪强《西漢敦煌郡南塞防禦體系的構建》(《敦煌學輯刊》2024 年 1 期)對南塞建造緣起、南塞在敦煌多層防禦體系中的定位以及南塞下轄各候官、亭燧的具體情況等問題進行探討,以加深對西漢敦煌郡邊塞防禦問題的認知。鄭炳林、司豪强《敦煌郡在西漢經營西域中的戰略定位——以敦煌簡牘文獻爲中心》(《史學月刊》2024 年 4 期)揭示敦煌郡的設置主要是爲了經營西域與隔絶羌胡通道,以此實現壓縮匈奴生存空間的戰略目的,敦煌懸泉漢簡的記載,進一步印證此觀點。鄭炳林、魏迎春《西漢政府經敦煌與且末間的交流交往》(《敦煌學輯刊》2024 年 2 期)探討西漢政府與且末之間的交流交往情況,通過對懸泉漢簡的考證分析研究,使對這段往來歷史的認識更加接近西漢同且末交往交流的原貌。魏迎春、鄭炳林《陽關:西漢經敦煌郡與西域間交流交往的關隘——基於史籍與出土文獻的考察》(《蘇州大學學報》2024 年 1 期)探討西漢敦煌郡陽關、玉門關的命名與設置佈局,指出其可能仿照中原關隘佈局而成,認爲懸泉漢簡所載"敦煌塞"很可能指陽關一帶的邊塞,即陽關都尉所轄區域。晉文、郭妙妙《漢代絲路上的"信使"與"翻譯":懸泉漢簡所見"驛騎"與"譯騎"》(《社會科學》2024 年 2 期)通過對懸泉漢簡的分析,對漢代絲綢之路上的"驛騎"與"譯騎"的角色及其功能進行研究。張俊民《對敦煌漢代南塞的再認識》(《石河子大學學報》2024 年 1 期)基於對敦煌懸泉置及其周邊遺址的實地調查,並結合懸泉漢簡等出土文獻,探討了南塞的地理範圍、功能及其在漢代防禦體系中的重要性。武紹衛《敦煌本〈聖地遊記述〉再研究》(《中國歷史地理論叢》2024 年 1 期)聚焦於敦煌文獻中的《聖地遊記述》,探討其在歷史地理學和佛教傳播史中的價值。徐暢《唐前期京畿兵民與絲綢之路——敦煌吐魯番文書的印證》(《魏晉南北朝隋唐史資料》第四十九輯)從敦煌吐魯番文書中勾稽出多個個案,追索長安及其周邊京畿地區普通民眾在西北的蹤蹟,勾勒出唐前期京畿民眾在農耕定居之外的生活。王子今《敦煌懸泉置簡文記録的風災》(《敦煌學輯刊》

2024 年 3 期）通過對懸泉置漢簡中"會大風""逢大風"等簡文的整理和研究，關注到當時大風對河西地區生活、生產乃至交通的危害。

三、社 會 文 化

本年度有關社會文化的成果主要涉及童蒙教育、社會生活、喪葬習俗、多元文化等方面。

童蒙教育方面。鄭阿財《敦煌蒙書校釋與研究（導論卷）》（文物出版社）將敦煌蒙書分爲識字類、知識類和德行類，共計三十五種、四百三十七件抄本，並對其保存狀況、內容種類、形式特點及成書年代等進行考訂。鄭阿財《敦煌蒙書校釋與研究（新集文詞九經抄）》（文物出版社）對敦煌文獻中的《新集文詞九經抄》進行校釋與研究，分析其作爲唐代科舉與私學教育產物的性質，探討其與西夏《經史雜抄》、明初《明心寶鑒》等後世蒙書的關係，揭示其在德行類蒙書中的重要地位及對後世的影響。高靜雅《敦煌蒙書校釋與研究（文場秀句卷）》（文物出版社）分爲上下兩編，對敦煌蒙書中的《文場秀句》進行校釋與研究，分析其在唐代童蒙教育中的作用與價值，並探討其與科舉制度的關係，爲研究古代蒙學教育提供學術參考。鄭阿財《敦煌文獻與西夏文獻在雜字蒙書發展史上的價值》（《敦煌研究》2024 年 4 期）指出敦煌西夏雜字蒙書不僅可補宋以前雜字蒙書文獻不足，且在中國雜字發展史方面具有研究意義與價值，可據此拓展雜字蒙書相關問題的研究。張新朋《敦煌吐魯番出土蒙書殘片考辨六則》（《敦煌吐魯番研究》第二十三卷）對部分敦煌與吐魯番地區出土的蒙書殘片進行系統考辨，指出殘片涉及《太公家教》《武王家教》《開蒙要訓》《千字文》等蒙書，其中分多欄抄寫的形式爲考察敦煌吐魯番文獻抄寫提供新樣板。張新朋《敦煌習字用蒙書〈上大夫〉民間流變考》（《教育史研究》2024 年 2 期）指出《上大人》爲《上大夫》的變體，認爲其在民間文學藝術、宗教思想、社會風俗等方面都有衍生與應用，顯示了由童蒙習字教材向民間生活擴張的過程。胡耀飛《敦煌本〈百家姓〉校釋》（《古文獻整理與研究》第九輯）對載有《百家姓》的俄藏 Дx.6066，法藏 P.4585、P.4630 三件文書分別進行注錄與校釋，並對文書內容進行分析與考證。

社會生活方面。楊秀清《敦煌壁畫中的兒童生活》（未來出版社）通過敦煌壁畫這一視覺材料，全面呈現中古時期兒童的日常生活，包括學習、遊戲、家庭生活及佛教信仰等方面，爲研究古代兒童史提供豐富的圖像史料。周尚兵《敦煌寫本齋文所見敦煌民衆的精神世界與日常生活》（上海古籍出版社）通過對敦煌齋文所見敦煌齋會中的物品流動、"建福"生活以及"建功"生活的解讀，展現出敦煌民衆的日常生活與精神世界。陳菊霞、劉宏梅《回鶻王室兒童供養人及其服飾研究》(《敦煌研究》2024 年 2 期)對敦煌石窟和新疆石窟中的回鶻王室兒童的排列規律、身份與服飾特徵做出全面考察,指出回鶻兒童排列於父母供養像之前,多作回首狀,與父母呼應,兒童頭冠與服飾基本與其父母一樣,額前梳劉海,耳前留一綹頭髮。買小英《論古代敦煌人的幸福觀》(《敦煌研究》2024 年 5 期)認爲古代敦煌人追求身體康健、福壽綿長的個人幸福,追求家庭和睦、萬事順遂的家族幸福,追求團結互助、國泰民安的社會幸福,相較注重"生",他們更注重"死"。魏迎春、黃鳳霞《敦煌壁畫中的家具變遷》(《光明日報》2024 年 9 月 13 日)通過對敦煌莫高窟壁畫的分析,討論從十六國到元代家具由低座向高座的演變過程,反映社會生活、藝術風格及審美觀念的變化,並展示東西文化交流對中國傳統家具發展的影響。杜力遥《敦煌占卜文獻中的日常擇吉——以"沐浴洗頭"爲中心》(《敦煌吐魯番研究》第二十三卷)通過對曆日、數術等文獻的研究,指出沐浴、洗頭擇吉是敦煌人民日常生活的重要組成部分,認爲其中的"干支系統"選擇術在敦煌社會影響力較大。

喪葬習俗方面。王方晗《喪葬禮俗中農耕元素的多元呈現——以敦煌魏晉十六國墓葬爲中心》(《民俗研究》2024 年 5 期)指出隨葬的陶倉及繪製的倉樓圖像根植於死後"就食"理念,營造了倉廩充實、事物富足的死後家園,認爲五穀是鎮墓安魂儀軌的重要依託,薏苡則是當地較爲特殊的作物,這些因素在中原與西域文化碰撞下形塑出融合而獨特的喪葬意涵。蔣勤儉《敦煌産育題材文學的傳承及其在喪葬習俗中的運用》(《中國俗文化研究》第二十五輯)指出唐宋以後的講唱文學繼承敦煌産育文學勸導衆生行孝、報父母恩的書寫形式,廣泛應用於喪葬場合,以祭祀亡人、超度亡魂、教化衆生。楊春《吐蕃王室喪葬儀禮時序考論——兼 P.t.1042 葬儀時序與漢藏烏鳴占表時序之比較》(《敦煌學輯刊》2024 年 1 期)認爲葬禮於逝世三年後秋冬舉行,以季秋月二十三日至孟冬月三日前爲吉,大葬歷時三天,於第二天夜幕降臨時棺槨下葬,大葬三日各流程時序可具體至時辰。張黎瓊、焦樹峰《集體記憶與秩序建構——歸義軍時期喪葬寫本的社會學視角觀察》(《美術研究》2024 年 2 期)認爲敦煌喪葬活動的舉行促進民衆實現情感上的認同,是消除吐蕃影響的方法之一,有利於穩定社會秩序、鞏固歸義軍政權的統治。

多元文化方面。楊燕、楊富學《古代敦煌多元文化交融中的中華民族共同體意識》(《鄭州大學學報》2024 年 2 期)指出古代敦煌地區作爲多民族聚居和多元文化交融的重要區域,在中華民族共同體意識形成中具有獨特作用。于良紅《從敦煌地區多民族共有文化符號看中華民族交往交流交融——以唐五代"馬文化"爲中心》(《敦煌研究》2024 年 3 期)以馬文化爲中心,構建唐五代時期敦煌地區中華民族交往交流交融的鮮活歷史,爲今天鑄牢中華民族共同體意識提供文化滋養。范鵬《開放包容通而不統——絲綢之路精神在8—11世紀敦煌文化中的體現》(《敦煌研究》2024年5期)指出和平合作、開放包容、互學互鑒、互利共贏的絲綢之路精神在8—11世紀的敦煌文化中有集中而獨特的體現。張元林、周曉萍《〈李君莫高窟佛龕碑並序〉首段文字反映的初唐時期"三教融會"思潮蠡探》(《敦煌研究》2024年4期)通過將《李君莫高窟佛龕碑并序》首段文字與初唐時期佛儒道三教論衡相關的佛教文獻進行比較和輯考,探討初唐時期佛儒道"三教融會"思想及其對敦煌的影響。鄭紅翔、鄭炳林《從長安、邏些到敦煌:唐、蕃文化的匯聚與融合》(《光明日報》2024年3月23日)探討唐朝與吐蕃在文化上的交流與融合過程,這一過程推動漢藏文化的互動,也對中華民族共同體的形成產生影響。張藝凡、陶志瑩《漢姓蕃名:吐蕃時期敦煌地區漢藏語言文化的交融》(《西藏研究》2024年4期)指出"漢姓蕃名"是吐蕃統治敦煌時期漢藏語言文化的交融現象,認爲對該現象的研究可深化對語言文化交融問題的研究,並以此對文化交流的歷史進行深層次探討。

四、宗　　教

本年度敦煌學宗教研究的相關成果主要涉及佛教、道教以及三夷教方面。

佛教方面的研究主要包括佛教文獻文本考釋、佛寺與僧尼以及佛教信仰等問題。

佛教文獻文本考釋方面。何亦凡《敦煌本〈越州諸暨縣香嚴寺經藏記〉考論》(《敦煌研究》2024年6期)對敦煌本《越州諸暨縣香嚴寺經藏記》的版本特徵、抄寫年代,以及與唐代佛教經藏的關係等問題進行探究。趙洪雅、林世田《敦煌寫卷〈妙法蓮華經玄贊〉研究》(《文獻》2024年1期)探討敦煌遺書中《妙法蓮華經玄贊》寫卷及相關文獻的題跋、鈐印、書法、修復、內容及版本等問題,揭示其與長安西明寺大德曇曠的緊密聯繫,以及對中原與西域佛教交流的重要影響。李子涵《唐玄、肅時期敦煌度僧道文書考釋四題》(《敦煌吐魯番研究》第二十三卷)通過對度僧道文書的整理考釋和對"尚書職祠之印"的識別等工作,得出完整的由中央到地方合作完成的唐代度僧道程序。嚴世偉《P.2885v〈大乘二十二問本略抄〉校考》(《敦煌吐魯番研究》第二十三卷)根據各校本將該《大乘二十二問本略抄》補充完整,並對其文本內容進行校考,完善了這一敦煌吐魯番佛教重要材料。馬振穎、鄭炳林、王文婷《敦煌寫本〈大蕃敕尚書令尚起律心兒聖光寺功德頌〉相關問題研究》(《敦煌學輯刊》2024年1期)揭示了功德主尚起律心兒修建聖光寺的緣由始末、尚起律心兒家族世系及父祖履歷、尚起律心兒的重要功績等問題。唐露恬《敦煌〈大般涅槃經〉的傳抄與流變》(《敦煌學輯刊》2024 年 4 期)指出《大般涅槃經》傳抄於敦煌地區,其寫經内容及卷次皆有所改動,認爲敦煌僧衆從義理層面抄寫經疏,並在文學體裁上進行本土化改編,由此形成獨具敦煌特色的相關寫本。計曉雲《論文本範式不同的講經文——以敦煌本〈佛本行集經講經文〉爲中心》(《敦煌學輯刊》2024 年 4 期)指出敦煌本《佛本行集經講經文》由"散文+韻文"形式構成,認爲這些文本範式不同的故事型講經文,拓寬了學界對既有講經文的定義與標準,爲中國佛傳文學增添新文體。李奥、鄭阿財《試論疑僞經文本的生成與流變——以〈大方廣華嚴十惡品經〉研究爲例》(《敦煌學輯刊》2024 年 4 期)指出疑僞經幾乎没有明確且完整的文本來源,但具有强烈的目的性,認爲其生成和流變可反映當時社會的思想傾向。吉寧韻《敦煌佛教寫卷漢文背記探微》(《文史》2024 年 3 期)認爲就形式而言,背記偏離於正面對應文本,很可能與"隨卷隨舒,隨舒隨卷"的閲讀方式有關;就内容而言,敦煌佛教寫卷背記的書寫可能與講經活動相關。彭曉静《敦煌本法成講授〈瑜伽師地論〉筆記的文獻學考察》(《敦煌研究》2024 年 3 期)探討敦煌本法成講授《瑜伽師地論》筆記的文獻學特徵,分析了《瑜伽論手記》和《瑜伽論分門記》的寫本形態、内容結構及其在敦煌文獻中的價值。

　　林世田、薩仁高娃《法藏 P.2094 翟奉達補抄〈金剛經〉形態探析》(《寫本學研究》第三輯)通過對該寫本的筆蹟、内容及其補抄部分的研究,揭示了翟奉達在抄寫過程中對經文的補充和修改,以及這些改動所反映的當時抄經習慣和信仰實踐。宋雪《寫本學視域下敦煌佛門偈、讚、文應用場景探究——以 P.4597 寫本爲中心》(《寫本學研究》第四輯)從寫本學的角度出發,對敦煌佛門偈、讚、文的應用場景進行研究,以 P.4597 寫本爲研究對象,探討了這些文獻在敦煌佛教活動中的具體應用。屈直敏《敦煌寫本〈大唐後三藏聖教序〉考略》(《西域歷史語言研究集刊》第二十輯)對敦煌寫本《大唐後三藏聖教序》進行系統考釋,探討了該文獻的版本、流傳以及其在歷史文獻學中的價值。易曉輝、林世田《BD00721〈金剛般若波羅蜜經〉真僞鑒定略談》(《古籍保護研究》2024 年 3 期)對 BD00721 號寫本《金剛般若波羅蜜經》的版本鑒定、真僞分析及其在古籍保護方面的意義做出探討。徐鍵《試論敦煌佛典翻譯通俗化——以法成譯〈瑜伽師地論〉爲中心》(《中國俗文化研究》第二十五輯)探討法成翻譯及講解《瑜伽師地論》的相關内容,闡釋佛教的通俗化發展過程。嚴世偉《P.2823v〈維摩手記〉考》(《中國典籍與文化》2024 年 4 期)對敦煌文獻 P.2823v 進行考證,確認其爲《維摩詰所説經》的注釋性筆記,推測其爲僧人講經時所用。嚴世偉《P.2335v〈維摩手記〉考》(《古文獻研究》第十二輯)

指出該文獻並非一件規範的佛典注疏，更可能是僧人爲講解、學習《維摩詰所說經》而作的筆記，故將其擬名爲《維摩手記》。計曉雲、吳宗輝等《P.3944〈妙法蓮華經講經文〉校註》（《中國俗文化研究》第二十六輯）以敦煌變文全集項目組購買的法藏彩色圖版爲底本，參考曾良録文，對 P.3944 進行重新校録、詳加注釋，是目前對該文書最新的研究成果。吳正科《敦煌寫本〈大雲無想經卷第九〉考釋與斷代》（《絲路文化研究》第十輯）依據同時期敦煌文獻，對該文獻影本和《大正藏》録文進行校勘，並根據文獻紀年、書寫格式、漢字結體、書法風格等判斷文獻形成於 463 年，爲以後藏經洞五涼文獻斷代探求路徑。尤澳《敦煌文獻中神楷法師〈維摩經疏〉相關文獻新識》（《文津學志》第二十二輯）通過探究敦煌寫卷中神楷《維摩經疏》的傳抄脈絡與流傳路徑，指出其曾在西域廣泛流傳，是中晚唐西域佛教義學發展的見證。宋雪、伏俊璉《唐五代敦煌佛事唱誦教材的生成與傳播——以 P.4597 爲中心》（《文津學志》第二十二輯）認爲僧人爲了法會儀式，將唱誦文範同類連抄，結集成卷，方便使用，又指出因爲儀式的需要，唱誦文集不斷傳播，逐漸發展爲教材性質的讀物。

王孟《敦煌遺書〈摩利支天經〉文獻研究史》（《佛教文獻研究》第四輯）探討此寫本在内容和形式上存在的差異，反映出該經典在傳播過程中的演變。尤彩娜《敦煌寫卷佛經注疏四種録文補正》（《出土文獻綜合研究集刊》第二十輯）依據殘存字形、上下文、所注經文、同經異注、殘卷綴合等綫索，對四種敦煌佛經注疏文獻的録文作出補正。尤彩娜《敦煌寫本三種佛經注疏録文校證》（《河西學院學報》2024 年 6 期）對《小乘戒律注疏》《法華義記卷第三》《維摩經義記卷第四》三種注疏録文中的五類失誤選取二十例進行探析。史經鵬《南北朝敦煌遺書〈涅槃經〉注疏考述》（《浙江大學學報》2024 年 7 期）探討敦煌遺書中 51 件南北朝時期的《大般涅槃經》注疏文獻，展現其注疏形態和義疏體裁的演變。徐鍵、張涌泉《敦煌高僧法成〈瑜伽師地論〉講解流程考》（《浙江大學學報》2024 年 11 期）指出法成講解《瑜伽師地論》流程分爲提前鈔寫經文、讀誦經文、開題解題、科分經文、講解經意五個步驟。趙家棟《P.2269〈盂蘭盆經贊述〉校讀及文本研究》（《南京師範大學文學院學報》2024 年 1 期）結合法藏敦煌寫本 P.2269 的圖版，對《大正藏》第 85 册“古逸部”所依據的 P.2269《盂蘭盆經贊述》録文部分字詞及斷句進行重新釋讀和校正。屈直敏《敦煌寫本〈大唐三藏聖教序〉考釋》（《敦煌學輯刊》2024 年 4 期）指出《大唐三藏聖教序》撰者原作“御製”，高宗時改爲“太宗文皇帝製”；《述聖記》撰者原作“皇太子臣（李）治”，李治即位後改爲“大唐皇帝”，高宗朝後改“高宗皇帝”且註明“在春宫（東宫）日製”以表明並非御製。

郭丹《遼寧省博物館藏敦煌〈大般涅槃經〉敍録》（《敦煌吐魯番研究》第

二十三卷）對遼寧省博物館所藏的 11 件敦煌寫本《大般涅槃經》分别進行敘錄與研究,分析該組寫本的版本特徵、寫作時代、裝幀形式以及與其他版本的異同。徐偉喆《中國國家圖書館藏 BD13799 號經册所見〈遼藏〉殘片及其綴合》（《敦煌吐魯番研究》第二十三卷）對該《遼藏》殘片進行研究,通過綴合與比定,確定經册中收有《龍龕手鑒》等吐魯番所出珍貴的寫、刻本文獻殘片。馬德《敦煌本〈讚僧功德經〉合校與淺識》（《寫本學研究》第四輯）對敦煌文獻中的《讚僧功德經》進行合校與初步解讀,探討其文本特徵、流傳背景及在敦煌佛教文化中的意義。高學明《敦煌本〈梵綱經〉殘卷新綴》（《文物鑒定與鑒賞》2024 年 6 期）通過綴合俄藏本與吐蕃本《梵綱經》,恢復寫本原貌,糾正前人研究與影印圖版的不足,並對相關寫卷的真僞、斷代、出土地等作出更准確的判斷。馮婧《敦煌册子本的綴合與復原——以佛經册子爲例》（《文獻》2024年 6 期）綴合了一批敦煌藏經洞發現的佛經册子,例如《金剛經》《觀音經》等,並强調復原册子本的裝幀形態對綴合册子殘葉的意義。

佛寺與僧尼方面。王祥偉《敦煌報恩寺文書考證五例》（《敦煌研究》2024年 1 期）指出敦煌文書殘卷 S.6064、P.4021、S.4120、Дx01423、S.6226 都是報恩寺的經濟文書,有助於瞭解吐蕃歸義軍時期敦煌寺院經濟情況。武紹衛《抄經所的規矩：敦煌寺院抄經的制度設計及其運行實態》（《世界宗教研究》2024 年 9 期）指出這套規矩具有明確的分工,形成比較完善的流水式作業,實際運行當中又存在抄經組織方、抄手、驗收者以及裝潢手等多方面互動與博弈。張瀛之、陳大爲《唐五代宋初敦煌私家蘭若的興建與社會功能研究》（《文津學志》第二十二輯）指出私家蘭若建築精緻,造型多樣,内有僧人住持,從事借貸活動,經濟狀況良好,參與各類佛事、社會活動,是助葬活動的舉辦地,也是宗教氛圍濃重的禮佛空間,還是民衆的公共活動場所。

佛教信仰研究方面。張總《〈十王經〉信仰：經本成變、圖畫像雕與東亞葬俗》（上海書店出版社）對敦煌及各地發現和傳世《十王經》經本詳加梳理,並結合作者對十王龕像和絹紙壁畫的實地考察,論述地藏菩薩、十殿冥王信仰習俗之生成流變,指出十齋日喪葬習俗是以佛教觀念與儒家思想爲核心、融匯中外文化相關具體内涵而形成的,在中國乃至東亞地區流行。白光《關於敦煌文獻斯 2546 號所含達磨資料的再探討——兼論禪宗與唯識宗關係的演化及其學術價值》（《佛教文獻研究》第四輯）對敦煌文獻斯 2546 號中的達磨（達摩）資料進行研究,探討了禪宗與唯識宗關係的演化及其在佛教史上的學術價值。[韓]李相旼著,史經鵬譯《菩提流支是否爲地論宗北道派的思想創始人? ——通過羽 726R 對菩提流支名下早期地論文獻的再反思》（《佛教文獻研究》第四輯）對地論宗北道派的形成與發展過程,以及其與南道派、攝論學派的關係等相關問題進行探究。彭曉靜《唐代唯識思想在敦煌文獻與壁畫中的呈現》(《宏德學刊》第十九輯)探究唐代唯識思想在敦煌地區的傳播,分析唯識宗與禪宗思想在敦煌地區的融合及其影響。張海娟《元代河西地區的觀音信仰探析》(《宏德學刊》第十八輯)指出元代河西地區觀音信仰產生的根源在於漢藏、顯密佛教並行,宗教與世俗並連,元代統治者大力推崇,以及此前河西觀音菩薩崇拜的已有傳統。李清泉、楊文萱《冥界十王信仰與敦煌引路菩薩的產生》(《藝術探索》2024 年 5 期)指出觀音作爲引路菩薩是受密教觀音信仰的影響,而幡則糅合漢地喪儀與佛教勝幡中出行、引魂、破地獄及生淨土等多重寓意,二者共同建構引路菩薩護佑亡者順利渡過冥途的圖像意涵。

道教方面。[美]柏夷著,薛聰、吕鵬志譯《英藏敦煌寫本 S.6825〈老子想爾注〉導論》(《古典文獻研究》第二十七輯上卷)分析該寫本的文本結構、抄寫風格以及與早期道教經典的關聯,指出其與現存其他《老子想爾注》版本的異同,並結合歷史背景,探討了該寫本在敦煌地區的傳播及其對道教思想的影響。唐普《敦煌道教盟文所見唐代道觀與法位制度》(《敦煌研究》2024 年 1 期)探討唐代道教法位制度的具體運行細節及其與道觀體制之間的關係。李國《道教雷神崇拜與世俗生活——以榆林窟第 23 窟雷神圖像爲中心的考察研究》(《敦煌學輯刊》2024 年 1 期)探討道教雷神崇拜在宋代的傳播及其與世俗生活的緊密聯繫,體現出雷神圖像在敦煌地區的演變及其背後的社會文化背景。劉傑《隱藏在〈道藏〉中的兩篇書儀——〈通啓儀〉〈弔喪儀〉考》(《文獻》2024 年 4 期)探討《道藏》中收錄的《通啓儀》和《弔喪儀》兩篇書儀,通過對其與敦煌書儀的對比分析,揭示了唐代書儀中"十二月相辨文"的演變脈絡,並推斷《朋友書儀》可能撰於開元天寶年間。司家民《敦煌本〈老子化胡經〉的重現與早期東西方漢學交流》(《國際漢學》2024 年 5 期)探討了敦煌本《老子化胡經》在 20 世紀初重現世間後,其經卷在東西方學術界的流傳過程及其對早期漢學交流的影響。劉志《敦煌文獻〈太玄真一本際經〉寫本考辨》(《世界宗教文化》2024 年 6 期)探討《本際經》寫本的繕寫監校人物及寫經目的、寫本種類與規格問題,考證寫經年代、地點。段鵬《清至民國時期道教正一派在敦煌地區的流傳——以敦煌莫高窟所見齋醮榜文爲中心》(《敦煌研究》2024 年 3 期)探討清至民國時期敦煌地區道教正一派的流傳情況,以敦煌莫高窟所見齋醮榜文爲中心,分析這些榜文作爲道士在莫高窟爲民衆建醮的文本遺存,展現敦煌地區道教活動的歷史細節。

三夷教方面。張小貴《王權、法律與神祇——薩珊波斯與古代中國》(中國社會科學出版社)分爲上下兩編,其中上編包含十篇論文,探討薩珊波斯的政教關係、法律文書和祆教風神等問題,對源於波斯的景教、摩尼教沿絲綢之路傳入中土的問題進行研究;下編則是十篇書評與會議綜述。李思飛《中亞與中國的祖爾萬:粟特藝術與敦煌文書中最神秘難解的祆教神祇》(《世界歷史評論》2024 年 3 期)系統收集中國與中亞的祖爾萬形象,通過與敦煌壁畫絹畫、佛教造像等相關圖像比較辨析,闡述祆教神祇祖爾萬從理念到視覺的轉化。林麗娟《中國境內出土景教敘利亞語文書研究綜述》(《西域研究》2024 年 3 期)通過回顧前人研究成果,對國內新出土景教敘利亞語文書的釋讀和研究工作進行評述。張緒山《景教東傳從醫活動考略》(《清華大學學報》2024 年 1 期)指出景教徒繼承古希臘醫學遺產,在東傳中以醫療助力傳教,爭取對己有利,入華後服務於官方與皇室,以專精的醫療活動與上層貴族建立聯繫,而異域義學隨之傳入華夏。尕本加《唐代波斯景教在吐蕃邊境的傳播及其特徵——以藏文記載爲中心》(《宗教學研究》2024 年 1 期)展現唐代波斯景教(Nestorianism)在吐蕃邊境的傳播情況及其特徵,通過藏文文獻的記載,揭示了景教在吐蕃地區的傳播路徑和影響。

五、語言文字

本年度有關敦煌語言文字的成果主要集中在字詞考釋和音韻研究方面。

字詞考釋方面。張小艷《"按語"中的學術世界——淺談〈敦煌文獻語言大詞典〉中"按語"的作用》(《辭書研究》2024 年 3 期)從凸顯例證詞義、闡明詞義由來、探究源流演變、辨別用字差異、指示特殊用法和匡正誤解謬說等方面,對《敦煌文獻語言大詞典》中的按語作用進行系統總結。張小艷《敦煌數術文獻字詞考釋》(《出土文獻與古文字研究》第十一輯)對 21 個敦煌數術文獻當中常見的字詞進行考釋,使這些文獻能夠更真切反映時人在日常生活中的現實需要和精神追求,爲今後的相關研究作出貢獻。張小艷《敦煌文獻異形詞例釋》(《南京師範大學文學院學報》2024 年 1 期)對敦煌文獻中所見的十餘個異形詞進行考證,爲今後學者用其進行學術研究提供方便。張文冠《釋敦煌文獻中與"秤"有關的四則疑難字詞》(《敦煌研究》2024 年 1 期)通過破讀通假、辨析字形和方言求佐等方法,對敦煌文獻中與"秤"有關的疑難字詞進行考察。武紹衛《敦煌兌廢稿"兌"字新探》(《敦煌研究》2024 年 5 期)指出"兌"字是紙張存在錯誤需要報廢的標志,認爲在佛教抄經流程和制度設計中"兌"爲"脫"的省寫,即確認經卷存在錯誤後,在經卷上給裝潢者標識的指示性符號,意爲讓裝潢者將有錯誤的經葉從經卷中"脫下"。劉丹《敦煌改字本〈十誦比丘尼戒本〉研究——兼論"詞彙替換"作爲佛經編輯方式》(《文獻》2024 年 1 期)認爲敦煌本的共戒改寫自鳩摩羅什譯《十誦比丘戒本》,改寫方法是將涉及性別的詞彙對換,指出敦煌本《十送比丘尼戒本》集中抄寫於西魏前後,北周武帝滅佛後,敦煌本傳播鏈條中斷,南方的法穎本成爲《十誦律》系統通行的尼戒本。董婷婷、黃威《敦煌寫本〈雜集時用要字〉"乾味子"勘正》(《寫本學研究》第三輯)通過對敦煌寫本《雜集時用要字》中"乾味子"詞條及相關字詞考辨與校正,體現其在語言學、文字學及社會生活史方面的研究價值,爲敦煌文獻的整理與研究提供新視角與新材料。

　　黃英《敦煌社會文獻"宴飲"場詞彙構詞研究》(《中國語言學研究》第四輯)從詞彙與句法語義銜接的角度,揭示"宴飲"語義場複音詞構詞的認知原因和深層語義框架構成的相關問題。羅順《敦煌寫卷疑難字考釋四則》(《中國文字研究》第三十九輯)從形義解析入手,對寫卷中出現的"屵""蘇""喬""殿"四個疑難俗字進行考證與分析。吳昌政《敦煌醫藥寫本 P.4038 與羽 043 草書考辨五則》(《古漢語研究》2024 年 1 期)根據字形與文意文例,結合其他相關出土文書與傳世資料,對其中的疑難字形進行考辨分析,指出兩件醫藥寫本在漢字史與漢語詞彙史上的價值,並對涉及的草書寫本校釋問題進行探討。張文冠《試論語義類型學對判定通假的作用——以敦煌變文中表"美"義的"強"爲例》(《古籍整理研究學刊》2024 年 2 期)指出敦煌變文中表"美"義的"強"是詞義引申的結果,而非"像"的通假,這説明語義類型學對通假字判定有所幫助。吳謝海《英藏敦煌寫經疑難俗字劄考》(《古籍研究》2024 年 2 期)對 15 個英藏敦煌寫經疑難俗字進行考釋,方便學者對相關文獻的釋讀、理解與應用。王洋河《敦煌歌辭疑難詞辨析二則》(《南開語言學刊》2024 年 1 期)指出《失調名·三囑歌》中"掇頭"指墜下身體,《虞美人·東風吹綻海棠開》《内家嬌·應奉君上》等"墜"爲"斜垂、懸掛"義。趙靜蓮《從敦煌本與宋四本〈胜鬘經〉異文看佛經的用字問題——以通假字與古今字爲例》(《現代語文》2024 年 4 期)發現兩個版本有 10 組通假字與 6 組古今字,指出其差異是由各時代用字與書寫方式的不同造成的。朱學斌《敦煌早期鎮墓文考證三則》(《中國文字研究》第三十九輯)對敦煌鎮墓文中的"鑰人""軟議""桐人""鉛人"以及"荔子""離子"等字詞進行考證。許建平《談談敦煌經部文獻校勘的知識儲備問題》(《敦煌研究》2024 年 4 期)指出敦煌經部文獻校勘整理除需要傳統傳世文獻校勘基本功外,還需關注敦煌寫卷的書寫體例、唐五代西北方音、敦煌文獻的避諱、寫本旁注字、文字演變史以及清代學者的相關研究。

　　音韻研究方面。郜同麟《談音韻學在敦煌道教文獻校勘中的作用》(《南京師範大學文學院學報》2024 年 1 期)提出分析韻腳字可確定異文是非,對無校本者分析韻腳可找出訛誤,指出文獻中一些異文與語音轉變有關,對異文作音韻學分析可判別正誤並確定訛誤産生的原因。胡家堯《敦煌〈楚辭音〉所見經籍異文考》(《漢字文化》2024 年 3 期)依據法國國家博物館藏敦煌文獻 P.2494 影印本及張涌泉先生等《敦煌經部文獻合集》點校本《楚辭音》,利用道騫所引傳世文獻指出部分文獻的訛誤,並對其中的異文作出校正。宋倫雪《敦煌〈文選音〉反切結構類型研究》(貴州師範大學碩士學位論文)以《文選音》的反切爲中心展開相關研究,指出其兩片殘卷共 1103 個字頭,去重複後得反切 524 條,可分爲"傳統反切""等第開合一致式反切"和"準直音式反切"三種結構類型。該文主要探討《文選音》的音注來源、音系性質及不同反切結構類型的發展特點,並對《文選音》的寫作年代進行推測。

六、文　學

本年度敦煌文學的研究成果主要集中於詩歌、變文和其他俗文學方面。

詩歌方面。伏俊璉《S.6234+P.5007、P.2672 唐詩手稿探賾》(《寫本學研究》第四輯)探討了敦煌寫本 S.6234、P.5007 和 P.2672 中的唐詩手稿,指出這些寫本被認爲是一位名叫翁郜的晚唐文士的詩歌手稿。張小艷、郭丹《敦煌寫本 P.2044V 詩偈作者考述》(《文獻》2024 年 6 期)從寫本系聯入手,將 P.2044V 號寫本與敦煌文獻中其他相關寫本做出對比研究,考證詩偈作者爲鄜州開元寺僧智嚴。朱利華《敦煌本〈燕歌行〉異文研究》(《古典文獻研究》第二十七輯上卷)探討敦煌文獻中《燕歌行》的異文現象及其在文學、文獻學上的價值,指出該作品在敦煌寫本中存在多種異文形式,反映寫本時代的文本流傳特點。朱利華《敦煌本唐人詩題的文獻價值與寫本特徵——以 P.2567+P.2552 爲中心》(《中國典籍與文化》2024 年 4 期)對敦煌文獻 P.2567 和 P.2552 所抄詩歌的研究,揭示了這些寫本在詩題保存、書寫格式、抄詩意圖及文本差異等方面的獨特價值和寫本特徵。趙庶洋《雜抄詩集:"寫本時代"唐詩文本流傳的特殊形態——敦煌、日本所存雜抄詩集考論》(《古典文獻研究》第二十七輯中卷)探討唐詩在"寫本時代"的特殊流傳形態,特別是敦煌和日本所存雜抄詩集的相關問題。周曉《敦煌寫本 P.t.1208+P.t.1221 正面所抄唐人詩歌研究》(《寫本學研究》第四輯)探討敦煌寫本 P.t.1208 和 P.t.1221 正面所抄的唐人詩歌,分析這些詩歌的抄寫特徵、内容及其在敦煌地區的傳播情況。于丹《敦煌文獻〈詠廿四氣詩〉論辯》(《文藝評論》2024 年 6 期)指出《詠廿四氣詩》是敦煌文獻中書寫二十四節氣的組詩,爲二十四首五律,在中國月令節氣詩作品中具有重要的地位和意義。

變文方面。鄭阿財《敦煌敍事文學的雅俗辨析——以史傳變文爲例》(《中國俗文化研究》第二十五輯)探討敦煌敍事文學的雅俗之辨,以史傳變文爲例,分析其在文學形式和內容上的雅俗特點,揭示了敦煌敘事文學在傳承與創新中的文化價值。喻忠傑《沿襲與新變:變文文體對後世戲劇文本生成的影響》(《敦煌學輯刊》2024 年 2 期)探討敦煌變文文體對後世戲劇文本生成的影響,分析變文在文體形態上的沿襲與新變,特別是其押座文對宋元戲劇開場詞成形的直接影響。楊倩《敦煌〈孔子項託相問書〉寫本綴合及應用研究》(《寫本學研究》第三輯)聚焦於敦煌寫本《孔子項託相問書》的綴合工作,通過分析不同寫本之間的內容、字體、紙張等特徵,探索其原始形態。周春蘭《敦煌變文寫本音聲的再發現及其闡釋》(《民間文化論壇》2024 年 6 期)認爲敦煌變文講唱傳統中特定的結構和已成爲慣例的講唱手段沒有隨着講唱消亡而消失,其在口述與記載之間保持連續性,指出它們是敦煌變文寫本的文本內部建構的講唱語境符碼,爲還原敦煌變文寫本講唱和聲音提供可能。馬麗娜《孟姜女變文的詩性敘事與儀式化敘事》(《天水師範學院學報》2024 年 3 期)認爲當孟姜女變文所體現的講唱藝術成爲兼具祭祀功能的儀式操演時,其詩性敘事就演變爲具有溝通神靈世界的儀式化敘事,因此其敘事意義遠非庶民夫妻之間生離死別之恨,而成爲一種能夠喚起公共情感的社會記憶。

其他俗文學方面。鄭天楠、張涌泉《〈韓擒虎話本〉文本性質試探——寫本原生態視角的觀察》(《敦煌學輯刊》2024 年 2 期)探討了 S.2144《韓擒虎話本》的文本性質,通過分析其書寫和用字情況,認爲這是一個傳抄本,其祖本可能是一個聽寫本;文本的改字情況顯示寫本在抄完後至少經歷過一次校改。玉素甫·艾莎《文本的聯結與轉換:敦煌應用文書〈難月文〉材料輯考》(《中國俗文化研究》第二十六輯)通過對 16 篇《難月文》相關文本的校考,及對 5 篇《滿月文》、1 篇《慶誕子文》和絹畫題識《繪觀音菩薩功德記》的整理,指出《難月文》文本有與題識材料相似的稿草性質,可轉寫成其他形式使用。邵小龍《論敦煌韻文作品在流傳中的結集、單行與寄生》(《絲路文化研究》第九輯)結合《百鳥名》與《晏子賦》《千字文》等合抄情況,指出這些內容均有傳授知識的特徵,認爲寫本中出現的《百鳥名》等作品均有不同程度的殘缺,特別是《晏子賦》,多開篇完整而後文殘缺,又存在部分單行抄本,而《醜婦賦》在寫本中附於《晏子賦》,體現其寄生特性。

七、藝　　術

本年度有關敦煌藝術的成果,主要涉及敦煌藝術總論、石窟壁畫、版畫帛畫、造像藝術、敦煌樂舞、敦煌書法等方面。

敦煌藝術總論方面。趙聲良《藏經洞敦煌藝術精品(大英博物館)》(浙江古籍出版社)收録 103 幅敦煌藝術精品,涵蓋唐、五代、北宋時期的佛教繪畫,分爲五大主題,對每件作品進行解説,並結合國際最新研究成果,提出很多創新性見解。劉元風、趙聲良主編《敦煌服飾藝術圖集》(中國紡織出版社)包括《菩薩卷》《世俗人物卷》《圖案卷》《天人卷》《藝術再現與設計創新卷》,成爲今後判別敦煌服飾内涵的工具書。鄭炳林《美術背景下敦煌西夏石窟繪畫研究》(甘肅教育出版社)從美術史角度對敦煌西夏石窟中的花鳥畫、人物畫、山水畫、建築畫和裝飾圖案等進行分析,並對其繪畫風格、藝術手法及相關圖像進行考證。敦煌研究院編,趙曉星著《絲綢之路藝術:從印度到敦煌(敦煌石窟卷)》(甘肅人民出版社)詳細介紹了莫高窟、西千佛洞和榆林窟的共計 70 多個洞窟的壁畫和彩塑藝術,揭示了佛教藝術傳入中國與石窟營建的歷史背景和發展演進。沙武田主編《敦煌石窟研究導論》(甘肅文化出版社)從形象史學的角度對敦煌石窟進行全面系統的歸納與梳理,其内容涵蓋石窟考古、營建、建築形制、彩塑、壁畫圖像、造型技法、敦煌藏經洞藝術品等多個方面,可填補敦煌石窟研究導讀類著作的空白。沙武田《敦煌壁畫故事與歷史傳説》(甘肅人民出版社)主要對敦煌壁畫中的神話傳説、佛教故事、社會歷史事件以及與之相關的文化背景進行研究。史忠平《敦煌美術概論》(敦煌文藝出版社)以敦煌千年藝術遺存爲研究對象,系統構建敦煌美術的研究框架。全書分十一章,分別從敦煌歷史文化背景、洞窟形制、人物畫、山水畫、花鳥畫、彩塑藝術等多元藝術形式入手,對敦煌美術進行全面梳理與闡釋。趙曉星《莫高窟之外的敦煌石窟》(讀者出版社)介紹敦煌地區除莫高窟之外的其他重要石窟,包括西千佛洞、瓜州榆林窟、東千佛洞、旱峽石窟、肅北五個廟石窟和一個廟石窟、玉門昌馬石窟等。作者從這些石窟不同時代的藝術風格入手,分析其藝術風格的演變,並從歷史、藝術、人文角度加以解讀。

敦煌石窟壁畫方面。何鴻、王亞林《敦煌石粉彩繪壁畫研究與活化》(中國美術學院出版社)從多方面對敦煌石粉彩繪壁畫進行研究,包括壁畫的地理環境、歷史背景、地質結構、顏料來源與成分等,討論敦煌壁畫的"活化"問題,並通過在江南地區的實踐教學與技法研究,探索如何將敦煌壁畫的傳統技藝在現代社會中進行傳承與創新。高海燕《絲綢之路新疆敦煌等地區石窟寺佛教圖像研究》(蘭州大學出版社)聚焦於絲綢之路沿綫新疆、敦煌等地石窟寺中的佛教圖像,探討其藝術風格、文化内涵及傳播路徑。葛承雍《仰觀:從穹頂畫到藻井畫——以異域、西域和敦煌石窟爲文明比較》(《敦煌研究》2024 年 1 期)指出敦煌藻井畫從北朝、隋、初唐的藝術動感,逐漸發展爲中唐的靜態設計,到晚唐五代時期則變得繁複而僵硬,認爲藻井畫變化與異域穹頂人物畫的寫實風格相差甚遠,制約後世藻井畫創新。康馬泰、李思飛《敦煌風神與粟特風神的圖像互聯》(《敦煌研究》2024 年 1 期)討論敦煌壁畫中風神圖像與粟特風神圖像之間的聯繫,認爲敦煌的風神圖像可能受到犍陀羅或貴霜錢幣上希臘羅馬藝術的影響。[日]八木春生著,牛源譯《敦煌莫高窟隋至初唐洞窟西壁所繪圖像的功能》(《敦煌研究》2024 年 2 期)論述敦煌莫高窟隋至初唐時期洞窟西壁所繪圖像的功能與意義,通過對具體洞窟如第 57 窟的分析,指出這些圖像與彌勒信仰的密切關係,並探討其在當時宗教藝術中的地位。張亞莎《西藏扎塘寺壁畫與敦煌藝術關係之再議》(《敦煌研究》2024 年 2 期)探討西藏扎塘寺壁畫與敦煌藝術之間的關係,指出扎塘寺壁畫的風格特徵並非 11 世紀衛藏地區流行的波羅風格,而是繼承中唐時期敦煌吐蕃佔領時期的藝術傳統,顯示出敦煌藝術對 11 世紀西藏藝術的影響。趙聲良《隋及唐初敦煌藝術對外來影響的吸收與創新》(《敦煌研究》2024 年 3 期)探討隋及唐初敦煌藝術在形成過程中對外來文化的吸收與創新,分析敦煌藝術如何在繼承傳統的基礎上,融入外來元素並形成獨特藝術風格的原因。趙聲良《色彩雍容——敦煌裏的中國色彩美學》(《光明日報》2024 年 7 月 24 日)談論中國傳統色彩美學的特點及其背後的文化内涵,並展現從魏晉南北朝至隋唐時期中外文化交流的成果。

王志强《敦煌"新樣"四天王樣式源流及其密教屬性研究》(《敦煌學輯刊》2024 年 2 期)對敦煌莫高窟中"新樣"四天王的樣式特點、源流及其密教屬性進行探討,揭示了其在敦煌石窟藝術中的獨特地位和宗教意義。周曉萍《敦煌西域石窟壁畫中的回鶻天公主、可敦冠式考論》(《敦煌學輯刊》2024 年 3 期)指出回鶻西遷後敦煌石窟壁畫中回鶻天公主、可敦普遍佩戴桃形鳳冠,而在西域石窟回鶻壁畫中天公主、可敦的冠式則有兩種不同形式。白日《唐長安佛教寺院佈局影像探究——以敦煌莫高窟壁畫中的鐘樓、經樓爲中心》(《吐魯番學研究》2024 年 1 期)指出對長安寺院佈局的文字描述及圖案繪製使得其樣式廣泛流傳並逐漸形成粉本,影響敦煌石窟壁畫的畫面結構及空間概念結構。史忠平《敦煌繪畫中的芭蕉圖像》(《敦煌研究》2024 年 5 期)主要專注於對敦煌壁畫、紙畫、絹畫中芭蕉圖像的分佈、功能及其文化内涵的分析與探索,指出其體現無常、虛無不實的佛學義理,具有莊嚴環境及供養功能,是重要的宗教藝術資料與圖像例證。史忠平《敦煌繪畫中的手持"交莖蓮花"與"蓮花幡杆"》(《美術大觀》2024 年 2 期)指出入唐以後手持蓮花的造型發生諸多變化,"交莖蓮花"與"蓮花幡杆"在造型上基本相同,因"幡"的介入疊加了供養、莊嚴、接引、導引等多重功能。

張小剛《從肅北五個廟看敦煌西夏石窟藝術的譜系——五個廟石窟研究之二》(《敦煌研究》2024 年 4 期)研究肅北五個廟石窟的西夏壁畫在敦煌石

窟藝術中的特色,以及在西夏時期敦煌地區石窟群之間的相互影響與藝術發展的關係,爲構建完整敦煌西夏石窟藝術譜系填補缺環。趙曉星《北宋至西夏時期敦煌石窟的回鶻藝術體系》(《湖北美術學院學報》2024 年 1 期)通過論述敦煌石窟中回鶻藝術風格特徵及其文化背景,探究回鶻藝術在敦煌地區形成獨特藝術體系的過程。格桑卓瑪《佛教美術中國化視域下的佛本生故事畫——以敦煌莫高窟壁畫爲例》(《中國宗教》2024 年 6 期)通過對敦煌莫高窟壁畫中的佛本生故事畫的解讀,探討不同時期的敦煌佛本生故事畫的變化,反映出佛教美術逐漸中國化的歷程。景晶《敦煌莫高窟壁畫藝術中的阿育王故事》(《中國宗教》2024 年 11 期)指出印度孔雀王朝阿育王的故事作爲頗具異域文化特色的題材,從唐代開始便多次出現於敦煌莫高窟佛教史蹟畫中,生動反映中印古代文化交流面貌,體現中印兩國文明交融互通的景象。沙武田《敦煌石窟回鶻裝王像身份歸屬新探》(《西夏學》2024 年 2 期)指出莫高窟第 409、237、148 窟、西千佛洞第 16 窟的回鶻裝王像應爲曹賢順供養像,其爲歸義軍與沙州回鶻之間的政治聯盟、歸義軍"回鶻化"以及"沙州回鶻"等問題提供可靠而真實的圖像資料。汪雪《外道的譏謔——敦煌石窟"弄婆羅門"圖像考索》(《中國音樂學》2024 年 3 期)指出"弄婆羅門"是將音樂、舞蹈、賓白與角色扮演融爲一體的藝術形式,認爲中唐時期敦煌"弄婆羅門"用樂體現"龜兹化"發展趨勢。蔡均適《敦煌石窟與龜兹石窟巾舞壁畫比較研究》(《南京藝術學院學報》2024 年 6 期)指出敦煌與龜兹兩地石窟巾舞壁畫早期有較多相通之處,由隋唐開始有不同的發展:敦煌石窟巾舞壁畫承接三道彎與"S"型的姿態,審美核心仍然以漢文化爲基本;龜兹石窟巾舞壁畫更多吸收來自印度樂舞、犍陀羅文化的審美要素。

石窟壁畫的個案研究。宋焰朋《莫高窟第 285 窟南壁圖像與北壁發願文關係試論》(《敦煌研究》2024 年 6 期)認爲莫高窟第 285 窟南壁壁畫圖像主要是對應北壁發願文中"願佛法興隆,魔事微滅"之"魔事"(如殺生、偷盜、邪淫、妄語等)而繪製的,體現出營造該窟的主體思想。蔡藝源、沙武田《武周時期沙州保衛戰的圖像記憶——以莫高窟第 332 窟"八王分舍利圖"爲中心》(《形象史學》第二十九輯)研究莫高窟現存唯一表現遊牧民族騎兵相互搏殺的"八王分舍利圖",探索武周時期沙州保衛戰的歷史場景。楊敬蘭《〈佛說觀佛三昧海經〉對莫高窟第 254 窟的影響》(《中國藝術史研究》第一輯)探討《佛說觀佛三昧海經》對莫高窟第 254 窟的影響,分析該經文與第 254 窟壁畫內容、佈局以及宗教意義之間的關聯。焦樹峰《群體影像:莫高窟第 390 窟供養人圖像研究》(《中國美術研究》2024 年 1 期)認爲莫高窟第 390 窟內四壁的供養人圖像特徵與文獻所載隋文帝頒送舍利儀軌活動相符,並指出通過該窟四壁供養人造像可瞭解隋仁壽年間長安與敦煌地區頒送舍利、建靈塔等佛教活動之盛況。

經變畫的研究。張元林、寧璿《選擇性忽略——關於敦煌法華經變·提婆達多品畫面的幾個問題》(《敦煌研究》2024 年 3 期)通過研究敦煌法華經變中《提婆達多品》畫面的幾個問題,指出中國佛教信眾對提婆達多角色認知的不一致性是導致畫面特色形成的主要根源。祁峰、寧強《榆林窟第 32 窟維摩詰經變探究》(《敦煌研究》2024 年 2 期)探討榆林窟第 32 窟維摩詰經變的圖像構成與組合特點,指出尤其是當中"阿修羅護衛須彌山"和《佛國品》組合圖式,強調了釋迦至尊地位,引導信眾修習淨土。巫鴻《莫高窟第 72 窟中的涼州聖容像變》(《敦煌研究》2024 年 4 期)探討莫高窟第 72 窟南牆通壁壁畫的主題、內容、空間結構、敘事綫索及宗教概念,並與莫高窟第 61 窟五臺山圖進行比較研究。陳文彬《古代"爲虎拔刺"文本流傳與圖像創造——兼談敦煌行腳僧圖像表現的人物集體性》(《敦煌研究》2024 年 1 期)探討中國古代"爲虎拔刺"文本的流傳與圖像創造,並從文明互鑒的角度對比亞歐大陸東西兩端對同類故事的發展和創造,同時分析諸如敦煌行腳僧圖像所表現的人物集體性。易丹韻《論敦煌報恩經變中的法界佛像》(《美術大觀》2024 年 4 期)指出敦煌報恩經變借用並改造內地單尊形式的法界佛像,以表現《報恩經》中釋迦佛示現"五趣身"的神變場面,並對法界佛像在報恩經變中的配置方式進行解釋。李星儒《盛唐時期敦煌法華經變中觀音形象的中國化》(《中國宗教》2024 年 4 期)認爲盛唐時期法華經變中觀音形象的演變表現在觀音菩薩化身的種類、形象,以及畫面場景的變化之上,指出這一演變生動體現盛唐時期佛教中國化的歷史。

版畫帛畫方面。胡發強、馬德《蜀地佛教版畫在五代宋初敦煌的傳播》(《藝術設計研究》2024 年 1 期)指出蜀地佛教版畫在敦煌的傳播是民間運用雕版印刷技術的自發行爲,體現出佛教版畫在跨區域流通、跨文化交流和跨媒介轉化方面的傳播力。胡發強《版畫爲媒:敦煌文殊版畫對"新樣文殊"壁畫的影響》(《南京藝術學院學報》2024 年 5 期)認爲敦煌文殊版畫至遲在後唐同光二年(924)已在當地流傳,是民間利用印刷媒介展開跨區域文化交流的新舉措,指出由於其帶來新的五臺山文殊圖像和信仰形式,因此被翟奉達選作"新樣文殊"壁畫畫稿。藍津津、劉元風《英法藏唐宋敦煌遺畫地藏菩薩袈裟紋樣研究》(《絲綢》2024 年 4 期)研究英法所藏唐宋時期敦煌遺畫中地藏菩薩的袈裟紋樣,探討其紋樣特點、發展脈絡及其與佛教信仰、紡織工藝的關係。龍忠、陳麗娟《俄藏敦煌遺畫 Дх224、Дх15、Дх223 彌勒經變研究》(《敦煌研究》2024 年 1 期)對俄藏敦煌遺畫 Дх224、Дх15、Дх223 中彌勒經變的圖像特徵、藝術風格及其與敦煌地區佛教藝術的關聯進行討論。

造像藝術研究方面。何鄂《解鎖千年塑匠創造密碼——微觀敦煌莫高窟第 45 窟龕内北側唐代彩塑菩薩的發現》(《敦煌研究》2024 年 4 期)通過對敦煌莫高窟第 45 窟龕内北側唐代彩塑菩薩的微觀發現,以及解構和情景再現,展現出古代雕塑匠師運用美學法則駕馭藝術表現的創造能力與高超技藝。陳凱源、沙武田《移植與再造:莫高窟第 331 窟東壁十一面觀音造像組合考》(《藝術設計研究》2024 年 1 期)通過對十一面觀音造像的組合研究,指出莫高窟第 331 窟以及第 332、148 窟作爲敦煌李氏家族在莫高窟開鑿的洞窟,不僅是初盛唐時期敦煌石窟中的代表洞窟,還因爲出現了大量與唐長安相關的造像内容,説明這些洞窟受到唐長安佛教與長安風尚影響。

敦煌樂舞研究方面。温和著,孟凡玉編《敦煌樂譜學術史研究》(現代出版社)回顧 20 世紀 30 年代以來敦煌樂譜學術研究的歷程,全面考察研究中古琵琶的演變、記譜體系的發展以及敦煌舞譜的材料關係等相關問題。顧春芳《敦煌樂舞圖像的藝術造境與中華美學精神》(《中國社會科學》2024 年 6 期)指出敦煌樂舞圖像傳承中國傳統藝術的美學觀念和技法,凸顯重視綫條造型的繪畫藝術,賦予有限空間以流動的時間感,彰顯中國藝術意境之美與對自由和心靈的超越性追求。林素坊《絲路傳播:中原音樂的西流與東歸——以敦煌曲子辭等爲例》(《藝術傳播研究》2024 年 6 期)采用了比較研究法和圖史互證法,通過分析曲調、曲律和樂器三方面的變遷與互鑒,得出中原音樂的西流與東歸存在一定的因果聯繫的結論。李婷婷、竇鑫宇《敦煌道具舞蹈的語言敘事方式研究》(《中國舞蹈學》2024 年 2 期)通過對其話語環境、敘事語言、敘事方式等進行分析闡述,歸納總結出在壁畫語境下的"道具"其"器物"性質本身具有藝術表演的屬性,且在敦煌舞蹈運用過程中具有敘事結構的多元性、人物塑造的立體性、以樂成舞的規律性等獨有的藝術特性的結論。

敦煌書法研究方面。陳鋒《淵源與流變——敦煌唐代行草書寫本風格釋析》(《美術大觀》2024 年 1 期)通過利用新材料、歷史文獻和圖像對比等進行釋析,指出寫本風格有一定的傳承,中原文化與西北邊陲之間的書法相互影響與融合。趙運《從〈嚴公覜墓誌〉再探敦煌本柳公權書〈金剛經〉》(《敦煌學輯刊》2024 年 3 期)通過研究柳公權撰並書的《嚴公覜墓誌》與敦煌本《金剛經》的歷史淵源、爭論焦點及其與傳世文獻的關係,指出敦煌本《金剛經》爲後人僞托之作。高少珂《敦煌文獻的早期發現與考察——兼議西北簡牘書法》(《中國書法》2024 年 9 期)指出在敦煌文獻早期發現與研究中,西北漢晉書簡爲中國古代書法史研究提供資料,對當時書法發展產生深遠影響。

八、考古與文物保護

本年度有關考古與文物保護的研究涉及石窟考古和石窟與文物保護方面。

石窟考古方面。敦煌研究院《莫高窟第 256、257、259 窟考古報告》(文物出版社)涵蓋北魏時期的第 257 窟和第 259 窟,以及五代宋時期的第 256 窟。報告分爲三冊,記録洞窟的位置、結構、壁畫、塑像、題記等内容,以及測繪圖、攝影圖和數碼全景拼圖等 1 300 餘幅圖版。沙武田《粟特人與敦煌莫高窟洞窟營建》(甘肅文化出版社)以敦煌石窟與中西文化交流關係爲研究立足點,以中古時期敦煌與粟特美術交流爲視角,探討粟特人在敦煌石窟營建中的活動與貢獻。魏睿騖《張淮深重修北大像的年代再探》(《敦煌研究》2024 年 1 期)指出張淮深重修敦煌莫高窟第 96 窟(北大像)的具體時間爲咸通十年(869)二月底。張先堂《敦煌西千佛洞回鶻時期石窟造像題材新考》(《敦煌研究》2024 年 3 期)通過考察敦煌西千佛洞回鶻時期洞窟造像,指出西千佛洞與莫高窟出現的一批"行化藥師佛像"反映當時敦煌民眾佛教信仰進一步非經典化、世俗化的傾向。楊文博《歸義軍時期敦煌石窟中的紀功現象研究——以供養人像中抱弓侍從爲例》(《敦煌研究》2024 年 3 期)指出抱有弓箭的侍從出現在歸義軍時期敦煌石窟的供養人像中具有紀功的性質。趙燕林《敦煌莫高窟隋代第 292 窟"祇園記圖"考釋》(《敦煌研究》2024 年 3 期)對敦煌莫高窟隋代第 292 窟前室西壁的未知名故事畫進行考證,認爲該壁畫應爲依據《賢愚經·須達起精舍品》繪製的"祇園記圖"。

李志軍《淺談敦煌西夏石窟營建的背景及造像思想解讀的可能性》(《西夏研究》2024 年 3 期)指出西夏營建莫高窟是在敦煌地區幾百年盛行佛教石窟寺修建與佛教氛圍浓厚基礎上展開的,末法思潮的影響及供養人畫像的缺席都反映官方佛教的性質和集體功德的意志。馬德《河西早期石窟與寺院的多民族文化元素探究》(《宏德學刊》第十八輯)指出這些佛教建築不僅在石窟藝術方面凸顯印度及西域特色,也在建築佈局上沿襲印度和西域早期風格。李國、張先堂《一件敦煌考古新案例探秘——莫高窟第 9 窟新發現題壁〈千字文〉探考》(《宏德學刊》第十八輯)考證最新發現的敦煌莫高窟第 9 窟主室南壁題壁《千字文》遺蹟,分析與其相關的一系列問題,揭示《千字文》在唐代廣泛流傳的歷史文化現象。梁紅、沙武田《瓜州榆林窟第 3 窟西夏屬性申論》(《宏德學刊》第十八輯)從遊人題記、供養人畫像、蒙古闊王家族、釀酒圖、山水畫、取經圖等多個方面重新論證榆林窟第 3 窟的西夏屬性。吕曉菲、李燕飛、李榮華《敦煌莫高窟洞窟內容調查研究——基於敦煌研究院早期檔案資料的整理》(《絲綢之路》2024 年 2 期)指出莫高窟洞窟内容調查是一個不斷完善的過程,包括最初的工作如洞窟編號等,之後又進行考古分期斷代、造像和壁畫研究,直至收穫最終的成果《莫高窟石窟檔案》。沙武田《敦煌西夏石窟的歷史面貌與獨特貢獻》(《光明日報》2024 年 4 月 17 日)對敦煌西夏石窟的歷史背景、藝術特徵及其在中國美術史上的獨特貢獻進行探討。張小剛《肅北五個廟石窟北朝遺蹟考述——五個廟石窟研究之一》(《敦煌研究》2024 年 3 期)通過對現存 6 個有壁畫編號洞窟的建築和造像遺蹟進行分析,指出五個廟石窟的始建年代不晚於北朝時期,部分可能始建於北朝晚期。

石窟與文物保護方面。[美]内維爾·阿根紐、瑪莎·迪馬斯等著,王平先譯《準則、規劃和保護:在莫高窟的保護合作》(《敦煌研究》2024 年 4 期)論述敦煌莫高窟的保護合作項目,尤其是在與國際機構的合作經驗方面探討較多。李雲鶴、孔令梅等《我所經歷的敦煌石窟文物修復》(《敦煌研究》2024 年 4 期)回顧李雲鶴自 1956 年途經敦煌後,留在敦煌學習壁畫和塑像修復,改進石窟壁畫和塑像修復的工具,創制成熟有效的修復工藝和方法的經歷。張先堂、李國、楊天榮《從工匠題記考察敦煌石窟西夏至民國時期的重修活動——敦煌石窟題記系列研究之四》(《敦煌研究》2024 年 5 期)分析敦煌石窟中的工匠題記,探討西夏至民國時期敦煌石窟的重修活動,揭示這一時期石窟的維護與修繕情況。張建榮《敦煌石窟影像檔案預防性保護初探》(《石窟與土遺址保護研究》2024 年 1 期)論述敦煌石窟的保護一直是學術界和文物保護界關注的重點,指出近年來在預防性保護方面有諸多研究和實踐。吕文旭《敦煌石窟考古測繪工作的早期(1900—1943)探索研究》(《石窟與土遺址保護研究》2024 年 2 期)探討 1900 年至 1943 年敦煌石窟考古測繪工作的早期探索階段,指出測繪成果不僅爲後續的考古與保護研究提供珍貴的數據支持,也見證中國考古測繪技術從無到有、從簡單到複雜的發展歷程。楊富學《遊人題壁與石窟興廢關係别議》(《宏德學刊》第十八輯)探討敦煌石窟中遊人題壁現象與石窟興廢之間的關係,指出敦煌石窟遊人題壁現象包括"到此一遊"式的塗鴉、六字真言題壁以及禮贊佛教的詩作,題壁文字涵蓋多種語言。趙聲良、鄒清泉《傳芳瀚海——敦煌研究院趙聲良書記談敦煌石窟的保護》(《美術大觀》2024 年 10 期)回顧 20 世紀以來常書鴻、段文傑、樊錦詩及趙聲良本人保護敦煌石窟的艱難歷程以及所取得的進展,並將相關内容整理成篇以補此前之缺。劉進寶《〈莫高窟六字真言碣〉拓本的流傳與碣石保管權之爭》(《敦煌研究》2024 年 4 期)指出因《莫高窟六字真言碣》拓片利益較高,引起碣石保管權的爭奪,最終一直由敦煌藝術研究所保存。

九、少數民族歷史語言

本年度少數民族歷史語言研究的成果涉及多個方面，包括古藏文、回鶻文，以及其他少數民族歷史語言方面的研究成果。

古藏文文獻研究方面。索南、索朗白珍《敦煌藏文寫卷〈開示輪回〉解讀》（《敦煌研究》2024 年 2 期）將八個相關抄卷定名《開示輪回》並解讀後，指出此文爲受藏譯《法句經》《入菩薩行論》等影響而作的唐吐蕃時期佛經變文。扎西當知《吐蕃時期古藏文占卜文書的存量調查及其分類》（《敦煌學輯刊》2024 年 2 期）探討吐蕃時期古藏文占卜文書的存量分佈、載體形式以及分類標准，分析敦煌、吐魯番等地出土的 72 件相關文書的保存現狀，並梳理這些文書在各地的收藏情況。魏玉鐲、陸離《敦煌藏文文書 IOL Tib J731 中的"血親復仇"情節分析》（《敦煌學輯刊》2024 年 2 期）分析敦煌藏文文書 IOL Tib J731 中"血親復仇"情節在苯教喪葬儀軌中的作用，指出其爲"人馬盟誓"的前提，推動故事發展起落，並通過多種表現形式增強其生動性。格日傑布《敦煌藏文大事紀年文書 Or.8212.187 末卷的文本標註與語法探析》（《西域歷史語言研究集刊》第二十輯）探究敦煌藏文大事紀年文書 Or.8212.187 末卷的文本標注與語法問題，並對文書中的語言現象進行分析。［日］岩尾一史著，沈琛譯《敦煌卷式藏文寫經〈十萬頌般若經〉之研究》（《歐亞譯叢》第八輯）對敦煌藏文寫經《十萬頌般若經》的抄寫背景、文本特徵及其在吐蕃統治敦煌時期的宗教與文化意義進行分析探討。多傑東智《敦煌古藏文文獻 P.T.1288 中 zhugs-long-dmar-po 的解讀及相關問題探討》（《民族語文》2024 年 4 期）探究敦煌古藏文文獻 P.T.1288 中 zhugs-long-dmar-po 的語音、結構、含義及相關問題，指出其含義應當爲當時傳遞軍事信息的"烽火臺"。

利用敦煌古藏文文獻研究吐蕃歷史。萬瑪項傑《P.T.1288〈吐蕃大事紀年〉第 7—8 行與松贊干布執政史事鈎沉》（《西藏研究》2024 年 3 期）探討 P.T.1288《吐蕃大事紀年》中第 7—8 行所記載的松贊干布執政前與其弟贊松不睦的史實，認爲對其進行分析和釋義可補充松贊干布生平事蹟及吐蕃史內容。索朗旺傑《敦煌吐蕃歷史文書 P.T.1288"堆之瑪爾瑪"地名考略》（《西藏研究》2024 年 5 期）指出"堆之瑪爾瑪""瑪爾瑪"和"堆"等地名之間存在地域從屬關係，P.T.1288 中的"堆"地方，應位於吐蕃中部，具體指今西藏山南市貢嘎縣境內部分區域。洪勇明《敦煌藏文書 Or.8212 新釋》（《絲路文化研究》第九輯）考證 Or.8212 的主人、創作時間、寫作背景，還原葛羅禄在河西的活動軌蹟及與周邊部族的關係，説明敦煌地區很早就是民族交往交流交融的大舞臺。張福慧、陳于柱《甘肅省博物館藏敦煌藏文寫卷 10556〈苯教祝禱儀軌書〉

釋録與研究》(《敦煌研究》2024 年 3 期)指出具有苯教信仰或支持苯教的吐蕃重臣與官宦曾任職於敦煌及河西隴右地區,是藏經洞出現苯教文獻的深層次原因。

回鶻文文獻研究方面。張鐵山、[日]松井太《敦煌莫高窟第 468 窟回鶻文題記研究》(《敦煌研究》2024 年 5 期)以敦煌莫高窟第 468 窟主室佛床十一身女供養人中間的 19 行回鶻文題記爲中心,探究其與五代時期敦煌石窟藝術及回鶻佛教信仰的問題。阿依達爾·米爾卡馬力、閻婷婷《從若干回鶻文獻的綴合看敦煌吐魯番文獻流散的另一路徑》(《西域研究》2024 年 3 期)通過對若干回鶻文獻的綴合研究,發現國内外多地收藏的回鶻文文獻可以相互綴合,體現敦煌吐魯番文獻流散的另一路徑。[日]松井太、薛文靜、楊富學《敦煌出土回鶻文曆占書殘片》(《吐魯番學研究》2024 年 3 期)指出這些回鶻語文書内容豐富,包括佛教、印度天文學、道教和中國民間宗教以及混合的内容,並對其進行釋讀、分析與考證。吐送江·依明《英、法藏敦煌吐魯番回鶻語文獻》(《西域歷史語言研究集刊》第二十輯)對英藏和法藏敦煌吐魯番回鶻語文獻進行系統梳理,分析這些文獻的語言特徵、抄寫背景及其在歷史研究中的重要性。吐送江·依明《敦煌莫高窟北區第 465 窟回鶻文題記釋讀》(《宏德學刊》第十八輯)對莫高窟北區第 465 窟的回鶻文題記進行釋讀,對題記的語言特徵、内容及其在敦煌回鶻文獻研究中的重要性進行系統分析。

其他少數民族歷史語言研究方面。范晶晶《對〈出生無邊門陀羅尼經〉于闐語本與漢譯本的考察》(《敦煌吐魯番研究》第二十三卷)通過比較法藏敦煌文獻 P.2026、P.2029、P.2782 與 P.2855 中的相關咒語,揭示兩種文本在語言特徵、文化内涵及功用上的不同。劉少華、孫褘達《西夏文〈六祖壇經〉與漢文本淵源關係新考》(《文獻》2024 年 1 期)指出目前發現的兩種西夏文《六祖壇經》散藏於各地的草書譯本屬於敦煌本,其處於旅博本所代表的敦煌本到惠昕本的過渡階段,出土於敦煌的可能性極大;黑水城出土楷書譯本是曾在國内流傳的、僅見的惠昕本。哈斯巴特爾《元代蒙古文刻本〈彰所知論〉——敦煌文書 B163:40-1、B163:40-2 再考》(《文獻》2024 年 6 期)指出這兩張殘片内容屬於《彰所知論》第二品"情世界品",認爲元代《彰所知論》蒙古文譯本既有八思巴字刻本,也有畏兀體蒙古文刻本,可知其在元代有較高流傳度。海霞、李國《敦煌莫高窟新見察合台文題記探析》(《宏德學刊》第十八輯)探討作者在敦煌莫高窟第 225、108 窟發現的三方察合台文題記,認爲結合文獻記載與第 196 窟一方伊斯蘭教弟子馬福康題記,可知穆斯林在敦煌的生活軌蹟,體現敦煌民族文化交融、宗教文化多元。

十、古　籍

本年度古籍整理與研究涵蓋敦煌類書、其他寫本古籍以及敦煌寫本裝幀形態等方面。

敦煌類書方面。高天霞《敦煌本 P.3715〈類書草稿〉殘卷綴合與研究——兼論 P.3715 與 BD15402、BD09343－2 的關係》(《敦煌研究》2024 年 6 期)通過考索 P.3715 背《致大夫狀》的撰作時間、BD09343－2 的抄寫時間以及它們與 P.3715《類書草稿》之間的關係,指出 P.3715 的起首部分可以與 BD15402 直接綴合,綴合後正反兩面的内容均可連屬,推測 P.3715《類書草稿》的編抄時間約在咸通四年(863)。劉褘《敦煌文獻對〈天地瑞祥志〉研究的價值:以分類體系爲中心》(《敦煌吐魯番研究》第二十三卷)以《天地瑞祥志》的分類體系爲出發點,將該書編纂與唐代瑞應思想盛行、瑞應制度設立的社會背景聯繫起來,又將其引用文獻、相關篇章與夢書寫本進行對比,並指出以上分類體系的文獻學價值。曹丹《業蘊"籯金":論敦煌寫本類書〈籯金〉與唐代科舉》(《敦煌學輯刊》2024 年 4 期)指出《籯金》是一部弘揚儒學、服務科舉的類書,認爲其内容在唐代科舉考試中具有廣泛和長時段的可借鑒性,並與科舉試題具有相當程度上的共構性,傳至敦煌後作爲學校教材被廣泛使用。張興武《敦煌寫本〈兔園策府〉的文學史料價值》(《南開學報》2024 年 1 期)指出寫本殘卷部分展示出《兔園策府》十卷本及三十卷本的文本異同,認爲其"對策"駢語和"引經史爲訓註"緊密結合,體現經史之學以"類書"爲中介積極作用於文學創作的内在邏輯。

其他寫本古籍。宋若谷《敦煌本〈闃外春秋〉編纂研究》(《敦煌研究》2024 年 5 期)探討唐人李荃所著《闃外春秋》的編纂背景、内容取材、體例及敘事特點。該文獻部分保存於 P.2668 和 P.2501 兩份敦煌寫卷中,是現存唯一的唐朝通代編年體戰爭史。李娟《法藏敦煌本〈史記〉改字考證》(《江西科技師範大學學報》2024 年 3 期)指出《史記》成書後的多個版本中法藏敦煌本屬於後時文本,存在明顯改字現象,認爲改字可以通過測查字符產生使用的時代及相關注釋材料進行考證。沈琛、江淳《敦煌本〈劉子〉的寫本學研究》(《敦煌吐魯番研究》第二十三卷)通過對現存敦煌《劉子》寫卷的寫本學梳理,發現 S.12042、BD14488 可以綴合,並通過書法、行款、紙張等文書學特徵的對比,將 12 件敦煌《劉子》寫本歸納爲五個寫本系統。

敦煌寫本裝幀形態方面。榮新江《便攜的方册——中古知識傳播的新途徑》(《敦煌吐魯番研究》第二十三卷)指出册子本是一種適用於下層與地方社會的便攜書籍,認爲由於這些册子本承載大量知識,故其成爲晚唐五代宋以後社會知識傳播的重要媒介。馮婧《寫本的地層學——以敦煌藏經洞發現的册子本爲例》(《敦煌研究》2024 年 6 期)探討 20 世紀下半葉西方研究者提出的寫本“地層學”理論,並將其應用於敦煌藏經洞發現的册子本研究。馮婧《敦煌册子本所見絲綢之路上的寫本流動——以寫本紙張特徵爲綫索》(《中國典籍與文化》2024 年 4 期)以敦煌藏經洞發現的册子本爲研究對象,對其進行實物調查與紙張類型學分析。指出這些册子反映了絲綢之路上人與物的流動,爲復現 9、10 世紀絲路上的寫本流動與文化、政治交往提供了更多綫索。吕曉芳《敦煌册子本縫綴形式初探——以英藏和法藏敦煌文獻爲中心》(《古籍保護研究》2024 年 1 期)認爲敦煌册子本的綴縫形式可分爲粘葉本的加固縫綴和綫訂本的獨立縫綴兩大類,此外還有個別綫訂本爲單沓折縫鎖綫訂、側訂等形式。黄晟《敦煌寫本縫綴裝裝幀形制研究——以 S.5692 寫本爲例》(《寫本學研究》第四輯)對敦煌寫本 S.5692 的縫綴裝裝幀形式及其特點進行探討,認爲縫綴裝是一種將多張紙頁摞起後從中對折,形成一疊,再通過繩綫連綴而成的裝幀方式,展現其在敦煌文獻中的應用及其對文獻保存和研究的重要性。袁勇《敦煌梵夾裝〈大乘入楞伽經〉寫本研究》(《敦煌吐魯番研究》第二十三卷)探討敦煌梵夾裝《大乘入楞伽經》寫本,判斷其爲七卷本《大乘入楞伽經》,分析其版本特徵、抄寫年代以及與相關文獻的聯繫,認爲這一寫本應出自敦煌地區,年代不早於 8 世紀,應爲中晚唐至五代宋初的寫本。

十一、科　　技

本年度敦煌學科技研究的成果主要集中在敦煌醫學、天文曆法、雕版印刷以及生産生活方面。

敦煌醫學方面。馬駿、楊曉軼、李應存等《敦煌〈輔行訣五臟用藥法要〉組方規則與轉化應用》(《中華中醫藥雜志》2024 年 4 期)將有關大、小補瀉湯在組方盤上進行推算,使其更快、更直觀地推出諸方藥味組成,此外認爲二十五味藥的藥味組成及其五行屬性是揭開大、小補瀉湯及大、小救誤湯諸方原始版本之謎的關鍵。趙曉榮《敦煌醫學佛醫思想的人類學探微》(《青海民族研究》2024 年 1 期)指出敦煌醫學佛醫思想的生命觀、疾病觀、醫療觀以及具體治療方法都獨具特色,具有重要的文化象征和歷史價值,也對當代養生保健、預防疾病具有意義。劉海偉、張學梅《敦煌遺書〈灸經圖〉中敦煌古穴腳痹經》(《西部中醫藥》2024 年 5 期)對敦煌古穴腳痹經的定位、主治病症進行考證與總結,認爲其與現代針灸學中的血海穴相符,爲腳痹經的臨床應用拓寬思路。劉馨遥、李應存、王川《敦煌莫高窟第 61 窟佛傳故事〈牧女獻糜〉的醫學内容探究》(《西部中醫藥》2024 年 9 期)從傳統中醫與營養衛生等方面對《牧女獻糜》中的醫學内容進行探究,指出其所蘊含醫學内容研究重點在於乳(酥),爲臨床應用提供參考。屈宏德、李應存《敦煌古醫方分型辨治新型冠狀病毒感染後遺症經驗》(《中醫臨床研究》2024 年 22 期)指出新型冠狀病毒感染後遺症患者正氣不足,疫邪日久,耗傷氣血,影響内臟功能的正常發揮,並據此給出相應的治療方法。李藝宏《敦煌法藏脈學新材料 P.2815V 研究》(《中醫文獻雜志》2024 年 3 期)經過對 P.2815V 的内容進行整理、釋錄與分析後,認爲該件文書是《平脈略例》中的一個小殘卷,並且該書可能爲當時敦煌醫學教學的通用書籍之一。

天文曆法方面。鄧文寬《敦煌日月:出土天文曆法文獻探賾》(山西人民出版社)是作者的天文曆法論文集,經過全面修訂與增補,集中收録 46 篇有關天文曆法的代表性研究成果,既有敦煌學考據論文,也有普及性講稿,全面展現作者在該領域耕耘四十餘年的學術貢獻。趙貞《敦煌曆序中的時日宜忌申論》(《敦煌學輯刊》2024 年 1 期)指出曆序即爲曆日之總則和鎖鑰,對於解讀曆日的社會文化意涵不可或缺。趙貞《中古曆日的整體特徵及影響》(《魏晉南北朝隋唐史資料》第四十九輯)指出敦煌曆日在體例、注記、吉凶宜忌等方面具有多樣性,並分析其對當時社會生活、宗教信仰及國家制度的影響。寧宇《俄藏敦煌六十甲子曆文書研究》(《敦煌學輯刊》2024 年 4 期)指出敦煌六十甲子曆文書屬時日宜忌文書,是唐宋之際流行於敦煌地區的"民生占卜"文書,是相關敦煌寫本中内容最豐富、使用最方便的占卜文書,可從側面折射唐宋間敦煌民衆精神追求與生活諸相。

雕版印刷方面。榮新江《現存最早的雕版印刷品——開元二十九年戒牒》(《中國典籍與文化》2024 年 4 期)論證戒牒上的佛像捺印應當是迄今所見具有明確年代的最早雕版印刷品。胡發強《敦煌印本曆日的編輯刊印特點及媒介功能拓展》(《敦煌學輯刊》2024 年 2 期)指出敦煌印本曆日除滿足日常生活外,還被民衆當作增進人際關係的媒介物,反映雕版印刷技術的進步和大衆文化傳播的需要。

生產生活方面。郝二旭《唐五代敦煌地區榨油裝置初探》(《敦煌研究》2024 年 5 期)對當時的榨油裝置進行初步研究,指出其主要由大梁、油梁牆、油盤等部件組成,並分析這些裝置在生產中的應用及其對當地社會經濟的影響。

十二、書評與學術動態

書評方面。郝春文《敦煌文獻圖版編纂印製的新進展——〈法國國家圖書館藏敦煌文獻〉讀後》(《光明日報》2024 年 3 月 11 日)指出該書是"敦煌文獻系統性保護整理出版工程"的重要成果,其采用高清全彩印製,刊佈法國國家圖書館所藏敦煌文獻的圖版,認爲圖版清晰度遠超以往版本,爲敦煌文獻的整理和研究提供更爲優質的材料。榮新江《敦煌繪畫 光彩重輝——評〈藏經洞敦煌藝術精品〉》(《光明日報》2024 年 8 月 10 日)認爲該書應當是國内第一次獲得大英博物館藏敦煌畫精品的正式版權,其以高清彩印出版,呈現藏經洞敦煌藝術,爲讀者提供敦煌繪畫的真實色彩與藝術細節。郜同麟《談〈敦煌文獻語言大詞典〉在文獻研究中的作用》(《辭書研究》2024 年 3 期)指出《敦煌文獻語言大詞典》是目前收録敦煌文獻詞彙最豐富、考釋最精當的詞典,在文獻文書、傳世文獻與圖像文獻研究方面提供了幫助。徐言斌《林仁昱〈敦煌佛教讚歌寫本之"原生態"與應用研究〉》(《敦煌吐魯番研究》第二十三卷)指出該書對敦煌佛教讚歌寫本的"原生態"進行考校,揭示其在抄寫、流傳和應用中的特點,並啓示學術界整理的完善並不意味着問題的呈現與解決,認爲更大範圍的佛教讚歌、曲子詞、變文等文學寫本尚待從"原生態"角度展開研究。

陳菊霞、馬丹陽《〈絲綢之路石窟藝術叢書:瓜州東千佛洞〉評介》(《敦煌學輯刊》2024 年 1 期)認爲該書不僅爲石窟藝術愛好者提供了足不出户欣賞東千佛洞的機會,更爲研究人員提供了全面的圖像資料,在傳播和弘揚中華傳統文化方面發揮了較大作用。敏春芳《講好敦煌歷史、做强敦煌學研究——〈敦煌通史〉評介》(《敦煌學輯刊》2024 年 3 期)對鄭炳林教授主編的《敦煌通史》進行述評,指出該書是推動敦煌學研究的重要成果。宋喜群《鋪展絲路明珠兩千年歷史畫卷——讀七卷本〈敦煌通史〉》(《光明日報》2024 年 2 月 3 日)認爲該書是敦煌學界第一部關於敦煌兩千年的通史,由鄭炳林及其團隊歷經十餘年完成,全面揭示了敦煌從秦漢到明清時期的歷史變遷,以及敦煌作爲"華戎交匯"之地的多元文化特色。劉陽《〈敦煌石窟全集〉第二卷〈莫高窟第 256、257、259 窟考古報告〉正式出版》(《石窟與土遺址保護研究》2024 年 1 期)認爲該書對敦煌莫高窟第 256、257、259 窟的考古研究進行系統分析與總結,並指出該書在窟室結構、壁畫内容、彩塑藝術等方面進行記録,爲敦煌石窟的學術研究和保護工作提供重要參考。徐俊《"敦煌"在哪裏,腳步就追到哪裏》(《中華讀書報》2024 年 6 月 5 日)、武紹衛《敦煌,如何被尋回?》(《讀書》2024 年 9 月 1 日)、李昀《敦煌在中國,敦煌學在世界》(《財新周刊》2024 年 27 期)等多篇文章都對《滿世界尋找敦煌》進行評述,認爲該書是榮新江先生四十年來在世界各地追尋敦煌遺書的真實記録,指出該書以通俗易懂的文字、圖文並茂的形式,帶領讀者走進一個個藏有敦煌寶藏的博物館和圖書館,領略一件件穿越千年的敦煌文書,感受一次次探險般的學習之旅。

段真子《尋夢百年,歸來又出發——讀〈尋夢與歸來:敦煌寶藏離合史〉》(《光明日報》2024 年 2 月 3 日)認爲該書在《敦煌百年:一個民族的心靈歷程》的基礎上進行大量修訂和補充,匯入 20 多年來敦煌學的新成果,重新梳理敦煌文物的發現與流散過程。閆麗《石窟保護與傳承:〈中國石窟·敦煌莫高窟〉出版始末》(《社會科學戰綫》2024 年 6 期)認爲該書內容豐富,集學術性和藝術性於一體,其出版是中日學術合作的重要成果,爲石窟保護與傳承提供重要參考。陳丹曦、王顥凝《一夢千曲説敦煌:評高德祥〈敦煌民間音樂文化集成〉》(《福建藝術》2024 年 12 期)指出該書承襲作者的一貫風格,是經過長期深入民間搜索、搶救、聽寫、梳理和分析所形成的大型輯録學術專著,記載了目前敦煌所留存的民間音樂唱詞譜本。

學術會議方面。2024 年 4 月 10 日,"浙江大學敦煌研究學術研討會暨常書鴻先生誕辰 120 周年紀念會"在浙江大學校友樓紫金港廳舉行。會議圍繞常書鴻先生的學術貢獻和敦煌學研究的傳承與發展,探討寫本的研究與保護等重要議題。2024 年 4 月 13 日,由敦煌研究院麥積山石窟藝術研究所、人文研究部主辦的"敦煌讀書班麥積山專號暨石窟學術研討會"在麥積山石窟藝術研究所舉行。會議圍繞敦煌讀書班麥積山專號及麥積山石窟的學術研究與保護傳承,討論麥積山石窟的考古報告編寫、文物保護現狀及治理對策,以及石窟藝術的中國化進程等重要議題。2024 年 4 月 19 至 20 日,由敦煌研究院人文研究部主辦的"敦煌讀書班"李正宇先生學術專號暨學術研討會在蘭州召開。會議圍繞李正宇先生的學術成就及其在敦煌學領域的貢獻,探究敦煌歷史、地理、佛教、文學等議題。2024 年 4 月 19 日至 21 日,由敦煌研究院和英國國家圖書館共同主辦的"流失海外敦煌文物"國際學術研討會暨國際敦煌項目工作會議在敦煌莫高窟召開。會議圍繞流失海外敦煌文物的保護、研究與數字化展開,探討敦煌藏經洞文獻寫本研究、文物數字化保存與管理等議題,推動國際敦煌項目的合作與發展。2024 年 6 月 22 日,"第三屆簡牘學與出土文獻語言文字研究國際學術研討會"在敦煌召開。會議探索簡牘學的學科建設、出土文獻的語言文字研究以及相關領域的跨學科合作。2024 年 6 月 11 至 12 日,由敦煌研究院、陝西師範大學主辦的"石窟與文明的對話——莫高窟第 285 窟專題研討會"在敦煌莫高窟舉辦。會議探討莫高窟第 285 窟的文化內涵和學術價值。2024 年 6 月 29 至 30 日首都師範大學歷史學院、古文獻研究中心主辦的"敦煌吐魯番文獻與中國古代史研究"學術研討會在北京召開。會議討論敦煌吐魯番文獻的整理、研究及其在中國古代史研究中的重要價值。2024 年 6 月 29 至 30 日,由敦煌研究院、中國敦煌吐魯番學會少數民族語言文字專業委員會主辦的“敦煌晚期石窟與民族文化”暨第九屆裕固學研討會在甘肅敦煌舉辦。會議聚焦敦煌晚期石窟與民族文化,探究敦煌晚期石窟的分期與斷代、民族文化在石窟藝術中的體現。

　　2024 年 8 月 19 日,由國家文物局主辦的“2024 · 石窟寺保護國際論壇”在敦煌舉行。會議圍繞石窟寺保護與國際合作展開,並舉行敦煌研究院與多國研究機構的合作發佈儀式。2024 年 8 月 23 至 24 日,由中國敦煌吐魯番學會、寧夏大學主辦的“敦煌與西夏”學術研討會在寧夏大學召開。會議圍繞敦煌文獻、石窟藝術、敦煌佛教史、西夏文獻等議題展開,旨在爲西夏陵申報世界文化遺產提供學術支持。2024 年 9 月 21 至 22 日,中山大學、中國敦煌吐魯番學會主辦的“敦煌吐魯番學與絲路宗教文明”學術研討會在中山大學廣州校區舉辦。會議圍繞着敦煌吐魯番學與絲路宗教文明的最新研究成果展開。2024 年 9 月 21 至 23 日,由甘肅省文物局、敦煌研究院主辦的敦煌論壇“創新與發展:敦煌學研究的新使命”學術研討會在敦煌召開。來自中國、美國、英國、意大利、俄羅斯等 9 個國家和地區的百餘名專家學者齊聚敦煌,共同探研新時代敦煌學研究的新使命。2024 年 9 月 23 日,敦煌研究院 80 週年座談會在敦煌召開。會議圍繞“傳承弘揚莫高精神　加快建設典範高地”這一主題,回顧敦煌研究院 80 年的發展歷程,展望未來“典範”“高地”建設的前景。2024 年 10 月 26 日,由敦煌研究院、中國唐史學會、上海師範大學、甘肅敦煌學學會主辦的“敦煌與唐宋絲綢之路工作坊”在敦煌舉行。會議圍繞敦煌與唐宋絲綢之路的學術研究,探索唐宋時期敦煌歷史與文化、西北史地研究、東西文明互鑒以及敦煌與絲綢之路的多方面聯繫。2024 年 10 月 26 日,由浙江省敦煌學與絲綢之路研究會、中國美術學院教師發展中心主辦的“薪火傳承——浙江省敦煌學與絲綢之路研究會第五屆青年學者論壇”在中國美術學院南山校區舉辦。會議圍繞敦煌學與絲綢之路研究的主題,推動敦煌學與絲綢之路研究的傳承與創新。2024 年 11 月 1 至 5 日,由敦煌研究院和中國中外關係史學會主辦的“翻譯與絲路文明”學術研討會在莫高窟召開。會議圍繞著“翻譯與絲綢之路文明”這一主題展開,討論翻譯活動在古代絲綢之路文明交流中的作用及其與敦煌學研究的關聯。2024 年 11 月 16 至 17 日,“敦煌寫本文獻整理與研究”青年學者工作坊在上海師範大學舉行,其圍繞敦煌寫本文獻整理與研究的前沿問題展開討論,旨在加強青年學者間的學術交流。2024 年 11 月 22 至 24 日,由敦煌研究院主辦的“2024 敦煌研究發展研討會”在敦煌莫高窟召開。會議圍繞敦煌學研究的現狀與未來發展方向展開,推動敦煌學的學術創新與學科發展。

敦煌學研究回顧與展望方面。鄭炳林《四十年來我國敦煌學發展及展望》(《歷史研究》2024 年 12 期)指出四十年來我國敦煌學的發展主要表現在敦煌文獻系統整理不斷推進、敦煌學研究蓬勃發展、跨學科交叉與融合愈發顯著等方面,認爲未來研究趨勢在於加强敦煌非漢文文獻研究、推動敦煌學研究時段前後貫通、拓展敦煌學研究領域、拓寬敦煌學研究視野、繼續深化敦煌佛教研究等。楊富學《加强中華民族共同體意識研究是當前敦煌學的一項迫切任務》(《民族學論叢》2024 年 3 期)指出加强中華民族共同體意識研究對當前敦煌學的重要性,認爲當前的研究迫切需要關注敦煌各民族歷史文化的交流,體現中華民族多元一體特徵,爲鑄牢中華民族共同體意識提供學術支撑。趙青山、王梓璇《四十年來國內敦煌漢文佛教文獻研究綜述》(《敦煌學輯刊》2024 年 1 期)回顧總結改革開放以來國內敦煌漢文佛教文獻研究的發展歷程,肯定這一領域在敦煌寺院經濟、佛教文獻整理與研究等方面取得的成就。扎西當知《敦煌古藏文占卜文書的研究綜述及其新趨勢》(《中國藏學》2024 年 4 期)通過搜集整理國內外學者對敦煌古藏文占卜文書的研究成果,對此類文書研究涉及的語言、歷史、文化、民俗及文獻等相關問題進行歸納總結。增寶當周《藏學學術史視域下百年藏文傳記文學漢譯述論》(《西藏大學學報》2024 年 3 期)在藏學學術史視域下梳理百年藏文傳記文學漢譯的發展脈絡與主要譯本,全面呈現翻譯成就,並探討譯著産生的社會語境、文本特徵和各種翻譯主題之間的相互作用。葛兆光《新史料與新問題:學術史的國際競賽——從戴密微〈吐蕃僧諍記〉説起》(《復旦學報》2024 年 1 期)討論 8 世紀桑耶寺佛教辯論事件的學術史,聚焦戴密微《吐蕃僧諍記》的史料價值與問題意識,指出國際學界在該領域的研究推進及中國學者參與國際學術爭鳴的重要性。

趙聲良《繼往開來砥礪前行——敦煌研究院八十年》(《敦煌研究》2024 年 4 期)回顧敦煌研究院八十年的發展歷程,指出敦煌研究院經過幾代人的不懈努力,在文物保護、學術研究、文化弘揚以及科學管理方面全面發展,取得豐碩的成果。柴劍虹《守護、研究、創新,相需相輔相成——爲賀敦煌研究院創建八十周年院慶作》(《敦煌研究》2024 年 4 期)回憶敦煌研究院八十年的發展歷程,以守護、研究與創新的相輔相成關係爲中心,記述敦煌研究院在文物保護、研究工作上所取得的成績。梁尉英《我與〈敦煌研究〉牽手相伴四十載——爲紀念敦煌研究院建院八十周年而作》(《敦煌研究》2024 年 4 期)回顧《敦煌研究》創刊 40 年來的發展歷程,通過作者與該刊物相伴 40 年間的編輯工作,追憶工作、旅途中的逸事,體現編輯工作中的辛勤與收穫。[美]克里斯蒂安・胡達克、倪密・蓋茨著,王平先譯《美國敦煌基金會的歷史》(《敦煌研究》2024 年 4 期)記述敦煌基金會在 21 世紀初成立的背景,對其在莫高窟保護、敦煌研究院發展以及文化交流中的作用進行探討與分析。宋旭華《浙江大學出版社 40 年來敦煌學出版述略》(《浙江大學學報》2024 年 7 期)回顧浙江大學出版社自 1984 年成立以來在敦煌學出版領域的歷程,將 40 年的出版工作分爲三個階段,指出浙江大學出版社在敦煌學領域的出版成果及其對學術研究的推動作用。楊寶玉、王夏陽《薪火相傳行穩致遠:中國社會科學院古代史研究所的敦煌學研究》(《形象史學》第二十九輯)回顧中國社會科學院古代史研究所的敦煌學研究歷程,將敦煌學研究歷程大略分爲四個階段,並以其在敦煌學領域的學術成就與傳承發展爲重心逐一介紹。聶志軍、李錦新《湖南敦煌學研究四十年述略》(《南京師範大學文學院學報》2024 年 1 期)回顧湖南敦煌學研究的發展歷程,指出其在語言文字研究、敦煌文獻整理以及漢文佛典研究等方面的成就。

紀念文方面。韓昇《立雪懷想池田温先生》(《讀書》2024 年 9 期)回顧池田温先生的學術生涯及其在敦煌學和中國古代籍帳研究領域的卓越成就,探討他的研究方法對後世學者的啓示與影響,表達作者對池田温先生的深切緬懷與崇高敬意。趙晶《論池田温的唐代法制史研究》(《中國古代法律文獻研究》第十八輯)分析日本學者池田温在唐代法制史研究領域的學術貢獻,特別是其對敦煌文獻中法律史料的挖掘與利用,以及在唐代户籍制度、賦役制度等方面的研究成果,指出其研究方法與學術觀點對中國法制史研究的啓示與影響。榮新江、范晶晶《段晴教授論著編年目錄》(《絲綢之路研究:段晴教授紀念專號》)系統梳理段晴教授的學術成果,回顧她在中古伊朗語、梵語、巴利語、犍陀羅語等領域的卓越貢獻,體現其在絲綢之路文獻研究中的重要地位。朱玉麒《海棠先著北枝花——我所知道的段晴教授和她的冷門絕學》(《絲綢之路研究:段晴教授紀念專號》)回憶段晴教授的學術生涯,指出她在中古伊朗語、梵語、巴利語、犍陀羅語等冷門語言領域的卓越成就,體現她在絲綢之路考古與文獻研究中的重要地位。

劉進寶《守護敦煌的段文傑》(《光明日報》2024 年 9 月 23 日)回顧段文傑守護敦煌的歷程,通過展現其在敦煌壁畫臨摹、石窟保護以及敦煌學研究中的重要貢獻,指出段文傑在敦煌文化遺產保護與傳承中的關鍵作用。劉進寶《略談"讀書得間"——跟隨金寶祥先生問學記》(《中國社會科學報》2024 年 1 月 19 日)回顧跟隨金寶祥先生學習的經歷,探討"讀書得間"的學術内涵與實踐方法,反映金寶祥先生對讀書與治學方法的獨特見解,表達作者對金寶祥先生的崇高敬意與深切感激。劉進寶《金寶祥先生的學術人生》(《文史知識》2024 年 2 期)回顧金寶祥先生的學術生涯、教學研究、治學特點與人格魅力,總結他在隋唐史研究領域的卓越貢獻,特別是在均田制、兩稅法等問題上的獨到見解。曹文軒《四川大學教授項楚數十年鑽研校勘考據——在古典文獻中潛心求索》(《人民日報》2024 年 5 月 31 日)通過項楚教授數十年來在古典文獻校勘考據領域的卓越成就,回顧他在敦煌學、文獻學、語言學和文學史研究中的獨特治學方法與學術貢獻。

2024 年吐魯番學研究綜述

胡添翼　陳魚江　李姝寧（上海師範大學）

2024 年中國大陸地區的吐魯番學研究成果頗豐。據不完全統計,吐魯番學研究專著及相關文集出版 40 餘部,公開發表的相關研究論文 320 餘篇。圍繞本年度的中國大陸地區吐魯番學及相關研究成果,以下分爲概説、歷史、社會文化、宗教、語言文字、文學、藝術、考古與文物保護、少數民族歷史語言、古籍、科技、書評與學術動態等十二類專題擇要介紹如下。

一、概　　説

本年度概括性的研究成果包括絲綢之路專題研究、中華民族共同體專題研究、吐魯番學與吐魯番文書研究、西北地區民族與文明研究以及西域探險隊與考古學家研究這五個方面。

絲綢之路專題研究方面。王子今《蜀道與絲綢之路交通》(《絲路文明》2024 年 9 期)從蜀道研究的角度出發,考察了"蜀道"與絲綢之路的關係,作者認爲漢簡所見敦煌"之蜀"道路,也可以理解爲西北絲綢之路的支綫。劉進寶《"絲綢之路"的提出及其學科概念》(《文化交流》2024 年 3 期)回顧了"絲綢之路"概念的起源、發展歷程及其在學術領域的演變軌蹟,探討了"絲綢之路"概念從狹義到廣義的擴展路徑,並分析了其在不同歷史階段的内涵和應用。趙大旺、劉進寶《漢唐時期的絲綢之路與中外文明互鑒》(《浙江大學學報》2024 年 9 期)探討漢唐時期絲綢之路的興盛及其對中外文明互鑒的影響,並從物産交流、知識傳播和信仰融合三個方面進行闡述。馬麗蓉《"絲路學"概念考釋與"一帶一路"學術話語權建設研究》(《新疆師範大學學報》2024 年 2 期)以"絲路學"概念的考釋樣本爲切入點,旨在還原中國"絲路學"從發現到對接,再到學科確立的"三部曲"發展歷程,並以此爲基礎,分析了建設"一帶一路"學術話語權的中國路徑。孟憲實《漢唐時代的絲綢之路:使者·絹馬·體制》(社會科學文獻出版社)探討漢唐時期中國與西域各國之間的使者往來、絹馬貿易以及相關的政治體制和交通設施,揭示了絲綢之路在促進東西方文化交流、經濟發展以及政治合作中的重要作用。安文華、侯宗輝主編《絲綢之路古文明印記》(中國社會科學出版社)對絲綢之路上的古文明遺址遺蹟進行了多角度描述,闡述了絲綢之路在東西方文化交流、文明互鑒中的作用。武斌《絲綢之路簡史》(外文出版社)將絲路文明置於全球文明的視角下,從絲綢之路的起源發展、經貿往來、文化傳播、沿綫樞紐、傳奇人物、新時代傳承等方面,對絲綢之路的發展史進行了梳理。李鵬、張沐可《陸上絲綢之路行旅的生命史考察》(《學術研究》2024 年 8 期)從生命史的視角出發,考察了行旅者在絲綢之路上的生命應對、心理調試與生命歷程,揭示了其精神意志在構築歐亞大陸互聯互通"生命之網"中的重要作用。叢振、金天《絲綢之路遊藝文化交流場所研究》(《絲綢之路》2024 年 2 期)通過對絲綢之路遊藝文化交流場所進行研究,從遊藝交流的角度説明了絲綢之路對中國古代各階層人民的影響力。

中華民族共同體研究方面。王欣、耿蕾《甥舅之誼:唐朝回鶻和親與中華民族共同體的構建》(《北方民族大學學報》2024 年 5 期)指出唐代通過和親與回鶻建立甥舅關係,從而强化回鶻對中原王朝的認同,促進了中華民族共同體的形成。米治鵬、張小飛、張學圭《克孜爾石窟第 175 窟農耕圖像與中華民族共同體研究》(《文物鑒定與鑒賞》2024 年 8 期)通過對克孜爾石窟農耕圖像中人與物形象、農耕場景和環境及其歷史意義進行分析,認爲中華民族在歷史發展的過程中早已形成命運共同體。

吐魯番學與吐魯番文書研究方面。榮新江、張志清主編《中國國家圖書館藏西域文書:漢文卷》(中華書局)收錄了國家圖書館所藏西域漢文文書及其研究成果,爲研究唐代西域的軍政體制、稅收制度、社會生活等提供了史料支持。榮新江《吐魯番學研究中的學術規範問題》(《吐魯番學研究》2024 年 2 期)闡述了吐魯番學的内涵並進行了學術史回顧,爲吐魯番學的學術規範問題提供了借鑒。劉安志《敦煌吐魯番文書與唐代西域史研究》(增訂本)(社會科學文獻出版社)充分挖掘吐魯番、庫車、敦煌等地所出文書資料,並以之與傳世文獻、歷史遺蹟相互印證,從微觀考察與宏觀把握的雙重視角,探討唐代前期經營管理西域的歷程及實態。劉子凡《唐代北庭文書整理與研究》(中西書局)系統整理和分析了唐代北庭地區的文書資料,同時作者通過對文書的考證,探討了北庭的軍鎮體系、輪臺縣的設立以及唐代在西域的治理模式等問題,爲理解唐代的邊疆治理和文化交流提供了參考。

西北地區民族與文明研究方面。楊蕤、車昌洋《蕃處中國:宋人筆記中的西域》(《西域研究》2024 年 1 期)從宋代的地緣關係出發,對宋人筆記中有關西域的信息特别是有關僧侶往來、佛教傳播、物産異聞等方面進行了研究。牛汝極《絲綢之路上回鶻人的中華文化觀》(《北方民族大學學報》2024 年 5 期)根據大量的考古材料,對回鶻人"儒釋道耶"信仰進行梳理,闡述了回鶻文化和中華文化的緊密聯繫。肖堯軒、劉沛東《從新疆所現的琵琶類文物看各民族交往交流交融的歷史事實》(《新疆藝術學院學報》2024 年 3 期)從文物資料、史料文本和當下現實三方面探討了琵琶的起源、演變和現實發展,揭示了各民族之間的交往交流交融。

西域探險與考古學家研究方面。鄭麗穎、米哈伊爾·德米特里耶維奇·布哈林《近代俄國和德國在吐魯番考古領域的合作與衝突》(《西域研究》2024年1期)對俄羅斯科學院檔案館新近公佈的俄國考古學家奧登堡、克萊門茨與德國探險家格倫威德爾的書信檔案進行整理,同時結合柏林亞洲藝術博物館史料,梳理了俄德新疆考察隊的短暫合作、考古範圍的劃分、衝突原因及結果。丁斯甘《法國探險家保寧1899—1900年中國西北探查活動考述》(《敦煌研究》2024年3期)對保寧在中國探查活動所途經的城市、抵離時間、所獲文物等細節進行了梳理。沈雪晨《1873—1874年福賽斯使團"出使"新疆路綫與探查活動考》(《西域研究》2024年2期)結合出使報告、回憶録、地圖等一手資料,考證了福賽斯使團的活動路綫,爲更加準確地把握福賽斯使團的活動細節提供了參考。范宏濤《大谷探險隊與世界東方學家的互動——以大谷光瑞爲中心的考察》(《絲路文化研究》第九輯)探討了大谷光瑞組織的三次"中亞探險"活動的背景、目的及其對日本東方學崛起和世界東方學發展的影響。李梅景《奧登堡中國西北考察研究》(甘肅文化出版社)以奧登堡在新疆(1909—1910年)、敦煌(1914—1915年)的兩次考察爲研究對象,考述了奧登堡的工作、生活經歷以及在新疆、敦煌的考察始末,並對前人關於奧登堡論述中存在的模糊、錯誤之處進行了糾正和補充。〔德〕卡恩·德雷爾著,陳婷婷譯《絲路探險:1902—1914年德國考察隊吐魯番行記》(上海古籍出版社)對1902—1914年德國吐魯番考察隊對絲路北道的四次考察的歷史背景、具體行程、文物資料進行了系統梳理。

二、歷　　史

歷史方面的研究成果包含政治、軍事、經濟、史地等方面。

政治方面包含中央王朝與西域及民族之間的交流、中央王朝對西域的經營以及地方行政與基層治理方面。

中央王朝與西域及民族之間的交流方面。張子青《東漢時期羅馬和貴霜對西域歸屬漢朝的認知》(《新疆大學學報》2024年3期)認爲漢代時"西域與中原是一個整體"的觀念便開始形成,有助於進一步審視部分外國學者在新疆歷史認知上的局限,以及長期流行的"中原地區—内亞"二元對立視角。陳瑋《河隴陷蕃後河西、西域與唐廷交通往來新探》(《西域研究》2024年4期)闡述了廣德二年河隴陷蕃後到貞元時期河西、北庭與唐廷在交通、政治及文化上的緊密聯繫,展現了唐廷對西域地區的影響力和羈縻政策的實施。喬玉蕊《宋使劉渥出使龜兹回鶻考》(《敦煌學輯刊》2024 年 4 期)對北宋時期劉渥出使龜兹回鶻的史實進行考證,探討了北宋與龜兹回鶻之間的外交關係。王紅梅《高昌回鶻與中原王朝的朝貢往來考》(《石河子大學學報》2024 年 3 期)根據《宋史》《册府元龜》等史料,對五代宋時期高昌回鶻與後周和宋朝的政治經濟文化交流進行了考證。馬麗、劉木子《懸泉漢簡所見長安與西域的互通交往》(《西部文藝研究》2024 年 5 期)對懸泉漢簡和敦煌漢簡中出現的器物、工種以及西域詞彙等信息進行了分析,揭示了漢代長安與西域互通往來的歷史。

　　中央王朝對西域的經營方面。劉子凡《萬里向安西:出土文獻與唐代西北經略研究》(社會科學文獻出版社)以敦煌吐魯番文書、石刻碑志等出土文獻爲基礎,探討了唐朝中央政府對西北的開拓與經營,以及其對中國古代乃至中亞歷史發展的影響。伍思遠《高、武時期唐廷對西州政策的轉變與上烽契文書的出現》(《吐魯番學研究》2024 年 2 期)探討了唐高宗至武則天時期唐廷對西州政策的轉變過程及其與上烽契文書出現的關係,反映了政策調整對地方社會的影響。孫麗萍《唐初對西州的治理——基於"來豐案卷"的探析》(《中國邊疆史地研究》2024 年 4 期)從"來豐案卷"入手,分析了唐初唐廷對西州及西北邊疆的治理措施,同時討論了坊制在西州的推行和演變情況。鄭炳林《古典學視野下的西漢敦煌西域史探索與重構》(《華中師範大學學報》2024 年 6 期)從古典學的視角探討了西域都護府的設置與管轄範圍擴大的過程,揭示了匈奴日逐王歸附西漢的具體經過。趙海軍、王慶昱《郭嗣本與唐貞觀時期北疆經營探究》(《石河子大學學報》2024 年 1 期)通過對近年出土的郭嗣本墓志進行考釋,補充了傳世史料中關於郭嗣本的有限記載,爲研究唐王朝與突厥的關係及唐初政事提供了新的視角和資料。張瑛《從出土漢簡看漢王朝經營西域的動因和路徑》(《絲綢之路》2024 年 3 期)在前人研究的基礎上,以新出土的河西漢簡和新疆漢簡爲切入點,結合傳世文獻,對漢王朝經營西域的原因與策略進行了論述。王旭送、胡亮霞《隋唐時期中央王朝對于闐的治理》(《和田師範專科學校學報》2024 年 5 期)對隋唐時期于闐與中央王朝的關係及其中央王朝對于闐治理策略進行了較爲系統的論述。侯曉晨《唐玄宗開元初期的西域經略觀》(《地域文化研究》2024 年 4 期)以中央政府對西域邊政、西域諸國的態度爲側重點論述了唐玄宗開元初期的西域經略觀。武振煜《隋代裴矩經營西域研究》(《今古文創》2024 年 48 期)對裴矩經營西域的背景、方法和影響進行了梳理,作者認爲裴矩對西域的經營爲後來唐朝經略西域打下了基礎。

　　地方行政與基層治理方面。王希隆《新疆軍府制的創立、發展與深化——以西漢、唐、清三朝爲中心》(《西域研究》2024 年 4 期)闡述了西漢、唐、清時期新疆軍府制的演變軌蹟,以及其在維護國家統一、促進新疆地區開發與穩定方面的意義。王旭送《唐代西州基層組織管理的再審視——以鄉城、鄉主者、坊爲例》(《西域研究》2024 年 1 期)對西州的鄉城、鄉官和坊等基層制度進行了重新審視,揭示了唐代西州基層組織的獨特性及其與内地制度的差異。謝慧嫻《吐魯番文書所見唐代西州的户曹與倉曹及其相互關係》(《西域研究》2024 年 3 期)對吐魯番出土文書進行了系統梳理,探討了唐代前期西州地區户曹與倉曹的職能分工及其相互關係,加深了對唐代地方行政體制和政務運行的理解。章益誠《唐代里正上直及所用"到簿"考》(《敦煌吐魯番研究》第二十三卷)對里正上直與點檢的緣由進行了闡述,同時分析了三件唐代"點檢簿"的文書形態,在此基礎上討論了到簿的基本格式,並對里正上直制度以及上直時所用到簿的性質、内容與意義等問題進行了討論。

軍事方面的研究包括邊疆經營研究、軍事文書探析以及軍鎮研究方面。邊疆經營研究方面。尚玉平、武海龍《吐魯番新出唐〈程府君墓志〉考釋——兼論安史之亂後伊西庭地區的軍政一體化》(《西域研究》2024 年 1 期)在破損的《程府君墓志》基礎上進行考證,補充了闕文並釐清了墓主的仕宦經歷,指出墓主的仕宦經歷與安史之亂後吐蕃造成的軍事壓力緊密相關。董永强《唐西州天山軍相關問題研究——從新見〈王懷晸墓志〉談起》(《魏晉南北朝隋唐史資料》第四十九輯)將《王懷晸墓志》與相關出土文獻結合起來,對唐代西州天山軍的設立、組織架構、軍事活動及其與地方行政的關係進行了探討。

軍事文書探析方面。王聖琳《吐魯番所出〈唐尚書省牒爲懷岌等西討大軍給果毅傔人事〉性質新解》(《吐魯番學研究》2024 年 2 期)對吐魯番地區出土的《唐尚書省牒爲懷岌等西討大軍給果毅傔人事》進行了重新研究,探討了唐代軍事文書的性質及其在行政運行中的角色,有助於重新思考唐代刺文及相關制度。賀雙《〈唐西州都督府牒爲請留送東官馬填充團結欠馬事〉所見軍馬調配行爲試析》(《吐魯番學研究》2024 年 2 期)通過對同墓出土文書的物理形態、官文書格式和文字表達的分析,一定程度上還原了文書的原本面貌和含義。胡興軍《新疆尉犁縣克亞克庫都克烽燧遺址出土勘告文書初步研究》(《西域研究》2024 年 1 期)對克亞克庫都克烽燧遺址出土的幾件涉及勘告内容的文書進行了考釋,在此基礎上對唐代軍事制度的變化進行了研究。

軍鎮研究方面。劉子凡《唐代軍鎮體制沿革研究》(《歷史研究》2024 年 8 期)以于闐鎮守軍爲例,利用出土文獻等新資料,勾勒出唐代軍鎮的組織結構、運行方式及其在歷史發展中的傳承與革新。田海峰、譚程月《略談唐代疏勒鎮守軍的戰略地位》(《絲綢之路》2024 年 4 期)對疏勒鎮守軍的戰略地位進行了論述,作者認爲疏勒扼守西域交通,這一獨特的戰略優勢與後世唐朝穩定安西四鎮有着密切的關係。

經濟方面。侯文昌《高昌回鶻的私有地權研究》(《中國邊疆史地研究》2024年2期)從法律史的角度對吐魯番所出回鶻文地權流轉契約文書進行了研究,並進一步考察了高昌回鶻私有地權的佔有形式、流轉形式等相關問題。劉子凡《阿斯塔那506號墓出土付領錢物抄與北庭關係考》(《魏晉南北朝隋唐史資料》第四十九輯)對吐魯番阿斯塔那506號墓出土的一組付領錢物抄進行了新的討論,有利於更加深入地認識北庭在唐朝經營西域中的作用和在絲綢之路上的地位。王濤編著《絲綢之路錢幣圖鑒》(陝西師範大學出版社)收錄了絲綢之路沿綫上一百多個古國的貨幣,且附有手繪徽記、古文字漢字的對比、絲路古國的大事年表、錢幣的重量尺寸等具體信息,同時對錢幣的外延和内涵進行了考證。王旭送《唐代西州畜牧業研究》(《吐魯番學研究》2024年4期)利用吐魯番出土文書,從牲畜養殖情況、牲畜用途、牲畜貿易及畜牧技術等方面,對唐代西州的畜牧業發展情況進行了探討。范曉陽《唐朝統治于闐時期的漢寺經濟——以和田出土漢語文書爲中心》(《首都師範大學學報》2024年4期)結合傳統史料和吐魯番、敦煌等地出土的文書,綜合對于闐漢語經濟文書的解讀考察,展現出當地漢寺在不同側面的經濟生活場景。袁煒《〈泉志〉載封思業所獲西域錢幣考》(《中國國家博物館館刊》2024年8期)對《泉志·外國品》所載有徐氏、郭素按語的八種西域錢幣進行了考證,認爲這些錢幣係久視元年(700)武周與吐蕃在碎葉之戰中爲封思業所獲,確定了徐氏所述康國錢實爲烏散特勤灑"77年"銀幣。

史地方面。陳曉露《絲綢之路開通前塔里木盆地交通格局》(《歷史研究》2024年7期)認爲塔里木盆地從青銅時代開始的南北貫通,到早期鐵器時代南北交通的逐漸衰落,再到兩漢時期東西向"南北兩道"格局的形成,爲絲綢之路的開通奠定了基礎。張安福、牛齊培《天山廊道交通視域下的唐代輪臺地望考》(《中國邊疆史地研究》2024年1期)從天山廊道交通、東天山與中天山的聯防體系、北道税收中心三個維度,探討了唐代輪臺城的地望問題。于海琴《吐魯番永昌城的歷史及今地考》(《吐魯番學研究》2024年3期)對永昌城的設置時間、名稱由來、歷史演變、地址進行了考證。李艷玲《漢唐西域水上交通管窺》(《史學集刊》2024年6期)對文獻中有關漢唐水上交通的零星記載進行了梳理,綜合考古調查資料,從生活在水資源豐富的居民生活方式、渡口交通以及中原政權對西域漕運的開發等方面分析了漢唐時期的西域水上交通和特點。張龍海《蒙元時期新疆、中亞驛道新論》(《新疆大學學報》2024年2期)以諸汗國之間政治關係變動爲背景,討論了蒙元時期新疆、中亞驛道興衰變遷的原因和過程。侯曉晨《隋唐西域範圍札記》(《新疆地方志》2024 年 3 期)分析了隋代西域範圍的展開,尤其是吐谷渾、党項等地是否應納入隋代西域的範圍的問題,並對"西域"概念的内涵進行討論。王玉平、田恬《唐代伊州通西州道路的變遷》(《歷史地理研究》2024 年 3 期)梳理了唐代西域地志文獻,分析了伊州至西州交通驛道的變遷過程。薛正昌、薛煦《絲路交會地:北庭故城歷史與文化》(《地域文化研究》2024 年 1 期)將北庭故城放在絲綢之路的視角下對其歷史文化進行研究,顯示出新疆多民族文化交往交流交融的歷史。

三、社 會 文 化

社會文化的研究主要包括文化交流與社會風貌方面。

文化交流方面。叢振《從絲綢之路到遊藝之路:遊藝文化在絲綢之路上的交流研究》(《敦煌學輯刊》2024 年 3 期)從空間格局、時間節點、利益驅動和多元融匯四個維度對絲綢之路上的遊藝文化進行了分析,進而闡釋了遊藝項目在絲綢之路上交流的途徑和方式。李寧、李文亮《新疆吐魯番出土隨葬衣物疏分類釋考及所見中華文化的交融與共生》(《吐魯番學研究》2024 年 1 期)利用語言學的研究方法對隨葬衣物疏進行分析,從中觀察到中華文化多元基因呈現交融與共生的特徵。裴成國《魏晉南北朝漢文化在西域的傳播》(《魏晉南北朝隋唐史資料》第四十九輯)在回顧兩漢時期漢文化在西域傳播情況的基礎上,探討了魏晉南北朝時期漢文化在西域的傳播特點及其與漢代的差異。謝振華《西域占卜術東傳與北齊西胡化問題》(《西域研究》2024 年 2 期)對鄴下占卜術的源頭進行了考證,在此基礎上分析了西胡東遷的兩次高潮和背景,由此進一步論證了東魏涼州地望並評估了北齊"西胡化"的速度。劉陽、劉知和、胡芳芳、劉青《絲綢之路于闐文化與唐代長安體育的繁榮》(《體育世界》2024 年 11 期)以絲綢之路于闐文化與唐代長安體育發展與交流爲綫索,重點分析了于闐體育文化的地域特徵,進而探討了于闐文化在唐代體育文化多元發展中的價值。

社會風貌方面主要包括飲食、服飾與喪葬習俗。飲食方面。徐龍《絲路食語:從絲綢之路走來的食材》(商務印書館)列舉了經由絲綢之路傳入我國的 161 種食材,並考證了其歷史起源、傳入時間和路徑、接受程度。惠源《絲綢之路上的葡萄酒》(南方日報出版社)結合大量海外考古材料和典籍史料,闡述了在絲綢之路貿易繁榮的背景下,葡萄酒在東西方經濟、社會和文化等多方面的傳播交流情況。姚磊、黃月《西北漢簡所見粟研究》(《農業考古》2024 年 6 期)以西北漢簡中所記載的粟爲主題,從粟的名稱、種類、食用、經濟、文化等多方面進行研究,進而發掘粟在河西吏卒生活中的價值及地位。盧向前《麴氏高昌和唐代西州的葡萄、葡萄酒》(《文化交流》2024 年 3 期)借助出土文書,對麴氏高昌和唐代西州時期吐魯番地區葡萄的種植管理、加工利用等問題進行了探討。牟新慧、丁禹《阿斯塔那古墓群出土的花式點心》(《大衆考古》2024 年 6 期)對點心一詞的淵源進行了考釋,同時介紹了阿斯塔那古墓群出土的花式點心的種類、造型,在此基礎上分析其蘊含的中原文化因素。陳怡丹、王江君《晉唐時期吐魯番地區飲食器具研究》(《東方收藏》2024 年 3 期)對吐魯番墓葬出土的飲食器具進行了分類,同時結合吐魯番出土文獻,分析了晉唐時期吐魯番地區飲食器具的特點,有利於了解吐魯番地區的飲食文化體系。

服飾方面。苟娟娟《充耳琇瑩——新疆發現的耳飾及其文化内涵探析》(《文物鑒定與鑒賞》2024 年 15 期)以新疆地區考古發現的不同歷史時期耳飾爲例,從種類、樣式和工藝等方面探討了耳飾文化的發展過程及其歷史價值。娜仁《三至九世紀龜茲男性服飾初探——以克孜爾石窟壁畫爲考察依據》(《西部皮革》2024 年 20 期)綜合考古資料和古籍記載,對克孜爾石窟壁畫中的服飾描繪進行分析,探究了龜茲男性服飾的種類、形制和穿著方式。田茹《從新疆出土帽飾文物淺談新疆與中原地區的文化交流》(《西部皮革》2024 年 6 期)對新疆地區出土的帽飾進行研究,探討了帽飾在服裝史上的演變歷程以及帽飾在文化交流、生活實踐、藝術表現和古人審美追求等方面所發揮的作用。李和《古代中國邊疆民族的服飾文化與交流》(《染整技術》2024 年 5 期)介紹了古代中國邊疆民族的服飾特點、意義與象徵,有利於更好地理解古代中國服飾文化的多樣性。曹利華、張磊《交融互鑒:高昌國、唐西州各族民衆社會生活研究——以吐魯番出土文書爲中心》(《新疆大學學報》2024 年 1 期)利用吐魯番出土文書,從居住、生産、婚姻、信仰等方面考察了各族民衆的社會生活狀況。

喪葬習俗方面。沈雪、鄭炳林《吐魯番出土隨葬衣物疏所見服飾信息辨析——以褶袴爲例》(《敦煌研究》2024 年 3 期)結合實物材料,整理了吐魯番出土隨葬衣物疏有關"褶袴"的記錄並對之梳理和比對,認爲褶袴從胡服變爲戎服,隨時局變化,在不同時期有着多樣的面貌。趙曉芳《"兔毫"與五胡時代西北地區的喪葬文化傳播》(《敦煌研究》2024 年 1 期)以"兔毫"爲牽引,利用墓葬中的衣物疏、出土實物和壁畫等材料,復原當時人的墓葬邏輯,闡述了吐魯番的喪葬文化。張總《敦煌吐魯番等諸民族間喪儀葬俗之交流——以漢藏回鶻西夏〈十王經〉存本談起》(《敦煌研究》2024 年 2 期)對多語本的《十王經》進行探考並劃分了喪習與葬俗,爲進一步研究諸民族的喪葬儀俗奠定了基礎。張慕華《儒釋道文化影響下的喪葬禮儀文體辨析——以敦煌吐魯番文獻爲中心》(《江西師範大學學報》2024 年 6 期)結合敦煌吐魯番文獻,從文化比較的視角,對喪葬禮儀文體進行比較,分析了不同文化屬性的喪葬禮儀文書在體裁、内容、形式和風格等文體要素方面的差異性。李亞棟《吐魯番晉唐墓葬葬具文書出土形態研究》(《青海師範大學學報》2024 年 5 期)對吐魯番晉唐墓葬文書的出土形態進行了分類,進而分析其對文書整理的價值。

四、宗　教

宗教方面主要包括佛教、基督教、道教、祆教與摩尼教的研究。

佛教方面的研究包括出土佛經、佛教信仰傳播和佛教圖像考辨研究。出土佛經研究方面。沈奧《〈唐乾封二年(667)西州高昌縣董真英隨葬功德疏〉再釋——兼論天台宗在吐魯番地區的傳播》(《吐魯番學研究》2024 年 2 期)探討了疏文中“生死異路”觀念、功德疏的制作過程,以及天台宗教義在西州僧侶間的傳播情況。尤澳、楊祖榮《吐魯番文書中的〈維摩詰經〉及其注疏》(《吐魯番學研究》2024 年 2 期)梳理了吐魯番出土的《維摩詰經》的支謙、鳩摩羅什和玄奘版譯本及其注疏,論述了吐魯番地區義學的發展態勢。魏婧潔《高昌義和五年和夫人供養〈妙法蓮華經〉拾補》(《吐魯番學研究》2024 年 3 期)認爲上海圖書館藏和夫人供養《妙法蓮華經》題記中的“玉□”一詞應釋爲“玉容”,探討了和氏伯姬與義和政變集團的關係,有助於了解高昌義和時期的社會背景與宗教信仰。徐偉喆《日本散藏吐魯番出土文獻中的〈遼藏〉殘片》(《吐魯番學研究》2024 年 2 期)對日本散藏《遼藏》殘片進行系統整理和比定,論述了契丹與西州回鶻之間的密切交流情況。謝慧嫻《吐魯番文書中的“丁谷寺”及其相關問題研究》(《敦煌吐魯番研究》第二十三卷)通過梳理丁谷寺的發展脈絡,探討丁谷寺的地位、功能及其與世俗社會的關係,繼而展現了以丁谷寺爲代表的中古吐魯番地區佛教發展的基本情況。趙洋《旅順博物館藏新疆出土〈法苑珠林〉殘片考——論〈法苑珠林〉佛經引典與“述曰”的來源》(《敦煌吐魯番研究》第二十三卷)對旅順博物館所藏的兩件《法苑珠林》殘片進行了考釋,發現《法苑珠林》並非道世晚年另起爐灶的撰述,書中多處摘抄的佛典、外典也不盡是源自原典。

定源《敦煌、吐魯番出土〈金剛暎〉寫本及相關問題研究》(《傳統文化研究》2024 年 2 期)闡述了敦煌、吐魯番出土《金剛暎》的文獻價值及其在佛教注釋史上的地位,爲唐代《金剛經》注釋書研究提供了資料。柴傑、楊富學《撮錄本〈孔雀王咒經〉生成時代考辨》(《五臺山研究》2024 年 3 期)分析了《孔雀王咒經》的來源及其與《笑道論》及《太上妙法本相經》的關係,推斷該經生成年代應在 570 年至 597 年之間。崔中慧《吐魯番出土幾件〈華嚴經〉寫本殘卷研究》(《五臺山研究》2024 年 4 期)對藏於德國的《華嚴經》寫本佛經殘片進行了研究,並根據其特殊的書法風格,對比與敦煌及吐魯番相關有紀年石刻以及其他有紀年的寫經,推斷這幾件殘片爲北涼時期的寫經。侯明明、胡興軍《吐魯番發現的"大隨求陀羅尼經咒圖"研究》(《青海民族研究》2024 年 2 期)探討了吐魯番地區發現的"大隨求陀羅尼經咒圖"的歷史背景、圖像特徵及其在佛教文化中的意義。畢光美、程恭讓《〈金光明經〉的女神信仰及其佛法意義》(《宏德學刊》第十八輯)對《金光明經》中的女神形象及其在印度佛教中的象徵意義進行了梳理,對女神信仰的内涵及其背後隱含的佛教思想進行了探討。

佛教信仰傳播方面。陳粟裕《沙海浮圖:中古時期西域南道佛典與圖像》(商務印書館)收集並整理了散藏於世界各大博物館、圖書館的西域南道佛教文物,配合相關歷史遺址的調查,從中解讀了從犍陀羅至疏勒、于闐、鄯善、敦煌這條絲綢之路西域南道上佛教傳播和流行的歷史實況。宋博文、張鐵山《回鶻契約文書反映的民間佛教信仰》(《敦煌學輯刊》2024 年 4 期)對兩件回鶻文契約文書進行了研究,並闡述了回鶻人經濟生活與精神世界。王龍、陳愛峰《吐峪溝石窟新出兩件"六念文"初釋》(《敦煌學輯刊》2024 年 1 期)以吐峪溝石窟新出的兩件唐貞元四年的"六念文"爲研究對象,作者認爲六念文屬於佛教戒律文書,是僧人受具足戒時不可或缺的程式之一。張風雷《芮芮還是于闐:法獻佛牙來源考》(《世界宗教研究》2024 年 5 期)梳理了劉宋時代西行求法僧法獻從西域帶回來的佛牙舍利及相關經像的史料,認爲法獻所得佛牙舍利源自芮芮,而非後世訛傳的于闐,還原了法獻佛牙及經像傳入中土的真實歷史。

佛教圖像考辨方面。任平山《克孜爾壁畫"見佛歸兵"考》(《西域研究》2024 年 3 期)對惡生王征伐壁畫進行了分析,闡述了克孜爾壁畫中的"見佛歸兵"主題與惡生王故事之間的關係。宋艷玉《"邁向菩提座"的佛傳視覺敘事探微——兼對克孜爾第 110 窟東壁存疑壁畫考辨》(《南京藝術學院學報》2024 年 6 期)認爲克孜爾石窟第 110 窟東壁中排左起第 4 幅壁畫内容是以"魔王誘惑"視覺敘事來呈現"邁向菩提座"。馬莉《克孜爾第 118 窟天相圖中的"提兜比丘"釋讀》(《南京藝術學院學報》2024 年 6 期)認爲克孜爾第 118 窟天相圖中的"提兜比丘"是將兩漢時期流行的畢宿信仰與對佛教中神通之力的崇拜進行整合後形成的一種創造性圖像。

基督教研究方面。牛汝極《高昌回鶻汗國的東方教會敘利亞文〈聖經〉文庫》(《國際漢學》2024 年 2 期)認爲吐魯番出土的敘利亞文基督教文獻,主要爲《聖經》中的《佩希塔》與《詩篇》，呈現了東方教會神學傳統在吐魯番地區的傳播影響，以及當地基督教社區的宗教實踐與文化交融情況。牛汝極《敘利亞文巴沙巴主教傳説揭示東方教會經木鹿向中亞和中國高昌回鶻傳教》（《基督宗教研究》2024 年 1 期）通過對吐魯番布拉依克修道院遺址發現的敘利亞文寫本進行研究，探討了東方教會經木鹿向中亞和中國高昌回鶻傳教的歷史。牛汝極《高昌回鶻人佩戴的一件東方教會敘利亞語護身符》（《世界宗教文化》2024 年 1 期）以一件出土於高昌回鶻地區的敘利亞語護身符爲研究對象，闡述了該護身符反映的宗教文化特徵及其在絲綢之路上的傳播過程。

其他宗教研究方面。蓋建民、鍾麒《文化潤疆的歷史邏輯——以道教文化與西域文化的涵化現象爲例》（《世界宗教文化》2024 年 2 期）以人類學涵化理論爲視角，分析了王母西來、四靈東去、"三夷教"入道的三類道教文化現象，認爲西域文化紮根於中華文化，新疆民族文化自帶中華文化基因。陳愛峰、陳玉珍《回鶻之祆教娜娜女神向佛教護法神的轉變》（《宏德學刊》第十八輯）對敦煌、吐魯番出土的兩幅 10—11 世紀回鶻繪畫進行研究，闡述了祆教娜娜女神向佛教護法神轉變的現象。洪勇明《〈摩尼贊美詩〉宗教信息考》（《北方考古》第十七輯）分析了《摩尼贊美詩》中所包含的高昌回鶻時期的摩尼教信息，認爲摩尼教傳入吐魯番後，爲了更好地適應當地的特定社會環境和當地人民的精神世界，自身也在逐漸本土化。

五、語 言 文 字

語言文字研究方面主要包括語言文字考釋和語言文字傳播研究。

語言文字考釋方面。王子今《論河西簡文"胡驛（胡譯）""羌譯""羌胡譯""匈奴譯"》（《出土文獻》2024 年 2 期）對河西簡文中"胡驛（胡譯）""匈奴譯"等詞語進行了分析，闡述了"譯人"在漢代民族文化交流以及絲綢之路歷史進程中的地位，及其在推動不同民族間溝通與融合方面的作用。張小艷《吐魯番出土文獻字詞考釋》（《魏晉南北朝隋唐史資料》第四十九輯）對吐魯番出土文獻中"交""鉸"等字詞進行了新的解釋和糾正，並討論了這些字詞在吐魯番出土文獻中的真實含義和使用情況。張艷奎《吐魯番出土〈北涼高昌郡內學司成白請差刈苜蓿牒〉文書初探》（《吐魯番學研究》2024 年 1 期）認爲吐魯番出土的《北涼高昌郡內學司成白請差刈苜蓿牒》反映了北涼時期官學教育的機構設置和管理情況，體現了北涼統治者對文化教育的重視。

語言文字傳播研究方面。張鐵山《絲綢之路古代文字的傳播與相互影響》（《敦煌研究》2024 年 3 期）分析了阿拉米系、印度系和漢字系三大類文字的創制、發展與傳播過程，揭示了不同文明之間的互動與融合。羅帥《漢字傳入西域的歷史影響——兼論魏晉時期鄯善通行佉盧文之原因》(《浙江大學學報》2024 年 9 期)通過對歷史文獻、考古發現和出土文書的綜合分析,探討了漢字傳入西域的歷史影響,特別是魏晉南北朝時期鄯善通行佉盧文的原因。

六、文　學

文學方面的研究主要集中在詩歌曲詞方面。石雲濤《絲綢之路與漢唐文學的關係》(社會科學文獻出版社)對文化交流與諸體文學、絲綢之路與唐詩、文化交流與文學意象、對外關係與文學等問題進行了討論,揭示了文學與文化交流之間的密切關係。王志鵬、劉麗志《魏晉南北朝詩歌中的絲路景觀》(《西夏研究》2024 年 2 期)指出魏晉南北朝時期歌詠絲綢之路的詩歌體式上主要爲五言,且除少部分作品爲寫實外,多是泛詠。史睿、李成晴《吐魯番出土唐寫本句圖復原與考釋》(《敦煌吐魯番研究》第二十三卷)將 SH.130 殘卷中原定名爲《古詩文叢抄》的部分重新定爲句圖,並嘗試對其復原,並在此基礎上對句圖詩語的本源、唐代應用句圖的案例等問題進行了研究。胡蓉《論 13—14 世紀東西方戲劇文化的交流互鑒》(《石河子大學學報》2024 年 5 期)認爲西域是中國戲劇藝術的重要發源地之一,指出西域各族民衆學習印度佛教戲劇表演藝術並不斷向東方傳播,對中原北方戲劇表演產生了較大影響。蔡江寧、楊葉青《"新疆曲子戲"名稱由來探究》(《昌吉學院學報》2024 年 2 期)對"新疆曲子戲"名稱由來進行了考證,闡述了其與眉户的關係及新疆方言對戲曲形成的作用。高建新《平定高昌與唐代絲路的暢通——柳宗元〈唐鐃歌鼓吹曲十二篇·高昌〉解讀》(《名作欣賞》2024 年 28 期)從歷史背景、事件經過、文學作品的解讀以及對後世的影響等方面對唐代平定高昌的歷史事件及其對絲綢之路影響進行分析,揭示了這一事件對唐王朝開放與繁盛的意義。

七、藝　術

關於藝術的研究涉及佛教石窟壁畫、圖像、樂舞、造型與服飾和書法藝術等方面。

佛教石窟壁畫研究方面。敦煌研究院編《絲綢之路藝術——從印度到敦煌(新疆石窟卷)》(甘肅人民出版社)探究了新疆境內的克孜爾石窟、庫木吐喇石窟、吐峪溝石窟等重要石窟群的分佈情況、創造年代、洞窟形制、壁畫題材、雕塑風格、藝術特點等,以及它們所反映的佛教文化傳播與演變、東西方文化交流融合的歷史背景,並揭示了其在佛教藝術發展中的重要地位和獨特價值。苗利輝、趙麗婭《龜茲地區回鶻藝術研究》(《中國美術研究》2024 年 2

期)指出回鶻時期龜兹石窟在形制上延續了傳統並有所創新,認爲壁畫題材豐富多樣,既有傳統題材也有新流行的内容,藝術風格融合了龜兹、中原等地的特點,展現出獨特的審美追求。任平山《佛與情歌:克孜爾石窟第 110 窟"帝釋窟説法"》(《美術大觀》2024 年 10 期)指出克孜爾石窟第 110 窟"帝釋窟説法"壁畫打破了傳統的龜兹圖像的印象,其主要表現在乾闥婆没有配置頭光,以及佛陀面朝乾闥婆而不是故事主角帝釋天,反映了佛陀對世俗音樂和人性的傾聽與同情。楊傳宇《北庭回鶻佛教晚期的空間秩序與藝術風格——以 S102 殿塑像群爲中心》(《昌吉學院學報》2024 年 1 期)通過分析北庭高昌回鶻佛寺 S102 殿塑像群的空間佈局與藝術風格,揭示了高昌王室對中原文化的認同。肖堯軒《龜兹石窟伎樂壁畫研究的新問題、新方法、新材料》(《中國音樂》2024 年 5 期)提出了龜兹石窟伎樂壁畫研究的新方法,旨在解決研究中材料重複、話題相似和缺乏新材料等瓶頸問題,並提出了研究新問題的幾點假設,強調了龜兹石窟伎樂壁畫作爲物質文化遺産的功能。

吾買爾·卡得爾、徐亞新《吐峪溝石窟"樹下誕生"圖淺析》(《石窟寺研究》2024 年 1 期)對整個吐峪溝洞窟與壁畫中保存完好的一幅"樹下誕生"圖進行淺析,指出其中構圖形式、人物姿態遵循犍陀羅藝術樣式,人物服飾、髮飾與繪畫技法受到了敦煌藝術因素影響。李敏睿《回看"屈支,管弦伎樂,特善諸國"——龜兹石窟壁畫 76 窟伎樂圖研拓》(《文化月刊》2024 年 12 期)認爲克孜爾第 76 窟伎樂圖生動展現了龜兹樂舞的繁榮景象,指出伎樂天人形象豐富多樣,樂器配置獨特,舞蹈姿態優美,尤其是吹口哨伎的出現,爲樂隊表演增添了獨特的藝術魅力。卯旭虎、孫玲玲《地域文化視角下佛教壁畫圖示流變研究——以克孜爾與莫高窟本生故事壁畫爲例》(《當代美術家》2024 年 2 期)指出克孜爾石窟的壁畫在菱形圖示與長卷式圖示的演變中,體現了龜兹文化的本土性與佛教禪修思想的結合,而莫高窟的壁畫從單幅構圖發展到長卷式、連環畫式等,反映了中原文化對佛教藝術的深刻影響。邱雲《克孜爾壁畫的色彩語言》(《藝術大觀》2024 年 33 期)認爲其色彩語言不僅體現了龜兹地區的自然環境與民族色彩審美,還融合了中原五色觀與中亞文化的元素。崔靜、田偉、李琴《克孜爾壁畫中的構成語言分析》(《大觀(論壇)》2024 年 12 期)指出克孜爾壁畫通過巧妙運用點、綫、面等平面構成元素以及豐富多樣的色彩構成手法,營造出獨特的視覺效果與藝術感染力。

圖像研究方面。榮新江《海外回歸的兩件粟特彩繪浮雕石床前檔圖像》(《故宫博物院院刊》2024 年 1 期)指出美國紐約曼哈頓區檢察辦公室返還中國的兩座石棺床底座的前檔圖像是人面鷹足的祆神斯洛沙護持着神聖的火壇,並推測擁有這兩座石床的墓主人應當是信奉祆教的入華粟特人。李秋紅

《龜兹石窟壁畫金翅鳥擒蛇平結圖像及其來源》（《敦煌研究》2024 年 2 期）指出龜兹石窟壁畫中的金翅鳥擒蛇平結圖像結合了古希臘羅馬的蛇身平結圖像、波斯雙頭鷹、印度人面鳥喙形金翅鳥像等多種文化元素，形成了獨特的藝術表現形式。張博、王一潮《絲綢之路交融下早期于闐佛寺壁畫中的人體圖像研究——以和田達瑪溝出土晉代壁畫爲中心》（《黑河學院學報》2024 年 8 期）指出這些壁畫殘片中包含多個裸體或半裸體的伎樂天神形象，體現了于闐佛教繪畫的特徵。劉若嵐《于闐佛寺四臂神圖像及身份淵源考辨》（《南京藝術學院學報》2024 年 1 期）梳理了出自于闐佛寺遺址壁畫與木板畫上的四臂神圖像遺存，並考察了該四臂神圖像與摩醯首羅、鳩摩羅天、毗那夜迦、絲綢守護神以及娜娜女神圖像間可能存在的淵源聯繫。胡子琦《從印度到克孜爾："帝釋窟説法"圖像的演變及其背景》（《中國宗教》2024 年 1 期）認爲"帝釋窟説法"圖像在克孜爾石窟中的表現形式不僅保留了印度和犍陀羅地區的元素，還融合了禪定和音樂元素等當地文化和宗教信仰。雷啓興《克孜爾中心柱窟甬道頂部菱格圖案形式、意涵與淵源新探》（《裝飾》2024 年 9 期）揭示了克孜爾中心柱窟甬道頂部菱格圖案的形式、意涵與淵源，並分析了其與主室券頂山嶽圖案的區別及其在佛教藝術中的獨特象徵意義。溫和《敘事與象徵——音樂文獻學視野下的"奏樂婆羅門"研究》（《中國音樂》2024 年 5 期）指出"奏樂婆羅門"圖像起源自中古中國的儀式歌詠，結合敦煌寫本《佛母贊》的發現，認爲"奏樂婆羅門"圖像反映了佛教藝術在中國的本土化過程和宗教藝術與世俗文化之間的互動。劉若嵐《于闐佛寺訶利帝像身份及風格來源探賾》（《美術大觀》2024 年 7 期）以于闐佛寺訶利帝像及"護諸童子女神"像爲對象，探究了中古時期于闐地區的護諸童子信仰。姚淑芳《入華粟特人石質葬具商旅圖及其影響》（《東方收藏》2024 年 10 期）通過對石棺床圖像的解讀，探索了粟特人在絲綢之路上的活動及其對中國的影響。

樂舞研究方面。王馨妤、祖木拉提·哈帕爾《文化融合：中原式箜篌的演變與傳播》（《吐魯番學研究》2024 年 4 期）對新疆和甘肅壁畫中的豎箜篌圖像資料及古代文獻資料進行了整理，探討了箜篌從西域至中原的傳播鏈條，揭示了其傳播過程的複雜性與長期性特點。王永平《何處是西河——從唐曲看絲綢之路胡漢文化的交融》（《中國邊疆史地研究》2024 年 3 期）對唐代著名教坊曲《西河獅子》《西河劍器》進行了分析，認爲唐代曲名中的"西河"並非指河東地區的西河郡，而是指以涼州爲中心的河西或河湟一帶。苗利輝《龜兹樂器考》（《中國音樂》2024 年 5 期）對龜兹樂器進行了分類，探討了其與中原、西亞和印度樂器體系交流互鑒的情況，體現了龜兹樂器在中華傳統樂器發展中的重要地位。張杭琪《北齊胡樂文化內涵及其特徵考探》（《中音樂》2024 年 5 期)聚焦北齊時期胡樂文化和龜茲樂、粟特樂等音樂元素融合的情況,揭示了北齊胡樂多元性與複雜性,也爲進一步探索不同民族音樂文化之間的交流與融合提供了生動案例。汪雪《"反彈琵琶"源出男性胡舞新證》(《北京舞蹈學院學報》2024 年 4 期)指出"反彈琵琶"源出中亞粟特地區的男性胡舞,傳入中國後與吐蕃樂舞融合,成爲中國本土獨特的樂舞形態,揭示了"反彈琵琶"在唐代樂舞體系中的屬性以及舞者的性別、族屬。蔡均適《敦煌石窟與龜茲石窟巾舞壁畫比較研究》(《南京藝術學院學報》2024 年 6 期)指出早期兩地巾舞壁畫有諸多相通之處,隋唐後因各自發展路徑不同而呈現差異:敦煌巾舞承接漢文化審美,龜茲則更多吸收了印度與犍陀羅文化元素。

楊林《克孜爾石窟壁畫中中國古典舞元素探究》(《新疆藝術學院學報》2024 年 3 期)認爲克孜爾壁畫中的伎樂舞蹈姿態豐富多樣,展現了古龜茲樂舞的獨特魅力,爲現代古典舞創作提供了寶貴的素材。楊芹、博雅傑《龜茲石窟佛教壁畫描繪的樂舞藝術》(《中國宗教》2024 年 4 期)從舞蹈的形式、風格、文化内涵等多個角度探討了龜茲石窟佛教壁畫豐富多樣的樂舞形象,體現了龜茲樂舞與其他文化交流融合的特點。王永強、李曉睿《絲綢之路新疆段石窟樂器交流的歷史溯源》(《嘉應文學》2024 年 11 期)以克孜爾、柏孜克里克等石窟的樂器圖像爲對象,探討了樂器在不同文明間的傳播路徑與演變規律,反映了中原與西域音樂文化的交流與融合。楊再紅《古代西域戲劇傳播規律初探》(《邊疆經濟與文化》2024 年 1 期)指出西域戲劇在傳播過程中,不僅促進了中原戲曲的發展,還對後世文學藝術產生了影響。韓林兵《探究絲綢之路上新疆弓絃樂器的發展》(《戲劇之家》2024 年 36 期)聚焦維吾爾族、哈薩克族、蒙古族三大民族的音樂文化貢獻,揭示了這些民族弓弦樂器在形制、演奏技巧、制作工藝及文化價值上的獨特性與共性,還論述了絲綢之路文化交流對新疆弓弦樂器發展的深遠影響。楊婷《從克孜爾石窟伎樂壁畫看龜茲樂舞與民間歌舞的繼承與存續》(《浙江工藝美術》2024 年 1 期)對克孜爾石窟 38 窟左右壁的 14 組《天宮伎樂圖》雙人歌舞形象及 196 窟乾達婆與緊那羅雙人歌舞形象進行研究,指出這種世俗化的歌舞壁畫與現今當地廣爲流傳的豐富多彩的民間雙人歌舞形式有一定的關係。

造型與服飾研究方面。常櫻《筆底柔條因風長——絲綢之路葡萄藤蔓紋飾研究》(人民出版社)以絲綢之路爲主綫,梳理了公元前 15 世紀至公元 7 世紀的葡萄藤蔓紋飾,揭示了葡萄藤蔓紋飾背後的絲綢之路場景和歷史文化内涵。木合牙提・加海《漢唐時期西域木雕承載的中華造物美學精神和生態價值》(《絲路文化研究》第九輯)分析了漢唐時期西域木雕的人民主體生態、本土特色生態與開放交流生態,强調了其在中國藝術傳統中的獨特地位。木合牙提·加海《論漢唐時期西域木雕巫祀、宗教母題的融合發展》(《中國美術研究》2024 年 1 期)分析了豐收崇拜、太陽崇拜等薩滿文化元素向宗教類母題滲透的現象,反映了西域人民在中西藝術交流基礎上的本土改造。木合牙提·加海《論 6—9 世紀西域木雕晉唐風韻的形成》(《中國文化與管理》2024 年 1 期)認爲西域木雕在漢唐時期受中原文化的影響,逐漸擺脱犍陀羅藝術風格,形成具有晉唐風韻的本土特色。李曉、單海蘭、馬金輝、程甘霖、張瀟娟《新疆吐魯番發現的傳統紡織品上"樹紋"裝飾藝術源流考論》(《上海視覺》2024 年 1 期)指出吐魯番"樹紋"裝飾藝術源於兩河流域,後經斯基泰藝術的吸收與傳遞,受波斯文化影響後,最終融入中國藝術。

唐明陽《克孜爾石窟中的忍冬紋——以 17 窟、175 窟、219 窟爲例》(《嘉應文學》2024 年 12 期)指出克孜爾石窟中的忍冬紋不僅受到犍陀羅藝術的影響,也融合了中亞和西亞地區的藝術風格,展現了龜茲地區各民族文化的交流與融合。王天鳳《13—14 世紀伊朗與中國工藝裝飾風格的異趣和互通——管窺故宫博物院"璀璨波斯:伊朗文物精華展"陳列的伊利汗國文物》(《美術觀察》2024 年 4 期)對"璀璨波斯:伊朗文物精華展"陳列的伊利汗國文物的工藝裝飾風貌、展品的本土裝飾元素和淵源以及展品的中國元素進行了介紹,認爲伊利汗國文物中的中國風正是中伊之間的文化交流的表現。張卉顏《新疆出土織物中漢唐染纈圖案研究》(《文物鑒定與鑒賞》2024 年 8 期)研究了新疆出土的漢唐時期織物中的染纈圖案,還分析了圖案的佈局形式,爲理解漢唐審美和工藝提供了視角。孫維國《探析新疆出土獅形紋樣文物及其特點》(《昌吉學院學報》2024 年 2 期)指出獅形紋樣文物是新疆各民族文化交往交流交融的反映,體現了獅子在不同文化中的象徵意義和藝術表現形式。魏堅、李思佳《珍珠與蓮花相映——麴氏高昌至唐西州時期吐魯番墓葬明器彩繪解析》(《中華民族共同體研究》2024 年 3 期)對吐魯番墓葬明器中的彩繪紋路樣式進行了分類研究,認爲其中蘊含着明顯的中原文化因素、佛教文化因素和粟特文化因素。鮑子儀《唐代粟特式八棱杯伎樂紋樣研究》(《東方收藏》2024 年 7 期)根據現存的四件唐代八棱杯的伎樂紋樣內容,從樂器、舞蹈、酒器等幾個紋飾元素出發,分析考證紋飾內容在粟特舞樂文化中的具體指向,並據此探討了伎樂紋背後的粟特舞樂與唐代文娛生活的關聯和融合。

書法研究方面。袁健《古代西域書法緣起與墨蹟的書法史價值研究》(《新疆藝術學院學報》2024 年 1 期)通過分析西域書法的文化背景、歷史脈絡和藝術特徵,以及魏晉時期西域書法墨蹟的書法史價值,揭示了這一時期西域書法藝術的獨特魅力及其對中國書法史的重要貢獻。龐雄、李成旺《河西簡牘書法書體演變與筆法特徵芻議》(《絲綢之路》2024 年 4 期)通過對敦煌漢簡、居延漢簡和武威漢簡進行分析,探討了這些簡牘的書體源流和筆劃演變。畢羅《中國書法在西方的傳播:歷史經驗與未來發展》(《當代美術家》2024 年 6 期)探討了中國書法在西方的傳播歷程及其在西方文化交流中的角色。

八、考古與文物保護

考古與文物保護包括考古發掘與研究、科技考古、出土文物研究、文物保護與修復等方面。

考古發掘與研究方面。王炳華《瀚海行腳:西域考古 60 年手記》(生活·讀書·新知三聯書店)收錄了西域考古學家王炳華在新疆考古與研究中創作的十五篇考古手記,記錄和敘述了他對樓蘭古城、尼雅遺址、小河墓地等新疆地區的考古發現的所見、所思、所感。王炳華《尋找消失在沙漠深處的文明:樓蘭、鄯善考古研究》(廣西師範大學出版社)以對樓蘭、尼雅以及鄰近地區的多處遺址進行的考古調查和科學發掘爲基礎,揭示了古代西域文明的輝煌與變遷,展現了絲綢之路的歷史風貌。王炳華《吐魯番考古手記》(生活·讀書·新知三聯書店)基於作者長期以來在吐魯番地區的考古實踐,對吐魯番地區的考古發現、考古技術與方法等內容進行了介紹,揭示了吐魯番在歷史、文化和交流方面的重要地位。黃文弼《塔里木盆地考古記》(應急管理出版社)以黃文弼兩次在塔里木盆地的考古記錄爲基礎,記錄了他在塔里木盆地的考古過程。王冀青《絲綢之路考古學的起源》(甘肅教育出版社)以近代中國文物外流的歷史背景爲開篇,從遺物到遺蹟、從個案到全體、從國內到國外,對絲綢之路早期的考古情況進行了全方位的淵源探究。王炳華《高昌三題》(《西域研究》2024 年 1 期)闡述了高昌地區在不同歷史時期的行政管理、社會結構和文化特點,通過作者對高昌地區的佛教藝術進行的考察,體現了佛教藝術在高昌地區的傳播路徑和影響,以及不同歷史時期的民族關係和文化交流情況。任冠、杜夢《唐朝墩景教寺院聖臺和聖堂的考古學研究》(《西域研究》2024 年 3 期)對新疆奇臺唐朝墩古城遺址中的景教寺院進行了系統的考古學研究,揭示了其佈局、建築特點以及文化內涵。

張元、伊力等《新疆阿拉溝東風廠墓地發掘簡報》(《吐魯番學研究》2024 年 1 期)記錄了 1984 年 10 月和 1985 年 5 月對托克遜縣阿拉溝東風廠墓地的搶救性發掘工作,認爲該墓地的發掘爲研究新疆地區古代文明提供了重要的考古資料。周珊《李征對昌吉古城的調查與研究》(《吐魯番學研究》2024 年 1 期)介紹了李征在 20 世紀 60 年代和 70 年代對昌吉古城的兩次調查工作,爲昌吉古城的保護與研究提供了資料。尚玉平《高昌佛教遺蹟的分佈、調查及研究現狀分析》(《絲綢之路》2024 年 3 期)梳理了高昌地區佛教遺蹟的分佈情況,回顧了自 19 世紀末以來國內學者對這些遺蹟的調查與研究歷程,並對當前的研究現狀進行了分析。羅爾璨、魏文斌《二十世紀早期至今哈密佛寺遺址調查史及比較研究》(《敦煌吐魯番研究》第二十三卷)對 19 世紀晚期至今哈密佛寺遺址的調查情況進行了梳理,並對現有調查成果進行了比較,探討了哈密佛教寺院的文化屬性與信仰族群。劉韜《"德國皇家吐魯番探險隊"收集吐魯番壁畫殘片簡目》(《敦煌吐魯番研究》第二十三卷)以出土遺址為綫索,對德國探險隊收集的吐魯番壁畫殘片進行了編目,並根據已公佈資料另核對出若干蘇聯軍隊自柏林截獲的德藏吐魯番壁畫殘件信息。周尚娟《古城與佛寺及其區域聚落關係——吐魯番大、小阿薩遺址調查與研究》(《敦煌學輯刊》2024 年 3 期)指出大阿薩是一座具有軍事防禦功能的城堡,而小阿薩則以佛寺建築群為主,二者在功能上相互補充,共同構成了一個完整的區域聚落體系。

胡興軍《新疆洛浦縣比孜里墓地 M36 出土彩繪木棺考釋》(《考古與文物》2024 年 4 期)通過對新疆洛浦縣比孜里墓地出土的彩繪木棺進行研究,揭示了其與祆教文化的緊密聯繫,並結合葬式葬俗、歷史文獻、遺傳 DNA 等判斷墓主應是南北朝時期信仰祆教的于闐人。王煜、張馳《新疆地區漢唐時期彩繪木棺初探》(《絲綢之路考古》第九輯)根據形制和裝飾對新疆地區漢唐時期的彩繪木棺進行了分類,討論了其地域分佈和文化特徵,認為這些彩繪木棺使用的主體人群仍為西域人群,反映了漢唐時期絲綢之路沿綫的各種人群對中原喪葬文化的認同。陳曉露、韓建業《新疆泉水溝遺址、都木都厄布得格遺址試掘簡報》(《文物》2024 年 2 期)對泉水溝遺址、都木都厄布得格遺址的位置、出土文物等情況作了介紹。田小紅、吳勇、王馨華《新疆庫車友誼路墓群 2021—2023 年發掘簡報》(《文物》2024 年 10 期)對 2021 至 2023 年新疆文物考古研究所對庫車友誼路墓群進行的第三次和第四次考古發掘的成果進行了總結。王澤祥、劉文鎖等《新疆吐魯番市西旁唐宋時期景教寺院遺址》(《考古》2024 年 7 期)對新疆吐魯番市西旁唐宋時期景教寺院遺址的考古發掘概況、遺址與遺物、文書等內容進行了梳理,有助於進一步揭示該遺址的歷史價值。葛承雍《驛路寺城:新疆奇臺唐朝墩古城考古的新認識》(《世界宗教研究》2024 年 1 期)通過對新疆奇臺唐朝墩古城的考古成果進行分析,從多個角度探討了唐朝墩古城的佈局、功能及其在歷史上的重要性,揭示了該古城在絲綢之路上重要驛站群和宗教中心的獨特地位。劉文鎖、王澤祥、王龍《新疆吐魯番西旁景教寺院遺址 2021 年發掘報告》(《考古學報》2024 年 3

期)對新疆吐魯番西旁景教寺院遺址的概況、建築遺存、出土文物進行了闡述和分析,認爲遺址的使用時間大致爲唐代至元代。

丁得天、馬驍《新疆庫車市蘇巴什佛寺遺址(魏晉—唐)》(《石窟與土遺址保護研究》2024 年 3 期)通過對新疆庫車市蘇巴什佛寺遺址的考察與研究,介紹了該遺址的地理位置、歷史背景、建築佈局及其在佛教傳播中的重要作用。夏立棟《高昌石窟遺蹟與"高昌樣式"》(《考古》2024 年 1 期)揭示了"高昌樣式"石窟的形成、特徵及其在佛教文化傳播中的重要作用,闡述了涼州對高昌石窟的重要影響,爲理解中國石窟藝術的多元性和地域特色提供了重要視角。鄒飛《中亞與中國新疆地區佛寺形制佈局比較研究》(《絲路文化研究》第九輯)對中亞與中國新疆地區佛寺的選址、形制等進行了比較,揭示了兩地佛教藝術的傳播與演變。阮秋榮《試論吉仁台溝口文化》(《絲綢之路考古》第九輯)對近年來伊犁河谷發現的青銅時代文化遺存進行了梳理、歸納和總結,正式提出"吉仁台溝口文化"的命名,並對該文化的文化特徵、年代、分期、地域分佈和文化源流進行了探討。聶穎、王永强《新疆尼勒克縣吉仁台溝口墓地出土人骨的人類學研究》(《科技考古》第八輯)對新疆尼勒克縣吉仁台溝口墓地出土的顱骨進行了鑒定,分析了遺骸的性別、死亡年齡,認爲吉仁台溝口古代人群和新疆及周鄰地區索頓布拉克文化的古代人群關係較爲密切。孟憲實《唐代西域官寺及其功能》(《首都師範大學學報》2024 年 1 期)對西域官寺的設立與管理、官寺與軍隊的關係、官寺的社會功能等問題進行了研究,揭示了佛教在唐朝社會生活中的地位與作用,爲理解唐代對西域的治理提供了新視角。

夏立棟《考古重建西州回鶻家族寺院的生命史》(《美術大觀》2024 年 4 期)以吐峪溝西區中部回鶻佛寺爲個案,對探險隊早年拍攝的照片進行了整理,嘗試對遺址的原貌進行復原,並對寺院形制結構、佛堂石室的封堵與重啓等問題進行了考古學上的系統分析。娃斯瑪·塔拉提《唐代于闐王城形制佈局初探》(《故宮博物院院刊》2024 年 3 期)結合丹丹烏里克出土的木簡和庫車蘇巴什古城的考古資料,探討了唐代于闐王城的規模、城牆、城門等及其他重要建築的分佈情況及其與中原文化的聯繫。新疆維吾爾自治區文物考古保護研究所《新疆霍城縣切德克蘇墓地發掘簡報》(《北方考古》第十七輯)對新疆霍城縣切德克蘇墓地的形制、佈局以及出土的鐵器、石器等文物進行了介紹。尚玉平《新疆吐魯番巴達木東墓群》(《大衆考古》2024 年 4 期)對 2022 年和 2024 年吐魯番巴達木東墓群的考古發掘成果進行了總結。王永强、袁曉、田多、阮秋榮《新疆尼勒克縣吉仁台溝口墓地發掘簡報》(《文博》2024 年 6 期)分青銅時代早期、青銅時代晚期、青銅時代向早期鐵器時代過渡時期等七個時期對吉仁台溝口墓地的分佈情況、形制以及出土文物進行了梳理，爲研究伊犁河上遊地帶人群遷徙、喪葬習俗及其社會生活提供了資料。陳菊霞、馬丹陽《唐與回鶻和親紀念堂：庫木吐喇第 79 窟新探》(《中國美術研究》2024 年 2 期)對新疆庫木吐喇第 79 窟的供養人題名、服飾特徵及排列規律進行了研究，探討了該窟的重修背景以及唐與回鶻的和親關係。

科技考古方面。魏東、張宇亮、田小紅、吳勇《新疆庫車友誼路墓群人工變形顱的新發現》(《西域研究》2024 年 4 期)從生物人類學的視角，對新疆庫車友誼路墓群發現的人工變形顱進行了數據分析，並對變形顱的特徵進行了分類，認爲顱骨變形現象是一種社會"風俗"。周潔、陳玉珍、孫麗娟《阿斯塔那 M7 號墓出土伏羲女媧絹畫的檢測分析》(《吐魯番學研究》2024 年 2 期)通過對新疆吐魯番阿斯塔那墓地出土的伏羲女媧絹畫進行科學檢測與分析，闡述了其材質、組織結構、顏料種類以及保存現狀，爲後續的保護與修復工作提供了科學依據。田小紅、吳勇等《新疆庫車友誼路墓群保護展示項目（新增用地）考古發掘簡報》(《吐魯番學研究》2024 年 3 期)對發掘概況、墓葬形制、人工變形顱、基因組研究等問題進行了闡述和分析，指出考古過程中運用 RTK、無人機等技術完成了遺址測量和 3D 建模，並在原址建成了龜兹魏晉古墓遺址博物館，展示了 15 座磚室墓原貌。蔣金國《地理信息系統與遙感技術在文物普查中的應用研究——以吐魯番爲例》(《吐魯番學研究》2024 年 3 期)以吐魯番地區爲例，探討了 GIS 與遙感技術在文物普查中的應用，提出了利用高解析度衛星遙感影像進行疑似文物標記、結合 GIS 技術優化調查路徑的方法。錢靜軒《新疆托庫孜薩來古城遙感考古研究》(《中國國家博物館館刊》2024 年 5 期)通過遙感影像分析和無人機低空航測等技術手段，對位於塔里木盆地西北緣的托庫孜薩來古城進行了考古研究，釐清了古城的形制佈局。劉昭昭《新疆庫木吐喇石窟壁畫材料的無損分析研究》(《東方收藏》2024 年 7 期)以一種綜合多種原位無損檢測手段的研究方法，對庫木吐喇石窟壁畫的顏料成分及制作工藝進行分析，爲該石窟壁畫的保護和修復提供了依據。劉念《新疆阿拉溝墓地出土玻璃珠的工藝及產地分析》(《科技考古》第八輯)使用激光剝蝕電感耦合等離子發射光譜對阿拉溝墓地出土玻璃珠的化學成分進行了分析，認爲玻璃珠中大量出現的鉛鋇玻璃，是戰國時期中原與新疆地區之間存在物質文化交流的重要證據，同時新疆本地可能與南亞地區存在某種聯繫。

出土文物研究方面。張俊民《漢晉之時西域簡紙文書出土與整理研究概述》(《西域研究》2024 年 4 期)對新疆出土的佉盧文、漢文簡牘文書進行了整理與分析，同時對西域簡紙文書研究中存在的問題進行了反思。王嘉慧《吐魯番阿斯塔那 TAM38 號墓〈樹下老人圖〉試探》(《吐魯番學研究》2024 年 2 期)對阿斯塔那 TAM38 號墓《樹下老人圖》進行分析,揭示了壁畫所反映的唐代西州人民的精神追求和文化創新,豐富了對唐代西州社會生活的認識。李澤偉《蘇貝希文化中的高冠研究》(《吐魯番學研究》2024 年 2 期)分析了高冠的形制、工藝、材料,並揭示了蘇貝希文化的多元性和複雜性,爲研究新疆地區古代文化交流與融合提供了綫索。李亞棟《吐魯番晉唐墓葬葬具文書出土形態研究》(《青海師範大學學報》2024 年 5 期)探討了吐魯番晉唐時期墓葬中葬具文書的出土形態及其分類。通過對 1959—1975 年吐魯番阿斯塔那和哈拉和卓墓葬出土文書的分析,揭示了這些文書的社會性和世俗性。蘇奎《漢代胡人馴獅銅飾的題材與流通》(《四川文物》2024 年 6 期)結合考古出土文物,對胡人馴獅銅飾上的獅子形象、文物身份和來源等問題進行了研究,揭示了其在中西文化交流中的地位。朱格格《吐魯番出土隨葬衣物疏中的雞鳴枕探析》(《東方收藏》2024 年 1 期)通過對吐魯番出土隨葬衣物疏中雞鳴枕的研究,探討了這一特殊隨葬品背後的文化内涵,爲理解古代西域地區的民俗文化提供了參考。

鄒英傑《新疆五堡、艾斯克霞爾古墓群出土紡織品文物色彩分析》(《東方收藏》2024 年 5 期)通過對新疆五堡、艾斯克霞爾古墓群出土紡織品文物的色彩進行分析,揭示了當時人們的色彩偏好和染色技藝,反映了新疆哈密地區遠古居民的審美特徵。郭豐秋、夏雨航《阿斯塔那 169 號墓"聯珠雙鳳錦複面"名稱考辨》(《絲綢》2024 年 1 期)指出"聯珠雙鳳錦復面"以聯珠爲骨架,以對鳥爲主紋樣,兼具孔雀、朱雀和鳳鳥的形意特徵,正確定名爲"聯珠雙鳳錦復面",係絲綢之路上儒家文化與佛教文化、道教文化、祆教文化交融的産物。先怡衡、曹昆等《新疆昭蘇波馬金面具的寶石工藝及年代新識》(《文物》2024 年 8 期)介紹了昭蘇波馬金面具的數據、外觀、制作工藝,認爲該面具的風格與中亞地區出土的同類文物相似,表明其文化背景可能與突厥人活動有關。劉昭昭《試論龜兹石窟窟型分類》(《文物鑒定與鑒賞》2024 年 19 期)通過對考古類型學的發展歷程及其在龜兹石窟考古研究中的應用進行梳理,指出了現行分類法存在的問題,並提出了新的分類思路,爲石窟寺考古研究提供了新的方法和理論支持。

胡興軍《新疆尉犁縣克亞克庫都克烽燧文書所見"野麻"考》(《農業考古》2024 年 6 期)根據新疆尉犁縣克亞克庫都克烽燧遺址出土的唐代文書中提到的"野麻"相關内容,闡述了"野麻"在唐代西域的用途及其在當時社會生活中的重要性,有利於我們更加深入地了解唐代邊塞的軍旅生活。黃婷婷、魏文斌《中國西北地區出土漢晉帛魚探析》(《農業考古》2024 年 3 期)對敦煌與塔里木盆地漢晉時期烽燧、墓葬遺址中出土的多件帛魚進行了研究,認爲帛魚爲漢文化産物,彰顯了西域族群對中華文化的深刻認同。張家毓《雨神形象及祈雨儀式的文化旨意——以新疆地區和敦煌石窟壁畫爲例》(《山西大同大學學報》2024 年 5 期)以新疆地區和敦煌壁畫中的雨神形象及祈雨儀式爲研究對象,探討了其文化意旨和多元文化融合的過程,揭示了從印度到敦煌雨神形象的動態發展變化,以及雨神儀式在不同文化背景下的演變和影響。

文物保護與修復方面。王亞亞、張美芳《西域文書殘片修復方法創新性研究》(《檔案學研究》2024 年 5 期)以中國人民大學博物館藏西域文書殘片修復爲依托,運用歸納法和案例法,系統地梳理了不同文書殘片的破損情況,以構建針對不同破損狀況下文書殘片的修復與保護方法體系。余騰飛《新疆尼雅遺址出土錦護膊的保護修復》(《吐魯番學研究》2024 年 1 期)通過三維視頻顯微鏡、紅外顯微鏡、掃描電鏡及液相色譜儀等科學手段,確定了錦護膊的纖維類型與老化程度,爲類似的紡織品文物的保護與修復提供了借鑒。余騰飛、胡興軍《新疆尉犁縣克亞克庫都克烽燧遺址出土部分紙質文書的保護修復》(《石窟與土遺址保護研究》2024 年 1 期)利用了超景深顯微鏡和造紙纖維測量儀等技術手段,對新疆尉犁縣克亞克庫都克烽燧遺址出土的部分紙質文書進行了保護修復研究。高春蓮《吐魯番石窟寺保護現狀與對策思考》(《絲綢之路》2024 年 4 期)指出吐魯番石窟寺目前受到自然侵蝕和人爲的雙重破壞,需通過科技支撐、分類施策、基礎設施提升、文化傳承等手段進行維護,爲吐魯番石窟寺的保護提供了新的思路。宋會宇《新疆尼雅墓地出土刺繡短靴文物分析研究》(《西部皮革》2024 年 3 期)以新疆尼雅墓地出土的刺繡短靿氈靴爲切入點,探討了其從出土到保護修復、科學研究、文化價值闡釋以及展覽保藏的全過程。

九、少數民族歷史語言

少數民族歷史語言主要包括回鶻文研究與其他語言研究。

回鶻文研究方面。吐送江·依明主編《海外回鶻學研究譯文集(一)》(甘肅文化出版社)收錄了德國、匈牙利、日本等國知名學者的 22 篇回鶻學研究論文,內容涵蓋西域古代語言文字、回鶻佛教文獻等多個方面,爲回鶻文研究提供了資料。白玉冬《瀚海金河:中古北疆歷史考索》(上海古籍出版社)聚焦於中古時期北疆地區的多民族歷史,通過對突厥、回鶻、契丹、蒙古等民族的語言、碑刻、錢幣、稱號等多方面進行考證,探討了北疆部族的發展軌蹟及其與中原文化的交融情況。崔焱《回鶻文〈玄奘傳〉中的音譯型佛教術語考釋舉隅》(《吐魯番學研究》2024 年 1 期）指出回鶻文《玄奘傳》中的音譯術語體現了梵語、吐火羅語、于闐語等多種語言對回鶻語的影響，同時也揭示了漢語與回鶻語之間的對音關係。李剛《吐魯番博物館藏三件回鶻文〈慈悲道場懺法〉殘葉研究》(《中國典籍與文化》2024 年 1 期）對這些殘葉進行了原文換寫、轉寫、漢譯和注釋，並認爲殘葉係出自漢文本《慈悲道場懺法》。

其他語言研究方面。魏兆源《火焰山下的毗婆沙師：吐魯番出土〈順正理論〉梵文殘葉的初步研究》(《吐魯番學研究》2024 年 3 期）以吐魯番勝金口遺址出土的《順正理論》梵文殘葉爲研究對象，借助文本分析與對比，探討了該論著的成書、傳譯以及“無表”業論，分析了玄奘漢譯本與梵文殘葉的關聯，進而明晰高昌回鶻時期毗婆沙師論典的流通與研習狀況。范晶晶《于闐語〈佛本生贊〉的“結構精妙”與“文采鋪贍”》(《首都師範大學學報》2024 年 1 期）認爲于闐語《佛本生贊》選取了 51 個本生故事，通過詩體化的文學加工，展現了其“結構精妙”和“文采鋪贍”的特點，還指出《佛本生贊》可能具有輔助禪修之用，其本生故事的選擇與龜茲菱格本生圖像的繪製存在共通之處，體現了絲綢之路南道與北道之間佛教故事的圖文交流。洪勇明《米蘭戍堡古突厥文文書語史新探》(《絲綢之路》2024 年 3 期）對米蘭戍堡出土的古突厥文文書進行重新解讀，探討了文書的創作時間、主人身份及其歷史背景，揭示了漠北回鶻西傾、西遷回鶻佔據焉耆、回鶻在西域大規模使用回鶻文的歷史現象。韓樹偉《新疆出土佉盧文書所見女巫現象研究》(《西南民族大學學報》2024 年 9 期）對 20 世紀初在新疆塔里木盆地南緣出土的千餘件佉盧文書中所見的女巫現象進行了研究，闡述了古代新疆女巫現象的文化背景。程佳玉《回鶻文契約文書中的人口買賣問題》(《絲綢之路》2024 年 1 期）對回鶻文契約文書中的人口買賣問題進行了分析，同時進一步研究了當時人口買賣所用的貨幣、買賣價格與違約處罰等相關信息。熊文彬《柏林藏吐魯番多語種二十一度母文本與版畫殘片再探——兼論元代多民族文化的交融》(《西藏大學學報》2024 年 2 期）結合藏文文獻，對柏林勃蘭登堡科學院藏吐魯番出土的 TibHT107 號梵藏回鶻文多語種《二十一度母禮贊經》文本和版畫殘片進行了再次研究，指出藏文贊詞來源於《甘珠爾》同名經典，版畫中度母的造型按日護傳規的樣式創作，繪畫風格體現了元代宮廷藏傳藝術的特點。陳雲聰、張鐵山《回鶻文社會經濟文書漢源詞譯音研究》(《石河子大學學報》2024 年 4 期）以山田信夫《回鶻文契約文書集成》、李經緯《回鶻文社會經濟文書輯解》、耿世民《回鶻文社會經濟文書研究》爲底本，從中篩選出所有的漢源音譯詞，考察了其對音特徵和對音變化。

十、古　　籍

趙洋《柏孜克里克石窟出土吐魯番文獻拾遺》(《西域研究》2024 年 1 期)對柏孜克里克石窟中新近比對出的五件文獻殘片的史料價值進行挖掘,不同程度上反映出該地區文化交流頻繁、文本傳播多樣的歷史面貌。[日]高田時雄撰,山本孝子譯《〈大唐西域記〉的序文》(《中山大學學報》2024 年 6 期)對《大唐西域記》的序文及其版本進行了研究,揭示了不同序文的成因、流傳路徑及其學術價值。古麗茹合薩·扎米爾《中國塔吉克族古籍整理評述》(《新疆地方志》2024 年 4 期)對中國塔吉克族古籍的整理工作進行了系統梳理和評價,收録了 1 625 條塔吉克族古籍條目,涵蓋了塔吉克族豐富的歷史、社會、宗教、文化等方面的内容。韓宇嬌《洋海墓地 M4 出土〈詩經〉寫本補説》(《故宮博物院院刊》2024 年 7 期)對 2006 年 10 月在吐魯番鄯善縣洋海 1 號墓地出土的《詩經》寫本進行了補充研究,認爲這些寫本内容包括《詩經·大雅·蕩之什》中的《抑》《桑柔》《雲漢》等篇章,並指出這些寫本的發現反映了中原文化對西域地區的深遠影響,表明《詩經》等經典文獻在當時的傳播範圍較廣。竇秀艷、梁金正《德藏吐魯番唐寫本〈爾雅〉郭注異文類型及價值初探》(《海岱學刊》2024 年 1 期)通過對德國收藏的吐魯番出土的唐代寫本《爾雅》郭璞注的異文類型進行分析,揭示了其在文字、注釋、音韻等方面的特點和價值,爲《爾雅》及相關古籍研究提供了新的視角和資料。靳小雅《吐魯番出土〈孝經〉及其書法研究——以阿斯塔納 169 號墓〈孝經〉爲例》(《書法賞評》2024 年 2 期)研究了吐魯番地區出土的《孝經》寫本及其書法特點。文章以阿斯塔納 169 號墓出土的《孝經》寫本爲切入點,分析了其書寫者、書寫形式及書法特點,並通過對地域和時間的縱向横向對比分析,揭示了吐魯番地區《孝經》的傳播及其書法藝術的特徵。

十一、科　　技

醫學方面。張一《吐魯番文書所見疾病和社會救助研究》(《敦煌吐魯番研究》第二十三卷)梳理了吐魯番文書中的疾病與相關社會救助的記載,探究了高昌、唐西州疾病的發生情況與唐王朝的社會救濟制度。吳承艷、朱石兵、吳承玉等《敦煌吐魯番醫藥文獻無名方劑整理研究》(《中華中醫藥雜志》2024 年 2 期)通過對敦煌和吐魯番地區出土的醫藥文獻中的無名方劑進行整理和分析,揭示了這些方劑的學術價值和臨床應用潛力。王安萍、張麗君、牛崇信等《以敦煌吐魯番文書爲中心探討中古時期民間醫療行爲》(《西部中醫藥》2024 年 12 期)探討了隋唐五代宋初時期的疾病譜及民間常見疾病的診療方法,指出了民間醫療行爲的特點,同時指出這一時期官方醫療機構設置較爲完備,普通百姓患病後仍以自治爲主,官方在重大疾病診治中也有一定介入。

生産技術與工藝方面。黃樓《西域文書所見晉唐時期的棉花與棉布——以疊茸、疊布、緤花、緤布、疊毛布爲中心》(《西域研究》2024 年 3 期)通過對晉唐時期西域文書的分析,探討了“疊茸”“疊布”“緤花”“緤布”“疊毛布”等棉織品的名稱、用途及其在西域的傳播情況,反映了當時西域與中原的密切聯繫。楊富學、孫志芹《吐蕃立鳥紋錦所見中西技術互動與文化交融》(《青海師範大學學報》2024 年 5 期)探討了吐蕃立鳥紋錦在中西技術互動和文化交融中的表現,認爲其體現了中亞斜紋緯錦技術的主導地位,也吸收了漢地織錦特點,反映了吐蕃時期中西織造技術交流和多元文化融合的特徵。張中原、儀德剛《吐魯番洋海弓箭分類研究》(《自然科學史研究》2024 年 1 期)通過對洋海墓地出土弓箭的分析,揭示了公元前 13 世紀的單體弓到公元前 9 世紀復合弓的演變過程,同時分析了弓箭形制、材料和工藝特點。蔣洪恩《吐魯番出土晉唐文獻中的葡萄加工品》(《工程研究——跨學科視野中的工程》)結合傳世文獻對古代吐魯番地區的葡萄加工品進行了梳理,同時探討了內地與西域葡萄釀酒方法的差異,並對“酢”不應爲葡萄酒的原因進行了分析。李君竹、郭琦琪、劉衛宇《公元 4—6 世紀新疆克孜爾石窟與山西雲岡石窟壁畫中礦物顏料的對比分析》(《寶石和寶石學雜志》2024 年 2 期)闡述了克孜爾和雲岡石窟中具有代表性的壁畫中出現的礦物顏料種類,並將兩地的壁畫顏料層、地仗層和表現形式等方面進行了對比,進一步揭示了青金石和天青石在壁畫顏料中的使用情況。匡瑞傑、蔣洪恩《〈闞氏高昌永康年間供物、差役帳〉所見農業活動考略》(《中國科技史雜志》2024 年 3 期)認爲吐魯番洋海 1 號墓地出土的《闞氏高昌永康年間供物、差役帳》帳簿記錄了永康年間高昌王國的供物和差役情況,指出這些記錄反映了當時高昌地區的農業生産情況及其在社會經濟中的地位。

十二、書評與學術動態

書評方面。裴成國《評榮新江〈和田出土唐代于闐漢語文書〉》(《西域研究》2024 年 1 期)介紹了榮新江教授在敦煌和西域研究領域的貢獻,特別是他在和田出土的唐代于闐漢語文書的整理和輯校工作方面的作用。齊勝利《研精覃思,精彩紛呈:讀〈西域文獻與中古中國知識——信仰世界〉》(《西域研究》2024 年 3 期)介紹了余欣在敦煌學領域的學術成就,認爲該書不僅爲敦煌學、中西交流史、社會史等領域的研究提供了新的視角和方法,還爲後續研究提供了豐富的材料和啟示。劉屹《榮新江〈唐宋于闐史探研〉》(《敦煌吐魯番研究》第二十三卷）對榮新江的《唐宋于闐史探研》的內容進行了簡要概括，肯定了榮新江在于闐史研究中的地位與作用。黃正建《唐代官文書的斷句標點及其他——讀〈吐魯番出土文獻散錄〉劄記之一》（《魏晉南北朝隋唐史資料》第四十九輯）以榮新江、史睿主編《吐魯番出土文獻散錄》爲研究對象，探討唐代官文書的斷句標點問題，揭示了正確斷句標點在理解官文書性質、內容當中的作用。祁曉慶《〈唐宋回鶻史研究〉述評》（《西夏研究》2024 年 3 期）從回鶻民族歷史、回鶻經濟研究、沙州回鶻問題等方面對《唐宋回鶻史研究》的內容進行了總結，認爲該書史料較爲宏富，但不足之處在於没有涉及回鶻藝術。楊富學《四重證據，揭秘上古傳説——讀王曉玲著〈吐魯番阿斯塔那古墓人首蛇身交尾圖像研究〉》（《美術大觀》2024 年 2 期）簡要介紹了該書的研究內容、方法與結論，並對其學術價值進行了評價，認爲該書調查紥實，注重邏輯與推理。

　　學術會議方面。2024 年 4 月 11 日至 14 日 "繁采揚華——首屆吐魯番學研究生論壇" 在吐魯番博物館召開。來自國內 42 所高校和研究機構的 143 名碩博研究生齊聚吐魯番，圍繞吐魯番學研究展開探討與交流，分享最新的學術關注點和研究成果。2024 年 7 月 6 日至 8 日 "第八屆新疆北庭學國際學術研討會" 在西安召開。會議以 "文化遺産傳承發展與建設中華民族現代文明" 爲主題，圍繞北庭故城遺址的歷史文化地位、大遺址保護與北庭故城遺址保護研究、絲綢之路歷史與考古研究、北庭文化遺産的價值闡釋等問題展開了討論。2024 年 7 月 14 日至 18 日，"石窟寺考古青年論壇" 在新疆克孜爾石窟學術交流中心成功舉辦。論壇以石窟寺考古爲主題，通過實地考察與學術討論相結合的方式，探討石窟寺的歷史文化價值，强調了新疆作爲古絲綢之路要衝、東西方文明交往交融的門户，其石窟寺在研究中華民族共同體歷史和多元一體格局中的重要價值。

　　2024 年 8 月 21 日 "第六屆吐魯番學國際學術研討會" 在吐魯番博物館召開。開幕式上舉行了《黃文弼所獲西域文書》首發儀式。研討會期間，吐魯番博物館還推出《吐魯番考古第一人——紀念黃文弼誕辰 130 周年特展》和《考古揚自信火洲顯華章——吐魯番近年來文物考古新發現特展》兩大重要展覽。主要通過照片、黃文弼先生生前使用過的物品、珍藏過的古籍文獻以及所藏拓片等，展現了我國著名的考古學家、西北史地學家、新疆考古事業的先驅者和奠基人黃文弼先生生平履歷和主要成就。2024 年 10 月 19 日至 21 日吐魯番學國際學術研討會 "景教研究新進展" 在新疆吐魯番市開幕。此次研討會爲國際景教研究搭建了跨學科、跨領域的學術交流平臺。

　　2024 年 10 月 26 日 "絲路文明交流互鑒與龜兹歷史文化研究學術研討

會"在庫車圓滿落下帷幕。來自國家文物局、中國國家博物館、新疆維吾爾自治區文博院、德國柏林亞洲藝術博物館等的 130 餘位國內外專家學者齊聚庫車,以"絲路文明交流互鑒與龜茲文化研究"爲主題,圍繞"龜茲歷史、文化、經濟、宗教、語言文字及藝術研究""絲路文明與龜茲多元一體文化研究""文化遺產保護利用""海外龜茲學研究現狀"等 8 個主題開展了學術報告和專題討論。2024 年 11 月 23 至 24 日"中國新疆的歷史與發展:中國歷代中央政權治理新疆地區"學術研討會在烏魯木齊舉行。來自中國、英國和意大利等國家的 140 餘位專家學者,共同討論了中國歷代中央政權治理新疆地區的相關問題,推動了新疆的歷史研究並促進了學術交流。2024 年 11 月 23 日至 24 日"中國敦煌吐魯番學會語言文學專業委員會成立 40 周年學術研討會"在南京師範大學召開。大會涉及敦煌語言文字、敦煌文學、敦煌文獻、敦煌歷史文化等諸多研究領域。2024 年 11 月 25 日"龜茲地區克孜爾石窟飛天形象服飾風格探析"學術研討會在北京召開。會議的主要內容聚焦於克孜爾石窟中飛天形象的服飾風格及其演變,探討了飛天形象的多元文化融合、服飾風格特點、飛天形象的演變、藝術形式與文化意義等問題,通過多學科視角,分析了克孜爾石窟飛天形象的服飾風格,揭示了其在絲綢之路上的文化交流與藝術演變的重要意義。

研究綜述方面。沙娜《"中華文化視野下的龜茲學研究學術研討會暨第七屆龜茲學年會"綜述》(《西域研究》2024 年 3 期)對"龜茲地區出土的歷史、宗教、語言文字資料所體現的中華文明元素""中華文化視野下的龜茲與多元融匯的絲路文明"等問題的研究成果進行了介紹。徐玉娟《"絲綢之路與中國西北科學考查團"學術研討會綜述》(《西域研究》2024 年 2 期)從中國西北科學考察團研究、絲綢之路史地研究與文獻研究三方面對會議內容進行了總結。吐送江·依明、孟佩君《四十年來國內西域胡語文獻研究綜述》(《敦煌學輯刊》2024 年 4 期)對早期西方學者關於梵語、吐火羅語、于闐語、粟特語和回鶻語文獻的整理與研究成果進行了梳理,爲尋找相關的研究空間提供了方便。王穎璇《唐至宋元時期吐魯番交通的研究綜述》(《吐魯番學研究》2024 年 3 期)梳理了 19 世紀以來吐魯番古城址烽燧的考察、發掘、普查報告,以及學界對陸路交通和驛傳制度的研究成果。王傲《吐魯番盆地戰國——兩漢墓葬研究評述》(《北方民族考古》第十六輯)對吐魯番盆地戰國到兩漢時期墓葬的發現與發掘情況進行了梳理,並對未來研究進行了展望。王璐、張童謠《挖掘宗教文化資源促進文明交流互鑒——"于闐佛教文化遺址保護利用學術會議"綜述》(《中國宗教》2024 年 8 期)介紹了"于闐佛教文化遺址保護利用學術會議"的背景、主題和主要內容,並對後續工作進行了展望。袁劍《"中國新疆的歷史與未來"國際論壇綜述》(《中華民族共同體研究》2024 年 4 期)從嘉賓致辭、主旨演講、圓桌討論三方面對該論壇的内容進行了總結。馬昕越、呂琳《2023 年吐魯番學研究綜述》(《2024 敦煌學國際聯絡委員會通訊》)對 2023 年有關吐魯番學的專著和學術成果進行了分類和總結。

　　紀念文方面。中國人民大學國家發展與戰略研究院、中國人民大學國學院編《絲綢之路研究：段晴教授紀念專號》(生活·讀書·新知三聯書店)收錄了多篇紀念段晴教授的文章,包括榮新江、范晶晶整理的《段晴教授論著編年目錄》,有助於推動對絲綢之路的深入認識與研究。王炳華《難忘李征》(《吐魯番學研究》2024 年 1 期)通過對李征先生生前未完成的文稿、書信以及其他相關資料的整理和分析,回顧了李征先生在新疆考古和吐魯番文書研究領域的貢獻。朱玉麒《相逢在科學的春天——李征致袁復禮書信疏證》(《吐魯番學研究》2024 年 1 期)通過對李征寫給袁復禮的一封書信進行分析,揭示了兩位學者在 1980 年代初期的學術交流與合作。徐維焱《高昌曆法研究的先行者——李征遺稿鈎沉》(《吐魯番學研究》2024 年 1 期)通過對李征先生遺稿的整理和分析,揭示了其在高昌曆法研究方面的開創性貢獻。王炳華《深心托豪素,倏忽六十年——記黄文弼先生一封談新疆考古的長信》(《西域文史》第十八輯)以作者多年前收存過的一封黄文弼先生的長信爲對象,對黄文弼先生在新疆的考古事業進行了回顧,以紀念其誕辰 130 周年。

21 世紀以來國内敦煌歷史地理研究綜述

蔣小剛(上海大學)

百年敦煌學在敦煌歷史地理研究方面取得了豐碩的成果。李正宇、郝春文、李并成及潘春輝等學者對 20 世紀的敦煌歷史地理研究成果進行過總結和評述,清晰揭示出敦煌歷史地理研究的發展脈絡。[①] 21 世紀以降,國内敦煌歷史地理研究在學界持續深耕下,其研究體系持續深化且範式日臻成熟,呈現出學科交叉、方法創新並重的學術轉向。基於此,本文擬對 21 世紀以來國内敦煌歷史地理研究的成果進行系統總結,以期展現敦煌歷史地理研究之現狀,並爲進一步深化研究提供參考。

一、綜合性研究

20 世紀後半葉,敦煌歷史地理研究進入體系化建構階段,李正宇《敦煌歷史地理導論》、李并成《河西走廊歷史地理》及前田正名《河西歷史地理學研究》奠定了研究範式。21 世紀以來,敦煌歷史地理的綜合性研究取得了較大突破,如鄭炳林、李軍《敦煌歷史地理》一書,系統地考察了敦煌古代政區的設置與變遷、人口分佈、交通地理、經濟地理、河流與水利工程以及軍事地理等多個方面,是一部全面介紹敦煌歷史地理的通論性專著,該書内容不僅豐富了我們對敦煌歷史地理的認識,也爲後續的研究提供了思路。[②] 由蘭州大學敦煌學研究所編纂的七卷本《敦煌通史》,體現了當代敦煌歷史地理研究的集成性突破,該叢書基於多源文獻互證與跨學科交叉研究範式,通過長時段、多維度的系統性考辨,建構起敦煌區域文明演進的立體認知框架,對我們理解西北歷史和地理以及陸上絲綢之路具有重要價值。以《吐蕃卷》爲例,通過多語種文獻互證,深度解構吐蕃統治時期敦煌的行政建置、經濟運作與產業形態,彰顯出土文獻與地緣政治格局研究的互證價值。[③]

此外,河西地區的歷史地理整體性研究也涌現了一系列成果。李并成主編《河西走廊人地關係演變研究》廣泛收集彙編了與河西走廊地區歷史地理

---

① 李正宇《敦煌歷史地理研究百年回眸》,收入《2000 年敦煌學國際學術討論會文集》(歷史文化卷上),蘭州:甘肅民族出版社,2003 年;郝春文、宋雪春、武紹衛《當代中國敦煌學研究(1949—2019)》,北京:中國社會科學出版社,2020 年;李并成《百年來敦煌歷史地理文獻及歷史地理的研究》,《敦煌學輯刊》2010 年第 2 期,第 41—53 頁;潘春輝《近十年來國内敦煌歷史地理研究概況》,《甘肅社會科學》2007 年第 6 期,第 175—177 頁;許德慶《近十年來國内河西地區歷史地理研究概述》,《河西學院學報》2011 年第 4 期,第 21—26 頁。
② 鄭炳林、李軍《敦煌歷史地理》,蘭州:甘肅教育出版社,2010 年。
③ 鄭炳林主編《敦煌通史·吐蕃卷》,蘭州,甘肅教育出版社,2023 年。

相關的論文,主要包括農業經濟、民族文化、交通軍事以及旅遊開發等重要内容,拓展了西北史地的跨學科研究路徑。① 侯丕勳、劉再聰《西北邊疆歷史地理概論》探討了西北五省區域内的歷史地理問題,包括疆域的演變、自然環境的變遷、交通網絡的發展、民族構成的變化、軍事戰略的演變以及文化風貌的演進等六大主題,該書從宏觀尺度剖析西北五省自然環境變遷與邊疆治理體系的動態耦合關係,深化了對河西歷史地理的認識。②

二、敦煌歷史自然地理研究

歷史自然地理的研究,旨在探討歷史時期的地理環境結構以及其生成、發展和變遷的規律。③ 自 21 世紀以來,對敦煌歷史自然地理的研究主要集中於以下幾個方面:一是古今生態變化,二是河流水系的研究,三是動植物資源的探討,四是自然災害的研究。這些研究領域各自獨立,同時也相互關聯,共同構成了對敦煌歷史自然地理的全面理解。

(一)敦煌歷史沙漠化問題的研究

關於生態變化的問題,沙漠化無疑是一個關鍵因素,同時也是學術界關注的焦點。敦煌地處我國乾旱和半乾旱地區,其在歷史上就一直存在沙漠化的問題,這對於人們的日常生產生活造成了重大影響。進入 21 世紀,學界研究主要聚焦於敦煌地區的沙漠化問題以及人類活動與沙漠化之間的相互作用上。

沙漠化方面。王乃昂《近 2 ka 河西走廊及毗鄰地區沙漠化過程的氣候與人文背景》分析了河西走廊沙漠化的成因,指出雖然氣候變化和河流改道對湖泊的乾涸以及古綠洲沙漠化有一定促進作用,但自近代以來,人類活動成爲主導因素。④ 程宏毅《河西地區歷史時期沙漠化研究》探討了歷史時期河西地區沙漠化的驅動因素及人類活動對沙漠化的影響,其作者運用現代實驗技術對河西乾旱地區的沙漠、湖泊、遺址進行了實地考察。兩者的研究均認爲氣候變化是河西地區歷史時期沙漠化的主要驅動力,近三百年人類活動則是主導因素,這對河西沙漠化防治和西部大開發具有重要參考價值。⑤ 李并成對河西地區沙漠化問題關注較多,如《河西走廊歷史時期沙漠化研究》《敦煌學與沙漠歷史地理研究》《鎖陽城遺址及其周圍古墾區沙漠化過程考》等文章探討了沙漠化的成因及其影響範圍。《河西走廊歷史時期沙漠化研究》以跨

① 李并成、張力仁主編《河西走廊人地關係演變研究》,西安:三秦出版社,2011 年。
② 侯丕勳、劉再聰主編《西北邊疆歷史地理概論》,蘭州:甘肅人民出版社,2008 年。
③ 鄒逸麟主編《中國歷史自然地理(序)》,北京:科學出版社,2013 年,第 3 頁。
④ 王乃昂、趙强、胡剛、諶永生《近 2 ka 河西走廊及毗鄰地區沙漠化過程的氣候與人文背景》,《中國沙漠》2003 年,第 97—102 頁。
⑤ 程宏毅《河西地區歷史時期沙漠化研究》,博士學位論文,蘭州大學,2007 年。

學科的研究方法,全面分析了河西走廊在各個歷史階段的沙漠化情況,並探討了氣候變遷、水體變動和植被變化對沙漠化進程的影響。後兩篇文章則專注於瓜沙地區的研究,結合敦煌遺書和出土文獻,並通過反復的實地考察,探討了屯田開墾活動對瓜沙地區的影響,特別是關於鎖陽城遺址周邊墾區的荒漠化研究,他對傳統的"唐中葉河流改道,鎖陽城沙漠化"的觀點提出了質疑,認爲明代正德年間以後,鎖陽城逐漸被遺棄。① 此外,鄒逸麟主編的《中國歷史自然地理》一書中,也特設一章,對河西走廊的沙漠化過程及其背後的原因進行了闡釋。②

人類活動對沙漠化影響。劉俊霞《秦漢時期西北農業開發與生態環境問題研究》提出,在秦漢時期,西北移民實邊和不合理的農業開發,導致了生態環境惡化,從而加速了西北地區的沙漠化與水土流失的進程。③ 張恒《漢唐時期河西走廊農牧演替與環境變遷》一文也指出,漢唐時期,由於河西的農業過度發展和人口快速增長,綠洲面積開始逐漸縮小,進而加速了沙漠化的進程。許文芳《漢唐間敦煌地區的環境生態問題及其治理研究》梳理了在漢唐時期,敦煌地區過度開發導致的植被破壞、綠洲沙漠化程度加劇等一系列生態環境問題。④ 樂曉麗《論西夏時期河西走廊地區土地利用方式與沙漠化的關係》指出,西夏時期,河西走廊地區土地的主要利用方式是畜牧業,在這種單一的土地利用模式下,人口壓力的增大以及過度放牧,導致該地區沙漠化問題的加劇。⑤ 黨瑜《歷史時期河西走廊農業開發及其對生態環境的影響》通過文獻分析與實地調查,表明歷史時期河西地區不合理的土地開墾方式和對森林資源的濫砍濫伐,加速了該地區的荒漠化進程。⑥

以上學者的研究主要揭示了歷史時期西北地區農牧業開發(屯墾、畜牧)與生態退化存在顯著正相關性,過度土地開墾、單一經濟模式及人口壓力加劇綠洲沙漠化進程,凸顯人地關係失衡與生態系統脆弱性之間的關係。

(二)敦煌古代河流水系的研究

河西走廊的水資源主要來源於祁連山冰雪融水,這一地區自東向西依次

---

① 李并成《河西走廊歷史時期沙漠化研究》,北京:科學出版社,2003 年;李并成《敦煌學與沙漠歷史地理研究》,收入《2000 年敦煌學國際學術討論會文集》(歷史文化卷上),蘭州:甘肅民族出版社,2003 年;李并成《鎖陽城遺址及其周圍古墾區沙漠化過程考》,《絲綢之路》2011 年第 18 期,第 27—30 頁。

② 鄒逸麟主編《中國歷史自然地理》,北京:科學出版社,2013 年。

③ 劉俊霞《秦漢時期西北農業開發與生態環境問題研究》,碩士學位論文,西北農林科技大學,2008 年。

④ 許文芳、韋寶畏《漢唐間敦煌地區的環境生態問題及其治理研究》,《乾旱區資源與環境》2014 年第 5 期,第 43—46 頁。

⑤ 樂曉麗《論西夏時期河西走廊地區土地利用方式與沙漠化的關係》,《青年科學(下半月)》2009 年第 2 期,第 91—92 頁。

⑥ 黨瑜《歷史時期河西走廊農業開發及其對生態環境的影響》,《中國歷史地理論叢》2001 年第 2 期,第 114—117 頁。

分佈着石羊河、黑河、疏勒河三大水系。敦煌位於疏勒河流域内,在古代的綠洲開發過程中,人類的社會經濟活動對水文循環過程産生了顯著影響,從而引發了一系列水文效應和生態環境的變化。學界關於敦煌地區古代河流水系的研究,主要集中在河流水系的變遷和人類活動對河流水系的影響這兩方面。

水系變遷。李并成對河西地區水系變化進行了系統研究,發表了一系列相關研究成果。《漢唐冥水(籍端水)冥澤及其變遷考》一文考證了冥水、籍端水、冥澤的地理位置,明確指出冥澤應處於漢代冥安縣境内,同時分析了冥澤的消失、冥水水系的變化以及疏勒河沖積扇邊緣綠洲的荒漠化之間的聯繫。[1]在另一文中,其探討了古代河西地區水流量問題,對"與古代相比,今天西北乾旱區的水流量減少"這一傳統看法提出了質疑,他認爲從整個流域角度來看,水流量並未減少。[2]鄭炳林、曹紅也先後發表了多篇文章,探討了漢唐時期疏勒河下游的地理環境變遷,如《漢唐間疏勒河下游地區環境演變》一文對疏勒河流域進行了考察,認爲在漢唐時期,尤其是軍屯和農業的開發,對疏勒河下游的環境産生了重大影響。[3]《漢唐瓜州苦水流域地理環境演變研究》一文利用《沙州都督府圖經》等敦煌遺書,對苦水與疏勒河之間的關係進行了研究,並探討了城鎮設置和農業灌溉的發展變化。[4] 張景平在對地方文獻進行挖掘的基礎上,結合了遊記、考古資料以及自然科學的相關知識,研究了歷史時期的疏勒河水系分佈及演變趨勢,認爲疏勒河水系的變遷是由地質變化以及人類活動影響共同所致,這種變化對該地區的水資源分佈和生態環境産生了深遠影響。[5]

敦煌及周邊流域的人類活動和水系變遷。經過學者們的研究,整體認爲敦煌及其周邊地區的人類活動與水域變化之間存在著緊密聯繫。如張倩茜《唐前後水系演變對敦煌發展的影響研究》一文,從自然環境和人類社會活動兩大視角,剖析了氣候變化、季風以及人類活動如何影響敦煌地區水資源的合理配置與管理方案。[6] 張彥武《疏勒河的變遷對敦煌西湖濕地的影響分析》討論了疏勒河在不同時期的變化軌蹟及影響因素,其中包括經濟的開發、人口數量的增加、氣候的變遷以及耕地範圍的擴展等諸多要素。[7] 王茂迎《清代

---

① 李并成《漢唐冥水(籍端水)冥澤及其變遷考》,《敦煌研究》2001 年第 2 期,第 60—67 頁。
② 李并成《西北乾旱地區今天河流的水量較古代河流水量大大減少了嗎?——以敦煌地區爲中心的探討》,《陝西師範大學學報》(哲學社會科學版)2007 年第 5 期,第 8—11 頁。
③ 鄭炳林、曹紅《漢唐間疏勒河下游地區環境演變》,《敦煌學輯刊》2012 年第 3 期,第 1—20 頁。
④ 鄭炳林、曹紅《漢唐瓜州苦水流域地理環境演變研究》,《敦煌學輯刊》2010 年第 4 期,第 1—15 頁。
⑤ 張景平《歷史時期疏勒河水系變遷及相關問題研究》,《中國歷史地理論叢》2010 年第 4 期,第 15—30 頁。
⑥ 張倩茜《唐前後水系演變對敦煌發展的影響研究》,碩士學位論文,蘭州大學,2010 年。
⑦ 張彥武《疏勒河的變遷對敦煌西湖濕地的影響分析》,碩士學位論文,清華大學,2016 年。

疏勒河流域河湖水系變遷研究》分析了疏勒河流域的歷史水文環境,指出疏勒河流域水文變遷主要由人口增加、耕地面積擴大、人類干預河道以及湖區墾殖活動等因素導致。[①]

(三)敦煌古代動植物資源研究

動物資源分佈利用。胡瑩瑩《唐五代宋初敦煌動物資源研究》以敦煌文獻爲中心考察了唐五代宋初敦煌的動物資源,討論了敦煌動物的分佈,分析了它們在民衆日常生活中的應用。[②] 張俊民《懸泉漢簡馬匹問題研究》通過對懸泉置出土的簡牘系統整理,全面揭示漢簡所反映馬匹數量、來源、使用、飼養、病死、管理制度等方面的相關問題。[③] 徐秀玲《晚唐五代敦煌寺院馬、牛、駱駝等飼養情況考釋》認爲晚唐五代敦煌寺院的畜牧業比較發達,寺院中有馬、牛、駱駝等大型牲畜,其來源除了少部分是寺外人員施捨以外,絕大多數來自寺院自身。這些大型牲畜主要用於來搬運木頭、搬面、打窟和運送沙礫等重物。[④]

植被資源變遷。李并成對古代敦煌植被資源分佈變遷關注較多,如《歷史上祁連山區森林的破壞與變遷考》一文揭示了從漢唐到明清時期,人類活動對祁連山森林的過度開發與破壞,導致生態惡化,涵養水分能力下降等不利影響。[⑤]《敦煌文獻與西北生態環境變遷研究》通過敦煌文獻勾勒出了西北生態環境演變的主要綫索,指出唐五代宋初修窟耗費了大量的木材,導致祁連山區植被的減少。[⑥]

(四)敦煌歷史災害地理的研究

歷史災害地理研究專注於研究中國各地區在歷史時期内自然災害的成因、分佈特徵,以及災害對當時及後來人們生產生活產生的影響。[⑦] 在《敦煌歷史地理研究百年回眸》一文中,李正宇也強調敦煌歷史自然地理研究的重要性,認爲該研究應當包括對敦煌特有的風沙災害及其防治措施的深入探討。[⑧] 21 世紀以來,敦煌災害地理的研究主要集中在風災、洪災、疾病等方面。

風災研究。米小强《歷史時期我國西北地區沙塵天氣初步研究》《1500—

---

① 王茂迎《清代疏勒河流域河湖水系變遷研究》,碩士學位論文,陝西師範大學,2010 年。
② 胡瑩瑩《唐五代宋初敦煌動物資源研究》,碩士學位論文,西北師範大學,2017 年。
③ 張俊民《懸泉漢簡馬匹問題研究》,收入張俊民《敦煌懸泉置出土文書研究》,蘭州:甘肅教育出版社,2015 年,第 300—383 頁。
④ 徐秀玲《晚唐五代敦煌寺院馬、牛、駱駝等飼養情況考釋》,《安徽廣播電視大學學報》2019 年第 2 期,第 88—91 頁。
⑤ 李并成《歷史上祁連山區森林的破壞與變遷考》,《中國歷史地理論叢》2000 年第 1 期,第 1—16 頁。
⑥ 李并成《敦煌文獻與西北生態環境變遷研究》,《漢語史學報》2003 年第 1 期,第 400—404 頁。
⑦ 段偉《歷史學研究:歷史災害地理專題》,《蘇州大學學報》(哲學社會科學版)2020 年第 1 期,第 172 頁。
⑧ 李正宇《敦煌歷史地理研究百年回眸》,收入《2000 年敦煌學學術國際學術討論會文集》(歷史文化卷上),蘭州:甘肅民族出版社,2003 年。

1910 年西北地區沙塵天氣研究》兩文輯錄了文獻中有關沙塵天氣記載的數據,研究了西北地區沙塵天氣的時空分佈規律,分析了沙塵天氣與氣溫、濕度、人類活動之間的關係。[①] 王伊蒙等人利用文獻和現代技術相結合的方法,初步建立起了敦煌過去兩千年沙塵序列強度,表明敦煌地區沙塵天氣強烈且頻發時期主要在 280—351 年、1440—1550 年、1720—1840 年、1900—1952 年 4 個階段。該文的視角和方法爲研究歷史時期敦煌自然災害提供了新的研究思路。[②] 朱建軍《簡牘材料所見兩千年前敦煌地區大風與沙塵暴》和王子今《敦煌懸泉置簡文記錄的風災》兩文均利用出土簡牘研究了漢代敦煌風災問題,前者通過分析甘肅簡牘博物館收藏簡牘材料中關於沙塵暴天氣的記載,推斷公元前 20 年至公元 20 年間,曾有特大沙塵暴襲擊過懸泉置;後者則主要探討了漢代風災對河西地區生産、生活及交通造成的影響。[③]

　　洪災研究。西北乾旱地區雖然終年不雨,但是在戈壁上,一雨便可成災。馬玲《明清時期鎖陽城地區歷史環境的若干問題研究》考察了明清時期鎖陽城環境成因與形成過程,重現了榆林窟洪水水量、水位、年代,分析了洪水發生的原因。[④]

　　疾病研究。敦煌位於絲綢之路的樞紐地帶,歷史時期的戰爭、人口的遷徙、東西貿易的往來使得敦煌地區更容易遭受疾疫危害。馬托弟《晚唐五代宋初敦煌疾疫醫療史研究》聚焦晚唐五代宋初敦煌疾疫的研究。該文部分内容涉及災害地理,如作者探討了張議潮起兵與吐蕃發生的災病之間的關係問題。關於金山國滅亡的主要原因,以往學者普遍認爲是不合時宜地發動對甘州回鶻的戰爭,而作者指出,歸義軍疫病災害是導致金山國短命的一個關鍵因素。[⑤] 鄭阿財《中古僧侶應對疫癘策略初探——以敦煌文獻爲中心》探討了中古僧侶通過使用咒術、提供醫療服務、設立病坊,以及利用宗教儀式等方式應對疫癘的相關問題。[⑥]

三、敦煌歷史人文地理研究

　　敦煌歷史人文地理研究主要集中在歷史政區與人口、經濟地理、軍事地

　　① 米小强《歷史時期我國西北地區沙塵天氣初步研究》,碩士學位論文,西北師範大學,2012 年;米小强《1500—1910 年西北地區沙塵天氣研究》,《氣象與減災研究》2012 年第 3 期,第 51—56 頁。
　　② 王伊蒙、范亞秋、龍川等《基於文獻記錄的敦煌地區歷史時期沙塵天氣序列重建》,《中國沙漠》2024 年第 2 期,第 162—171 頁。
　　③ 朱建軍《簡牘材料所見兩千年前敦煌地區大風與沙塵暴》,《光明日報》2021 年 5 月 24 日;王子今《敦煌懸泉置簡文記錄的風災》,《敦煌學輯刊》2024 年第 3 期,第 1—8 頁。
　　④ 馬玲《明清時期鎖陽城地區歷史環境的若干問題研究》,碩士學位論文,蘭州大學,2018 年。
　　⑤ 馬托弟《晚唐五代宋初敦煌疾疫醫療史研究》,博士學位論文,蘭州大學,2022 年。
　　⑥ 鄭阿財、趙鑫桐《中古僧侶應對疫癘策略初探——以敦煌文獻爲中心》,《敦煌學輯刊》2024 年第 2 期,第 47—53 頁。

理、城市地理、古地名研究。

（一）敦煌歷史政區與人口

1. 敦煌歷史政區研究

兩漢時期。由於《漢書·地理志》與《漢書·武帝紀》關於敦煌郡設置的時間記載相抵牾，因此，學界對該問題有不同的觀點。李炳泉《西漢河西四郡的始置年代及疆域變遷》通過對相關歷史文獻的分析，指出敦煌、張掖等郡的設置時間應在漢武帝後元元年（前 88），並非征和二年（前 91）。[①] 張文生《西漢在河西"列四郡、據兩關"考辨》指出漢武帝在元狩二年（前 121）派霍去病擊敗匈奴後，逐步推進河西四郡的設置，敦煌郡作爲最西端的一郡，可能稍晚於前三郡。[②] 而鄭炳林認爲元狩二年（前 121）夏，霍去病出兵匈奴，同年秋，渾邪王殺休屠王歸漢，若是等到三十年後的後元年間才置敦煌郡，就顯得太晚。並根據敦煌遺書 S.5693《瓜沙兩州史事編年並序》和 P.3721《瓜沙兩郡史事編年並序》考證敦煌郡設置時間應爲漢武帝元鼎六年（前 111）。[③] 李正宇《漢代敦煌郡縣建立的特殊過程》考察了漢代敦煌郡縣的建立，指出敦煌郡、縣、亭、里的形成具有特殊原因。周振鶴《中國行政區劃通史·秦漢卷》梳理了秦漢時期敦煌歷史政區演變。[④] 何靜苗《漢代河西治理研究》探討了漢代對敦煌的治理，包括行政建制等方面。[⑤] 劉再聰《漢唐西北地區基層行政的帝制化》利用出土文書，通過長時段的視角考察了漢至唐西北地區基層行政建制的演變。[⑥]

魏晉南北朝時期。李并成《魏晉時期寄理敦煌郡北界之伊吾縣城考》通過文獻與實地踏勘，發現敦煌郡北界古城址有大量的陶片、鐵器、石器，從而考證該城即魏晉時期敦煌郡北界寄理的伊吾縣城治所。[⑦] 姜博《魏晉南北朝時期敦煌歷史研究——以考察敦煌建置、佛教、太守爲中心》簡單介紹了魏晉時期敦煌政區地理變化。[⑧] 杜海《魏晉南北朝時期敦煌建置沿革》系統梳理了從曹魏到北周時期敦煌行政區劃的演變情況，探討了敦煌、酒泉以及玉門大護軍的建置年代、地理位置和政治角色。[⑨] 范英傑《五涼僑置及相關問題研

① 李炳泉《西漢河西四郡的始置年代及疆域變遷》，《東嶽論叢》2013 年第 12 期，第 76—83 頁。
② 張文生《西漢在河西"列四郡、據兩關"考辯》，《甘肅政協》2021 年第 4 期，第 77—79 頁。
③ 鄭炳林先生有多篇文章均認爲敦煌郡設置時間爲元鼎六年（前 111），詳見：鄭炳林、張靜怡《西漢敦煌郡的設置和敦煌城的修築》，《敦煌學輯刊》2021 年第 2 期，第 3—13 頁；鄭炳林、司豪強《敦煌通史·兩漢卷》，蘭州：甘肅教育出版社，2023 年，第 69—91 頁。
④ 周振鶴、李曉傑、張莉《中國行政區劃通史·秦漢卷》，上海：復旦大學出版社，2017 年。
⑤ 何靜苗《漢代河西治理研究》，碩士學位論文，蘭州大學，2018 年。
⑥ 劉再聰《漢唐西北地區基層行政的帝制化》，《古代文明》2024 年第 2 期，第 89—97 頁。
⑦ 李并成《魏晉時期寄理敦煌郡北界之伊吾縣城考》，《敦煌研究》2003 年，第 39—42 頁。
⑧ 姜博《魏晉南北朝時期敦煌歷史研究——以考察敦煌建置、佛教、太守爲中心》，碩士學位論文，南京師範大學，2011 年。
⑨ 杜海《魏晉南北朝時期敦煌建置沿革》，《敦煌學輯刊》2019 年第 4 期，第 180—186 頁。

究》對五涼時期敦煌行政建制多有涉及。① 段文崗《北魏時期河西歷史研究》分析了北魏敦煌鎮的設立及改鎮爲州,指出敦煌鎮改瓜州的時間應爲正光四年(523)八月至正光五年(524)九月之間,在改鎮爲州的同時,派遣元榮擔任瓜州刺史。②

隋及唐前期。艾沖《唐代河西地區都督府建制的興廢》考察了涼州都督府和瓜州都督府的建制名稱、治所、管區、職能的沿革變化,以及河西地區的戰略地位。③ 劉安志《關於唐代沙州升爲都督府的時間問題》認爲唐開元、天寶以前,沙州行政建制一直都是刺史州(太守郡)建制,而非都督州建制,沙州升爲都督府的時間是在唐代宗永泰二年(766)。④ 在其《唐代沙州升爲都督府時間考定——以〈唐會要〉版本考察爲中心》一文中進一步強調了該觀點。⑤

吐蕃佔領時期。陸離和陳繼宏對吐蕃統治敦煌時期行政建制問題關注較多。陸離《敦煌的吐蕃時代》勾勒出了吐蕃佔領敦煌之後的行政區劃與建制。⑥《吐蕃統治敦煌的基層組織》一文指出吐蕃佔領時期敦煌的基層組織是由多個"崗"組成的,每個"崗"由若干户組成,並具有一定的行政職能,如徵收租糧、管理寫經生等。⑦《關於吐蕃統治敦煌時期的基層組織——十將、將》進一步分析了吐蕃"十將"制度的具體來源,運行方式等。⑧ 陳繼宏《吐蕃佔領初期敦煌部落設置考》指出吐蕃佔領敦煌後便進行改制,在唐的基礎上對世俗人口與宗教人口分而治之,世俗人口保留鄉制,並在鄉名尾碼以"部落"二字,對僧尼人口則設立專門部落來管理。⑨

歸義軍時期。鄭炳林發表了《晚唐五代敦煌歸義軍行政區劃制度研究》等系列文章,厘清了歸義軍時期行政區劃的基本框架,分析了州、鎮、縣之間的關係。⑩ 李軍《控制、法定與自稱:唐宋之際歸義軍轄區變遷的多維度考察》《敦煌通史·晚唐歸義軍卷》對歸義軍轄區的變遷進行了考察,揭示了從歸義軍初創到外藩時代,轄區的動態變化過程。⑪

① 范英傑《五涼僑置及相關問題研究》,碩士學位論文,蘭州大學,2019 年。
② 段文崗《北魏時期河西歷史研究》,碩士學位論文,蘭州大學,2023 年。
③ 艾沖《唐代河西地區都督府建制的興廢》,《敦煌研究》2003 年第 3 期,第 50—54 頁。
④ 劉安志《關於唐代沙州升爲都督府的時間問題》,《敦煌學輯刊》2004 年第 2 期,第 59—66 頁。
⑤ 劉安志《唐代沙州升爲都督府時間考定——以〈唐會要〉版本考察爲中心》,《史學集刊》2017 年第 4 期,第 33—40 頁。
⑥ 陸離《敦煌的吐蕃時代》,蘭州:甘肅教育出版社,2013 年。
⑦ 陸離《吐蕃統治敦煌的基層組織》,《西藏研究》2006 年第 1 期,第 8—16 頁。
⑧ 陸離《關於吐蕃統治敦煌時期的基層組織——十將、將》,《中國邊疆史地研究》2015 年第 2 期,第 111—125 頁。
⑨ 陳繼宏《吐蕃佔領初期敦煌部落設置考》,《雲南社會科學》2015 年第 5 期,第 101—107 頁。
⑩ 鄭炳林《晚唐五代敦煌歸義軍行政區劃制度研究(之一)》,《敦煌研究》2002 年第 2 期,第 11—19 頁;鄭炳林《晚唐五代敦煌歸義軍行政區劃制度研究(之二)》,《敦煌研究》2002 年第 3 期,第 68—73 頁。
⑪ 李軍《控制、法定與自稱:唐宋之際歸義軍轄區變遷的多維度考察》,《中國史研究》2021 年第 4 期,第 110—127 頁;李軍《敦煌通史》(晚唐歸義軍卷),蘭州:甘肅教育出版社,2024 年。

關於歸義軍時期鄉的數量問題,學界存在不同觀點。馮培紅在《歸義軍時期敦煌縣諸鄉置廢申論》中認爲,歸義軍建立之初,敦煌縣繼承了 10 鄉的建制,並新增了赤心鄉,直至張承奉時期,形成了 11 鄉的建制規模;歸義軍鼎盛時期,增設了通頰鄉,但退渾鄉的設置缺乏直接證據;曹元忠上臺後進行了一系列改革,廢除了通頰、玉關兩鄉,形成了 10 鄉的建制。① 陳菊霞通過分析敦煌經濟文書,指出自張議潮恢復縣鄉里制度後,歸義軍一直保持 11 鄉的建制,到 10 世紀 30 年代,隨着通頰、退渾的漢化,曹氏歸義軍將其改爲鄉,敦煌縣形成了 13 鄉制。②

西夏時期。魯人勇《西夏監軍司考》考證了西夏監軍司數量、治所,並闡述了瓜州西平軍司、甘州甘肅軍司的軍事作用。③ 陳光文《西夏時期敦煌的行政建制與職官設置》揭示了西夏統治瓜沙二州採取設置監軍司措施來負責軍事與行政事務,建立一套完善的管理體系,實施了有效的管理。④ 其《西夏至清代敦煌史研究》一文則對西夏元明清時期敦煌行政建制進行了簡要梳理。⑤

元明清時期。陳光文、鄭炳林《蒙、元時期敦煌行政體系述論》考察了元代路、州體系在敦煌的設立。⑥ 陳光文《明朝棄置敦煌考略》梳理了沙州衛從建立到廢棄的過程,認爲明朝邊防政策的收縮、外部勢力如瓦剌、吐魯番的壓力及敦煌地位下降等因素導致了明朝最終放棄敦煌地區,內徙其民,並關閉嘉峪關。⑦ 車雯婧《清代對敦煌的開發》考察了清代敦煌的基本行政建制,梳理了清代敦煌由沙州所、沙州衛到敦煌縣的變化過程。⑧ 劉傳飛《清代安西衛、沙州衛設置時間考——兼論沙州所建制的有無》對地方志記載的沙州衛設置的時間提出質疑,並結合官方文獻進行了再研究,認爲沙州所和沙州衛設置時間分別爲雍正二年(1724)、四年(1726)。⑨

此外,《甘肅通史》《甘肅省志·建制志》《中國行政區劃通史》《敦煌通史》等相關通史著作,也對古代敦煌的行政建制進行了梳理。

綜上所述,自 21 世紀以來,通過對文獻的深入研究,學者們基本釐清了漢至清敦煌的行政建制和基層組織的變遷。

① 馮培紅《歸義軍時期敦煌縣諸鄉置廢申論》,《敦煌研究》2000 年第 3 期,第 97—101 頁。
② 陳菊霞《歸義軍中後期敦煌縣非十鄉制》,《敦煌研究》2008 年第 3 期,第 93—97 頁。
③ 魯人勇《西夏監軍司考》,《寧夏社會科學》2001 年第 1 期,第 84—87 頁。
④ 陳光文《西夏時期敦煌的行政建制與職官設置》,《敦煌研究》2016 年第 5 期,第 84—91 頁。
⑤ 陳光文《西夏至清代敦煌史研究》,博士學位論文,蘭州大學,2016 年。
⑥ 陳光文、鄭炳林《蒙、元時期敦煌行政體系述論》,《西北民族研究》2016 年第 1 期,第 193—200 頁。
⑦ 陳光文《明朝棄置敦煌考略》,《敦煌學輯刊》2011 年,第 111—118 頁。
⑧ 車雯婧《清代對敦煌的開發》,碩士學位論文,蘭州大學,2012 年。
⑨ 劉傳飛《清代安西衛、沙州衛設置時間考——兼論沙州所建制的有無》,《敦煌研究》2015 年第 3 期,第 104—108 頁。

2. 敦煌歷史人口地理研究

劉玉璟《漢代入遷河西地區移民研究》利用簡牘學與社會學的視角,對漢代敦煌移民問題進行探討,分析了移民的類型、特點、路綫及其方式,同時考察了移民對敦煌及周邊地區的政治、經濟、文化等諸多方面所造成的影響。[①] 魏迎春、鄭炳林《西漢敦煌郡移民研究》《西漢敦煌郡移民問題再探——以敦煌懸泉漢簡爲中心》兩篇文章均考察了西漢敦煌郡移民問題,認爲漢武帝時期敦煌地區就開始了大規模的人口遷徙,其包括犯罪的官吏、刑徒、戍邊士兵,以及貧民等,同時指出這些移民不僅增加了敦煌地區的人口,也傳播中原先進的生產技術,促進了文化之間交流。[②]

范英傑《五涼僑置及相關問題研究》一文利用《西涼户籍殘卷》研究了敦煌地區的塢壁的建制、人口情況。[③]

楊作山《唐朝前期移民河西考》考察了唐代移民河西原因、具體方式等相關問題,其中分析了唐前期瓜沙地區人口數量的變化。[④]

郝二旭對吐蕃佔領時期人口問題關注較多,先後發表了多篇文章對其進行了探討。如《吐蕃佔領時期的敦煌人口研究》一文分析了吐蕃統治前期到後期人口數量的變化,[⑤]認爲敦煌的人口在吐蕃佔領後期開始回升,爲後來的社會經濟復蘇奠定了基礎。

劉進寶《歸義軍政權初期的人口調查和土地調整》認爲張議潮推翻吐蕃的統治後,在向唐王朝告捷的同時,就開始著手整理内政,大約在大中四年(850)初即開始了人口的調查,到年底就基本完成了人口的調查、登記工作,並指出歸義軍政權初期的土地調整,没有觸動舊有的土地佔有關係。[⑥] 鄭炳林在《晚唐五代敦煌地區人口變化研究》一文中綜合運用敦煌地志、户口、手實、佛教文獻等多種史料,並結合歸義軍的執政措施,對晚唐五代敦煌地區人口變動進行了研究,指出晚唐五代歸義軍時期敦煌人口總數並未出現大規模的波動,然而,在歸義軍的後期,僧侶的數量卻有所上升。[⑦] 其《晚唐五代敦煌地區的吐蕃居民初探》一文通過敦煌文書的分析研究,認爲敦煌地區的吐蕃居民主要來源於吐蕃統治時期的官員、駐軍及其家屬等。[⑧] 何美峰《歸義軍時

① 劉玉璟《漢代入遷河西地區移民研究》,碩士學位論文,西北師範大學,2012年。
② 魏迎春、鄭炳林《西漢敦煌郡移民研究》,《敦煌學輯刊》2021年第1期,第41—49頁;魏迎春、鄭炳林《西漢敦煌郡移民問題再探——以敦煌懸泉漢簡爲中心》,《敦煌學輯刊》2024年第3期,第9—18頁。
③ 范英傑《五涼僑置及相關問題研究》,碩士學位論文,蘭州大學,2019年。
④ 楊作山《唐朝前期移民河西考》,《寧夏師範學院學報》2007年第2期,第81—85頁。
⑤ 郝二旭《吐蕃佔領時期的敦煌人口研究》,《蘭臺世界》2015年第30期,第98—100頁;郝二旭《敦煌陷蕃前夕人口變化淺析》,《敦煌學輯刊》2012年第4期,第16—26頁。
⑥ 劉進寶《歸義軍政權初期的人口調查和土地調整》,《敦煌研究》2004年第2期,第58—62頁。
⑦ 鄭炳林《晚唐五代敦煌地區人口變化研究》,《江西社會科學》2004年第12期,第20—30頁。
⑧ 鄭炳林《晚唐五代敦煌地區的吐蕃居民初探》,《中國藏學》2005年第2期,第40—45頁。

期沙州百姓充使的幾個問題》論述了歸義軍時期百姓充使的原因、群體的身份、特點等相關内容。①

王穎璿《明代敦煌歷史地理研究》對明代敦煌地區人口進行了研究,認爲由於明代河西統治疆域的内縮,人口不斷遷移,因此,敦煌人口數量可通過與赤斤蒙古衛、罕東左衛等地區進行比較分析,大致可以推測出明代敦煌人口的變化趨勢。②

清代由於軍事和經濟原因不斷向河西地區移民,學者對該議題關注較多,涌現出了許多成果。如趙珍《清代西北地區的人地矛盾與生態變遷》認爲清代敦煌移民始於雍正四年(1726),隨後不斷地移民戍邊導致敦煌地區人地矛盾突出。③ 聶紅萍《清代雍乾朝經營敦煌述論》考察了清代移民沙州屯墾及其成效。④ 路偉東《清代陝甘人口研究》研究了清代陝甘人口分佈、遷移問題,對清代陝甘人口西遷敦煌地區也有討論。⑤ 范富《清代康雍乾時期入遷河西走廊移民研究》認爲康雍乾時期,由於軍事和經濟開發的需要,陝西、甘肅、山西等地軍民遷徙河西,敦煌人口數量不斷增加,對經濟開發產生了重要影響。⑥ 陳光文《清代敦煌人口問題研究》指出,雍正五年至雍正六年期間,清政府從甘肅的各州府縣抽調了 2405 户、約 1 萬名民衆移至敦煌。雍正年間的這次移民活動完成之後,敦煌地區的人口數據顯示出了穩步的增長態勢,並在乾隆年間以及道光年間達到了人口數量的頂峰。然而,由於戰亂頻發,到了咸豐、同治年間,敦煌的人口數量明顯減少。同時,該文也分析了移民活動對敦煌地區的開發和建設重要作用。⑦

此外,葛劍雄《中國人口發展史》⑧及其主編的《中國人口史》《中國移民史》對歷史時期敦煌人口數量、遷移、分佈等問題多有涉及。

(二) 敦煌歷史經濟地理的研究

敦煌經濟地理的研究主要集中於農業地理、水利建設方面。

1. 敦煌古代農業地理

歷史農業地理與農業史有着顯著區別。農業地理主要研究農業生產地域分異及其規律,同時探討差異性農業空間現象的特點與形成原因;⑨農業史

---

① 何美峰《歸義軍時期沙州百姓充使的幾個問題》,《唐史論叢》2022 年第 1 期,第 112—126 頁。
② 王穎璿《明代敦煌歷史地理研究》,碩士學位論文,蘭州大學,2023 年。
③ 趙珍《清代西北地區的人地矛盾與生態變遷》,《社會科學戰線》2004 年第 5 期,第 211—214 頁。
④ 聶紅萍《清代雍乾朝經營敦煌述論》,《敦煌學輯刊》2007 年第 4 期,第 344—352 頁。
⑤ 路偉東《清代陝甘人口研究》,博士學位論文,復旦大學,2008 年。
⑥ 范富《清代康雍乾時期入遷河西走廊移民研究》,碩士學位論文,西北師範大學,2011 年。
⑦ 陳光文《清代敦煌人口問題研究》,《敦煌學輯刊》2018 年第 1 期,第 55—67 頁。
⑧ 葛劍雄《中國人口發展史》,成都:四川人民出版社,2020 年。
⑨ 韓茂莉《中國歷史農業地理(緒論)》,北京:北京大學出版社,2012 年,第 2 頁。

側重研究農學思想、農業技術、農具的發展演變等方面研究。因此,筆者主要梳理有關敦煌農業地理研究成果,基本不包含敦煌農業史的內容。

韓蓓蓓《漢代河西農業開發述論》研究指出在漢政府的經營下,在河西地區採取設置郡縣、移民實邊、開展屯田、興修水利和生態保護等措施,促進了當地農業的發展。[①]

五涼政權在河西地區採取了一系列發展農業的措施,學界對此多有討論。徐柳凡《五涼政權與河西地區農業的發展》認爲五涼時期,由於政府採取了保境安民、惠益百姓、重視水利、招撫流亡及和輯各族的政策,河西地區農業有了很大發展。[②] 高宏《論五涼時期河西農業的開發》討論了五涼政權對河西農業進行開發的具體措施,包括安置流民、勸課農桑、發展私營農業等。[③]

學者對唐宋之際敦煌農業地理關注較多,代表性學者有潘春輝、蘇金花、郝二旭、劉進寶、鄭炳林、徐曉卉等。

潘春輝利用 P.2005《沙州都督府圖經》文書,探討了唐前期敦煌在水資源缺乏情況下,如何通過水利開發來種植麻類作物,並指出自然資源對農業種植結構、方式都產生了重大影響。[④] 徐曉卉有多篇文章探討了五代宋初敦煌"麻"的種植,其主要研究思路則是通過"地子"稅,來推測當時的麻類作物種植規模。[⑤]

蘇金花《唐五代敦煌綠洲農業研究》聚焦唐五代敦煌綠洲農業,考察了唐代敦煌的土地資源的開發配置、水利灌溉系統、勞動力數量變化及結構,分析了種植業和畜牧業的種類及分佈,闡釋了綠洲農業開發和生態環境之間的互動關係。[⑥]《唐五代敦煌的糧食作物結構及其變化》探討了敦煌水稻種植、小麥和粟的種植情況,考察了敦煌地區的飲食習慣、勞動習慣和水稻種植的技術要點,分析了水稻和小麥在不同歷史時期的生產佈局和地域分佈情況。[⑦]

郝二旭對唐五代敦煌農業關注較多。如《唐五代敦煌農業專題研究》利用敦煌寫本文獻,對唐五代敦煌農業進行了專題研究,簡單介紹敦煌自然地理環境對農業的影響,討論唐五代敦煌各種農作物種植比例的變化,揭示農

① 韓蓓蓓《漢代河西農業開發述論》,《天水師範學院學報》2020 年第 6 期,第 58—61 頁。
② 徐柳凡《五涼政權與河西地區農業的發展》,《安徽工業大學學報》(社會科學版) 2001 年第 2 期,第 67—68 頁。
③ 高宏、陳英《論五涼時期河西農業的開發》,《甘肅農業》2000 年第 7 期,第 14—15 頁。
④ 潘春輝《唐前期敦煌農業開發述略——以 P.2005〈沙州都督府圖經〉爲中心》,《開發研究》2006 年第 6 期,第 119—122 頁。
⑤ 徐曉卉《唐五代宋初敦煌麻的種植及利用研究》,碩士學位論文,西北師範大學,2002 年;徐曉卉《唐五代宋初敦煌地區麻的種植品種試析》,《敦煌研究》2004 年第 2 期,第 87—91 頁;徐曉卉《唐五代宋初敦煌地區麻研究——種植規模和畝產量》,《中國經濟史研究》2010 年第 1 期,第 72—74 頁。
⑥ 蘇金花《唐五代敦煌綠洲農業研究》,博士學位論文,中國社會科學院,2002 年。
⑦ 蘇金花《唐五代敦煌的糧食作物結構及其變化》,《中國經濟史研究》2012 年第 2 期,第 57—65 頁。

業社會生產、生活對生態環境的影響。《唐五代敦煌地區水稻種植略考》分三階段研究了五代時期敦煌地區水稻種植情況,考證了水稻種植時間、種植規模、稻田性質等。① 《唐五代敦煌農業對生態環境的影響研究》認爲唐五代持續 400 餘年大規模農業的開發,不僅蠶食了綠洲邊緣防風固沙的天然植被,而且幾乎使所有的河水都被於農業開發,導致生態用水嚴重短缺。②

劉進寶《唐宋之際歸義軍經濟史研究》的第四章内容對敦煌種植業做了個案研究,從棉花種植區域空間分佈進行分析,認爲雖然印度棉花早在魏晉時期傳入新疆地區,但除了吐魯番以外,新疆其他地區棉花種植極其有限。③ 《唐五代棉花種植研究——兼論棉花從西域傳入内地的問題》進一步認爲敦煌的"緤"是毛織品,棉花並未通過西域,經河西走廊進入内地,指出宋元之際,陝右種植的棉花品種不是來自敦煌,而是其他品種,可能是從南方傳入的。④ 但鄭炳林《晚唐五代敦煌種植棉花辨析——兼答劉進寶先生》對此觀點提出了疑問,指出"緤"實際上是指由西州販運至敦煌的棉布,並且在敦煌地區的市場中廣泛流通。⑤

李并成《西夏時期河西走廊的農牧業開發》聚焦於西夏時期河西地區農業種植、分佈及畜牧業的基本情況,認爲在西夏近兩個世紀統治中,河西地區結束了中唐以來紛爭的局面,獲得了較爲安定的社會環境,河西農牧業開發取得了重大成效。⑥

王穎璿《明代敦煌歷史地理研究》用一章内容介紹了明代敦煌經濟地理,對沙州衛農業耕作方式、作物種類、水利興建等内容進行了簡單介紹。⑦

陳光文《清代敦煌農業問題研究》從清代敦煌自然條件入手,探討了農業耕種條件與田地分配,指出由於沙漠、戈壁分佈、降雨量少、蒸發量大的特點嚴重制約了敦煌農業的發展,敦煌農業完全依賴於黨河的灌溉;并分析了移民屯田和水利的興修對農業發展的影響,列舉了農作物的種類及種植分佈。⑧

綜上,對於敦煌農業地理的研究聚焦於河西農業開發中政府政策(屯田、移民)、水利建設、作物結構及農業與生態互動,探討歷代農業模式延續性與環境制約因素等。

---

① 郝二旭《唐五代敦煌地區水稻種植略考》,《敦煌學輯刊》2011 年第 2 期,第 98—110 頁。
② 郝二旭《唐五代敦煌農業對生態環境的影響研究》,《敦煌學輯刊》2015 年第 2 期,第 43—54 頁。
③ 劉進寶《唐宋之際歸義軍經濟史研究》,北京:中國社會科學出版社,2007 年,第 239—285 頁。
④ 劉進寶《唐五代敦煌棉花種植研究——兼論棉花從西域傳入内地的問題》,《歷史研究》2004 年第 6 期,第 27—40 頁。
⑤ 鄭炳林《晚唐五代敦煌種植棉花辨析——兼答劉進寶先生》,《歷史研究》2005 年第 5 期,第 174—178 頁。
⑥ 李并成《西夏時期河西走廊的農牧業開發》,收入田澍、李清凌主編《西北史研究(第 3 輯)》,天津:天津古籍出版社,2005 年。
⑦ 王穎璿《明代敦煌歷史地理研究》,碩士學位論文,蘭州大學,2023 年。
⑧ 陳光文《清代敦煌農業問題研究》,《敦煌學輯刊》2020 年第 1 期,第 62—72 頁。

2. 敦煌古代水利建設

馬智全《漢簡反映的漢代敦煌水利芻論》通過分析肩水金關漢簡,考察了漢代敦煌水官設置,揭示了水利建設的繁榮狀況。[1] 孟艷霞《漢簡所及敦煌地區水利建設與管理》認爲敦煌地區在漢代就已經形成一整套完整的水利管理系統,反映出水利管理的規範性、科學性。[2] 江志《漢、唐時期河西地區水利研究》基於出土漢簡和敦煌遺書,對兩漢敦煌郡及唐代沙州的水官設置和水利建設情況進行了研究,明確漢代敦煌設置"水長""都水長"等職位,建立了完備的水利設施,並通過《敦煌水部式殘卷》等文獻,勾勒出唐代對敦煌地區水利建設的情況,進而對比漢唐時期的水利治理差異。[3] 鄭炳林、許程諾《西漢敦煌郡的水利灌溉研究》指出,自元狩二年(前121)西漢軍隊駐守敦煌以來,隨着移民規模的擴大,相應地建立了各級水官,水利工程的建設顯著提升了敦煌郡的農業生產能力,不僅保障了軍隊的糧食供應,還促進了與西域諸國的經濟文化交流。[4] 鄭炳林《西漢敦煌郡聚落與移民、水渠關係研究——以敦煌出土文獻記載大穰里爲中心》一文分析了西漢時期敦煌郡效穀縣的大穰里水渠修築狀況,探討了當地聚落的形成發展與移民之間的關係。[5]

蘇金花《唐五代敦煌水利管理論略》認爲,唐五代時期敦煌綠洲形成了以甘泉水爲水源的灌溉系統,灌渠遍佈敦煌四周,形成了四個主要的灌溉區域,該時期專門有人員負責水利設施的管理和維修,并進一步分析了敦煌的水利管理體系。[6] 郝二旭《唐五代敦煌地區的農田灌溉制度淺析》通過對P.3560V《沙州敦煌縣行用水細則》的分析,探討了當時的灌溉管理措施、灌溉次數、澆灌時間以及每次澆灌的對象。[7] 石晶《唐五代宋初敦煌水利社會研究》考察了該時期敦煌的水資源狀況,分析了唐五代宋初敦煌水渠修建與社會經濟之間的關係,探討了渠社的組織與運行狀況。[8]

董俊霖《開渠與浚泉——試論雍乾時期敦煌的水利建設》分析了清代敦煌的水利建設,揭示了雍乾時期在黨河上游的浚泉嘗試。[9] 刑衛《清至民國敦煌水利設施興修與管理研究》主要探討了清至民國時期敦煌水利設施的興修

① 馬智全《漢簡反映的漢代敦煌水利芻論》,《敦煌研究》2016年第3期,第103—109頁。
② 孟艷霞《漢簡所及敦煌地區水利建設與管理》,《敦煌研究》2016年第2期,第73—78頁。
③ 江志《漢、唐時期河西地區水利研究》,碩士學位論文,江西師範大學,2021年。
④ 鄭炳林、許程諾《西漢敦煌郡的水利灌溉研究》,《敦煌研究》2022年第4期,第130—141頁。
⑤ 鄭炳林、魏迎春《西漢敦煌郡聚落與移民、水渠關係研究——以敦煌出土文獻記載大穰里爲中心》,《敦煌研究》2024年第4期,第115—121頁。
⑥ 蘇金花《唐五代敦煌水利管理論略》,《中國經濟史研究》2009年第3期,第110—116頁。
⑦ 郝二旭《唐五代敦煌地區的農田灌溉制度淺析》,《敦煌學輯刊》2007年第4期,第335—343頁。
⑧ 石晶《唐五代宋初敦煌水利社會研究》,碩士學位論文,西北師範大學,2018年。
⑨ 董俊霖《開渠與浚泉——試論雍乾時期敦煌的水利建設》,《河西學院學報》2024年第4期,第31—39頁。

與管理,並對當時的社會背景、管理運作和建設模式進行了分析。①

由此可見,學者的研究基本聚焦於漢至民國時期水利治理體系與區域社會生態互動,普遍認爲歷代均通過職官制度(如水長、渠社)構建層級化管理,依託渠系網絡推動農業開發與移民屯墾,水利建設兼具軍事防禦、經濟供給與文化交融功能,其技術傳承與制度調適體現了傳統社會水資源利用的規範性和生態適應性。

(三)敦煌古代軍事地理研究

21 世紀以來,學術界不僅有從宏觀角度將敦煌的軍事戰略地位置於河西走廊以及西域大環境下進行研究的學術討論,而且有關於關隘、塞障、烽燧、驛站、戍鋪等具體方面的微觀分析。

賈文麗《漢代河西軍事地理研究》將敦煌置於河西走廊的宏觀背景之下,探討了漢代敦煌的戰略重要性,分析了漢朝與匈奴在河西走廊地區的長期爭奪,展現了敦煌在這一過程中扮演的關鍵角色,此外,還對漢匈衝突的地理戰略進行了剖析。② 李宗俊《唐前期河西軍事地理研究》則聚焦於唐初河西地區的軍事地理,不僅關注敦煌壽昌縣的行政更迭,還考察了豆盧軍、墨離軍等重要軍事機構的建立與調整,通過對這些關鍵軍事要地的研究,揭示了唐朝初期在河西走廊地區的軍事佈局及其戰略意圖。③ 兩位學者均以河西走廊的軍事地理學爲切入點,探討了敦煌這一地區在不同歷史時期的戰略地位和作用。此外,王穎璿《明代敦煌歷史地理研究》一文討論了明代肅州防禦體系的建立與佈局,考察了各種軍事設施,分析了明朝與瓦剌對關西地區的爭奪情況。④

關隘。周夢夢《絲綢之路上的陽關、玉門關研究文獻綜述》一文已對陽關、玉門關設立時間、位置變動及兩關文學研究現狀進行了系統梳理。⑤ 筆者僅就其未提及的相關成果予以補充和梳理。

紀忠元主編的《敦煌陽關玉門關論文選粹》是一本彙集了陽關、玉門關及漢長城研究重要成果的專著,其內容不僅涵蓋了玉門關的位置、設立時間、歷史價值等方面,而且爲後續的研究提供了堅實的基礎。⑥ 張德芳《漢簡中的玉門都尉和玉門關》通過對漢簡的分析,明確了玉門都尉和玉門關的具體地理

---

① 邢衛《清至民國敦煌水利設施興修與管理研究》,碩士學位論文,陝西師範大學,2010 年。
② 賈文麗《漢代河西軍事地理研究》,博士學位論文,首都師範大學,2011 年。
③ 李宗俊《唐前期河西軍事地理研究》,碩士學位論文,蘭州大學,2006 年。
④ 王穎璿《明代敦煌歷史地理研究》,碩士學位論文,蘭州大學,2023 年。
⑤ 周夢夢《絲綢之路上的陽關、玉門關研究文獻綜述》,《河南工程學院學報》(社會科學版)2023 年第 3 期,第 85—92 頁。
⑥ 紀忠元、紀永元主編《敦煌陽關玉門關論文選粹》,蘭州:甘肅人民出版社,2003 年。

位置,即現今敦煌的小方盤城,并進一步證實,自五鳳元年至元始五年(前 57 年—5 年),玉門都尉的存在至少有三分之二的時間是確定無疑的,堅定了學界對於玉門關遺址即今小方盤城的共識。①

鄭炳林和魏迎春兩位學者發表了多篇文章對陽關與玉門關的性質與功能進行了探討。② 如鄭炳林《古典學視野下的西漢敦煌西域史探索與重構》考證認爲玉門關是軍事關口,而陽關是爲了同西域諸國通使、通商而設置的關隘,使節、商旅、戍卒、和親公主等都由陽關進出,陽關稱得上是西漢與西域交流、交往、交融的樞紐。《西漢敦煌郡陽關設置與功能——基於漢唐敦煌出土文獻的考察》一文指出陽關都尉與南塞其他邊防機構構成了防範南山羌的統一的防禦體系,認爲在這一體系中陽關都尉地位關鍵,甚至發揮著主導作用。③

塞障。古代敦煌塞障體系有南塞與北塞之分,北塞指的是漢長城,南塞則是指位於阿爾金山北麓的軍事防禦系統。

吳礽驤《河西漢塞調查與研究》一書探討了河西漢塞修建的自然環境與歷史背景、漢塞的形制以及沿途長城等問題,爲研究河西軍事地理提供了翔實的資料和深刻的見解。④ 王冠輝《河西漢塞淺論》認爲河西漢塞存在南北兩部分,並對其建造時間、地理位置、防禦作用等方面進行了細緻的分析。⑤ 黃銀洲、孫治等學者通過考察昆侖塞、昆侖障周邊地理環境、最終確定了其基本位置。⑥ 李碩《漢長城西端新發現城址與敦煌漢簡中的大煎都侯障》一文在敦煌長城西端考察發現兩座遺址,並依據敦煌漢簡推斷其中一座即爲漢代的大煎都侯障。⑦ 鄭炳林《西漢敦煌郡南塞防禦體系的構建》和張俊民《對敦煌漢代南塞的再認識》兩篇文章均聚焦於漢代南塞。前者通過對陽關等附近遺址進行考察,研究了漢代敦煌郡南塞防禦體系的構建,包括南塞與西域都護的關係、南塞日常軍事管理和軍事職責等,認爲敦煌置郡後,形成了以敦煌城爲中心的四層防禦體系,包括敦煌城牆、古塞城、天田等三重防禦設施,以及由北部長城防綫、西部兩關防綫、南部南塞防綫組成的第四重防禦體系。⑧ 後者

① 張德芳《漢簡中的玉門都尉和玉門關》,《甘肅日報》2023 年 12 月 14 日。
② 魏迎春、鄭炳林《西漢時期的玉門關及其性質——基於史籍和出土文獻的考論》,《寧夏社會科學》2022 年第 3 期,第 168—183 頁;鄭炳林、魏迎春《西漢敦煌郡陽關設置與功能——基於漢唐敦煌出土文獻的考察》,《寧夏社會科學》2023 年第 2 期,第 168—177 頁;魏迎春、鄭炳林《陽關:西漢經敦煌都與西域間交流交往的關隘——基於史籍與出土文獻的考察》,《蘇州大學學報》(哲學社會科學版)2024 年第 1 期,第 176—182 頁。
③ 鄭炳林《古典學視野下的西漢敦煌西域史探索與重構》,《華中師範大學學報》(人文社會科學版)2024 年第 6 期,第 1—6 頁。
④ 吳礽驤《河西漢塞調查與研究》,北京:文物出版社,2005 年。
⑤ 王冠輝《河西漢塞淺論》,《華北水利水電學院學報》(社會科學版)2013 年第 1 期,第 166—168 頁。
⑥ 黃銀洲、孫治、劉央《漢敦煌郡之昆侖障、昆侖塞新考》,《敦煌研究》2023 年第 2 期,第 119—127 頁。
⑦ 李碩《漢長城西端新發現城址與敦煌漢簡中的大煎都侯障》,《敦煌研究》2016 年第 5 期,第 125—131 頁。
⑧ 鄭炳林、司豪强《西漢敦煌郡南塞防禦體系的構建》,《敦煌學輯刊》2024 年第 1 期,第 1—13 頁。

通過實地調查,發現前輩學者未注意到的漢代烽燧,並指出許多烽燧建造早於漢代,從而解答了南塞的管理體系的文書傳遞等問題。[①]

烽燧。關於漢代烽燧的使用時間,學界存在不同觀點。上官緒智《漢代烽燧中的信息器具與烽火品約置用考論》對“烽”僅在夜間使用的這一觀點提出了質疑。他認爲烽作爲一種工具,傳遞敵情 24 小時不能間斷,晝夜皆舉,只是根據不同的時間段,所需舉烽的規模和密度可能會有所不同。[②] 于光建、閆婷婷《敦煌、吐魯番文書所見唐代河西鎮、守捉、戍、烽拾遺》一文指出驛站官道與烽燧常常並存,共同構成了一種特殊的邊防網絡,認爲這種網絡不僅加强了邊境的防禦能力,同時也提高了信息傳遞的效率。[③] 李岩雲《論敦煌西湖漢長城沿綫烽燧的設置原則》總結了敦煌北境漢長城沿邊烽燧設置的三個主要原則:一是“居高臨下”,即選擇地勢較高的地方設置烽燧,以利於瞭望和及時發現敵情;二是“依山”,利用自然地理優勢,增强防禦能力;三是“可目測”,確保烽燧的視野範圍内無遮擋,以便及時發現敵情並傳遞信息。[④] 翟少冬《敦煌烽燧與陸上絲綢之路的變遷》認爲敦煌烽燧的數量和分佈變化與陸上絲綢之路的變遷直接相關,同時受到中原政權的疆域範圍和周邊民族關係的影響。[⑤] 通過以上所舉文章可知,學者基本認同漢唐時期的烽燧不僅是軍事防禦的重要組成部分,也是信息傳遞的關鍵設施。

驛站、戍鋪。學者集中考察了驛站、戍鋪位置、功能。李并成《漢敦煌郡境内置、騎置、驛等位置考》通過利用敦煌懸泉漢簡等出土文獻並結合實地考察,系統分析了敦煌驛、亭的具體位置。[⑥] 石維娜《漢代敦煌諸置研究》則分析了諸置的設立和選址,同時從懸泉漢簡中挖掘出了諸置在郵驛、接待、軍事防禦等方面的功能。[⑦] 吕志峰《漢代懸泉置考論——以敦煌懸泉漢簡爲中心》專注於探討懸泉置的功能、管理、行政級別,以及其與周邊地區的互動關係。[⑧] 劉多《漢代懸泉置研究》則考釋了懸泉置的規模、基本功能、運營方式,並且探討了懸泉置與敦煌郡内部機構之間的關聯性。[⑨] 馬智全《漢代敦煌郡庫與西域戍卒兵物管理》分析漢代敦煌郡庫的管理職能,尤其是西域兵物管理,通過

① 張俊民《對敦煌漢代南塞的再認識》,《石河子大學學報》(哲學社會科學版)2024 年第 1 期,第 87—95 頁。
② 上官緒智、黄今言《漢代烽燧中的信息器具與烽火品約置用考論》,《社會科學輯刊》2004 年第 5 期,第 93—98 頁。
③ 于光建、閆婷婷《敦煌、吐魯番文書所見唐代河西鎮、守捉、戍、烽拾遺》,《社科縱横》2007 年第 1 期,第 155—156 頁。
④ 李岩雲《論敦煌西湖漢長城沿綫烽燧的設置原則》,《敦煌學輯刊》2013 年第 2 期,第 98—113 頁。
⑤ 翟少冬《敦煌烽燧與陸上絲綢之路的變遷》,《甘肅社會科學》2017 年第 5 期,第 130—135 頁。
⑥ 李并成《漢敦煌郡境内置、騎置、驛等位置考》,《敦煌研究》2011 年第 3 期,第 70—77 頁。
⑦ 石維娜《漢代敦煌諸置研究》,《秦漢研究·第五輯》,2011 年,第 223—229 頁。
⑧ 吕志峰《敦煌懸泉置考論——以敦煌懸泉漢簡爲中心》,《敦煌研究》2013 年第 4 期,第 66—72 頁。
⑨ 劉多《漢代懸泉置研究》,碩士學位論文,河南師範大學,2022 年。

對敦煌出土的多份漢簡文書的分析,揭示了敦煌郡庫在管理本郡兵物的同時,還承擔西域兵物的出借和歸還的職責。①

(四) 敦煌古代交通地理

敦煌地理文書詳實記載了以敦煌爲樞紐的交通路網及驛站體系。學界基於文獻考證與考古調查,已復原漢唐時期輻輳敦煌的七條核心幹道:瓜沙道、西域南道、大海道、大磧路、稍竿道、莫賀延磧道與南山道,揭示出絲路中段交通網絡的空間分佈特徵。21 世紀以來,研究進一步深化,除考辨諸道具體走向外,更聚焦於歸義軍時期朝貢路綫的功能及敦煌在跨區域聯動中的節點作用。

王宗維《漢代絲綢之路的咽喉——河西道路》闡釋了漢政府開拓河西路的過程,揭示了河西路對中原政府經營西域的重要性。② 陳國燦《唐五代敦煌四出道路考》以各條道路爲綫索,對敦煌外向的四出道路進行了全面考察。③ 孫修身《敦煌與中西交通研究》通過分析佛教藝術的傳播和絲路上各族群之間的交往,充分肯定了敦煌在中西交流中的地位與作用。④ 余太山《裴矩〈西域圖記〉所見敦煌至西海的"三道"》分析了《西域圖記》的成書年代,考證了書中所載敦煌至西海的諸地。⑤ 嚴耕望《唐代交通圖考·河隴磧西區》考辨了唐代通安西、北庭都護府通伊西碎葉諸道。⑥ 王子今《漢代絲綢之路的敦煌樞紐》根據出土簡牘材料,梳理了敦煌在河西交通格局中的重要地位,分析了敦煌與"高原絲綢之路"的聯繫。⑦ 李并成《唐代河西走廊交通道路考》對唐代河西走廊大斗拔谷道、白亭河道、居延道、敦煌的交通道路做了考釋。⑧ 鄭炳林《敦煌歷史地理》概述了由敦煌所出七條道路具體開通及使用狀況。⑨ 李宗俊《唐代河西通西域諸道及相關史事再考》考辨了瓜沙二州之間的三條路綫、第五道、稍竿道、大海道、大磧道、西域南道,認爲這些道路不僅僅是物質的交通綫路,它們背後还承載著豐富的歷史事件和文化價值。⑩ 陳光文《蒙元時期敦煌的地理特點與驛站交通》分析了蒙元時期在敦煌、玉門關地區修建的站赤體系,認爲蒙元時期敦煌仍是東西往來的重要通道。⑪

---

① 馬智全《漢代敦煌郡庫與西域戍卒兵物管理》,《敦煌研究》2020 年第 1 期,第 123—127 頁。
② 王宗維《漢代絲綢之路的咽喉——河西道路》,北京:昆侖出版社,2001 年。
③ 陳國燦《敦煌學史事新證》,蘭州:甘肅教育出版社,2002 年,第 423—444 頁。
④ 孫修身《敦煌與中西交通研究》,蘭州:甘肅教育出版社,2002 年。
⑤ 余太山《裴矩〈西域圖記〉所見敦煌至西海的"三道"》,《西域研究》2005 年第 4 期,第 16—24 頁。
⑥ 嚴耕望《唐代交通圖考·河隴磧西區》,上海:上海古籍出版社,2007 年。
⑦ 王了今《漢代絲綢之路的敦煌樞紐》,《敦煌研究》2023 年第 2 期,第 107—118 頁。
⑧ 李并成《唐代河西走廊交通道路考》,《絲綢之路》2009 年第 6 期,第 36—348 頁。
⑨ 鄭炳林、李軍《敦煌歷史地理》,蘭州:甘肅教育出版社,2010 年。
⑩ 李宗俊《唐代河西通西域諸道及相關史事再考》,《中國歷史地理論叢》2010 年第 1 期,第 128—139 頁。
⑪ 陳光文《蒙元時期敦煌的地理特點與驛站交通》,《敦煌學輯刊》2020 年第 4 期,第 51—62 頁。

李正宇、張坤兩位學者探討了玄奘經行的伊吾道,前者重在探討玄奘在走伊吾道時的困難狀況,[①]後者通過歷史文獻分析,認爲玄奘誤入了稍竿道,經過伊吾道,最終通過的爲東漢時期的新北綫。[②] 通過兩位學者的研究基本明確了伊吾道的走向。史國强《岑參赴安西路途考證》一文認爲岑參首途安西出瓜州後,北出玉門關走伊吾道,未經過陽關。[③]

李宗俊《唐代河西走廊南通吐蕃道考》結合史書典籍和實地調查,較爲系統地考證梳理了吐蕃道,不僅考察了大斗拔谷道、建康軍道、三水道和張掖道等主要路綫,也對包括玉門軍道在内的其他交通路綫進行了探討。[④]

由於大海道自然環境惡劣,行進比較困難,在古代面臨補給等問題,因此學者們對大海道多有探討。[⑤] 如魏長洪、李曉琴《大海道史探》一書主要追溯了大海道的起源、歷史位置、地理環境,特别指出了羅布泊的變化對大海道的影響。[⑥]

歸義軍時期的朝貢路綫。吳麗娛《再析 P.2945 書儀的年代與曹氏歸義軍通使中原》聚焦於 P.2945 文書的考證,勾勒出了歸義軍入朝的主要路綫,重新探討該書儀所反映的曹氏歸義軍遣使中原的年代史實以及靈武節度使的作用。[⑦] 趙貞《大中二年(848)沙州遣使中原路綫蠡測》利用敦煌 P.2472 號及有關地志文書,探討了大中二年沙州遣使的路綫,認爲大致路綫爲“即沙州—瓜州(晉昌)—合河鎮(戍)—百帳守捉—豹文山守捉—寧寇軍(居延海)—花門山堡—回鶻衙帳—辟鳥鵜泉—西受降城—天德軍城—靈州—長安”。[⑧] 但李軍對該觀點提出質疑,認爲没有證據證明“定遠”即“定遠軍”。[⑨] 陳濤《唐大中年間沙州遣使中原路綫新説——以敦煌本〈驛程記〉爲中心》利用日本杏雨書屋藏《敦煌秘笈》中敦煌本《驛程記》,重新考察了大中二年(848)沙州遣使中原的具體路綫,即沙州—瓜州—回鶻牙(衙)帳—鸊鵜泉—西受降城—天德軍(城)—中受降城—振武軍—雁門關—太原府—長安。[⑩]

(五)敦煌古代城市地理

正如馬正林所言,在歷史地理學的視角下,城市地理研究致力於解决城

① 李正宇《玄奘瓜州、伊吾經行再考》,《敦煌學輯刊》2010 年第 3 期,第 14—27 頁。
② 張坤《玄奘行經伊吾考》,《敦煌研究》2019 年第 2 期,第 120—125 頁。
③ 史國强《岑參赴安西路途考證》,碩士學位論文,新疆師範大學,2007 年。
④ 李宗俊《唐代河西走廊南通吐蕃道考》,《敦煌研究》2007 年第 3 期,第 44—49 頁。
⑤ 關於這一方面的研究成果有:巫新華《最後的絲路古道》,《中國科技月報》2000 年第 3 期,第 52—53 頁;任乃宏、馮小紅《“瓜纑之山”與“絲綢之路大海道”》,《青海師範大學學報》(哲學社會科學版)2018 年第 2 期,第 47—53 頁;李樹輝《絲綢之路西域段“北道”考論》,《敦煌學輯刊》2022 年第 3 期,第 131—142 頁。
⑥ 魏長洪、李曉琴《大海道史探》,《新疆大學學報》(哲學社會科學版)2003 年第 3 期,第 81—85 頁。
⑦ 吳麗娛《再析 P.2945 書儀的年代與曹氏歸義軍通使中原》,《敦煌研究》2002 年第 3 期,第 74—80 頁。
⑧ 趙貞《大中二年(848)沙州遣使中原路綫蠡測》,《中國邊疆史地研究》2020 年第 3 期,第 91—94 頁。
⑨ 李軍《唐大中二年沙州遣使中原路綫獻疑》,《中國邊疆史地研究》2010 年第 1 期,第 100—105 頁。
⑩ 陳濤《唐大中年間沙州遣使中原路綫新説——以敦煌本〈驛程記〉爲中心》,《蘭州學刊》2015 年第 8 期,第 46—49 頁。

市的功能、結構、規模、風貌、總體佈局與地理條件之間的矛盾,這也就是城市興起、發展和演變的地理基礎。① 自 21 世紀以來,衆多學者已經對敦煌的古代城市進行了研究。

孫治《漢敦煌六縣的選址規律及其指示意義》綜合分析了漢代敦煌六縣選址的環境特點,發現城市的選址存在以河流爲依託且位於山前沖積扇邊緣綠洲交接地帶的規律。②

劉興義《漢晉表是縣和唐鎖陽城探原》通過對比考古文獻與歷史文獻,考證了漢靈帝光和三年(180 年)以前的表氏縣城就是今日明海子古城。③ 李并成《古代城防設施——羊馬城考》認爲羊馬城不獨爲河陽城所有,根據其對河西走廊的古城遺址考察考證,這一設置亦可見於唐敦煌郡、晉昌郡城和建康軍城等。④

鄭炳林《晚唐五代敦煌村莊聚落叢考》分析了鄉以下聚落村莊的分佈變化,闡釋了研究村落不僅僅在於搞清楚有多少村落,更爲重要的是以此爲綫索研究敦煌居民成分。⑤ 濮仲遠《唐宋時期沙州城防考》探討了沙州的坊名、巷院等問題,分析沙州的城市結構,認爲唐宋時期沙州城具有明顯的坊制特徵。⑥ 李鑫《唐五代宋初的敦煌城市》考述了唐五代宋初敦煌城市人文地理環境、城市的空間佈局、城市的管理,指出歸義軍政權時期,敦煌城市不僅是重要的軍事和行政中心,也是經濟和文化活動的一個重要節點。⑦ 張向紅《唐代前期河西州縣城城防研究》研究了敦煌城的內部體系,如城防、行政中心等。⑧ 王新敏《歷史時期敦煌城市演變與影響因素分析》認爲敦煌作爲古絲綢之路的重要節點,其城市形態和空間結構的演變受到自然環境、人口遷移、軍事政權、絲綢之路貿易和水資源等多種因素的影響。⑨ 劉帥旗《歸義軍時期沙州城的內部地域結構研究》考察了歸義軍時期沙州城的衙署、街區、城防的功能分區等。⑩ 李怡潔梳理了古代敦煌城市規劃的動態演變,包括城市規劃的起源、選址、城市模式及其與自然環境、軍事活動、政權更迭、社會發展等因素的關係,通過縱向的時間軸分析和橫向的比較研究,揭示了敦煌城市規劃的演變

① 馬正林《中國歷史城市地理》,濟南:山東教育出版社,1998 年,第 2 頁。
② 孫治、黃銀洲、劉央等《漢敦煌六縣的選址規律及其指示意義》,《中國沙漠》2024 年第 1 期,第 201—208 頁。
③ 劉興義《漢晉表是縣和唐鎖陽城探原》,《敦煌學輯刊》2001 年第 2 期,第 96—101 頁。
④ 李并成《古代城防設施——羊馬城考》,《考古與文物》2000 年,第 79—81 頁。
⑤ 鄭炳林主編《敦煌歸義軍專題研究續編》,蘭州:蘭州大學出版社,2003 年,第 75—116 頁。
⑥ 濮仲遠《唐宋時期沙州城坊考》,《蘭州學刊》2005 年第 2 期,第 96—97 頁。
⑦ 李鑫《唐五代宋初的敦煌城市》,碩士學位論文,南京師範大學,2008 年。
⑧ 張向紅《唐代前期河西州縣城城防研究》,碩士學位論文,西北師範大學,2010 年。
⑨ 王新敏、石培基、聶曉英《歷史時期敦煌城市演變與影響因素分析》,《資源開發與市場》2014 年第 11 期。
⑩ 劉帥旗《歸義軍時期沙州城的內部地域結構研究》,碩士學位論文,西北民族大學,2016 年。

規律和變遷規律。①

（六）敦煌古地名研究

敦煌遺書,内容豐富且龐大,其中包含了大量關於古代山名、河名、澤名的記録。這些遺書不僅對地名進行了詳細記録,還對其進行了詮釋和注解,這體現了我國古代地名學的優良傳統。這些詳盡的地名記録,爲我們研究古代歷史地名,以及挖掘和探索歷史事實,提供了豐富而寶貴的史料。21 世紀以來,學界基於多學科交叉視角,進一步彰顯了此類文獻的學術价值。

李鋒敏《從河西走廊古地名看古代河西歷史》對河西走廊古地名進行了研究,分析了這些地名的穩定性和輻射性及它們如何作爲"語言化石"反映了古代河西走廊的民族構成和文化交流。② 華林甫《中國地名學源流》一書中專設《敦煌文書地名學的意義》一節論述了敦煌文書地名學的内容及價值。③ 張俊民《"北胥鞬"應是"比胥鞬"》通過分析懸泉置出土的簡牘資料,特別是與安遠侯相關的幾條簡文,指出"北"字的使用可能是古人用字混同導致的誤用。④ 姚大力《河西走廊的幾個古地名》對河西走廊的"張掖""甘州""祁連""焉支"等幾個非漢語地名進行討論,並從文本與文獻比較的角度,追溯了"閼氏""焉支"與"胭脂"這三個原本各有所指的不同詞語,是如何經過從西晉至隋唐時人的一再附會與推繹,最後被認定爲擁有共同來源的同義詞的。⑤ 戴春陽《敦煌的早期開發與有關問題(一)——〈堯典〉中"三危""三苗"的考古學觀察》通過對《堯典》中"三危""三苗"進行了考古學觀察,探討了馬廠、四壩、陶寺等文化的發展及其與"三苗"的關係。⑥

李正宇有多篇文章對古代敦煌地名、族群名進行了考釋。《"曲尤"考》一文根據《元史》中關於"曲尤壕"的記載,推測"曲尤"可能在今酒泉西側。⑦《"敦薨之山"、"敦薨之水"地望考——兼論"敦薨"即"敦煌"》探討了"敦薨"即"敦煌",通過對"薨""煌"二字讀音的考訂,及"登""陽"韻的分析,進一步證實了"敦薨""敦煌"讀音相同,並指出"敦薨"與"敦煌"爲同音異譯。⑧《匈奴、單于、撐犁、祁連、閼氏、居次等譯音詞誤讀千載而不知》一文考察古代漢

① 李怡潔《古代敦煌城市規劃演變研究(公元前 111 年—公元 1760 年)》,碩士學位論文,蘭州理工大學,2023 年。
② 李鋒敏《從河西走廊古地名看古代河西歷史》,《甘肅社會科學》2000 年第 2 期,第 47—48 頁。
③ 華林甫《中國地名學源流》,北京:人民出版社,2010 年。
④ 張俊民《"北胥鞬"應是"比胥鞬"》,《西域研究》2001 年第 1 期,第 89—90 頁。
⑤ 姚大力《河西走廊的幾個古地名》,《西北民族研究》2020 年第 3 期,第 56—64 頁。
⑥ 戴春陽《敦煌的早期開發與有關問題(一)——〈堯典〉中"三危""三苗"的考古學觀察》,《敦煌研究》2023 年第 5 期,第 113—124 頁。
⑦ 李正宇《"曲尤"考》,收入《絲綢之路民族古文字與文化學術討論會會議論文集(上)》,西安:三秦出版社,2007 年,第 489—498 頁。
⑧ 李正宇《"敦薨之山"、"敦薨之水"地望考——兼論"敦薨"即"敦煌"》,《敦煌研究》2011 年第 3 期,第 78—82 頁。

語中一些被誤讀的譯音詞,如"匈奴""單于""撐犂""祁連""閼氏""居次"等,並指出了這些誤讀的歷史背景和正確的讀音,如"匈奴"應讀作"hong-nu",而非"xiong-nu"。[①]

李并成也有多篇文章討論了敦煌古地名。《"昆侖"地望考》對昆侖地理位置進行了探析,結合《山海經》等經典書籍,認爲"昆侖"地理位置在祁連山西段及周邊地區。[②]《"敦煌"得名新考》一文認爲"敦煌"一詞並不是少數民族語言的音譯,可能與漢唐經營西域密切相關。[③]

四、敦煌古代地理文書的研究

在敦煌遺書中,包含了眾多地理類文書,這些文書詳細記錄了地名、距離、方位等相關信息,對研究敦煌的歷史地理以及補史證史具有極高的價值。自 21 世紀以來,眾多學者已經對敦煌地理文獻的價值以及文獻內容進行了研究。

敦煌地理文書的價值。榮新江《敦煌地理文獻的價值與研究》指出,地理文獻寫本的價值頗爲重大,其主要分爲地志和行記兩大類,其中地志類包括總志和方志,行記類則包括域外和境内的行記,這些地理文獻對於研究中國的歷史地理學有着極其重要的意義。[④] 在《李正宇〈古本敦煌鄉土志八種箋證〉評介》一文中,榮新江提到李正宇輯錄的 8 種敦煌鄉土志,也是歷史地理研究的重要參考文獻,具有重要的價值。[⑤] 郝春文認爲敦煌遺書中所存地志文書十分豐富,圖經記載內容包括州郡的自然面貌、人文景觀、風土人情等,很多内容都是傳世典籍中所不見的,具有很高的歷史價值。[⑥] 李并成《敦煌學教程》從十個方面總結了敦煌地理文書的價值,包括對政治、軍事地理研究的重要性,以及對經濟地理和古地名研究等。[⑦]

敦煌地理文書的研究。自藏經洞發現以來,學術界開始整理和研究敦煌地理文獻,經過近百年努力,已經取得了豐碩的研究成果。屈直敏《近百年來敦煌地志文書研究回顧》系統地總結了過去一個世紀關於地志文書的研究狀況。[⑧] 進入 21 世紀,學者們開始多從微觀角度進行研究,對特定地理文書進

---

① 李正宇《匈奴、單于、撐犂、祁連、閼氏、居次等譯音詞誤讀千載而不知》,《敦煌研究》2023 年第 5 期,第 40—48 頁。

② 李并成《"昆侖"地望考》,《敦煌學輯刊》2006 年第 3 期,第 141—144 頁。

③ 李并成《"敦煌"得名新考》,《敦煌學輯刊》2021 年第 1 期,第 37—40 頁。

④ 榮新江《敦煌地理文獻的價值與研究》,《書品》2000 年第 3 期。

⑤ 榮新江《李正宇〈古本敦煌鄉土志八種箋證〉評介》,《敦煌吐魯番研究》2001 年第 5 卷。

⑥ 郝春文《石室真經——敦煌文獻》,蘭州:甘肅教育出版社,2007 年,第 59 頁。

⑦ 李并成主編《敦煌學教程》,北京:商務印書館,2007 年。

⑧ 屈直敏《近百年來敦煌地志文書研究回顧》,《敦煌學輯刊》2009 年第 2 期,第 65—80 頁。

行考釋。

杜愛華對 1989 年發佈的《敦煌地理文書匯輯校注》進行了校勘。該文研究方法綜合了圖版比對、其他文獻類型以及近期的研究成果,對之前的成果進行了再度審勘,這樣一來,就爲後續的研究工作提供了更精確的參考資料。[①]

郝樹聲《敦煌懸泉里程簡地理考述》通過對"懸泉里程簡"的分析,對兩漢時期的蒼松、張掖、姑臧、顯美等縣的位置進行了新的考述。[②] 在《敦煌懸泉里程簡地理考述(續)》中,又考辨了漢代河西地區的氐池、昭武、祁連置、表等地的位置。[③]

榮新江在《敦煌本〈貞元十道録〉及其價值》中,介紹了 P.2522 號文書所包含的劍南十二州的情況,認爲該文書不僅保存了書寫體例與形制,而且具有極高的歷史價值。[④] 劉振剛在《敦煌寫本 P.2522 的性質及〈貞元十道録〉逸文問題》中,對 P.2522 的體例與《魏國公〈貞元十道録〉序》所述的《貞元十道録》的編排提出了質疑,並認爲它可能並非《貞元十道録》或其縮編本。[⑤]

朱悦梅、李并成《〈沙州都督府圖經〉纂修年代及其相關問題考》結合文書的避諱特徵、書寫格式、沙州升都督府的時間等相關事實,認爲《沙州都督府圖經》在永徽二年(651)以後始終不斷被修改。[⑥] 李并成《唐〈始平縣圖經〉殘卷〈S.6014〉研究》考證了敦煌遺書 S.6014 殘卷的時代、名稱及卷中所記載的槐里、湯臺、龍泉三鄉的地理位置和武功縣驛、祥瑞等相關問題。[⑦] 馮雷《敦煌本〈諸道山河地名要略〉史源綜考》認爲從常理、版本、目録及唐代地方行政區劃的變遷等角度來看,"《十道四蕃志》"的觀點不正確,從文本對勘及中國歷代地理總志取材的角度來觀照"十道四方志"説,最終考定其史源應爲十道四方志。[⑧] 李宗俊《敦煌吐魯番西北史地文書》一書則整合相關地志文書並對其進行了考釋。[⑨]

---

① 杜愛華《〈敦煌地理文書匯輯校注〉校議》,碩士學位論文,南京師範大學,2005 年。還有成果如:杜愛華《〈敦煌地理文書匯輯校注〉校議(一)——兼議〈敦煌石室地志殘卷考釋〉》,《南京林業大學學報》(人文社會科學版)2005 年第 1 期,第 58—62 頁。

② 郝樹聲《敦煌懸泉里程簡地理考述》,《敦煌研究》2000 年第 3 期,第 102—107 頁。

③ 郝樹聲《敦煌懸泉里程簡地理考述(續)》,《敦煌研究》2005 年第 6 期,第 63—68 頁。

④ 榮新江《敦煌本〈貞元十道録〉及其價值》,收入李國章、趙昌平主編:《中華文史論叢》,第 63 輯,上海:上海古籍出版社,2000 年。

⑤ 劉振剛《敦煌寫本 P.2522 的性質及〈貞元十道録〉逸文問題》,《敦煌研究》2022 年第 1 期,第 129—136 頁。

⑥ 朱悦梅、李并成《〈沙州都督府圖經〉纂修年代及其相關問題考》,《敦煌研究》2003 年第 5 期,第 61—65 頁。

⑦ 李并成《唐〈始平縣圖經〉殘卷〈S.6014〉研究》,《敦煌研究》2005 年第 5 期,第 56—58 頁。

⑧ 馮雷《敦煌本〈諸道山河地名要略〉史源綜考》,《中國歷史地理論叢》2019 年第 1 期,第 118—125 頁。

⑨ 李宗俊《敦煌吐魯番西北史地文書研究》,北京:中國社會科學出版社,2020 年。

多位學者對敦煌寫本《諸山聖蹟志》進行了校釋研究。① 如陳雙印的博士論文對該文書的定名、校釋存在的問題進行了探討,並在現有研究成果的基礎上,結合考古與文獻資料,對該文書進行了重新校釋。② 楊發鵬在《敦煌文書 S.529v 寫卷之定名、校釋及其他》中提出了對文書命名的新看法,認爲將其定名爲"佛教聖蹟巡禮記"更爲貼切,因爲這一名稱能準確反映文書的主要內容和遊記的性質。③

五、研究總結與展望

進入 21 世紀,學術界在敦煌歷史地理研究領域取得了顯著成果,具體特點可以歸納爲以下幾點:

首先,關於敦煌歷史人文地理的研究較多。學者們在行政建制、農業水利、軍事地理、交通地理、古地名等方面進行探索,尤其是在關隘、烽燧、交通等關鍵領域,呈現出了百家爭鳴的局面。

其次,研究梯隊的變化也是一個顯著特點。21 世紀以來,新興的研究力量不斷加入,推動了敦煌學的新發展,衆多碩士和博士學位論文選題集中在歷史時期的敦煌行政區劃演變、人口遷移分佈、農業時空分佈、水利建設以及地志文書等方面。

第三,交叉學科的應用也日益增多。④ 許多學者在研究敦煌歷史自然地理時,採用了地理學、考古學、生物學等多學科的方法。例如,在研究敦煌古地名時,學者們不僅進行了實地考察和文獻分析,還運用了語言學的方法。

然而,21 世紀的敦煌歷史地理研究仍需在以下四個方面深化:

首先,充實研究內容。其一,目前關於歷史時期敦煌災害的發生、影響以及官方和民衆的應對措施的研究相對薄弱;其二,交通地理背後的社會文化等深層次內容也有待進一步挖掘;其三,不同民族統治敦煌時期的行政建制、經濟地理、軍事地理背後所反映的各民族交流交往交融的研究也相對較少。

---

① 相關成果有:董志翹《敦煌寫本〈諸山聖蹟志〉校理》,《敦煌研究》2003 年第 3 期,第 68—70 頁;鄭炳林、陳雙印《敦煌寫本〈諸山聖蹟志〉作者探微》,《敦煌研究》2005 年,第 1—8 頁;張可輝《敦煌寫本〈諸山聖蹟志〉》,《敦煌學輯刊》2006 年第 2 期,第 153—157 頁;陳雙印《敦煌寫本〈諸山聖蹟志〉校釋與研究》,博士學位論文,蘭州大學,2007 年;張偉然、聶順新《也談唐代佛教寺院分佈的輯補——兼析敦煌文書〈諸山聖蹟志〉的史料價值》,《世界宗教研究》2008 年第 2 期,第 137—141 頁。

② 陳雙印《敦煌寫本〈諸山聖蹟志〉校釋與研究》,博士學位論文,蘭州大學,2007 年。

③ 楊發鵬、馬燕雲《敦煌文書 S.529v 寫卷之定名、校釋及其他》,《五邑大學學報》(社會科學版)2009 年第 1 期,第 58—61 頁。

④ 郝春文先生認爲敦煌學是以敦煌遺書、敦煌石窟藝術、敦煌史蹟和敦煌學理論等爲主要研究對象,包括上述研究對象所涉及的歷史、地理、社會、哲學、宗教、考古、藝術、語言、文學、民族、音樂、舞蹈、建築、科技等諸多學科的新興交叉學科。但是,敦煌學不是其所涉及那十幾個學科的簡單綜合,更不是把它所涉及的那十幾個學科的全部內容統統包攬收容,變成一個多種學科的聯合體。詳見郝春文《關於敦煌學之命名、內涵、性質及定義的探索歷程》,《敦煌研究》2019 年第 4 期,第 4—8 頁。

　　其次,需要加强對敦煌地理理論的深入研究。自 20 世紀末李正宇先生的《敦煌歷史地理研究百年回眸》一文提出了敦煌歷史地理的研究概念和内涵以來,進入 21 世紀,對敦煌歷史地理理論的探討似乎減少了。如敦煌史地與敦煌歷史地理的等同性、敦煌歷史地理與河西歷史地理、西北史地之間的區别與聯繫,以及敦煌歷史經濟地理的研究範疇等問題。

　　再次,創新研究方法。應當重視並利用新的研究技術,如 GIS(地理信息系統)、大數據分析等,將敦煌歷史地理研究放在中國歷史地理學的視角下進行,既要注重區域性,更要注重全局性。

　　最後,敦煌歷史地理研究應當緊密聯繫現實,服務於現代經濟發展。一方面,敦煌歷史地理研究應具有全球視野,關注歷史地理背後的東西文明交流,服務於“一帶一路”等國家大戰略;另一方面,敦煌歷史地理研究應爲現實服務,例如,敦煌自然地理研究應爲我國沙漠治理、綠洲農業發展、乾旱地區水資源利用等提供有益借鑒,交通地理研究應爲我國西部交通建設等方面提供參考。

敦煌本佛教讚文研究綜述

張怡琳(蘭州大學)

佛教讚文,簡稱佛讚,是指用於讚頌三寶、弘揚佛法、勸善止惡的佛教韻文體作品,它是中印文化交流融合的産物。在古代印度一些隆重的祭祀與法事活動中常有歌歎、讚頌國王、三寶的習俗。而在中國的先秦時期,祭祀典禮中已有使用讚文的記載。至遲到漢代,出現了諸如山東嘉祥武氏祠堂中的孝子聖賢像讚、《後漢書》篇終的論讚等諸多讚文體裁。佛教傳入中國後,古印度人對佛國世界讚歎的傳統與中國本土成熟的讚文形式一拍即合,一種内容新穎、形式獨特的讚文體——佛讚應運而生。

敦煌文書中保存了佛讚120餘篇(其中梵讚2首),寫卷240餘個,内容涉及佛教人物讚文、佛教經典讚文、修行向佛讚文、佛國聖境讚文等。敦煌寫卷中保存的佛教讚文數量龐大、内容豐富,且不見於傳世文獻,爲瞭解中古佛教文學、佛教歷史、佛教信仰以及中印文化交流史,提供了極爲珍貴的材料。

一百年來,學界圍繞敦煌佛讚,結合傳世文獻、碑志塔銘等文字史料和石窟壁畫等圖像資料,從宗教、歷史、文學、音樂、藝術多角度探討了佛讚源流、種類、功用等諸多問題,取得了顯著成績。爲進一步推動佛讚研究的發展,有必要對以往研究進行回顧和總結,從中尋找出今後佛讚研究的突破口。縱觀已有論著,在研究内容上各有側重,且互有交叉。爲行文方便,本文擬從佛讚文獻分類及整理、佛讚文本研究、佛讚專題研究、佛教圖讚研究、佛讚研究的總結與前瞻五個層面,對以往研究進行概述。

一、佛讚文獻分類及整理

敦煌佛讚散見於各類寫本文獻中,且敦煌文書分散於世界各地,文書本身又書寫潦草,釋讀不易,因此佛讚研究最基礎也是最重要的工作,就是對寫卷數量、寫本内容進行整理、分類、釋錄、校注。

因部分佛讚出於法會歌唱需要,讚中有"好住娘""歸去來"等和聲詞,因此從事歌辭類研究的學者將這種佛讚歸於"詞曲"類,如任二北《敦煌曲初探》歸納出聯章體"佛曲四調",如"悉曇頌""散花樂"等,指出佛讚具有語意紆回反覆,講唱多用齊言和聲的特點。① 其後在《敦煌曲校録》中進一步對上述佛

---

① 任二北《敦煌曲初探》,太原:山西人民出版社,2018年,第52—82頁。

0

讚進行了輯校,並增加《太子讚》《南宗讚》等內容。① 之後經過近三十年的搜求與整理,1987 年《敦煌歌辭總編》面世,並經過兩次再版,該書體例爲上述兩部著作之結合,歌辭總量擴充至 1 300 餘首,收錄佛讚 30 餘組,雖因全書强調聯章體和雜言形式作品,佛讚文獻僅部分錄入,但依然成爲嗣後學者的重要參考。② 項楚《敦煌歌辭總編匡補》修改補充了《敦煌歌辭總編》卷一《雲謠集》注釋的訛誤疏漏之處,是研讀《總編》一書的重要參照。③ 這部分成果雖非佛讚的專題整理,但其從詞曲視角對佛讚的考察具有重要的學術價值。

此後學界對佛讚的認識逐步多樣化,如陳祚龍《中華佛教文化史散策三集》重新校訂《般舟讚》《西方念佛讚》等淨土五會讚文和《羅什法師讚》《寺門首立禪師讚》等高僧讚文。④ 杜斗城《敦煌五臺山文獻校錄研究》是第一部集中校錄敦煌五臺山文獻的著作,並重點對五臺山讚文進行了校注。⑤ 徐俊《敦煌詩集殘卷輯考》校勘了分藏在俄、法、英等國收藏機構的偈讚叢抄寫卷,在此基礎上探討了偈讚與僧俗傳世文獻之間的聯繫。⑥ 張錫厚《全敦煌詩》共21 册,其中第 13、14、15 册主要是"偈讚"相關內容,共收錄佛讚 160 餘首,是學界目前可見最爲完整的校錄本。⑦ 此外,另有一些專著涉及少量佛讚的整理,內容分散零星,在此不再贅述。⑧

文獻的整理、輯錄是佛讚研究的基石,上述成果爲學界提供了極大的便利與保障。但受研究條件的限制,學者們可參閱的敦煌文書有限,所依據的圖版大多模糊不清、難以辨識,故前人的整理不夠全面且部分錄文有待商榷。隨着世界各地公私機構所藏敦煌文書高清圖版的刊佈,一部收集全面、釋錄精准的敦煌佛讚整理成果亟待面世,這是拓展佛讚研究領域、加強佛讚研究深度的內在要求。

二、佛讚文本研究

敦煌佛讚卷帙浩繁、內容豐富,不僅是中國讚文文體發展的重要歷史環節,更具備獨特的文學、音樂屬性,實際應用於日常課誦、禮懺、祈福等各類法

① 任二北《敦煌曲校錄》,太原:山西人民出版社,2018 年,第 113—180 頁。
② 任半塘《敦煌歌辭總編》,上海:上海古籍出版社,2006 年,第 766—771、800—822、922—923、954—956、1066—1080、1132—1145、1429—1472 頁。
③ 項楚《敦煌歌辭總編匡補》,成都:巴蜀書社,2000 年,第 70—77、92—97、99、109、114—115、204—205、209—212 頁。
④ 陳祚龍《中華佛教文化史散策三集》,臺北:新文豐出版公司,1981 年,第 157—176、193—200 頁。
⑤ 杜斗城《敦煌五臺山文獻校錄研究》,太原:山西人民出版社,1991 年,第 2—80 頁。
⑥ 徐俊《敦煌詩集殘卷輯考》,北京:中華書局,2000 年,第 1—20、448—455、799、845—846、904—906 頁。
⑦ 張錫厚主編《全敦煌詩》,北京:作家出版社,2006 年。
⑧ 因目前學界尚缺乏一部收集全面的專門性敦煌本佛教讚文整理、研究成果,大部分佛讚的校錄本散見於上述佛教詞曲類著作中,內容相對分散,以上羅列的各專著頁碼僅對部分主要章節進行概括,特此説明。

事活動中,是當時敦煌地區民衆宗教生活的真實記録。

(一) 文體學角度研究

歷史上對於"讚"這一文體較早的定義出現在東漢劉熙所撰《釋名》中:"稱人之美曰讚,讚,纂也,纂集其美而敘之也。"①伴隨着歷史的演進,讚文的内涵、文體形式、應用場景也在不斷豐富發展。南朝劉勰《文心雕龍》、蕭統《文選》、明人徐師曾《文體明辨序説》等著作在讚文的源流、功用與分類等問題上各抒己見。近年來中國古代文體方面的通識性著作亦從宏觀角度對讚文體予以探討,如曾棗莊《宋文通論》、郗文倩《中國古代文體功能研究——以漢代文體爲中心》、吴承學《中國古代文體學研究》、胡吉星《文體學視野下的美頌傳統研究》、李南暉《中國古代文體學論著集目》等。②

這種總體性的研究,對佛讚的討論略顯疏闊,但爲從文體學視角分析佛讚,以及探究佛讚在中國古代文體發展史中的歷史定位提供了理論支撐。

(二) 文學、音樂角度研究

目前可見的佛讚文獻基本採用四言、五言、七言或雜言形式,部分讚文還具備音樂屬性,加入和聲詞、曲調來配合法會儀式唱誦或面向民衆宣教勸善,故學界普遍認同將佛讚歸入佛教文學、音樂的研究範疇,相關研究成果較多。

從文學、音樂角度對佛讚的探討,主要呈現在兩類不同視角的研究中。第一類主要考察佛讚在文學、音樂發展史上的地位與特點,大量論著涉及這一問題。饒宗頤與戴密微在《敦煌曲》中指出佛讚多與樂曲歌唱結合,在宗教文學中佔據重要地位。③顔廷亮《敦煌文學概論》將佛讚歸爲寺廟文學雜著類作品,並從創作主體、使用場景等方面分析認爲,敦煌佛教讚文與中國傳統讚體風貌相異處衆多,不可混而爲一。④張弓《漢唐佛寺文化史》將釋門韻文作品分類進一步細化,按照頌讚、唱讚、曲子詞三個角度進行研究。⑤王志鵬《我國傳統論讚文體的源流及其與敦煌佛讚之異同》則從句式、音樂特性兩個方面進一步討論佛讚的特點,認爲中國古代史書中的論讚、史讚文體與佛讚的相同之處在於人物讚多採用四言句式,不同之處則是佛讚題材更加豐富,多爲七言和五言,其和聲詞亦具有音樂特性,體現了對古代印度唄讚傳統的

① 任繼昉《釋名匯校》,濟南:齊魯書社,2006年,第345頁。
② 曾棗莊《宋文通論》,上海:上海人民出版社,2008年,第533—548頁。郗文倩《中國古代文體功能研究——以漢代文體爲中心》,上海:上海三聯書店,2010年,第255—279頁。吴承學《中國古代文體學研究》,北京:人民出版社,2011年。胡吉星《文體學視野下的美頌傳統研究》,北京:中國社會科學出版社,2013年,第109—111頁。李南暉主編,伏煦、陳凌編《中國古代文體學論著集目:1900—2014》,北京:北京大學出版社,2016年。
③ 饒宗頤《敦煌曲》,饒宗頤《饒宗頤二十世紀學術文集(卷八)》敦煌學(下),北京:中國人民大學出版社,2009年,第476—498頁。
④ 顔廷亮主編《敦煌文學概論》,蘭州:甘肅人民出版社,1993年,第547—556頁。
⑤ 張弓《漢唐佛寺文化史》,北京:中國社會科學出版社,1997年,第814—843頁。

繼承。①

第二類則聚焦於佛讚形式、功能的發展流變及其與本土文學、音樂作品之間的相互影響。如徐湘霖《敦煌偈讚文學的歌辭特徵及其流變》認爲,在偈讚歌辭自齊言偈頌向雜言讚文的演變過程中,除具有吟唱性質外,和民間俗曲存在相互借鑒的現象,表現出佛教唄讚音樂民間化及通俗化的趨勢。② 王志鵬在《敦煌寫卷中佛教偈頌歌讚的性質及其内容》《敦煌偈頌歌讚及其音樂的發展》以及《敦煌佛教歌辭的特徵及其影響》中指出,一方面佛教歌辭文獻在發展過程中吸收、借鑒中古民間文學、音樂作品,自隋唐之後,偈讚的文體形式和歌唱性質都發生較爲明顯的改變;另一方面,佛教歌辭文獻對後世小説、寶卷、散曲等藝術作品亦産生深遠影響。③ 高華平在《讚體的演變及其所受佛經影響探討》中闡釋了佛經文體在中古讚文演變過程中所起的重要作用,指出在内容表達上本土讚體由兼含褒貶演變爲稱美述德,形式上則逐步發展爲韻散間行、序讚結合的長篇讚體作品。④ 另李小榮《敦煌佛教音樂文學研究》、鄭阿財《敦煌佛教文學》、王志鵬《佛教影響下的敦煌文學》等研究佛教文學的綜合性專著,對上述問題亦有所論及。⑤

隨着佛讚研究的逐步細化與深入,學界更多地注意到佛讚文獻自身所具備的文學、音樂特性與世俗文化密切相關。而研究者又因其自身的文獻學傳統知識背景,兼具宗教學、文學、音韻學的學術素養,這就使得佛讚研究又呈現出多元化的特點。需要注意的是,敦煌佛讚有時會與《臨壙文》《秋吟》等體現民間信仰活動的文書,抄於同一寫卷,由此可推測佛讚在創作與使用過程中與民間信仰、儀禮緊密聯繫。因此,未來之研究亦可嘗試運用社會史研究方法,將佛讚置於唐五代時期僧俗民衆生活環境之中進行考察,以此拓展佛讚研究的視野。

(三) 實用性角度研究

佛讚作爲實用性宗教文學作品已是學界共識,通過整理敦煌佛讚寫卷可知,大多數佛讚因篇幅較小,很少出現獨立抄寫於一個寫卷的情況,某一佛讚多與其他讚文、因緣記或寺院帳册等文獻連抄、雜抄在一起,透露出佛讚在當

① 王志鵬《我國傳統論讚文體的源流及其與敦煌佛讚之異同》,《蘭州學刊》2017年第3期,第87—98頁。
② 徐湘霖《敦煌偈讚文學的歌辭特徵及其流變》,《四川師範大學學報(社會科學版)》1994年第4期,第47—51頁。
③ 王志鵬《敦煌寫卷中佛教偈頌歌讚的性質及其内容》,《敦煌研究》2006年第5期,第103—106頁。王志鵬《敦煌偈頌歌讚及其音樂的發展》,白化文主編《周紹良先生紀念文集》,北京:北京圖書館出版社,2006年,第386—399頁。王志鵬《敦煌佛教歌辭的特徵及其影響》,《蘭州學刊》2009年第9期,第6—11頁。
④ 高華平《讚體的演變及其所受佛經影響探討》,《文史哲》2008年第4期,第113—121頁。
⑤ 李小榮《敦煌佛教音樂文學研究》,福州:福建人民出版社,2007年,第393—516頁。鄭阿財《敦煌佛教文學》,蘭州:甘肅教育出版社,2010年,第107—112頁。王志鵬《佛教影響下的敦煌文學》,北京:人民出版社,2021年,第194—308頁。

時的實際使用需要。徐俊《敦煌佛教讚頌寫本敘錄——法藏部分六種》通過整理法藏敦煌文獻中 6 個佛讚叢抄寫卷的内容、題記等信息，認爲佛讚連抄寫本不僅用於口頭傳唱，亦用於寺學沙彌之日常學習或信衆的功德抄寫。[①] 伏俊璉《敦煌文學總論》指出敦煌寫卷中複雜多樣的匯抄、散篇情況對於我們瞭解作者、書手以及歌辭實際運用價值等學術信息具有重要作用。[②] 因佛讚非該書主要研究對象，故未能詳論。劉傳啓《敦煌歌辭文獻語言研究》第二章梳理總結了敦煌讚歌寫本的不同雜寫情形，認爲這些深具實用性的佛曲寫卷背後隱藏著豐富多樣的民間佛教活動。[③] 繼《敦煌佛教歌曲之研究》出版之後，林仁昱又陸續發表《敦煌"出家"類讚歌抄寫樣貌與應用》等多篇論文，並完成《敦煌佛教讚歌寫本之"原生態"與應用研究》一書，逐卷整理敦煌散花類讚文、《四威儀》《大乘淨土讚》及《佛母讚》等單篇或某一主題佛讚在寫本上的位置、筆蹟等抄錄情況，厘清佛讚寫本"原生態"面貌與實際應用之間的關係，重現了佛讚在開展行儀、安住修行、禮拜受戒、發願懺悔等法事活動中的重要價值。[④]

綜上所述，關於佛讚實用性角度的探討對於佛讚整體研究具有重要意義，使之不再將佛讚囿於歷史文獻領域，而是將佛讚置於唐五代時期社會宗教活動中進行考察，拓寬了佛讚研究的視野，展示了佛讚作爲宗教文學作品，有其獨立的創作、書寫形式與使用場景，與敦煌地區乃至中原豐富多樣的佛教儀式息息相關。

三、佛讚專題研究

藏經洞所存佛讚文獻，除《梵音佛讚》和《蓮華部讚歎三寶》兩篇讚文爲梵讚外，其餘均爲本土佛讚，即漢讚。由於創作、書寫者不同的宗派信仰以及讚文具體功用的差異，佛讚可以從内容角度分爲不同主題，據此研究成果可大致分爲淨土五會念佛讚文研究、高僧讚文研究、五臺山讚文研究、其他佛讚研究四類，其中關於法照和淨土五會念佛法門的研究起步較早，成果最爲豐富。

（一）淨土五會念佛讚文研究

淨土五會念佛讚文主要由唐代淨土宗四祖法照及其門人創作，北宋時期

---

① 徐俊《敦煌佛教讚頌寫本敘錄——法藏部分六種》，四川大學中國俗文化研究所編《項楚先生欣開八秩頌壽文集》，北京：中華書局，2012 年，第 159—176 頁。

② 伏俊璉《敦煌文學總論》，蘭州：甘肅教育出版社，2010 年，第 245—277 頁。

③ 劉傳啓《敦煌歌辭文獻語言研究》，北京：中國社會科學出版社，2016 年，第 27—72 頁。

④ 林仁昱《敦煌佛教歌曲之研究》，佛光山文教基金會總編輯《中國佛教學術論典》（第 89 册），高雄：佛光山文教基金會，2003 年。林仁昱《敦煌"出家"類讚歌抄寫樣貌與應用》，《政大中文學報》第 36 期，2021 年，第 141—184 頁。林仁昱《敦煌佛教讚歌寫本之"原生態"與應用研究》，臺北：新文豐出版股份有限公司，2021 年。

在中國失傳,僅有傳至日本的《淨土五會念佛略法事儀讚》得以留存,因此日本學者較早關注到這批文獻資料並展開研究。

淨土五會念佛讚文卷號的梳理。由於法照本人創作了多篇淨土五會念佛讚文,同時其門人和後世淨土宗信衆也一直在進行模仿創作,故數量龐大。廣川堯敏《敦煌出土法照關係資料について》一文推測總量大概有70餘件。① 施萍婷在《法照與敦煌文學》中公佈了收集到的62個淨土五會讚文卷號。② 張先堂《晚唐至宋初淨土五會念佛法門在敦煌的流傳》在二者基礎上進一步整理,認爲共有64個卷號。③

淨土五會讚文内容的整理與著録。矢吹慶輝《鳴沙餘韻》以及佐藤哲英發表的一系列論文《法照和尚念佛讚について》《敦煌出土法照和尚念佛讚》等以英、法、日本龍谷大學所藏淨土五會念佛讚文爲主要材料進行系統研究,爲日本該方面研究的較早代表性作品。④ 塚本善隆著,宗柱譯《唐中期的淨土教:以法照禪師研究爲中心》已翻譯出版,該書從法照的傳記、著述、法脈傳承和淨土教義等角度出發,闡釋了唐大曆、貞元年間法照淨土教對善導教義的繼承以及中國淨土教漸趨平緩的發展態勢,是學界研究法照及其淨土思想的奠基之作。⑤

有賴於藏經洞的發現,P.2066、P.2250、P.2130等寫卷完整保留了《淨土五會念佛誦經觀行儀》卷中、卷下以及淨土五會念佛儀軌略抄本的内容,使今人得以重新認識晚唐五代時期盛行的淨土五會念佛法門。因此中國學者雖然在這一領域的研究起步較晚,亦取得豐碩成果。張先堂《敦煌本唐代淨土五會讚文與佛教文學》就淨土五會讚文的興起過程及其所具有的豐富性、音樂性、通俗性、文學性四方面特點進行説明,⑥之後在《晚唐至宋初淨土五會念佛法門在敦煌的流傳》一文中進一步提出晚唐時期淨土五會念佛法門傳入敦煌,至遲北宋初期還在敦煌流傳。⑦

淨土五會念佛誦經觀行儀中的"五會"指五種念佛音聲,即在法會儀式中用五種韻律聲調唱誦讚文,因此也有很多學者從和聲詞的運用、歌調、儀軌等方面展開研究。加地哲定《中國佛教文學》較早考察了"散華樂""歸去來"等

　　① ［日］廣川堯敏《敦煌出土法照關係資料について》,《石田充之博士古稀紀念論文集:淨土教の研究》,京都:永田文昌堂,1982年。

　　② 施萍婷《法照與敦煌文學》,《社科縱橫》1994年第4期,第12—14頁。

　　③ 張先堂《晚唐至宋初淨土五會念佛法門在敦煌的流傳》,《敦煌研究》1998年第1期,第48—64頁。

　　④ ［日］矢吹慶輝《鳴沙餘韻》,東京:岩波書店,1930年。［日］佐藤哲英《法照和尚念佛讚について》(上、下),《佛教史學》第3卷,京都:平樂寺書店,1952年。［日］佐藤哲英《敦煌出土法照和尚念佛讚》,《西域文化研究》第6卷,京都:法藏館,1963年。

　　⑤ ［日］塚本善隆著,宗柱譯《唐中期的淨土教:以法照禪師研究爲中心》,上海:上海古籍出版社,2024年。

　　⑥ 張先堂《敦煌本唐代淨土五會讚文與佛教文學》,《敦煌研究》1996年第4期,第64—74頁。

　　⑦ 張先堂《晚唐至宋初淨土五會念佛法門在敦煌的流傳》,《敦煌研究》1998年第1期,第48—64頁。

佛讚曲調形式與和聲聯章問題。① 鄭阿財《敦煌淨土歌讚〈歸去來〉探析》提
出"歸去來"一詞源自陶淵明的《歸去來辭》,淨土宗僧衆爲了弘傳法門而吸收
樂府詞曲"歸去來"的形式,目的是讚歎西方淨土,同時勸誘信衆回歸彌陀極
樂世界。② 湛如《敦煌佛教律儀制度研究》側重於討論善導《往生禮讚偈》等
淨土讚文中所展現的佛教儀軌,並通過《大乘淨土讚》綜理出蘊含其中的佛學
思想。③

關於淨土五會念佛讚文的研究成果頗豐,一部分主要整理其文本卷號,
另一部分則從文學、音樂角度進行微觀考察,但仔細觀察寫卷可知,這些研究
尚有一些不足之處。其一,多數研究忽視了 P.2066、P.2130 等寫卷中佛讚抄
寫順序所隱含的法會流程信息。其二,佛讚寫卷中亦存在大量淨土讚文與非
淨土讚文連抄的情況,那麼淨土五會念佛讚文中"通一切處誦"等首題下關於
唱誦環境的提示性語句,對於探討佛讚功用問題就顯得尤爲重要。其三,已
有研究成果與淨土宗思想、傳世佛典、石刻壁畫的關聯性尚顯不夠。

(二)高僧讚文研究

伴隨着佛教的發展,世代輩出的高僧大德在經典翻譯、佛法傳播、僧團管
理、法會主持等各種弘法活動中扮演重要角色,故一批歌頌祖師、高僧功德的
讚文應運而生,這類讚文大多篇幅簡短且概括性強。關於高僧讚文的實際使
用情況,單篇僧讚的文本內容及其與僧傳、因緣記等高僧題材文獻之間的關
係,一直是學術界關注的話題。

鄭阿財《寫本原生態及文本視野下的敦煌高僧讚》提出了"原生態寫本"
的概念,聚焦高僧讚文寫本匯抄的原始樣貌,藉此分析認爲唐五代時期的敦
煌地區,高僧讚文與高僧壁畫、圖像相結合,在各寺院或法會儀式中起到莊嚴
道場、頌揚祖師的作用。之後在《敦煌本"因緣記"之性質及其在佛教傳播方
面的運用》一文中從僧傳文學多樣性視角考察高僧讚文、傳記與因緣記之間
的密切聯繫,認爲三者記述主體均爲高僧,文本關係緊密,可謂"同質而分
用"。④ 楊明璋《神異感通·化利有情:敦煌高僧傳讚文獻研究》將抄寫有高
僧讚頌的寫本分爲兩類,一類爲佛教讚頌專抄,認爲是用於某種儀式上的口
頭歌頌;另一類則爲包括佛弟子、聖僧等佛教人物事蹟類文獻專抄,指出這類

① [日]加地哲定著,劉衛星譯《中國佛教文學》,北京:今日中國出版社,1990 年,第 24—30、167—186 頁。
② 鄭阿財《敦煌淨土歌讚〈歸去來〉探析》,《敦煌學輯刊》2007 年第 4 期,第 6—24 頁。
③ 湛如《敦煌佛教律儀制度研究》,北京:中華書局,2003 年,第 251—290 頁。
④ 鄭阿財《寫本原生態及文本視野下的敦煌高僧讚》,《敦煌學輯刊》2018 年第 2 期,第 15—29 頁。鄭阿財《敦煌本"因緣記"之性質及其在佛教傳播方面的運用》,樊錦詩、楊富學主編《敦煌與中外關係研究》(下編),蘭州:甘肅文化出版社,2021 年,第 773—788 頁。

文本與佛教人物圖像、壁畫有緊密聯繫。[①] 劉學軍《張力與典範：慧皎〈高僧傳〉書寫研究》主要探討《高僧傳》書寫過程中“僧傳”文體的形成，尤其關注到每科僧人傳記結束後的“讚曰”部分，認爲《高僧傳》中“傳＋論＋讚”的書寫模式受到《後漢書》等傳世史料、佛讚以及爲追亡而創作像讚的傳統三方面的影響。[②] 另有馬格俠《敦煌所傳僧稠禪師禪法研究》結合與稠禪師相關的《稠禪師解虎讚》《稠禪師意》《稠禪師藥方療有漏》《大乘心行論》四則材料，討論研究北朝隋初盛行在中國北方的僧稠禪法。[③] 汪泛舟《敦煌詩解讀》重新校錄《南山宣律和尚讚》《羅什法師讚》《稠禪師解虎讚》三篇讚文，並專文討論僧稠化度猛惡大虎的神異故事。[④]

如前所述，祖師、高僧讚文作爲佛教人物讚文的一部分，學術界對此已有豐富的研究成果，或通過寫本原貌考察高僧讚文在法會儀式中的運用，或利用僧傳等史料，探究讚文的書寫規範。但這些研究工作還存在一定局限，一是僧讚的創作問題，即高僧讚文創作的文本來源仍需要系統整理與研究。二是高僧圖文資料的收集問題。除壁畫外，另有散藏在各公私收藏機構的祖師、高僧畫像存世，且部分畫像配有讚文題寫在側，對這部分材料的整理有助於進一步厘清僧讚的實際使用情況。

（三）五臺山讚文研究

敦煌佛讚文獻中留存有大量描繪佛教名山壯麗景象的寫卷，其中以五臺山讚文爲最多，學術界對此類讚文的關注開始較早，研究方向大致可分爲讚文文本考察、五臺山文殊菩薩信仰以及回鶻語五臺山讚文研究三個方面。

杜斗城《關於敦煌本〈五臺山讚〉與〈五臺山曲子〉的創作年代問題》指出《五臺山讚》和《五臺山曲子》兩部作品創作於中晚唐時期，[⑤]並在其著作《敦煌五臺山文獻校錄研究》中進一步分析認爲《五臺山讚》和《五臺山圖》在當時應該是相互配合流行的。[⑥] 趙林恩《五臺山詩歌總集》在王梓盾《五臺山與唐代佛教音樂》等文基礎上對五臺山讚文進行了更爲完整的輯校。[⑦] 韓傳强《敦煌讚文中的五臺山信仰管窺——以〈辭娘讚文〉敦煌連寫本爲中心》關注

① 楊明璋《神異感通·化利有情：敦煌高僧傳讚文獻研究》，臺北：政大出版社，2020年，第269—295頁。
② 劉學軍《張力與典範：慧皎〈高僧傳〉書寫研究》，北京：商務印書館，2022年，第59—129頁。
③ 馬格俠《敦煌所傳僧稠禪師禪法研究》，《天水師範學院學報》2009年第1期，第24—27頁。
④ 汪泛舟《敦煌詩解讀》，北京：世界圖書出版有限公司，2015年，第118—122、155—158、292—302頁。
⑤ 杜斗城《關於敦煌本〈五臺山讚〉與〈五臺山曲子〉的創作年代問題》，《敦煌學輯刊》1987年第1期，第50—55頁。
⑥ 杜斗城《敦煌五臺山文獻校錄研究》，太原：山西人民出版社，1991年，第2—80頁。
⑦ 趙林恩編注《五臺山詩歌總集》（上、下冊），北京：宗教文化出版社，2002年。王梓盾《五臺山與唐代佛教音樂》，《五臺山研究》1987年第4期，第35—39頁。

到《辭娘讚文》與《五臺山讚文》之間的連抄現象,從而進一步考察了盛行於9—12世紀民衆宗教生活中的五臺山文殊菩薩信仰風尚。①

在回鶻文《五臺山讚》的研究方面,德國學者茨默關注到了出土於吐魯番地區的三件回鶻語《五臺山讚》殘卷,並對其進行轉寫、釋讀,認爲回鶻文《五臺山讚》的底本來源於敦煌漢文寫本,可據此證明敦煌與吐魯番地區在宗教文化交流方面的密切聯繫。② 白玉冬《U5335 回鶻文音譯〈五臺山讚〉研究——兼談 U5335 文書的寫作背景》通過復原回鶻文音譯《五臺山讚》,展現了敦煌佛教與高昌回鶻佛教之間的密切交流,以及回鶻人的五臺山文殊菩薩信仰。③

(四)其他佛讚研究

佛讚文獻數量豐富,内容各異,除上述三類讚文外,亦有涉及崇佛史事、僧尼修行、勸善止惡等主題的佛讚存世,目前學界主要結合僧俗傳世史料,圍繞佛讚的文本内容、歷史背景等因素展開考察。

部分佛讚歌頌對象爲歷史上著名的崇佛事件。暨遠志《敦煌寫本〈偈法門寺真身五十韻〉考論》結合《大唐秦王重修法門寺塔廟記》等金石材料,認爲《偈法門寺真身五十韻》反映的是唐末五代秦王李茂貞在執掌鳳翔小政權時期重修法門寺的歷史事件。④ 黄京《敦煌文獻〈讚六宅王坐化詩〉寫作時間與相關史事初探》指出該讚文應寫於唐懿宗至唐昭宗之際,反映了唐代十六宅皇子的生活境遇和當時的度僧制度。⑤

另有學者利用佛教文獻資料探析宗派發展趨勢以及佛讚創作的文本來源。王志鵬《從敦煌歌辭看唐代敦煌地區禪宗的流傳與發展》勾稽《五更轉》《求因果》《第七組大照和尚寂滅日齋讚文》等禪籍資料,分析了敦煌地區的禪宗思想整體上存在南北並存,兼容發展的趨勢。⑥ 陳開勇《法照〈鹿兒讚文〉考》結合《佛說九色鹿經》《根本説一切有部毗奈耶破僧事》等文獻,探究了《鹿兒讚文》創作的文本源流。⑦

以《勸善文讚》爲題名的佛讚在頌揚佛國聖境之餘,還有地獄場景的描

---

① 韓傳強《敦煌讚文中的五臺山信仰管窺——以〈辭娘讚文〉敦煌連寫本爲中心》,《五臺山研究》2019 年第 4 期,第 32—36 頁。
② [德]茨默著,楊富學、熊一瑋譯《三件古突厥語〈五臺山讚〉殘片》,《吐魯番學研究》2016 第 1 期,第 122—131 頁。
③ 白玉冬《U5335 回鶻文音譯〈五臺山讚〉研究——兼談 U5335 文書的寫作背景》,郝春文主編《敦煌吐魯番研究》(第 22 卷),上海:上海古籍出版社,2023 年,第 367—381 頁。
④ 暨遠志《敦煌寫本〈偈法門寺真身五十韻〉考論》,《敦煌研究》1992 年第 2 期,第 71—80 頁。
⑤ 黄京《敦煌文獻〈讚六宅王坐化詩〉寫作時間與相關史事初探》,《歷史文獻研究》2020 年第 1 期,第 212—223 頁。
⑥ 王志鵬《從敦煌歌辭看唐代敦煌地區禪宗的流傳與發展》,《敦煌研究》2005 年第 6 期,第 96—101 頁。
⑦ 陳開勇《法照〈鹿兒讚文〉考》,《敦煌學輯刊》2006 年第 3 期,第 152—157 頁。

繪,通過地獄恐怖景象來震懾民衆,達到勸導信衆戒殺、行善止惡的目的。朱鳳玉《敦煌文獻中的佛教勸善詩》考察了《道安法師勸善文讚》《秀和尚勸善文》《利涉法師勸善文》共三篇唐五代時期勸善詩,認爲其不論在世俗勸誡還是高僧大德講經説法中都帶有警示衆生、戒殺修行的目的。① 于淑健《敦煌本〈道安法師念佛讚文〉探賾》通過分析詞彙特點和用韻情況,認爲《道安法師念佛讚文》系由淨土宗法照門徒或中下層信衆創作,與道安無關,直至 10 世紀中葉仍流傳於敦煌地區。②

綜合來看,現有成果都注意到佛讚文獻内容的豐富性以及蘊含其中的史料價值,並嘗試結合僧俗史籍考察具體問題。而事實上,就内容而言,佛讚中還有佛傳故事讚文、佛本生故事讚文、諸部佛經讚文、辭親修行讚文等,這是以後佛讚研究需要著力的地方。

四、佛教圖讚研究

圖讚,爲圖像與讚文的結合,昭明太子蕭統爲《文選》撰序時曾言:"美終則誄發,圖像則讚興。"③可見讚文的興起與圖像息息相關,這種圖文結合的表現形式一般以圖像爲主,佔據畫面大部分空間,並在旁邊配以精煉的讚文進行讚頌、説明。中國傳統圖讚起步較早,至遲到漢代就已廣泛使用。目前學界關於圖讚的研究取得令人矚目的成績,關注的問題主要集中在先秦圖讚的興起與使用;圖讚在漢魏六朝、唐、宋時期的流變;圖讚的功能;圖讚與題畫詩的關係等諸多問題。如劉佩偉《宋代畫讚研究》、郗文倩《漢代圖畫人物風尚與讚體的生成流變》、張克鋒《論魏晉南北朝畫讚》、張偉《漢魏六朝畫讚、像讚考論》、李明《畫讚之文體流變——兼論畫讚與題畫詩的關係》等。④ 因部分佛讚亦存在與圖像相互配合使用的情況,故該層面的研究對厘清佛讚的源流與功用具有重要意義。

隨着佛教東傳,中古文人的佛讚創作逐步興盛,自唐代以後,圖讚亦較多運用於稱譽羅漢、祖師、高僧或配合描繪《十王經》中地獄審判等較爲簡單的佛教故事題材。同時,藏經洞發現有大批邈真讚類文獻,邈真讚又稱"圖真

① 朱鳳玉《敦煌文獻中的佛教勸善詩》,白化文主編《周紹良先生紀念文集》,北京:北京圖書館出版社,2006年,第 509—514 頁。
② 于淑健《敦煌本〈道安法師念佛讚文〉探賾》,《新疆大學學報(哲學·人文社會科學版)》2016 年第 5 期,第77—82 頁。
③ [梁]蕭統編,[唐]李善注《文選》,上海:上海古籍出版社,1986 年,第 2 頁。
④ 劉佩偉《宋代畫讚研究》,《新國學》2005 年第 1 期,第 119—140 頁。郗文倩《漢代圖畫人物風尚與讚體的生成流變》,《文史哲》2007 年第 3 期,第 86—93 頁。張克鋒《論魏晉南北朝畫讚》,《東南文化》2007 年第 3 期,第 83—87 頁。張偉《漢魏六朝畫讚、像讚考論》,《海南師範大學學報(社會科學版)》2013 年第 11 期,第 82—88 頁。李明《畫讚之文體流變——兼論畫讚與題畫詩的關係》,《廣州大學學報(社會科學版)》2014 年第 6 期,第 77—83 頁。

讚""寫真讚"等,大多爲敦煌或中原地區僧俗兩界名人的肖像與序、讚文的結合。如 P.4660 中抄録的故法和尚讚、吳和尚讚以及禪和尚讚即爲高僧邈真讚。姜伯勤、項楚、榮新江合著的《敦煌邈真讚校録並研究》考證了敦煌邈真讚的年代並進行文字釋録。① 張志勇《敦煌邈真讚釋譯》重點關注邈真讚中的字詞含義。② 鄭炳林、鄭怡楠《敦煌碑銘讚輯釋(增訂本)》將碑銘讚與相關人物史料文獻相結合,進行詳細的釋讀與考證。③ 除綜合性文獻整理的著作外,近年來關於邈真畫、文學、藝術等層面的研究成果蜂出。如姜伯勤《敦煌的寫真邈真與肖像藝術》、江學旺《敦煌邈真讚用韻考》、沙武田《敦煌寫真邈真畫稿研究——兼論敦煌畫之寫真肖像藝術》等。④

　　類似於目前並無邈真讚與邈真像相配合的實物出現,佛讚亦從中古時期的宗教環境中抽離出來,只見讚文,而圖文對照者稀少,因此部分學者嘗試結合禪籍、圖像資料推測佛讚的使用場景。馮國棟《涉佛文體與佛教儀式——以像讚與疏文爲例》認爲禪宗釋氏像讚一改讚美祖師聖德的傳統,加入了譏諷、調笑的語詞,並結合《禪苑清規》《敕修百丈清規》等宋元時期禪宗儀軌類文獻,考證出這類像讚應在祖師忌辰法會上作供養之用。⑤ 王惠民《敦煌圖讚形式繪畫考論》主要探討佛教題材的圖讚形式繪畫,指出繪畫內容主要爲羅漢、佛弟子、聖僧像或《十王經》等相對簡單的佛教故事,讚文則出自中古文士之手,二者相輔相成以達到吸引民衆瀏覽閱讀之效。⑥

五、佛讚研究的總結與前瞻

　　佛讚研究是一個需要學者擁有多學科知識積累的研究方向,近百年敦煌佛讚研究在宗教學、文體學、文學、語言學、音樂等領域推出的一系列豐碩成果,是我們進一步研究的基石與出發點,結合上述成果,未來的敦煌佛教讚文研究還有很大可推進的空間。

(一)佛讚的發展背景

　　這一論題或有三條綫索可供追溯,其一是中國古代讚文體的起源與流

　　① 姜伯勤、項楚、榮新江合著《敦煌邈真讚校録並研究》,饒宗頤主編《香港敦煌吐魯番研究中心叢刊之三》,臺北:新文豐出版公司,1994 年。
　　② 張志勇《敦煌邈真讚釋譯》,北京:人民出版社,2015 年。
　　③ 鄭炳林、鄭怡楠輯釋《敦煌碑銘讚輯釋(增訂本)》,上海:上海古籍出版社,2019 年。
　　④ 姜伯勤《敦煌的寫真邈真與肖像藝術》,姜伯勤《敦煌藝術宗教與禮樂文明:敦煌心史散論》,北京:中國社會科學出版社,1996 年,第 77—94 頁。江學旺《敦煌邈真讚用韻考》,《浙江大學學報(人文社會科學版)》2004 年第 1 期,第 78—86 頁。沙武田《敦煌寫真邈真畫稿研究——兼論敦煌畫之寫真肖像藝術》,《敦煌學輯刊》2006 年第 1 期,第 43—62 頁。
　　⑤ 馮國棟《涉佛文體與佛教儀式——以像讚與疏文爲例》,《浙江學刊》2014 年第 3 期,第 80—86 頁。
　　⑥ 王惠民《敦煌圖讚形式繪畫考論》,樊錦詩、楊富學主編《敦煌與中外關係研究》(上編),蘭州:甘肅文化出版社,2021 年,第 259—285 頁。

變,其二是古印度讚歌的興起,其三是自東晉釋支道林作佛陀、菩薩讚文之後,本土佛讚的發展。同時,伴隨着讚文文體、内容的豐富與發展,對讚文範圍的界定以及讚文創作的文本來源亦成爲亟需探討的論題。上述問題共同構成了佛讚研究的社會歷史背景,綫索清晰與否直接影響對佛讚的整體把握。同樣,厘清該問題的來龍去脈亦需要宗教學、歷史文獻學、文體學、語言學的交叉應用。

(二)佛讚的實際功用

對於佛讚文獻的功用研究,其最基礎的首要工作是敦煌佛讚文獻的收集與整理。又因這些佛讚由中古文化水平各異的僧俗文人,以不同使用目的抄於寫卷,故其釋讀、整理難度較大,而蘊含的歷史信息也更爲豐富,因此對敦煌佛讚文獻的精細考訂以及學術信息的充分挖掘就成爲當務之急。

其次是對佛讚使用範圍與空間的探究。自古不同文體的產生都來源於社會發展的需要,不同的社會環境孕育出各具時代特色的文體形式。因此,文體自身的實用功能是各文本誕生、發展的基礎與前提。大量佛教文獻都與崇佛活動相關,或多或少爲各種佛教儀式服務。古印度時期,佛教信衆多使用讚文歌頌佛、菩薩功德,而中古傳統的讚或與禮樂配合用於祭祀場所,或見於史書進行褒貶評述,亦或結合名人畫像爲政治、社會教化服務,故中印兩國讚文的創作與抄寫都與其實用價值密切相關。

因此,對於敦煌佛讚的研究不能僅局限於敦煌一地。從目前來看,敦煌佛讚文獻當是中古時期的人們,爲便於攜帶或隨機應用,將各種儀式場合所需要的佛讚從範本中抽離出來,進行學習、抄寫和編纂的結果。藏經洞中多年的封存雖保留下這批珍貴佛讚寫本文獻,但也造成了與現實法事活動的分離,那麼盡力還原佛讚使用場景,嘗試賦予其在中古宗教場域中的生命力,將成爲我們理解佛讚的基石,以及探求其創作與抄寫目的的重要突破口。因此,在文獻使用範圍上,應拓寬資料搜集範圍,充分利用傳世史料、碑志塔銘、壁畫石刻等歷史資源,探究佛讚在敦煌之外的地區留下的歷史印記。在文獻使用空間上應擺脫文本載體的束縛,將佛讚置於當時的歷史環境之中,結合中古社會發展的史實,盡力還原佛讚於法事運用、勸善化俗、弘傳佛法中的實際場景。

基金項目:甘肅歷史文化研究與傳播專項課題"文明匯流視野下的敦煌文書整理與研究"(2023ZD012)、甘肅省科學技術廳軟科學專項"敦煌藏外佛教文獻整理與研究"(24JRZA029)。

漢文《天地八陽神咒經》研究綜述

周　梵　朝　寶（西北民族大學）

　　《天地八陽神咒經》[①]是一部託名唐代玄奘或義淨所譯的"疑僞經"，爲當今學界所共識。隨着考古工作的持續開展，已於敦煌、吐魯番、黑水城等地相繼出土諸如漢文、回鶻文、藏文、蒙古文、西夏文等諸多民族語言的版本，其傳播範圍之廣、歷時之長使得《天地八陽經》的研究在中外民族語言出土文獻及傳世文獻的研究中漸有成爲"顯學"的趨勢。而漢文《天地八陽經》本爲唐代適應佛教中國化傳播"杜撰"而成，但由於其僞經本質，不爲古代歷代《大藏經》所收錄，元代以後此經的流傳更是"消失殆盡"，幾乎毫無痕蹟。隨着敦煌文獻重見天日，日本新修《卍續藏》《大正藏》相繼收錄這一部"疑僞經"，成爲多語種《天地八陽經》研究的重要參考資料。國內學界對此經研究肇始於吐魯番出土的刻本回鶻文佛經殘葉。[②] 在回鶻文佛經殘卷中，此經占比最大。[③] 隨着敦煌漢文文書研究的逐步深入，特別是近二十年內，亦已逐步對出土的漢文《天地八陽經》殘片進行綴合、分析、校注等研究，取得了豐碩的研究成果。

　　但是，國內大多數學者的目光集中於出土文獻的同時忽視了傳世的漢文《天地八陽經》文獻，以至於國內學界對漢文《天地八陽經》在宋元之後中原地區的流變情況的研究竟付闕如。隨着更多的漢文《天地八陽經》寫、刻版本的逐步面世，如 1987 年蘇州瑞光寺發現一件保存完好的北宋初年寫本《天地八陽經》，[④]將此經傳播區域從西北拉回中原內地，至少在宋代此經依然在中原地區流傳。而元曲中常見的"八陽經"一詞，[⑤]又將其在中原地區廣泛傳播的時間下限推遲到了元代。元代以後對此經的記載僅有寥寥數言。[⑥] 此經的漢文版本在元代之後的中原地區是否絕蹟漸漸不爲人所知。

　　對於傳播範圍如此之廣的文獻，不妨將視野擴大，有時"異域之眼"看得

---

① 亦見題《佛說天地八陽神咒經》《八陽神咒經》等，以下簡稱《天地八陽經》，以別於正經《八陽經》。
② 馮家昇《刻本回鶻文〈佛說天地八陽神咒經〉研究——兼論回鶻人對於大藏經的貢獻》，《考古學報》1955 年第 1 期，第 183—192 頁。
③ 劉元春《〈佛說天地八陽神咒經〉辨析——兼談高昌回鶻佛教的社會文化意蘊》，《西域研究》1996 年第 1 期，第 50 頁。
④ 樂進、廖志豪《蘇州市瑞光寺塔發現一批五代、北宋文物》，《文物》1979 年第 11 期，第 21—31 頁。
⑤ [日] 據玄幸子（2008）、羅慕君（2014）文中所見元曲佚名《滿庭芳》、石君寶《紫云亭》、賈仲名《對玉梳》均有載。
⑥ 明代《金剛般若波羅蜜經集註》《金剛經注解》，皆見注"所謂不住色布施。不住聲香味觸法布施。"時引述："又天地八陽經云：眼常見種種無盡色……意常思想分別種種無盡法。"

更加清楚。在"漢字文化圈"中,朝鮮半島、日本、越南等地區至今仍然保存"大量"漢文《天地八陽經》的寫本與刻本,時間下限能到對應國内的清晚期甚至更晚。上述提到的日本《卍續藏》《大正藏》本仍是以傳世本爲主體而非敦煌出土版本。① 較爲特殊的是韓國甚至至今仍在流傳。② 這使得國内學界應該重新審視漢文《天地八陽經》流變的研究。如日本京都大學東南亞地域研究所所藏越南"景福寺資料"③包含五種漢文喃字注本《天地八陽經》,有抄本也有刻本,抄寫刻印時間對應國内大約清代中晚期。並且譯者並非此前常見的托名唐代玄奘或義淨,而是托名時代更早的鳩摩羅什。除部分文字與他地版本相異外,此經末尾還附有其他版本所無的文段,值得文獻流變研究等方面的注意。

据《韓國所藏中國漢籍總目》④及玄幸子(2008)⑤、增尾伸一郎(1997,2017)⑥、佐藤厚(2020,2023)⑦等人的研究統計,朝鮮半島存在爲數不少的《天地八陽經》的寫、刻本,并且出現了注釋著作與演化作品,⑧説明此經在朝鮮半島的流傳尤爲廣泛。

目前國内學界對漢文本除出土文獻以外的版本認識並不全面,且集中於敦煌、吐魯番、黑水城等在西北地區流傳比較早期的漢文版,甚至對於《中國古籍總目》所著録的蘇州博物館藏北宋寫本與日本靜嘉堂藏中國古抄本⑨的利用也不足。并且對漢文版本在唐宋之後的流變情况研究甚少,並没有重視其在"漢字文化圈"中傳播的影響與文獻的流變。

故本文著眼於漢文《天地八陽經》整體版本流變,就至今爲止的國内外研究成果進行討論。綜述國内外研究成果的同時藉由"異域之眼"審視國内對於漢文《天地八陽經》的研究,繼而提出對後續研究的展望。不當之處,敬請教正。

---

① 《卍續藏》以日本古抄本爲底本,以朝鮮本爲校本。《大正藏》以《卍續藏》本爲底本,以 S.127 爲校本。
② 据佐藤厚統計,韓國近年除出版《天地八陽經》相關書籍、CD 外,視頻網站上 2022.3—2023.6 亦有超過 10 部誦讀《天地八陽經》的視頻。見佐藤厚《朝鮮における〈天地八陽神呪経〉の位相:朝鮮時代から現代まで》,《東方宗教》2023 年第 144 號,第 69 頁。
③ [日]矢野正隆,小島浩之,大野美紀子《京都大學東南アジア地域研究研究所所藏〈景福寺資料〉目録》,《東南アジア研究》2022 年第 60 卷 1 號,第 61 頁。
④ [韓]全寅初《韓國所藏中國漢籍總目》,首爾:學古房,2005 年。
⑤ [日]玄幸子《宋代社會における〈佛説天地八陽神呪經〉の受容について——P.3759 から見えるもの》,《敦煌寫本研究年報》2008 年第 2 期,京都:京都大學,第 52—54 頁。
⑥ [日]增尾伸一郎《道教と中國撰述佛典》,東京:汲古書院,2017 年,第 599—604 頁。
⑦ [日]佐藤厚《朝鮮における〈天地八陽神呪經〉の位相:朝鮮時代から現代まで》,第 59—60 頁。
⑧ 見佐藤厚《朝鮮半島における偽経〈天地八陽神呪経〉の流通と特徵》,《東アジア仏教學術論集》卷 8,2020 年,第 123 頁。
⑨ [日]小田壽典《偽経本〈八陽経〉寫本からみた仏教文化史の展望》,《内陸アジア史研究》2015 年第 30 卷,第 54 頁。

一、《天地八陽經》漢文本研究溯源

國內外對於漢文《天地八陽經》的研究,雖然開始的時間略有不同,但均源於吐魯番出土大量回鶻文《天地八陽經》佛經殘卷,此經在所有回鶻文佛經殘卷中所占比例最大,吸引著學者們的目光。學者們逐漸發現,這一題名《佛說天地八陽神咒經》的經書内容怪誕,佛理淺顯,雜糅儒釋道各派别義理,與一般正經不同,均指向漢文僞作的一部"疑僞經"。

1905—1912 年間,《卍續藏》以日本古抄本爲底本,以朝鮮本爲校本校録《天地八陽經》,爲《大藏經》中首次收録《天地八陽經》。后 1924—1934 年間,日本新修《大正藏》,以《卍續藏》校録版本爲底本,參校敦煌 S.127 重新校録。後世中外學者研究各語種《天地八陽經》多利用《大正藏》本進行校勘,奠定了漢文版研究的文獻基礎。但由於國內學者對日文資料掌握並不全面,衆多學者對所謂原本與"校者曰原本以鮮本校異"中"鮮本"爲何,不得其詳。① 馬振穎、鄭炳林(2016)推測"鮮本"乃"高麗本或者日本國內所藏的宋刻本",並認爲"鮮本"與黑水城本有莫大的聯繫。② 羅慕君(2020)補充了此前在作者碩士學位論文中對《卍續藏》語焉不詳的"鮮本"來源,引用增尾伸一郎著作得知"鮮本"乃是"以日本東寺觀智院本爲底本、佛教大學(現龍谷大學)所藏朝鮮本爲校本對該經加以校訂"。③ 但增尾伸一郎(2017)書中所說《續藏經》使用朝鮮本對校,有異文用"鮮本云云"注意標記,在此段中并未說明所用朝鮮本是何種版本。而在下一段敘述 1915 年羽田亨釋讀回鶻文寫本時使用"佛教大學(現龍谷大學)所藏朝鮮本爲校本對該經加以校訂",④朝鮮本《天地八陽經》版本衆多,故不可斷定羽田亨所用"鮮本"與《續藏經》所用"鮮本"爲同一版本。對"鮮本"的討論使國內學者認識到"漢字文化圈"中域外典籍的重要價值。

對於《天地八陽經》的具體文本研究,肇始於拉得洛夫(W. Radloff)、馬洛夫(C. E. Malov)和羽田亨等人對回鶻文寫本進行的研究。⑤ 羽田亨(1915)在《東洋學報》上發表了回鶻文寫本的研究系列文章。⑥ 在此之後,馮家昇(1955)、小田壽典(1978)、西岡祖秀(1981)、劉元春(1996)、薩仁高娃(2006)等相繼對出土的民族語言(回鶻文、藏文、蒙古文等)文本進行研究,取得巨大

---

① 羅慕君《敦煌〈八陽經〉漢文寫本考》,浙江師範大學碩士學位論文,2015 年,第 1 頁。
② 馬振穎、鄭炳林《英藏黑水城文獻〈天地八陽神咒經〉拼接及研究》,《敦煌學輯刊》2016 年第 2 期,第 177 頁。
③ 羅慕君《英藏、散藏未定名〈八陽經〉殘片考》,《古籍研究》2020 年第 2 期,第 189 頁。
④ [日]增尾伸一郎《道教と中國撰述佛典》,第 198 頁。
⑤ 轉引自馮家昇《刻本回鶻文〈佛說天地八陽神咒經〉研究——兼論回鶻人對于大藏經的貢獻》,第 183 頁。
⑥ [日]羽田亨《回鶻文の天地八陽神呪経(1)》《回鶻文の天地八陽神呪経(2)》,《東洋學報》1915 年第 5 期,東京: 東洋文庫,第 41—78、189—226 頁。

研究成果，對於漢文《天地八陽經》的研究亦逐步走上了正軌。

1955年，馮家昇發表《刻本回鶻文〈佛説天地八陽神咒經〉研究——兼論回鶻人對於大藏經的貢獻》一文，[①]在對刻本回鶻文《佛説天地八陽神咒經》進行文本研究的同時，追溯到漢文《天地八陽經》的版本，並認爲《八陽經》存在三種版本：1.《八陽神咒經》，西晉法護譯；2.《佛説八陽神咒經》，唐玄奘譯；3.《佛説天地八陽神咒經》，唐義淨譯。[②] 此説雖然問題頗大，但在此之前國內并無專門論述此書版本問題，也是首次意識到漢文《天地八陽經》存在署名譯者的不同。但囿於題名與繁簡之别，没有定性1與2、3爲正經與偽經的區别，而2、3只是托名於不同的譯者，或有小出入，但主體内容仍是幾乎一致。1996年，劉元春發表《〈佛説天地八陽神咒經〉辨析——兼談高昌回鶻佛教的社會文化意藴》。[③] 文章總結了截至當時回鶻文《天地八陽經》的研究情況，探究了該經爲何在高昌回鶻佛教中産生了如此大的影響。文中嘗試對漢文版本進行研究，是國內第一次對漢文版本進行專門研究，同時糾正了馮家昇對漢文版本的錯誤分類，區分了正經與偽經，還對漢文《天地八陽經》進行校勘、解讀，認爲該經所反映的社會歷史價值很高，是"適時而作，應勢而弘"，並"值得我們認真地整理、鑒别與研究"。[④] 該文得出了比較公允的結論，推動了《天地八陽經》的研究。此兩篇文章或可作爲國內研究漢文《天地八陽經》的早期典範。

1976年，牧田諦亮在《疑經研究》中將《天地八陽經》納入"疑偽經"整體進行研究，使得對《天地八陽經》的研究進入到新的階段。[⑤] 也是國內外首次對此經進行系統研究，具體討論了文本内容、作者、偽造時間等問題。牧田氏書中認爲作者或爲武后時期皇甫氏，成書年代大約在唐玄宗年間。此説因襲羽田亨與葛瑪麗舊説。馮家昇（1955）在上文注釋中辯駁此説，並認爲："'皇甫'或是'法護'的誤傳。"[⑥]由於記載缺乏，資料不足，作者爲誰至今無法定讞。此書作偽的時間也衆説紛紜，《天地八陽經》最早著録於唐圓照撰《貞元新定釋教目録》，該書第二十八卷别録之九下云："《天地八陽經》一卷。卷末題云'八陽神咒經'，與正經中《八陽神咒》義理全異，此説陰陽吉凶禳災除禍法。"[⑦]除牧田諦亮觀點外，小田壽典判斷，此書大致完成的時間爲7世紀後半

① 馮家昇《刻本回鶻文〈佛説天地八陽神咒經〉研究——兼論回鶻人對于大藏經的貢獻》，第183—192頁。
② 馮家昇《刻本回鶻文〈佛説天地八陽神咒經〉研究——兼論回鶻人對於大藏經的貢獻》，第186頁。
③ 劉元春《〈佛説天地八陽神咒經〉辨析——兼談高昌回鶻佛教的社會文化意藴》，第50—59頁。
④ 劉元春《〈佛説天地八陽神咒經〉辨析——兼談高昌回鶻佛教的社會文化意藴》，第56頁。
⑤ ［日］牧田諦亮《疑經研究》，京都：京都大學人文科學研究所，1976年。
⑥ 馮家昇《刻本回鶻文〈佛説天地八陽神咒經〉研究——兼論回鶻人對于大藏經的貢獻》，第190頁。
⑦ ［唐］圓照《中華大藏經（第55册）・貞元新定釋教目録》，北京：中華書局，1992年，第935頁。

期至 8 世紀前半期;①木村清孝通過日本寫本情況等推測成立時間在 720 年到 760 年之間。② 以上均無法確定具體時間。

綜上所述,溯源漢文《天地八陽經》的研究成果可知,漢文《天地八陽經》研究起步較早,且較爲明顯地劃分爲以日本刊刻《卍續藏》《大正藏》爲中心的傳世文獻底本系統與以西北地區回鶻文字等民族文字及其相關的漢文出土文獻底本系統。兩個系統是同源的,均指向唐人僞作的母本,但具體時間與作者不得其詳。《天地八陽經》傳世文獻系統與出土文獻系統之間的關係與研究的發展,還亟待學界注意。

二、出土文書探微

隨着敦煌學研究不斷精進,新材料、新方法、新技術不斷出現,世界各大圖書館陸續刊佈所藏文書,計算機網絡技術飛速發展,國際合作研究日益密切,刺激著出土文獻研究的進步,也將《天地八陽經》出土文獻部分的研究帶領到了新的高度,同時也可作爲 20 世紀與 21 世紀研究的明顯分水嶺。

1992 年,方廣錩發表《吐魯番出土漢文佛典述略》,③其中第三部分“未爲歷代大藏經所收典籍”中,著録“《天地八陽神咒經》,1 卷,疑僞經,共 1 號”。④吐魯番出土的漢文疑僞經數量與種類相對敦煌出土較少,但均有保存。正如方廣錩先生所説:“這再次提醒我們必須注意吐魯番地區與敦煌地區佛教的關係。”⑤

敦煌遺書中《天地八陽經》也有不少,据《敦煌學大辭典》(1999)介紹:“北圖有宇字 10 等五十二號。英法亦藏有 S.127、P.2098 等近 40 號。”⑥幾乎可算作 20 世紀敦煌文書中《天地八陽經》文書殘片的總結,但限於當時信息流通與物質條件,還有大量未定名文書及散藏《天地八陽經》文書殘片亟待定名、釋讀與綴合。

2006 年,薩仁高娃在《蒙文〈天地八陽神咒經〉與漢藏文比較研究》⑦中,細緻地對比敦煌出土漢文本異文,並進行分類。据作者統計,敦煌本漢文《天地八陽經》“英藏有 37 個號,法藏有 9 個號 10 件,北圖藏有 54 個號,俄藏有

　　① ［日］小田壽典《僞經本〈天地八陽神呪經〉の傳播とテキスト》,《豐橋短期大學研究紀要》1986 年第 3 號,第 78—79 頁。
　　② ［日］木村清孝《僞經〈八陽經〉の成立と變容》,東京: 東方學會《東方學會創立五十周年記念東方學論集》,1997 年,第 473—486 頁。
　　③ 方廣錩《吐魯番出土漢文佛典述略》,《西域研究》1992 年第 1 期,第 115—127 頁。
　　④ 方廣錩《吐魯番出土漢文佛典述略》,第 121 頁。
　　⑤ 方廣錩《吐魯番出土漢文佛典述略》,第 121 頁。
　　⑥ 季羡林《敦煌學大辭典》,上海:上海辭書出版社,1998 年,第 733 頁。
　　⑦ 薩仁高娃《蒙文〈天地八陽神咒經〉與漢藏文比較研究》,見於白化文《周紹良先生紀念文集》,北京:北京圖書館出版社,2006 年,第 343—348 頁。

29 件,北京大學圖書館藏 1 個號"。① 較《敦煌學大辭典》統計已新增不少。並首次將敦煌本根據內容分爲六大類,S.252 爲第一類,S.500 爲第二類,S.2643 爲第三類,北 7610(推 90)爲第四類,北 7619(黃 11)爲第五類,北 7622(官 50)爲第六類。除此之外,薩仁高娃發現部分文書能夠綴合,如北 7625(調 58)+S.3324、北 7645(鳥 69)+北 7635(帥 72)、北 7662(餘 42)+北 7661(餘 34)+北 7655(呂 11)。文中還明確了《天地八陽經》的僞經本質,全面分析了敦煌本各種版本之間的差異,認爲:"眾多版本雖然內容大致相同,但開頭和結尾卻有很大差別……真經與僞經之間毫無關係。"②本文雖以蒙古文本爲主,但其研究在諸多方面均較之前的《天地八陽經》敦煌文書整理與研究有所進步,但國內對此篇的利用卻較少。

2005—2008 年間,玄幸子陸續發表論文,③總結敦煌出土《天地八陽經》文書殘片,包括斯坦因文書 36 號,伯希和文書 8 號,北京圖書館 53 號,《浙藏敦煌文獻》2 號,《天津藝術博物館藏敦煌文獻》1 號,《北京大學圖書館藏敦煌文獻》1 號,《甘肅藏敦煌文獻》1 號,《俄藏敦煌文獻》33 號,共計 135 號。④

2014 年,張涌泉、羅慕君發表《俄藏未定名〈八陽經〉殘片》,⑤通過普查《俄藏敦煌文獻》第 11—17 冊未定名殘片,共計發現 63 件漢文《天地八陽經》殘片。並對其逐件加以定名和作敘錄。同年發表的《敦煌本〈八陽經〉殘卷綴合研究》,⑥對敦煌文獻中漢文《天地八陽經》殘卷或殘片進行綴合,將其中的 66 號綴合爲 24 組。兩篇文章爲漢文《天地八陽經》寫本的收集、綴合、校錄等後續整理研究工作做了充足準備,並爲《天地八陽經》漢文寫本研究開創了敦煌寫本研究的新視角。

2015 年,羅慕君發表碩士學位論文《敦煌〈八陽經〉漢文寫本考》,⑦文中將作者統計到的共 378 號漢文《天地八陽經》寫本分爲三組研究:1. 對內容相對完整的 251 號定名寫本加以敘錄與指正;2. 將 127 號未定名殘卷予以判定;3. 將 66 號殘卷綴合爲 24 組。最終作者根據以上敦煌寫本對《天地八陽經》(主要是《大正藏》本)進行校錄,除羅列異文撰寫校記外還加以評注,形成了

---

　① 薩仁高娃《蒙文〈天地八陽神咒經〉與漢藏文比較研究》,第 344 頁。

　② 薩仁高娃《蒙文〈天地八陽神咒經〉與漢藏文比較研究》,第 344—345 頁。

　③ [日]玄幸子《〈佛説天地八陽神呪經〉(浙敦 060)にみる僞経伝達過程への一考察》,《西北出土文獻研究》2005 年第 2 期,第 5—21 頁;《〈佛説天地八陽神呪經〉の言語特徵について》,《西北出土文獻研究》2006 年第 3 期,第 56—66 頁;《關於 P.3915 上所寫的二種佛説八陽神呪經》,見於劉進寶、高田時雄《轉型期的敦煌學》,上海:上海古籍出版社,2007 年;《宋代社會における〈佛説天地八陽神呪經〉の受容について——P.3759 から見えるもの》,第 47—61 頁。

　④ [日]玄幸子《宋代社會における〈佛説天地八陽神呪經〉の受容について——P.3759 から見えるもの》,第 50—51 頁。

　⑤ 張涌泉、羅慕君《俄藏未定名〈八陽經〉殘片》,《敦煌研究》2014 年第 3 期,第 160—178 頁。

　⑥ 張涌泉、羅慕君《敦煌本〈八陽經〉殘卷綴合研究》,《中華文史論叢》2014 年第 2 期,第 239—278 頁。

　⑦ 羅慕君《敦煌〈八陽經〉漢文寫本考》,浙江師範大學碩士學位論文,2015 年 5 月。

《天地八陽經》校箋本。但作者並未利用除敦煌本和《大正藏》本以外版本（如蘇州博物館藏北宋寫本或朝鮮本、越南本等域外漢籍版本），對《大正藏》的底本校本語焉不詳，以至於混淆了敦煌本與傳世本的流變，沒有注意到漢文《天地八陽經》各版本的歷時變化，沒有區分版本系統。但此文形成了較好的敦煌本《天地八陽經》版本，爲後續各漢文版本系統分類研究提供了重要準備。

2016 年，馬振穎、鄭炳林發表《英藏黑水城文獻〈天地八陽神咒經〉拼接及研究》，①另闢蹊徑將研究目光轉移到了黑水城出土的版本，討論該經在西夏境内的傳播，文中采用敦煌本整理的方法進行綴合、校録，並對比黑水城本與敦煌本、中原本（蘇州博物館藏北宋初年寫本）的内容，得出西夏時期版本對唐五代時期的内容進行繼承與發揚的結論。“黑水城本與敦煌本的差異較多，與中原本相近之處更多，與《大正藏》本的内容幾乎完全吻合。”②文中也討論了《卍續藏》本與《大正藏》本的底本“鮮本”爲何，認爲是高麗本或者日本國内所藏的宋刻本，推測“鮮本”與黑水城本有莫大的聯繫：“中原本、‘鮮本’、西夏本《八陽經》，這三者之間的關係是微妙的。”③作者的想法爲《天地八陽經》在中原地區的傳播提供了很好的視角，並作了充足的文本對比分析。但作者囿於資料搜集不全面（如日文資料中早已提及“鮮本”爲何），未能更進一步提出漢文版本流變的關係。

同年，王培培發表《英藏漢文〈佛説天地八陽神咒經〉考釋》，④對英國國家圖書館藏編號爲 0r.12380‒3921(k.k) 的漢文佛經寫本殘片進行拼配，並與敦煌同名佛經内容進行對勘，並對《天地八陽經》在西北地區流傳的相關問題進行探討。但該文認爲該經“大約是印度大乘佛教時期或密宗時期”。⑤ 指出英藏漢文本與《大正藏》本内容不同有三種情況：1. 英藏本筆誤；2. 異文；3. 字音相近而誤。同時認爲此經可能沒有被譯成西夏文廣泛傳播，甚至此經漢文本在漢地並不流行。但近年新出材料與研究中已證明已翻譯爲西夏文文本，⑥而在漢地流行的研究也漸有興起之勢。

2020 年，羅慕君發表《英藏、散藏未定名〈八陽經〉殘片》⑦一文，接續以前研究，補充了英藏 36 號與北大藏 1 號未定名八陽經殘片，逐件介紹和考訂，附以圖版。

① 馬振穎、鄭炳林《英藏黑水城文獻〈天地八陽神咒經〉拼接及研究》，第 167—180 頁。
② 馬振穎、鄭炳林《英藏黑水城文獻〈天地八陽神咒經〉拼接及研究》，第 177 頁。
③ 馬振穎、鄭炳林《英藏黑水城文獻〈天地八陽神咒經〉拼接及研究》，第 177 頁。
④ 王培培《英藏漢文〈佛説天地八陽神咒經〉考釋》，《西夏學》2016 年第 1 期，第 34—39 頁。
⑤ 王培培《英藏漢文〈佛説天地八陽神咒經〉考釋》，第 34 頁。
⑥ 孫穎新《〈八陽經〉在西夏的流傳和變異》，《世界宗教文化》2022 年第 4 期，第 121—127 頁。
⑦ 羅慕君《英藏、散藏未定名〈八陽經〉殘片考》，第 189—201 頁。

綜上所述,敦煌、吐魯番、黑水城均有漢文《天地八陽經》文書出土(其中又以敦煌尤多),可見其在西北地區傳播之廣,反而中原地區流傳較少。自 21 世紀起,漢文《天地八陽經》文書研究飛躍發展,成果顯著。在同時,該經在西北地區的流傳與流變研究已有興起之勢,文獻的充足爲後續研究掃清了障礙。

三、"漢字文化圈"的接受與流變

(一) 中國中原地區與西北地區

2008 年,玄幸子發表論文《宋代社會における〈佛説天地八陽神咒經〉の受容について——P.3759から見えるもの》,早於國內討論元曲中"八陽經"一詞的本義應爲唐末到五代民間流行的《天地八陽經》,漸漸演化出了"喧鬧、嘈雜"這樣的含義。文中還分析了敦煌出土與朝鮮半島《天地八陽經》的收藏情況,通過各版本的題記,具體研究 P.3759 號寫卷,分析了此經在中原地區與敦煌地區流傳的差異。"與中原地區完全等同於世俗叙事和説教的情況不同,我們可以從敦煌的民間宗教信仰中感受到佛教历史的一个方面。"①但由於中原地區保存的資料不足,此經具體在中原地區民間的流傳還待深入研究。

2013 年,羅慕君發表《"八陽經"本義辯證》一文,同樣討論了元曲中常見的"八陽經"一詞的本義,"八陽經"一詞本義並非各類辭書所認爲的諸宮調名目,也非正經《八陽神咒經》的簡稱,而是偽經《天地八陽經》的簡稱。但二文研究思路有所不同,羅文中認爲: 1. 常與"八陽經"同時出現的"三千卷""三千部""三千帙",還有"杜撰"一詞,指向偽經《天地八陽經》。2. 從出土文獻的數量和傳世文獻的記載來看,疑偽經《天地八陽經》在民間的影響力遠比正經《八陽神咒經》更加廣泛、深入。3.《天地八陽經》"信息模糊""内容繁雜無序"的特徵滿足引申爲"絮叨、嚕蘇"的語義條件。② 此文在國內首次將漢文《天地八陽經》的研究視角從文獻研究轉移到了社會,並認爲《天地八陽經》在民間的影響力大,挑戰了該經在中原地區的傳播不廣的普遍認知,爲《天地八陽經》至少在元代仍然在中原地區廣泛傳播提供了有力旁證。

2016 年,翟興龍發表碩士學位論文《敦煌漢文〈佛説天地八陽神咒經〉研究》,③作者以佛教中國化的視角,通過疑偽經所展現的時代現實,就佛教傳播與中原本土文化的交融現象,分析其在敦煌及周邊地區人民社會生活中的作用,提出: 1. 敦煌本《天地八陽經》具備唐五代宋初敦煌寫本應有的特點;

---

① [日]玄幸子《宋代社會における〈佛説天地八陽神咒經〉の受容について——P.3759から見えるもの》,第 59 頁。
② 羅慕君《"八陽經"本義辯證》,《青年文學家》2013 年第 13 期,第 172—173 頁。
③ 翟興龍《敦煌漢文〈佛説天地八陽神咒經〉研究》,西華師範大學碩士學位論文,2016 年 5 月。

2. 成書年代大約在 7 世紀中葉至 8 世紀,具體時間、作者系何人無從考證;

3. 敦煌及周邊民衆更注重佛教"信仰"層面,而不注重其中的佛教義理,可以與晚唐五代宋初敦煌地區的佛教思想傳統和敦煌動蕩的社會相印證。文章表現出過於注重敦煌文獻的特點,如:不知"鮮本"爲何,知道朝鮮 18 世紀還有刻本卻不考察朝鮮、日本等地現存寫本與刻本,亦不利用國内保存的北宋初年中原地區寫本相對比。文中有"漢文《佛説天地八陽神咒經》更全部是寫本"①之語,可見資料有待更加全面地搜集與整理。但作者的研究視角從形制到内容多方面分析,考索之功值得肯定。並且最終在羅慕君校箋本基礎上形成新的校注本,雖仍襲羅本之弊,没有全面搜集、整體討論漢文《天地八陽經》。

2022 年,孫穎新發表《〈八陽經〉在西夏的流傳和變異》,②從西夏文文獻中尋覓到《天地八陽經》在西夏地區傳播的蛛絲馬蹟,可作爲黑水城漢文本研究的補充。題爲《佛説甘露經》與《八明滿》的兩本西夏文"疑僞經"與《天地八陽經》有關。《佛説甘露經》本基於漢文翻譯,《八明滿》本基於轉譯自漢文的藏文本。西夏文改編版進一步貼近百姓日常,反映了河西佛教世俗化的傾向。此文不僅反駁了"可能没有被翻譯爲西夏文廣泛傳播",③又與此前黑水城出土的漢文《天地八陽經》研究相呼應。西夏地區的版本來源不一,流傳情況複雜,值得學界注意。但此文卻認爲《續藏經》(即《卍續藏》)本所據"高麗藏",《大正藏》本所據英國國家圖書館藏 S.127 號,④並未清晰瞭解大正藏本的正確來源,也未汲取國内外最新研究成果。

1979 年,《文物》雜志刊登了蘇州博物館藏北宋初年《佛説天地八陽經》寫本,該經 1978 年於蘇州瑞光寺塔天宮發現,是目前國内發現的唯一一件保存完好的北宋時期《天地八陽經》寫本。但截至目前對該版本的利用不足。

據小田壽典(2015)文中描述,在靜嘉堂文庫中以《法華經》與《法華變相》爲主的兩枚梵夾中附隨一件折本形式的《佛説天地八陽神咒經》,爲"僧道因"所記。小田氏據松本榮一的看法,認爲其是可能南宋的薛道因(1090—1167)。經書内容除了少許差別外與日本古抄本相近,和敦煌寫本也有共通的詞句。⑤

(二) 朝鮮半島

1931 年,高橋亨發表《朝鮮墳墓の齋宮と天地八陽経》,介紹了朝鮮時代

---

① 崔興龍《敦煌漢文〈佛説天地八陽神咒經〉研究》,第 10 頁。
② 孫穎新《〈八陽經〉在西夏的流傳和變異》,第 121—127 頁。
③ 王培培《英藏漢文〈佛説天地八陽神咒經〉考釋》,第 38 頁。
④ 孫穎新《〈八陽經〉在西夏的流傳和變異》,第 121 頁。
⑤ [日] 小田壽典《僞経本〈八陽経〉寫本からみた仏教文化史の展望》,第 54 頁。

基於《八陽經》的儀式,討論了《八陽經》在朝鮮流行的原因,較早地注意到在朝鮮的傳本《天地八陽經》並開展研究。1977 年,權奇悰發表《敬華の天地八陽神咒経注釈考》,對注釋《天地八陽經》的作品進行研究。①

1997 年,增尾伸一郎發表《朝鮮本〈天地八陽神咒経〉とその流伝》,②系統研究了朝鮮本《天地八陽經》的流傳情況,對朝鮮時代的版本、文本及刊記進行分析,討論了朝鮮對《天地八陽經》的接受。除此之外,也討論了其與敦煌寫本的不同。佐藤厚認爲增尾伸一郎是朝鮮《天地八陽經》研究最早最正式的人物,其研究涉及了朝鮮對《天地八陽經》的接受研究,刊本和刊記中的接受研究,重視誦讀經典、版本流傳以及深入的思想研究等領域。③

小田壽典通過對比朝鮮版本與吐魯番出土漢文寫本中的部分異文推測二書的根源在遼代,朝鮮版本的源頭或許是遼代佛教。④ 佐藤厚認爲在這一時期也有接受的可能性。"雖然目前的資料還不能證明,但這是一個非常有趣的假説。"⑤

2020 年,佐藤厚發表《朝鮮半島における僞経〈天地八陽神咒経〉の流通と特徵》,⑥立足於更加開闊的視野進一步總結朝鮮半島《天地八陽經》的流傳和特徵。佐藤厚認爲,朝鮮半島對《天地八陽經》非常重視:存在大量寫本和刻本,并且對這部僞經做了唯一的注釋,韓語中也有諸如"像盲僧一樣唱八陽經"這樣的諺語。⑦ 甚至迄今爲止《天地八陽經》的流行還在繼續。基於此,佐藤厚的研究總結了迄今爲止《天地八陽經》的研究概況,對文本進行了具體的文本分析,分析刊刻的時間與地點等。認爲: 1. 與之前結集刊行不同,18 世紀以後《天地八陽經》有單獨刊行的傾向,是此經被越來越重視的反映,19 世紀前後刊行最爲活躍。2. 不同時期書籍形態有所不同,從只有漢字到小諺文標注到漢文諺文同等大小,反映了誦讀意義的不斷增強。3. 分析 1549—1791 年的序文可以看出強調咒術而不是佛教思想的反映。4.《八陽經密傳》的出現與《天地八陽經》刊行興盛的時期相吻合。⑧

同年,佐藤厚發表《韓國における〈天地八陽神咒経〉の靈的機能》,文中指出: 1. 在朝鮮半島流行的《天地八陽經》自身靈的功能的中心是土地房屋

① 以上文章介紹轉引自佐藤厚文章:[日]佐藤厚《朝鮮半島における僞経〈天地八陽神咒経〉の流通と特徵》,第 121—166 頁。
② 后收入增尾伸一郎《道教と中國撰述佛典》第十七章。
③ [日]佐藤厚《朝鮮における〈天地八陽神咒経〉の位相:朝鮮時代から現代まで》,第 52 頁。
④ [日]小田壽典《僞経本〈八陽經〉寫本からみた仏教文化史の展望》,第 54 頁。
⑤ [日]佐藤厚《朝鮮半島における僞経〈天地八陽神咒経〉の流通と特徵》,第 133、160 頁。
⑥ [日]佐藤厚《朝鮮半島における僞経〈天地八陽神咒経〉の流通と特徵》,第 121—166 頁。
⑦ 與玄幸子和羅慕君注意到的元曲中"八陽經"一詞存在"囉嗦、喧鬧"含義一樣。
⑧ [日]佐藤厚《朝鮮半島における僞経〈天地八陽神咒経〉の流通と特徵》,第 145—146 頁。

關係和葬祭日程關係。2. 被認爲是朝鮮製作的《天地八陽經》序繼承了這一點，並强調了八位神靈的功能。3. 18 世紀朝鮮作的《八陽經密傳》宣揚了現世富貴和死後往生善處。4. 其他的諸如追加靈的功能來退散鬼魂，和影響死後的世界。①

2023 年佐藤厚發表《朝鮮における〈天地八陽神呪経〉の位相》，討論了朝鮮半島從朝鮮時代到現在的《天地八陽經》的相位，綜合了以上兩篇文章的觀點，提出了對今後研究的展望，如日本神道土地儀式與韓國《八陽經》中的對比，進而進行國家、文化、宗教之間的對比。②

（三）日本

《天地八陽經》傳入日本的時間較早，增尾伸一郎据正倉院文書天平寶字五年（761）二月十五日附的《請經文案》認爲從奈良時代（710—794）已經傳入，已爲日本學界共識。同時也認爲或許是彼時經由朝鮮半島傳入。至於日本現存古寫本是否是奈良傳本，小田壽典認爲證據是不足的。③ 在日本平安時代（794—1192）與鎌倉時代（1192—1332）的古經目錄中亦多有《天地八陽經》的記録。目前日本國內保存的有東寺觀智院本、東寺寶菩提院本、真福寺寶生院本、園城寺押印本、高山寺法皷臺本。④ 20 世紀初期日本修《卍續藏》，以日本古寫本爲底本，使用朝鮮本對校，有異文則用"鮮本云云"一一標注。1915 年，羽田亨釋讀大谷探險隊帶回的回鶻文寫本文書，使用《卍續藏》本、佛教大學（現龍谷大學）所藏朝鮮版通行本、東寺觀智院本進行對校。⑤ 1924—1934 年間，日本新修《大正藏》，以《卍續藏》校録版本爲底本參校敦煌 S.127 重新校録。

增尾伸一郎於 1994 年發表《日本古代における〈天地八陽神呪経〉の受容》。⑥ 1995 年柏谷直樹就高山寺法皷臺舊藏的《天地八陽經》進行研究。⑦ 1997 年，木村清孝對漢文本進行研究，發表《偽経〈八陽経〉の成立と変容》，⑧ 通過對照敦煌本和《卍續藏》本討論《天地八陽經》的成立和變化。是中外學界首次從版本流傳的角度討論漢文本，是整體討論《天地八陽經》的濫觴。

2017 年，增尾伸一郎在《道教と中國撰述佛典》中對早期出版著作重新整

① 〔日〕佐藤厚《韓國における〈天地八陽神呪経〉の靈的機能》，《東洋學研究》2020 年第 57 號，第 251—262 頁。
② 〔日〕佐藤厚《朝鮮における〈天地八陽神呪経〉の位相：朝鮮時代から現代まで》，第 51—72 頁。
③ 〔日〕小田壽典《偽経本〈八陽経〉寫本からみた仏教文化史の展望》，第 53 頁。
④ 以上綜合小田壽典、增尾伸一郎、柏谷直樹研究總結。
⑤ 〔日〕增尾伸一郎《道教と中國撰述佛典》，第 192—199 頁。
⑥ 整理后收入增尾伸一郎《道教と中國撰述佛典》第五章。
⑦ 〔日〕柏谷直樹《高山寺法皷臺舊藏〈佛説天地八陽神呪経〉の和訓》，《埼玉短期大學研究紀要》1996 年第 5 號，第 45—54 頁。
⑧ 〔日〕木村清孝《偽経〈八陽経〉の成立と変容》，第 473—486 頁。

理編輯,其中第五章《〈天地八陽經神呪經〉と土公神祭祀》一節專門敘述日本對《天地八陽經》的接受與流變,并且對比陰陽道系的鎮祭與《天地八陽經》。增尾伸一郎認爲日本的陰陽道系在鎮祭中常常誦讀《天地八陽經》以禳災祈福。陰陽道系的祭祀是根據諸多與陰陽學說有關係的中國道教典籍,而《天地八陽經》正因其存在陰陽五行、讖緯思想而被重視。《天地八陽經》在日本的接受形態與中國、朝鮮不同。通過敦煌寫本的跋文與朝鮮刻本的刊記可以看出,中國更加重視祈願雙親與祖先的供養,而朝鮮在祖先祭祀之外還有更多的風水信仰與消除災厄的意義。[1]

(四) 越南

1979 年桜井由躬雄《在泰京越南寺院景福寺所藏漢籍字喃本目録》載《天地八陽經》8 種 9 件,寫本刻本均有。[2] 2022 年《京都大學東南アジア地域研究研究所所藏〈景福寺資料〉目録》所載僅有 5 件。[3] 其中藏本藏地或許變更,不得而知。

小田壽典(2015)介紹越南寫本時提到,越南寫本的最後有一段偈文,木村清孝(1997)發現敦煌部分寫本也有同樣的偈文,并且這個偈文對正經《八陽經》偈文的後半段几乎是逐字引用,而不是根據原本文意。其後還附有"三稱"和"三遍"這樣的注釋,因此它一定是用來作爲佛教活動中的誦經的文本。[4]

增尾伸一郎(2017)在論述越南的僞經流傳時也提到了《天地八陽經》在越南的流傳,認爲這是宋代以來儒釋道三教交流與民間信仰重叠之下的反應,朝鮮與越南有着類似的傾向。[5]

2022 年,清水政明發表《漢喃版〈佛説天地八陽經〉に見る字喃の方言性》[6]一文,討論日本京都大學藏《景福寺資料》的其中一件有記寫"天運乙酉年十二月吉日"的經書(39 葉,寫本),論及了漢文《天地八陽經》在越南流傳的特徵。清水氏認爲對《天地八陽經》的研究,可以涉及東亞各民族對此經廣泛接受的事實。清水氏通過刊記、避諱字、泰文、紙張材料等綜合研究判定此經抄寫的年代。值得一提的是,越南本中常常出現"天運"年號,清水氏認爲

---

① [日]增尾伸一郎《道教と中國撰述佛典》,第 204 頁。
② [日]桜井由躬雄《在泰京越南寺院景福寺所藏漢籍字喃本目録》,《東南アジア—歴史と文化—》1979 年第 8 號,第 106 頁。
③ [日]矢野正隆、小島浩之、大野美紀子《京都大學東南アジア地域研究研究所所藏〈景福寺資料〉目録》,第 61 頁。
④ [日]小田壽典《僞経本〈八陽經〉寫本からみた仏教文化史の展望》,第 54 頁。
⑤ [日]增尾伸一郎《道教と中國撰述佛典》,第 673—675 頁。
⑥ [日]清水政明《漢喃版〈佛説天地八陽經〉に見る字喃の方言性》,《東南アジア研究》2022 年第 60 卷第 1 號,京都:京都大學東南アジア地域研究研究所,第 40—57 頁。

"天運"與清代秘密結社的天地會所用的年號有關。并且根據田仲氏的研究,將此經天運乙酉年縮限至 1885 年和 1945 年。"天運"年號的使用説明在東南亞傳播的過程也與中國僑民移居東南亞有關,此點尚未有人研究。

（五）綜合

小田壽典發表《僞經本〈天地八陽神呪經〉の傳播とテキスト》（1986）及《僞経本〈八陽経〉寫本からみた仏教文化史の展望》（2015）兩文,總結了截至當時爲止的十二種文本：1. 日本古寫本。2. 敦煌 B 本。3. 藏文音寫本。4. 回鶻語譯本。5. 藏文舊本。6. 藏文新本。7. 敦煌 A 類本。8. 中國（靜古）本。9. 蒙古語譯本。10. 朝鮮本。11. 越南本。12. 續藏本。經小田氏對比,以語句異同可以分爲三組：第一組 2、3、4,第二組 5、6、7,第三組 8—12。作者並於 2015 年發佈了《天地八陽經》各版本的傳播路徑圖（假説）,大致總結了學界至當時的研究情況與《天地八陽經》的各語言版本系統。[1]

但隨着出土文獻的逐步研究與發現,証明該圖並不完整、詳細,如西夏文本並未納入其中,蒙古文本版本種類並不是單綫的,各語言版本的流傳細節還較粗略。但對於《天地八陽經》的研究藉此圖進入到了一個新的時期。隨着研究的進行,期待更加完整的版本流傳圖的出現,總結迄今爲止的研究。

四、總結與展望

《天地八陽經》是適應佛教本地化傳播與佛教中國化改造過程中出現的一部僞經,在自製造起千餘年内廣泛傳播,影響了中亞、東亞、東南亞等大部分地區,其影響力不可小覷。但由於其僞經的本質,不爲正統佛學所重視。隨着出土文獻與傳本的不斷發現,對於《天地八陽經》的研究逐漸被重視起來。《天地八陽經》爲何影響範圍如此之大?《天地八陽經》在各個地區如何流傳與變異? 等等問題尚未解決,期待新的材料與研究證明。

國内研究的角度可以分爲以下幾個方面：（一）由民族語言文本追溯到漢語内容研究;（二）對《天地八陽經》的内容、社會影響等方面展開研究;（三）對出土文書、殘卷進行綴合、拼接、整理、校注;（四）由漢文到民族語言文本的翻譯、傳播研究。總之,國内對《天地八陽經》的研究興起較早,依托於出土文獻的大量發現,近十年以來研究逐漸增多。其中,對於敦煌文書的綴合、校注研究是國内研究的核心與主要關注點。研究的角度可以分爲以下幾個方面：（一）由民族語言文本追溯到漢語内容研究,如馮家昇、劉元春、薩仁高娃的民族語文研究;（二）對《天地八陽經》的内容、社會影響等方面展開研

---

① ［日］小田壽典《僞経本〈八陽経〉寫本からみた仏教文化史の展望》,第 51—68 頁。

究,如羅慕君《"八陽經"本義辯證》、翟興龍《敦煌漢文〈佛説天地八陽神咒經〉研究》;(三) 對出土文書、殘卷進行綴合、拼接、整理、校注,如薩仁高娃、張涌泉、羅慕君、馬振穎、鄭炳林、王培培等人的研究;(四) 由漢文到民族語言文本的翻譯、傳播研究,如西夏文、回鶻文、藏文、蒙古文文本的相關研究(本文僅涉及漢文部分,故不詳述)。以上可以看出,國內對於漢文《天地八陽經》的研究具有依賴出土文獻(主要是敦煌文書)的特點,對敦煌本及《卍續藏》《大正藏》本以外的版本利用較少。

除此之外,(一) 對於域外的傳世版本與相關研究吸收不足;(二) 忽視漢文《天地八陽經》在不同區域歷時的流傳與變化;(三) 沒有全局地考慮國內所有語言文本的聯繫。以上或將成爲今後的研究重點。

國外學者對於《天地八陽經》的研究從民族語言文本到各區域的漢文文獻均有研究。其中,研究者立足於漢文文本整體傳播和所有語言整體傳播的研究具有啓示意義,國內研究在這一方面研究尚少,但近年成果逐步偏向於區域化,對國內最新的出土文書綴合與校注成果吸收較少。

綜合以上,提出以下展望:

(一) 繼續對敦煌、吐魯番、黑水城等地出土未定名殘片進行定名、釋讀、校訂、綴合、研究等工作,以全面地瞭解《天地八陽經》在西北地區不同時間傳播的情況。(二) 分類對待漢文《天地八陽經》的不同時間、不同地區的版本,進行分類、對比研究,以研究漢文版本全區域歷時的流傳與變化,形成版本譜系圖。(三) 對於域外版本(如朝鮮本、越南本、日本古抄本)進行梳理,比對國內不同時期的版本,以期探求大致流傳時期與本地化變異。(四) 以宋元時期爲界,總結宋元前廣泛流傳的原因與宋元後中原地區"消失殆盡"的綫索。(五) 全方位地考慮國內所有民族語言文本的聯繫,探究在民族地區流傳的路綫與佛教中國化的具體體現。

基金項目:中央高校基本科研業務費專項資金資助"《天地八陽神咒經》漢、藏、蒙古文文本研究"(31920240127);中央高校基本科研業務費專項資金資助"故宮藏蒙漢合璧《孝經》漢文異文考"(31920250001)。

"敦煌吐魯番學與絲路宗教文明"
學術研討會綜述
吕　琳(上海師範大學)

2024 年 9 月 21 日至 22 日,在中山大學順利召開了"敦煌吐魯番學與絲路宗教文明"學術研討會。此次會議由中山大學、中國敦煌吐魯番學會主辦,中山大學社會學與人類學學院承辦,係中山大學百年校慶系列學術活動之一,旨在不斷提升和擴大嶺南地區敦煌吐魯番學研究的國際影響力。

來自北京大學、劍橋大學、浙江大學、中國人民大學、香港中文大學、中國科技大學、亞利桑那州立大學、加拿大阿爾伯特大學、南開大學、四川大學、北京師範大學、首都師範大學、南京師範大學、上海師範大學、中國傳媒大學、澳門大學、故宮博物院、中國國家畫院、吉爾吉斯斯坦國家科學院等二十餘所國内外知名高校和研究機構的三十多位專家學者參加了本次會議,會議收到論文 30 餘篇。

本次會議開幕式由中山大學社會學與人類學學院黨委書記陳險峰主持。他首先介紹了會議緣起與諸位代表,並對所有到場來賓表示熱烈歡迎。中山大學社會學與人類學學院院長余成普教授、中國敦煌吐魯番學會副會長劉屹教授分别致辭。余成普教授指出該會議是一次高規格的學術盛會,相信此次會議中中外學者一定能夠深入交流,共同推進敦煌吐魯番學與絲路宗教文明研究的進一步發展;同時也表示相信以此次會議爲契機,中山大學的敦煌吐魯番學與絲路宗教文明研究也會得到進一步發展。劉屹副會長代表學會致辭,回溯了中山大學幾位前輩學者與我國敦煌吐魯番學建立的深厚因緣,指出在廣州舉辦敦煌學會議,不僅是對嶺南地區敦煌學前輩大師的致敬,也非常切合敦煌學所具有的國際性和開放性的特質。劉屹副會長還呼籲當代學者要以開放交流的目光對待敦煌學,不應僅僅把"敦煌學在中國"作爲終極目標,而應繼續以國際學術的標準衡量自身,將敦煌學重新推向世界。本次會議設置了兩個分會場,圍繞"絲路宗教的傳播、交流與互動研究""敦煌吐魯番文書與外來宗教研究"和"絲路宗教遺蹟遺物研究"等議題展開深入討論。

一、絲路宗教的傳播、交流與互動研究

坐落於河西走廊西端的敦煌是古絲綢之路上最爲璀璨的一顆明珠,因其特殊的地理位置而備受關注,出土的敦煌遺書則爲東西方間的交互史研究提

供了豐富的史料。榮新江《敦煌吐魯番寫本書籍的東西往來》將視野放置於敦煌吐魯番寫本書籍上,利用各地所藏的敦煌吐魯番文書,結合 9—13 世紀絲綢之路上政權紛繁複雜的割據背景分析此時書籍的流通狀況,並劃分爲敦煌和吐魯番兩個區域,通過具體例子説明了絲綢之路上的人員、商品乃至書籍的流通没有斷絶,通過大量文獻史料的運用,爲學界對敦煌吐魯番書籍史的研究提供了新的視角。沈琛《歸義軍時期藏語在河西佛教界的行用》一文利用歸義軍時期的敦煌藏文書信、行蹟和佛典題記等材料,對其進行分類及價值探討,重點圍繞僧人書信之間所反映出的藏語流通情況看河西地區與于闐、漢地、青海地區僧人往來交流狀況,並對密教佛典題記中的各族寫手進行分析,梳理出佛教史傳中所折射出的佛教網絡,認爲其呈現出"吐蕃化"的特徵。

絲路文明最大的特點就是多元性,尤其是在宗教這一重要領域格外凸顯,佛教、景教、道教、摩尼教等在絲路沿綫共存,形成了多元信仰的"宗教走廊"。陳懷宇《佛教、道教和景教的共享社區:國家意識形態、幻數和真實肖像》("The Shared Community of Buddhism, Daoism, and Jingjiao: State Ideology, Magic Numbers, and True Portraits")以佛教、道教及景教爲研究對象,對三教所展現出來的關於維護國家的意識形態部分進行闡述,説明"護國"思想爲三教所共有,並圍繞神奇的數字"21"展開研究,論述了數字"21"與教會開端之間的關係,最後從各宗教建築群中的帝國肖像切入,分析其中複雜的國家—宗教關係,深刻展示出外來宗教與本土思想的相互融合。蓋佳擇、楊富學《波斯到霞浦——從"身後事"主宰流變看摩尼教對絲路諸教之甄取》以摩尼教爲切入點,重點分析了從波斯到敦煌地區,早期摩尼教象徵意義上的"冥界主司"依然受到了基督教及瑣羅亞斯德教的影響,並通過考察摩尼教與東土宗教間的關係可知,摩尼教在閩接受民間宗教文化的涵化融合實非單項而是雙向,且該"互滲"進程是曲折而複雜的。雷聞《唐代的粟特人與道教》通過進一步挖掘吐魯番文書中所見西州粟特人對道教的態度,並結合石刻史料及筆記小説等資料介紹了中原地區粟特道教徒情況,認爲粟特人奉行道教的背景與北朝時期少數民族政權、統治者態度及唐朝長安城坊居住情況等有着緊密聯繫,進一步豐富了學界關於粟特人信仰是"萬花筒"的認識。劉屹《巴米揚大佛的建立與陀歷道的通塞》針對桑山正進關於上印度河谷與興都庫什兩條商路的興衰,導致陀歷大像與巴米揚大像興替的結論提出了不同思考,具體闡釋了蔥嶺道路和陀歷道路的區别和聯繫,並對桑山氏的觀點做出了三點修正,在肯定桑山氏觀點的同時,爲學界進一步探討陀歷大佛與巴米揚大佛間變遷原因提供了新的思路和方向。羅帥《佛教西傳——跨越印度洋的早期嘗試》一文提出新的研究想法"佛教西傳",借助在亞丁灣與西印度洋交界處的索克特拉島發現帶有佛教色彩的銘文及刻畫圖案開展具體研究,介紹分析了印度孔雀王朝時期向西方的官方弘法活動和古希臘羅馬作家作品中涵蓋的對佛教的認識情況,佐證了佛教西傳的普遍性,並以表格形式梳理了索克特拉島霍克洞裏發現的佛教銘刻內容,進一步分析佛教出現在西印度洋地區的動因,有助於理解該時期東西方思想文化的特點以及彼此間的交流與傳播。張勇、甘錦晴《古代僧人行記所見高昌佛教考述》明確"行記"爲記載出行所見所感之文字,梳理了東漢至初唐的西行僧人及其行記的整體情況,並從這些行記中總結出高昌佛教的發展脈絡。

除此之外,孟憲實《漢朝的西域經營與西域土著之國》從"張騫出使西域"事件出發,探討了張騫對西域國家類型的劃分,由此推動了西漢時期對外政策的制定,並梳理了西漢時期對西域地區的經營過程,重點研究了西域都護府的建設歷程,進一步説明西漢時期朝廷對西域的管轄政策來源於國家類型及文化影響。麥文彪(Bill M. Mak)的《邊緣的外國數學:以敦煌和東南亞地區中印文化中的"零"爲例》"Foreign mathematics in the peripheries: The case of Indian and Chinese zero-s in Dunhuang and Southeast Asia"關注到中國和印度均擁有悠久的數學傳統,結合中國、中亞及中印周邊地區關於兩種傳統相遇的歷史記錄和證據,重點圍繞"零"的概念,研究分析其在敦煌和東南亞地區的表現,以及數學思想在多文化社區中被采納和傳播的方式。

二、敦煌吐魯番文書與外來宗教研究

敦煌吐魯番文書的研究依然是學界的熱點,學者們從寫本學視角出發,深挖各文書背後所蘊含的社會歷史含義。史睿《回到寫本書籍的歷史原境——以敦煌吐魯番寫本書籍研究爲例》從敦煌吐魯番寫本書籍研究實例出發,試圖通過研究敦煌吐魯番寫本書籍實物,爲學界還原敦煌吐魯番寫本書籍的歷史原境提供方向,建立更高階的研究範式。其案例主要來源於北京大學榮新江教授組織的"法藏敦煌文獻讀書班"。董大學《詮釋與傳播:敦煌遺書所見唐代〈金剛經〉的多元詮釋》以敦煌遺書中的古逸經疏爲中心,概述了敦煌遺書中《金剛經》注疏的基本情況,主要分析了天親《金剛般若波羅蜜經論》、金剛仙《金剛仙論》、慧净《金剛經注》及法明《金剛般若經義疏》等,以此爲基礎闡釋了唐代《金剛經》詮釋的多元化現象,認爲敦煌遺書中所存《金剛經》注疏既涉及與唯識思想、禪宗思想等思潮發展一致的作品,又包含與特定佛典學習、儀式活動等具體事宜相適宜的作品,最後揭示了敦煌遺書中《金剛經》注疏與佛教中國化的關係。孫禕達、馬曉林《法藏敦煌西夏文的蒙古文雙面佛經殘葉綴合研究》以法國藏敦煌聖只翻翻題其於持題學題簡獻爲研究對象,對該文獻正反面進行錄文和重新釋讀,探討了西夏文《大悲心總持》的版本和蒙古文《心經》的翻譯等問題,並圍繞這件雙語文獻展開歷史考察,認爲可觀察到西夏到元代敦煌地區觀音信仰跨語言、跨族群的連續性,以及各族群間的多元文化交融,有助於學界進一步理解莫高窟北區 464 窟在元代的具體情況。劉益民、孫英剛《〈大慈如來告疏〉與中古政治宣傳》著眼於敦煌研究院藏六朝文書之一《大慈如來告疏》研究,在對照原件的基礎上重新錄文,探討了其內容、結構和價值,進一步分析了《大慈如來告疏》誕生的歷史背景,並指出其中所蘊含的印度法滅思想"本土化",爲瞭解當時地方對中央滅佛政策響應程度提供了框架。嚴世偉《節抄本還是重編本?——BD6576〈維摩經疏〉再探》從敦煌出土的《維摩詰所説經》注疏入手,通過表格比較研究 BD6576《維摩經疏·弟子品》與神楷《維摩經疏·弟子品》的異同,並對 BD6576 文本來源進行重新分析檢討。本文針對富世平認爲 BD6576"入道次第"引用是特殊節略方式的觀點,重新對比研究了 BD6576 和《大乘入道次第》文本,包括"如疏""如抄"等詞彙補充説明 BD6576 文本來源的複雜性,最後釋讀了 BD6576v 補記的相關內容,有助於整體把握 BD6576 全卷的性質,爲學界研究敦煌吐魯番寫本材料的來源提供了範式。游自勇《敦煌寫本〈百怪圖〉"狐鳴占"考論》以日本杏雨書屋羽 44 號文書《百怪圖》中的"占狐鳴怪第廿九"爲研究對象,據圖版重新校錄全文,介紹了該文書蘊含的占術成因、占法指向、厭禳之法等內容,並以《百怪圖》《天地瑞祥志》和道經《太上老君混元三部符》爲核心,對該占法的淵傳進行了考論,揭櫫該罕見占法的原理與信仰動態。孟嗣徽《諸暨楓橋陳氏與敦煌》通過介紹故宮藏敦煌寫本新 184190 號《大方廣佛華嚴經·普賢菩薩行品》第卅一、新 153377 號《大乘稻芊經》兩件文書,引出民國收藏者陳闇的生平事蹟,重點描述了其與敦煌遺書的淵源,并且介紹了敦煌守護神常書鴻及其夫人陳芝秀的相關事蹟。

對於外來宗教的研究則主要集中在景教方面。付馬《族群變遷與唐元之間景教譯語的變化》一文認爲蒙元時代漢文所記景教音譯詞彙的直接來源爲突厥語。在探究"迭屑"語源問題的基礎上梳理了唐、元之間入華景教信衆主體的族群變遷過程,論證了從中亞到中原地區形成了以操突厥語族群爲主體的景教網絡,並對回鶻景教文獻中的"t'rs'k"及其真實讀音作了探討,最後還通過三個例子輔證了蒙元時代景教術語的突厥語化,帶有明顯的顎化元音特徵,爲學界關於唐元間景教譯語研究提供了新的思考方向。林麗娟《修辭、僞裝、還是理性的論證?再論法主寧恕的亞里士多德哲學術語》以吐魯番西旁景教修道院遺址出土的七件敘利亞語殘篇爲研究對象,在回溯該研究學術史的基礎上嘗試重新解釋該段落含義,指出該段晦澀難懂的原因在於其中頻繁使用了大量的亞里士多德哲學術語,並試圖從另外一個角度探討亞里士多德哲學流行於東方教會的原因及亞氏哲學殘篇出現於吐魯番景教修道院的原因。殷小平《嶺南學者與景教研究》按照時間順序梳理近代以來嶺南學者景教研究的基本脈絡,並對不同歷史階段學術成果、研究方法和學理進行回顧與討論,有助於瞭解近代嶺南學術對中國景教研究做出的重要貢獻。艾麗卡·亨特(Erica C. D. Hunter)《中國唐代景教的多面向》("Faces of Jingjiao in China")以絲綢之路上的吐魯番、敦煌及西安爲綫索將中國景教的傳播串聯起來,通過三地出土的各類物質和文字證據揭示了景教置身於古代中國歷史環境背景下的發展面貌和軌蹟。馬克·狄更斯(Mark Dickens)《敦煌所見基督教徒的姓名》("Christian Personal Names from Dunhuang")一文以斯坦因和伯希和在敦煌獲得的六份粟特語和維吾爾突厥語手稿爲研究對象,梳理各文書中出現的基督教徒姓名,進一步分析各名字背後的含義、人物與社會背景。

三、絲路宗教遺蹟遺物研究

作爲絲路宗教文明的見證者,各地區的遺蹟遺物在此次會議中也成爲研究的主體之一,其中必不可少的是圖像研究。戴曉雲、劉傑《羅漢圖研究》一文立足於對羅漢圖、羅漢法會、羅漢儀軌三者的整體研究,指出羅漢法會是佛教本土化的表現,並根據法會神祇譜系探討了其分類,還分析了羅漢法會的發展和舉辦情況,進而探究了其功能,認爲其和水陸法會一樣,具有度亡和多種禳災祈福的功能,是中國化的瑜伽教。朱天舒《佛教藝術裏的樹下説法式説法圖》一文從最鄰近中土模式的庫車地區圖像入手,追溯早期印度佛教藝術的圖像,進而探討"樹下説法"模式在漢地的發展和變化,通過對該模式形成發展的梳理確認、不同地區語境下的圖像之間的相互對比,有助於學界更深地瞭解這些説法圖在各地的性質及意義。姚崇新《杭州飛來峰高僧傳法、取經組雕再考察——兼論〈西遊記〉圖像演進的階段性特徵》以杭州飛來峰傳法、取經組雕爲研究對象,補充討論了學界有爭議的關於該題材內容和年代問題,表示贊同兩組説和元代説,進而分析該組雕的造像動機,最後通過研究組雕中的"玄奘取經圖"梳理出西遊記圖像演進具有明顯的階段性特徵,對於理清西遊記圖樣演變脈絡提供了幫助。邢雨歌《基督教十字架四象限圖像考——從入華景教十字架圖像談起》以"十字架+四象限圖像"圖式爲研究對象,全面梳理該圖式的起源、發展與形式變遷,發現其始終與地中海東岸——"聖地"耶路撒冷—巴勒斯坦地帶密切相關,是東方基督教的經典圖式,同時對每個階段的圖式內涵進行解讀,有助於深入研究東、西方基督教的藝術表達體系的異同。張惠明《大英博物館收藏的一件和田塔里什拉克佛寺 Ta.i 遺址發現的獸首夜叉女神像壁畫殘片》圍繞著塔里什拉克遺址 Ta.i 發現的四臂獸首夜叉女神像壁畫殘片,重點討論此四臂獸首夜叉女神——Revatī 殘像的圖像辨識問題、此圖像與于闐語寫本中地方保護女神信仰的聯繫,同時探討了 6—7 世紀在于闐出現的佛教獸首夜叉女神護法圖像與印度貴霜時期馬圖拉母神主題雕刻文獻與圖像上的某種淵源關係。張栢潭《涅槃與千佛圖像組合在絲路沿綫石窟壁畫中的意涵分析》以涅槃與千佛圖像組合爲研究對象,並按照克孜爾、巴米揚、敦煌、柏孜克里克四大地區分別討論各地的涅槃與千佛圖像組合,通過圖像細節比較研究四地間的關係及異同,揭示出絲路沿綫不同地區對涅槃有着不同程度的理解和接納,且互相影響的特點。趙曉芳《吐魯番出土彩繪木鴨研究——兼論牛車鞍馬與天門圖像》以吐魯番墓葬中的彩繪木鴨爲研究對象,嘗試借助"過渡禮儀"理論,對木鴨、衣物疏、車馬鞍馬及天門等進行釋讀,分析該類意象出現在吐魯番墓葬的原因及在墓葬内的性質、功能和象徵意義,從而復原吐魯番墓葬中碎片化的考古遺存之間的邏輯聯繫,進一步明確墓葬圍繞生死過渡而展開的敘事主題。

除圖像研究外,對文字資料的研究仍在持續推進,如題記題跋等。閆珠君《10—12 世紀西州回鶻與敦煌的宗教往來(一)——以敦煌石窟中的 Adityaẓen 題記爲例》根據《敦煌石窟多語言資料集成》一書中發現的大量北庭回鶻人 Adityaẓen 相關資料,研究此人身份和其在敦煌巡禮及安居活動,並探究 Adityaẓen 題記與于闐、曹氏歸義軍之間的關聯,借助表格對比題記和石窟營建時間、位置、供養人等信息,分析此時回鶻佛教的發展狀況,以及敦煌和西州回鶻、于闐往來交流等内容,彌補傳世史料之闕。朱玉麒、貢一文《漢地佛教西傳的新印證——段永恩舊藏拜城造像拓片及題跋考釋》以中國國家博物館藏晚清民國任職於新疆的文士段永恩舊藏寫經殘片册頁編號 C14.1341 爲研究對象,對殘碑拓片及段永恩題跋進行校録研究,並分析其中蘊涵的民國初期大谷探險隊在新疆的探查史,同時認爲該拓片對於研究唐代龜茲的軍事設置及漢傳佛教提供了新印證。

其他方面。陳劍(Andrea Jian Chen)《絲綢之路的實物證據:鄂爾多斯青銅十字架和西藏天鐵作爲絲綢之路網絡中的行動者》("Living Objects of the Silk Road: The Ordos Bronze Crosses and Tibetan Thogchags as Actants in the Silk Road Network")在思考絲綢之路辟邪符和護身符時發生了本體論轉變,以鄂爾多斯青銅十字架和西藏天鐵爲代表,采用後人類中心和後解釋的方法,提出基於生命現實主義立場,理解這些物體作爲捲入絲綢之路網絡的行動者,並研究了該物體(去)物質化的演變過程。科爾琴科(В.А.Кольченко)

《阿克貝希姆(碎葉城)及楚河谷地其他遺址的宗教遺蹟》(РЕЛИГИИ АК-БЕШИМА(СУЯБА) И ДРУГИХ ГОРОДИЩ ЧУЙСКОЙ ДОЛИНЫ)將視野集中在阿克—貝希姆(碎葉城)和其他楚伊河谷城鎮地區,對該地區考古出土的資料進行分析,並結合傳統中世紀保留下來的書面記録研究該地區的宗教生活。

　　總之,此次會議是對敦煌吐魯番學與絲路宗教文明研究最新成果的一次分享與交流,不少成果基於敦煌吐魯番學所具備的國際性和開放性特點,具有國際視野與通貫意識,對今後的絲路宗教文明研究具有一定的啓發意義。在中山大學和中國敦煌吐魯番學會的組織下、在全體與會人員的協同努力下,此次會議研討活動豐富多元,相關學術研究成果斐然,大會全部議程圓滿完成,達到了組織此次學術會議研討會的初衷和目的。通過此次會議的圓滿舉辦,在致敬嶺南先賢前輩的同時,也是對新一代嶺南敦煌吐魯番學研究者的凝聚,以期學界涌現出更多更好的成果,共同推進敦煌吐魯番學與絲路宗教文明研究問題的深層次、高水平研究。

"敦煌晚期石窟與民族文化"暨
第九屆裕固學研討會綜述
張麗蓉(西北民族大學)

一、概　説

　　裕固族聚居於張掖,而敦煌是裕固族的發祥地,蘊藏著豐富的回鶻文、蒙古文、八思巴文、漢文歷史文化資料,而且有着爲數不少的由裕固族及其先民開鑿的石窟和美輪美奂的石窟藝術,見證了裕固族從孕育到形成的發展歷程,填補了裕固族古代文化史的空白,更是闡釋裕固族對敦煌文化做出重大貢獻的實物依據。過去學術界經常將裕固族的族源追溯到甘州回鶻,其實是沒有證據的。甘州回鶻於 1028 年被西夏滅亡後,灰飛煙滅。裕固族的祖先"黄頭回紇""撒裏畏兀爾""黄番"的形成地,其實都在敦煌,裕固族民歌《我們來自西至哈至》,其中的"西至哈至"就是沙州、瓜州。元明時代的文獻,就是把沙州稱作寫至、蛇至,把瓜州稱作哈至。《肅鎮華夷志》更是明確記載,黄番這一名稱出現於明初的沙州、瓜州,指的就是今天的裕固族的先民。今天的裕固族是沙州回鶻與河西蒙古融合而形成的。明朝中期裕固族東遷,其核心部分就是由沙州、瓜州東遷至肅州的,另有一部分是由柴達木盆地、哈密東遷的。

　　我們今天所看到的敦煌晚期石窟,很大一部分就是元代沙州回鶻的遺墨,並非如此前學界所言的西夏石窟。西夏時代敦煌人口大量外遷,人煙稀少,經濟凋敝,傳統農業不復存在,根本不存在大規模營建石窟的條件。敦煌晚期石窟以綠地壁畫爲主,與西夏的尚紅賤綠傳統背道而馳。回鶻尚綠(藍)尚紅,蒙古人尚藍(綠)忌紅,今天的裕固族尚綠尚紅,都和敦煌晚期石窟的壁畫合拍。沙州回鶻(1036—1067)、蒙古統治(1227—1372)敦煌 177 年,加上曹氏歸義軍晚期完全回鶻化,裕固族先民在敦煌的統治達 200 年左右。因此,裕固族與敦煌晚期石窟的關係緊密,本次學術研討會舉辦的初衷是將敦煌晚期石窟的研究與裕固族先民的活動結合起來,進而真正解決敦煌晚期石窟和裕固族形成史的問題。

　　敦煌研究院於 2017 年 5 月 12—16 日在敦煌莫高窟召開"'裕固與敦煌'學術研討會暨第四屆裕固學研討會",2021 年 6 月 26—28 日和 2022 年 11 月 19—21 日、2023 年 7 月 7—11 日相繼舉辦了第一、二、三屆"敦煌晚期石窟的分期與斷代研究工作坊”，取得了預期成果，爲促進這一課題的深入性研究，2024 年 6 月 28—7 月 2 日“敦煌晚期石窟與民族文化”暨第九屆裕固學研討會在敦煌莫高窟隆重召開。敦煌研究院人文研究部部長楊富學研究館員致開幕詞，中央民族大學中國語言文學學部副主任鍾進文教授和西安交通大學人文學院院長李黎明教授致辭。本次學術研討會，主題鮮明，内容豐富，形式多樣，有來自 15 個省市 80 餘位專家學者參加了會議，共收錄會議論文 86 篇，其中 54 篇論文在大會宣讀，圍繞主要議題敦煌晚期石窟研究、裕固學研究、民族文化相關研究、絲路文化相關研究展開，會議内容涉及歷史學、考古學、藝術學、民族學、宗教學、圖像學等學科。

二、敦煌晚期石窟研究

敦煌石窟，唐五代以前斷代比較清晰。這一時期，藏經洞出土文獻豐富，而且石窟也比較集中，便於排比，從而爲石窟斷代提供重要依據。然而，自宋初以下，由於文獻資料稀少，加上這一時期敦煌民族成分複雜，歷史綫索混亂不清等多種因素，晚期石窟的分期、斷代殊爲困難。自 20 世紀 60 年代以來，曹氏歸義軍晚期、回鶻、西夏、元代石窟藝術開始引起學術界越來越濃厚的興趣，但由於多種原因，歸義軍晚期的綠地壁畫常常被界定爲西夏藝術，回鶻石窟與西夏洞窟常常被混爲一談，西夏石窟與元代石窟又常常混淆不清。可以説，就晚期石窟研究而言，斷代成爲制約研究深入的一個瓶頸，是亟待解決的關鍵問題。

敦煌晚期石窟是本次會議的焦點，主要論文有：楊富學《民族色尚與敦煌晚期石窟的分期斷代》指出西夏尚紅賤綠，史有明文，從出土的時代明確的西夏藝術品來看，皆以紅色爲主，與西夏人之色尚完全契合；而敦煌石窟中被界定爲“西夏石窟”的壁畫絶大多數都是以“綠色”爲主甚或全綠而不見紅色，與西夏的色尚完全背道而馳。本文通過色尚，結合漢文、回鶻文供養人榜題、供養人服飾、人物形象等，爲敦煌晚期石窟的分期斷代研究進行了更爲細緻的論證。公維章《宋元〈唐僧取經圖〉再討論——兼及河西石窟〈唐僧取經圖〉的時代》認爲宋金時期的《唐僧取經圖》圖像組合只有唐僧、猴行者及馬（並非必備），至遲元代忽必烈至元年間已出現了朱八戒（非豬面人身），元代後期或明代早中期唐僧取經隊伍（一馬四人）才完備。本文進一步指出，宋元時期的《唐僧取經圖》的分佈區域與唐代玄奘取經及取經前的遊歷區域完全吻合，儘管西夏時期的玄奘崇拜較爲突出，但西夏腹地並非玄奘遊歷區域，故只在玄奘西遊經過地——河西的瓜州及酒泉出現；從敦煌石窟中的 5 幅及酒泉文殊山的 1 幅《唐僧取經圖》人物組合來看，河西的 6 幅《唐僧取經圖》均爲西夏晚期所繪製。侯慧明《論唐僧取經像的緣起及原因》提出,唐僧取經像應最早由玄奘弟子繪製,並首先出現在長安、洛陽等地寺廟;唐代以後,唐僧取經故事經其弟子神話,與觀音"救苦救難"故事相互聯繫,進而與觀音像相互融合,並借助觀音信仰的廣泛傳播而遍佈南北各地,而唐僧取經像與觀音像的結合是佛教中國化的典型案例。姚騰《敦煌61窟"五臺山十大寺"史地變遷考實》指出五臺山從唐代崛起以來形成了一山多寺的格局,"十大寺"是其中影響較大的寺院,但在歷史上其所指屢經變遷。作者認爲,隨着五臺山文殊信仰在流行,傳說故事和圖像中開始以"十大寺"表現五臺山寺宇空間的神聖性,與現實中存在的十二大寺相互呼應,最終形成了以"十寺"爲名的僧官制度;一方面敦煌五臺山圖的出現更加彰顯了"十大寺"神聖性,另一方面十寺的制度化發展影響到宋金元時期五臺山的發展;宋代將"十寺"或"十宮"作爲僧官職務,金元時與地方僧録司和僧正司相互交叉,明清時代使"十寺"逐漸走向民間化和世俗化,形成了佛教與地方社會交融的局面,影響至今。

史忠平《敦煌石窟清代花鳥畫研究》認爲敦煌清代花鳥畫是主流美術廣泛輻射下的地域性呈現,是佛教美術世俗化審美取向的直觀體現,同時也是敦煌石窟佛教美術最終與文人美術、民間美術合流的新成果。樂鍵《皇權護佑下的西夏石窟藝術探微——以莫高窟千佛窟爲切入點再探西夏石窟藝術分期》提出西夏早期石窟藝術並不是對北宋曹氏歸義軍石窟藝術的傳承和延續,而是一種顛覆性的改革和創新,是西夏皇權護佑下的石窟藝術重構樣式,更是一種全新的多民族共同體藝術新樣。張同標《解讀敦煌後期壁畫的密教因素》指出敦煌密教圖像是敦煌藝術傳統的一部分,而不完全是他方密教信仰在敦煌的代言人。作者認爲,整體來看,他方的密教信仰在敦煌並沒有凌駕於敦煌傳統之上,密教色彩也沒有想象的那麼濃烈。祁曉慶《莫高窟第95窟壁畫爲元代考》通過對窟頂的六字真言蓮花圖案、六字真言與六臂觀音像組合、水月觀音像、十六羅漢圖中的長眉尊者、甬道口上方的虎頭等圖像的辨識和比較研究,發現此窟壁畫具有明顯的元代繪畫風格,應爲元代洞窟。高彥《從敦煌壁畫看中古時期的綠水青山》提出中古時期敦煌壁畫的青綠設色及畫風轉變與中國青綠畫的發展一脈相承,但是在創作風格及文化內涵上又體現出特立獨行的一面,是對中國畫的一種創造性轉化和創新性發展。李茹《擷英采華——交往交流交融視閾下的敦煌聯珠紋圖像》從結構形式、裝飾寓意等方面對敦煌聯珠紋圖像進行圖式解析,認爲敦煌聯珠紋圖像經過了六個時期的演變和轉化,每個時期聯珠紋圖像的藝術風格、裝飾意匠和裝飾寓意的嬗變都有着鮮明的時代特徵,並彰顯出絲路文化交流與交融的特質。趙燕林《敦煌藏經洞入口處重層壁畫及其時代考察》提出藏經洞入口處橫截面顯示出的四層壁畫層説明藏經洞入口處的壁畫至少經歷過三次重修,認爲這對於以後準確認識、深入研究藏經洞的重修、封閉等議題都具有重要意義。

吐送江·依明《敦煌莫高窟 138 窟回鶻文題記釋讀》在釋讀此窟題記時並没有發現松井太釋讀的 pala、Aldan-Tegin 和 1320 年左右在位的高昌亦都護köněüg〈Tib.dKon mchog 的名字。作者認爲,這是一條朝聖者願文,由答兒麻失裏所寫。根據題記的内容答兒麻失裏在莫高窟待了 2—3 年,功德回向。據題記第 11 行内容答兒麻失裏來自高昌(Qoco),在莫高窟修行學習《聖妙吉祥真實名經》Manjusrināmasamgīti 和《法華經》Saddharma Pundárika Sutra。《聖妙吉祥真實名經》中闡明了文殊菩薩有"救八難"的能力,吸引了回鶻人的崇拜,《法華經》也有多個回鶻文版本,也説明《真實名經》和《法華經》在回鶻人中廣泛流傳。兩部佛經都被認爲由元代著名翻譯家安藏翻譯。根據題記中的回鶻文字母 s 和 z,d 和 t 的交替使用和題記中提到《聖妙吉祥真實名經》《法華經》可判斷該題記寫於 13—14 世紀。孫志芹《由莫高窟北窟出土元代龜甲織金錦的技藝特徵窺絲路織金技藝交流》指出,在敦煌莫高窟北窟 163 窟中發掘的一塊殘錦,是一件典型的團窠納石失織金錦,該錦的地紋由相互交疊的六邊框架組成的龜甲鎖子紋組成,Y 形鎖紋遍地相連;這種地紋在晚唐至元代時期的天王鎧甲上運用較多,但這塊殘錦的紋樣與鎧甲紋樣又有進一步發展。本文一窺絲綢技術的發展脈絡,可以看出絲綢作爲東西方文明聯繫的紐帶,其作用不容忽視。

趙媛《莫高窟、榆林窟蒙古供養人圖像研究》探討了莫高窟、榆林窟中現存蒙古供養人形象的洞窟,總結蒙元時期敦煌地區蒙古供養人不同於其他民族供養人的特徵及其宗教信仰特點。胡曉麗《榆林窟第 3 窟壁畫舞姿中的多元文化交融現象研究》通過對榆林窟第 3 窟 18 身壁畫舞姿形象進行研究,總結出榆林窟第 3 窟壁畫舞姿研究對我國古代舞蹈史、文化交流史以及現代舞蹈藝術傳承與創新等方面的深遠意義。邢耀龍《榆林窟開鑿時間新考》發現玄奘取經的故事裏隱藏有榆林窟開鑿於初唐的綫索,通過對榆林窟開鑿相對年代的討論,可以看出瓜州石窟在初唐時期蓬勃發展的狀態。李曦、楊富學《榆林窟東千佛洞弓絃樂器圖像及其時代考》通過觀察榆林窟東千佛洞 5 幅弓絃樂器圖像雖各有千秋,但都明顯有弓,不同於奚琴之無弓,故壁畫所見非奚琴,認爲 5 幅弓絃樂器圖像都是元代胡琴圖像。馬剛《元代敦煌壁畫與山西壁畫中服飾"左衽"之比較及其時代考》指出元代敦煌壁畫與山西壁畫在服飾左衽上有共時性,認爲繪畫語言突出表現在元代日常習尚中,與生活原型保持著一種對應關係,是對現實生活對象的固有概括和強化;敦煌壁畫在元代之前強化色彩的表現力度,綫條的作用相對弱化,這種色彩依據人物的形體整體罩染和大色塊之間的强烈對比突出主題的教化作用。楊富學、張麗蓉《回鶻西夏共交接——莫高窟第 345 窟主室壁畫的分期與斷代》指出 345 窟主室西壁壁畫向南北二壁的延伸部分對南北二壁西端的壁畫形成疊壓,至少有六處,形成了明顯的打破關係,屬於非同一時代之遺墨。作者認爲,南北東三面屬於典型的綠地壁畫,應屬沙州回鶻窟或回鶻化的曹氏歸義軍晚期洞窟;西壁與窟頂壁畫依次爲土紅色和偏紅的顏色,與回鶻尚綠傳統相悖,而與西夏崇尚紅色的傳統一致;窟頂的龍呈溫馴之狀,符合中華傳統龍紋特點,與西夏風格相合,而與呈兇惡之狀的回鶻龍迥然有別;該窟前室出現敦煌唯一契丹人形象,契丹與回鶻及晚期曹氏政權關係極爲密切,佐證了主室壁畫的回鶻元素。綜合以上四個因素,可以將莫高窟第 345 窟主室南北東三面壁畫歸於回鶻,而將西面與頂部壁畫歸於西夏。回鶻與西夏壁畫的交接,可爲敦煌晚期石窟回鶻與西夏藝術的判定提供較爲可靠的依據。

三、裕固學研究

　　裕固學研究是本次會議的主題,也是本次會議特別突出的一個亮點。

　　以裕固學爲專題的論文主要有鐘進文《"走,家裏喝茶走"——從各民族共用民俗"關鍵字"談肅南旅遊文化產品研發》提出肅南各族人民在共同的生活環境中形成了民俗認同,認爲這種民俗認同强調的不是以"族"來限定某種民俗,而是一個民俗傳統的傳承是通過所有認同和實踐該傳統的不同群體成員共同維繫而形成的民俗群體的共同文化。高啟安《裕固族飲食文化瑰寶"肉脂酒"開發瑣議》提出要恢復裕固族已失傳的"肉脂酒"飲食民俗,使之閃耀出應有的光芒,認爲應是裕固族文化建設和增加旅遊飲食吸引力的一件不大不小的事。阿爾斯蘭《裕固族傳統習慣法的形成及其影響述論》總結了在以衛拉特法典爲主的蒙古法典影響下,裕固族地區首先形成了與衛拉特法典相似的習慣法體系;其次在法典主導下形成了社會組織機構體系。安惠娟《裕固族地區祭鄂博活動功能重構的實踐考察》提出通過祭鄂博這一具有信仰性質的民間活動,人們可以跨越地域、民族和信仰的障礙,建立起相互尊重和合作的關係,從而强化了多民族雜居共生的新社區的整合與凝聚。杜軍林《清代裕固族傳統部落治理到國家統一治理的歷史演變》總結了裕固族傳統部落社會演變爲服從國家治理的歷史,認爲在當時狀態下習慣法和國家法在西北地區存在著衝突與調適的過程,在國家總體穩定和諧的基礎上採取逐步引導的方式推進法治現代化的轉型,使裕固族從大頭目政治實踐部落自主治理逐步轉到了服從國家統一治理階段。賈學鋒、鐘梅燕《河西走廊裕固族、藏族、蒙古族民間信仰的和合共生與共享》認爲采借與改造、融合與替代、引入與移植等是和合共生機制形成的主要途徑,和合共生與分享機制形成的主要原因則是河西走廊各民族間長期的交往交流及交融、薩滿教與本教的相似性、佛教的相容並包及其對裕固族、藏族和蒙古族文化的長期影響等。

安帳·瑙汗吉斯《文化韌性視域下祁連山地區民族文化交融研究——以裕固族民間文學爲例》以裕固族爲例,認爲裕固族先民自明朝中後期因天災人禍東遷至祁連山,劇烈的社會變遷使其文化傳統"脱嵌"於自然與社會文化環境,並提出探討文化韌性在多民族文化交融過程中的作用機制,對於深入探索中華各民族交流交往交融的内在機制,理解多民族"互嵌"式發展的有效實踐具有重要意義。阿布都外力·克熱木、柳彥玲《傳承民間文學,保護裕固族語言文化,以文化助力振興鄉村調查報告》指出裕固族語言存在漢語、蒙古語、藏語和維吾爾語成分混合現象,這主要表現在一些特定的辭彙和表達方式上,這種現象主要是由於歷史上的民族遷徙、文化交流和貿易往來等原因所致;裕固族民間文學傳承古代回鶻、藏族和蒙古族民間口傳文學,這種傳承所帶來的影響不僅體現在裕固族民間故事、傳説等敘事文學中,也滲透在民歌、舞蹈等藝術形式中。熊曼潔《口頭傳統與歷史記憶:裕固族史詩〈沙特〉與〈堯達曲格美〉新釋》梳理了各版本裕固族婚禮頌詞的"汗王聯姻"橋段中出現的不同汗王名號與組合,認爲解碼裕固族婚禮頌詞的關鍵在於儘量還原可能留下聯姻記憶的歷史情境和事件本相,這或許比依據指向模糊、組合隨意的"汗王集"確定歷史人物原型更有意義。全先鋒《基於"文化認同"視角的當代裕固族舞蹈身份重構》通過對裕固族舞蹈身份重構過程中民族主體對自身文化認知、理解、認同的過程分析,揭示當代裕固族舞蹈身份重構所具有的重要意義和價值。申雷、覃偉偉《裕固族與柯爾克孜族的圖案比較研究》提出裕固族和柯爾克孜族裝飾圖案題材基本可以分爲四種類型:自然紋樣、動物紋樣、植物紋樣和幾何紋樣,圖案多以組合紋樣形式出現,有適合紋樣、單獨紋樣、二方連續、四方連續、角隅紋樣等,分別形成對稱、均衡、重複、居中、自由等構圖形式,認爲兩個民族的裝飾圖案不論是在題材選擇和色彩搭配上,不僅僅只具有裝飾功能,更是承載了豐富的心理象徵和文化符號,共同構成了歷史早期各民族沿襲至今的共性文化傳統和民族審美習俗。楊玲娣《淺談國家非物質文化遺產裕固族民歌的保護傳承發展態勢》從裕固族民歌的緣起、裕固族民歌的類別及特點功用、裕固族民歌保護傳承的現狀三方面進行分析,就未來如何保護發展國家級非遺裕固族民歌提出了一些可行性建議。

劉均《基於裕固族頭面的針織毛衫創新設計研究》通過創新設計實例明確裕固族頭面在針織毛衫中的具體應用,展現裕固族頭面的針織化的創新設計,認爲其有效提升針織毛衫的藝術魅力和文化内涵。葉凱歌《馬洛夫記録於二十世紀初的西部裕固語民歌》論述了馬洛夫記錄於 20 世紀初的民間文學話語材料可視作古代文獻記載和當代文學作品之間溝通的橋樑,建立了完整歷史脈絡梳理的時間綫,在裕固族歷史文化、風俗習慣等研究中體現了獨特的文獻價值。

白帆《"三交"視域下的多民族結乾親現象——以明花鄉地區爲例》以肅南裕固族自治縣明花鄉爲田野點,從多民族交往交流交融的視角解讀了多民族結乾親現象,在總結歷史經驗的基礎上,分析了多民族間結乾親對當前加強民族交往交流交融的啟示。韓瀟然《美育背景下裕固族舞蹈實踐路徑探索——以民族課間操的創作與推廣爲例》基於裕固族民族課間操的創作與推廣,依託美育大平臺對裕固族舞蹈在基礎教育中的實踐路徑進行研究,將現階段裕固族舞蹈美育發展的現狀直觀呈現,探索因地制宜的舞蹈美育教育實踐路徑。李建宗《牧區現代化過程中的多民族交往交流交融——基於肅南縣一個牧業點的個案考察》指出肅南縣農牧交錯帶在農業開發與農業生產過程中實現的多民族交往交流交融,爲北方農牧交錯帶的中華民族共同體建設提供了重要經驗。

四、民族文化相關研究

聚焦於敦煌民族文化的研討,主要有,索羅寧《山嘴溝與清涼澄觀思想有關文獻》認爲西夏曾流傳《華嚴經大疏》(或《隨疏演義鈔》)的譯本,而實際上該譯本段落更接近元代大理華嚴僧侶蒼山普瑞撰《華嚴懸談會玄記》的內容。阿不都日衣木・肉斯臺木江、吐送江・依明《敦煌研究院舊藏回鶻文〈金剛經〉殘葉研究》發現該刻本內容源自佛教經典《金剛經》的第 18 品,初步推測該刻本可能出土於莫高窟北區的第 464 窟,印製時間大致在 1300 年左右。這一發現不僅豐富了回鶻文《金剛經》相關資料,也爲研究敦煌地區佛教文化傳播與演變、回鶻文印刷品研究提供了重要資料。楊紹固、郝建華《元代內遷畏兀兒人岳石木新探》通過元代碑刻、方志等相關史料的記載對岳石木的生平事蹟進行研究,提出了岳石木的事蹟印證了元代晚期的多元文化融合和東南沿海海上交通的發展情況。崔中慧《北涼〈華嚴經〉寫本殘卷與敦煌多元文化交流》考證出晉譯《華嚴經》在南方譯出後不久便傳播到了北涼,而北涼高昌王且渠安周曾供養此經,同時期還有其他官方寫經生抄寫複本的流通,認爲這種以典型的北涼體書寫的《華嚴經》寫經正是中原與南方所譯出的經典流通到西北地區的證據之一。木再帕爾《粟特語摩尼文創世文書 M178 號文獻研究》以 M178 號文獻爲研究對象,探討其來源和性質,從文獻學和語言學的角度對其進行換寫、轉寫、語法標注、翻譯,並對其中顯現的語法現象做出解釋,以揭示摩尼文粟特語的基本形態特徵。熊雯、李黎明、紀夢然《敦煌與長安交流視域下的舍利寶帳實物、圖像與民族融合》指出將在長安地區發現的舍利寶帳實物與敦煌石窟中涅槃經變中的寶帳圖像加以對比(如 148 窟送殯圖中金棺上的寶帳) 能直觀地看到長安與文化的交流,尤其將舍利寶帳與墓室壁畫和粟特石槨中的"墓主坐帳圖"加以對比觀照,體現了絲綢之路上的各民族文化之間的融合。

袁嘉、敖特根《敦煌多民族交往交流交融的歷史考證》論證了歷史上敦煌各民族通過戰爭、移民、屯墾、互市、和親等方式,不斷加深彼此間的交往與瞭解,促進了彼此間的深度融合與共同發展。張海娟《帝師八思巴與元代河西隴右佛教探析》著重探討了元代八思巴於河西隴右之地的弘法活動及其與蒙古統治者的友好交流,同時綜合政治、軍事、文化等多重因素,系統剖析了八思巴獲封帝師後即出居臨洮的緣由。根敦阿斯爾《內蒙古僧侶的飲食文化的變容——以內蒙古土默特地域的事例爲中心》通過重點比較和分析內蒙古傳統藏傳佛教僧侶的飲食與現狀,解讀內蒙古藏傳佛教僧侶的飲食習慣發生了怎樣的變化。王振宇《明代哈密衛畏兀兒普覺淨修國師史事鈎沉》通過對明代哈密衛畏兀兒普覺淨修國師相關史事的稽考,指出回鶻裔高僧因其精通漢、藏、蒙等多種語言的優勢,在 15—17 世紀河西藏傳佛教的發展和明末清初藏傳佛教格魯派弘傳蒙古的過程中均發揮著無可替代的津梁作用,而明末蒙文史籍《十善福白史册》善本的出現,就是其最好的證明。多傑東智、尕藏草《敦煌文獻 P.T.1288,IOL TibJ750,Or.8212(187) 中 rya 及其象雄語》在前人研究的基礎上,以歷史語言學、語言接觸視角,試圖分析和揭示敦煌文獻 P.T.1288,IOL Tib J750 和 Or.8212(187) 中出現的象雄語複輔音聲母 ry-語音特徵及其相關問題。甘文秀《河西走廊多元文化包容共生與民族關係和諧發展模式探析》聚焦河西走廊多元文化的包容共生特點及其背後的機制,分析民族關係的和諧發展模式,以期深入理解該地區的歷史文化特色與民族關係發展。海霞《天津藝術博物館藏一件回鶻文社會文書——兼論回鶻文社會文書中的花押》首次對其進行語文學研究,並對目前所見回鶻文社會文書中的花押問題進行探討,認爲一方花押也能反映出回鶻社會的文化特點和審美意趣。路虹《漠北鐵勒諸部居地新證》認爲《僕固氏墓志銘》的發現不僅爲研究僕固部世系與居地所在提供了直接材料,更成爲我們研究唐代漠北鐵勒諸部具體居地的重要證據。

陳麗娟、龍忠《俄藏 TK58〈觀彌勒菩薩上生兜率天經〉卷首版畫彌勒經變研究》總結了該幅版畫彌勒經變體現了顯密融合的特色,以及對中國傳統文化的借鑒,畫面中既有中原漢地佛教藝術的特色,又有密宗佛教藝術的元素,二者有機地融合在一起,形成了西夏佛教大融合的特色;而九開間的宮殿建築成爲宮殿形制的如實反映,體現了對中國傳統文化藝術的吸收與運用。馬靜《黑水城出土元代 F125：W73 户籍文書殘片再釋》考證得出黑水城出土元代 F125：W73 文書是蒙元時期北方户籍登錄體系的代表,所載民户元簽和新增内容更是完整體現了由蒙古國時期到元代整個户籍内容攢造、更新的全過程,展現出蒙元時期户籍登錄體系的動態化特徵,而這一特徵最後在以湖州路户籍文書爲代表的元代江南地區户籍文書的户頭(即元系)上有所體現的結論。桑吉東知《甘肅藏敦煌藏文本〈大乘無量壽宗要經〉版本研究》通過對比甘肅地區收藏的 442 件敦煌藏文寫本《大乘無量壽宗要經》發現,按其經文的差異和咒語的長短可以分爲甲(如 Dy.t.132)、乙(如 Dy.t.79(3))、丙(如 Dy.t.170)、丁(如 Dy.t.163)四種寫本類型,而這四種寫本之間的關係根據其内容與結構的差異性與一致性來看,可確定爲四種寫本皆屬於同一個譯本的不同抄本,即在甲本傳抄過程中產生了乙本,乙本傳抄過程中產生了丙本,丙本傳抄過程中產生了丁本。魏軍剛《十六國後期禿髮氏、沮渠氏部族的崛起與建國》論證得出淝水戰後深受後涼統治政策影響,盧水胡沮渠氏和鮮卑禿髮氏在各自發展軌蹟及建國道路上所表現出的差異性,決定了他們在國家規模、制度模式、政治理念等諸多方面的不同,由此深刻影響兩國政治興衰與國祚長短的結論。劉茂昌《河西走廊非物質文化遺産民樂頂碗舞價值探析》剖析民樂頂碗舞所藴含的歷史、教育、經濟、精神、健身等方面價值,旨在爲中華優秀體育非物質文化遺産的有效傳承和活用有所裨益。魏家鵬《敦煌多民族體育文化交往交流交融研究》論述了敦煌地區的少數民族體育文化,認爲其不僅爲當地體育運動奠定了堅實基礎,更賦予了其深厚文化内涵,成爲我國古代少數民族文化中不可或缺的重要組成部分。

五、絲路文化相關研究

與敦煌石窟(其他中小石窟、寺觀壁畫等)、敦煌與絲路文化等内容相關的論文主要有,崔玉卿《敦煌與五臺山文殊信仰》指出五臺山文殊信仰是東方文明和中國傳統文化的有機組成部分,而敦煌作爲中西佛教交匯重地,在具有中國特色五臺山文殊信仰的形成、傳播、發展中功不可没。孫曉峰《麥積山與克孜爾石窟相關涅槃圖像的比較分析》指出麥積山石窟的涅槃圖像生動見證了南北朝時期大乘涅槃思想及相關涅槃經變圖像在中國内地的形成、發展和傳播過程,以及中國傳統繪畫技法、喪葬禮儀文化等融入其中的表現形式;而克孜爾石窟在充分展現自身地域特色的同時,又融合了中原内地和印度、中亞、犍陀羅等外來文化和圖像因素,認爲兩者雖然在涅槃思想的中心主題、圖像内容、表現形式等方面有所不同,但都體現出中華民族在不同歷史時期和階段對外來佛教文化的包容、吸納、改造和創新精神,並最終都成爲中國佛教文化的重要組成部分之一。陳培麗《大足寶頂山圓覺洞南宋名人題刻考析》指出,大足寶頂山圓覺洞現存的3件南宋名人題刻是圓覺洞留存至今的最早一批資料之一,3件名人題刻雖然書風各異,但是均採用陰綫雙鉤方式鐫刻而成,位置上與經碑、經目組合兩兩相對,顯然經過有意設計,認爲在這些時間段内,雖然3件名人題刻是否同時鐫刻,情況不明,不過可以明確的是,魏了翁、李耆崗等人並没有參與圓覺洞的營建,他們之於圓覺洞僅是"名人"效應。劉茂昌《河西走廊非物質文化遺産民樂頂碗舞價值探析》運用文獻研究、實地調查和訪談等方式對河西走廊非物質文化遺産民樂頂碗舞進行田野調查和研究,探究民樂頂碗舞表演行爲和規則程式,剖析民樂頂碗舞所藴含的歷史、教育、經濟、精神、健身等方面價值,旨在對中華優秀體育非物質文化遺産的有效傳承和活用有所裨益。

許雅娟《敦煌出土剪紙藝術品的使用材料與製作工藝研究》指出從剪紙藝術工藝特點的角度分析,敦煌出土剪紙藝術品的造型特點是具有重複性結構的程式化樣式,認爲出土剪紙作品中除持幡菩薩剪紙以外,所有剪紙藝術品都具有這一造型特點。郭計《俄藏黑水城 X.2362 綠度母圖像學研究》認爲黑水城 X.2362 綠度母唐卡作爲西夏過渡到元時期的藝術作品,其身上凝結著佛教藝術發展的一般規律和獨有特點,也展現出中華文明在發展過程中以其特有的包容性不斷融匯其他文化進而鑄成文化共同體的特點。李娟娟《高昌壁畫供養人服裝袖章紋飾的來源及文化内涵》從伊斯蘭提拉兹紋飾入手,梳理了各個歷史時期具有服飾袖章紋飾的人物圖像,進行比對分析,探尋了高昌石窟服裝袖章紋飾的文化來源與内涵。崔瓊《如幻三昧:柏孜克裏克第17窟券頂觀世音授記經變考》分析壁畫的表現技法及其所表達的信仰内涵,即以一種互爲注解的方式將《授記經》《阿彌陀經》《寶王經》三經串聯,同時借由券面圖像的排布,在時間與空間兩個層面完成了觀音來到現世進行拯救的意義表達。李曉鳳《文殊山石窟古佛洞表層壁畫年代再探》指出該窟成對出現的水月觀音圖、曼茶羅圖、淨土變等,皆與敦煌西夏石窟一脈相承,同時出現了西夏時期流行於宋、金、回鶻、藏等地的裝飾紋樣及繪畫技法,認爲其應是 11—13 世紀各民族交往交流交融背景下形成的多元佛教繪畫藝術。朱希帆《邊界、文化認同、藝術表現——基於"胡旋舞"文本與圖像的一些思考》指出,胡旋舞經歷了在北朝、隋時期的發展,在唐代因不同樂部的融合,又與龜兹、疏勒等樂部相互影響,而敦煌唐代石窟中胡旋舞的大量運用,體現胡旋舞從祆教語境向佛教與中國傳統升天思想的轉換。認爲中原地區胡旋舞逐漸式微之時,正是敦煌胡旋舞最爲發達階段;胡旋舞與淨土信仰的關聯,反映具有祆教"天堂"色彩的墓葬藝術風格的嬗變,這正是唐代舞蹈藝術呈現出來的獨特風格。

趙海祥《淺析麥積山石窟120窟西魏菩薩立像(初稿)——兼論第120窟的開鑿時代》印證了古秦州地區受地理環境的影響,其主題風貌遵循首都佛教造像樣式,同時指出從造像的語言上看,第120窟兩身菩薩立像足以補充麥積山石窟西魏時期的雕塑序列,它們是在遵守佛教經典儀則下,以模仿世人形象的方式來塑造,同當時、當地的工匠團隊相融合的藝術表現,具有一定的寫實性,最終形成麥積山石窟西魏時期菩薩立像飽滿圓潤、相容並蓄的特點。閻小龍《安嶽千佛寨第96號龕〈藥師經變〉再識》通過結合敦煌壁畫中《藥師經變》及相關圖像,對該經變右側圖像和左側部分圖像再認識,同時對該龕造像的時代進行了探討。趙亞君《肅南佘年寺護法殿壁畫考釋》總結梳理了佘年寺的基本信息和護法殿壁畫的主要内容,講述了白哈爾護法神的由來及歸宿,分析出其壁畫風格對藏風並非全盤繼承,而是適當融入了漢風,使該寺壁畫具有"漢藏文化混合型"特點。劉璟、元昊楠《中西亞文明交流薈萃——藝術與"物性"圖像研究》指出敦煌自西漢即爲中西交流之都會,而波斯與敦煌作爲東西方文明交流的必經之地,其藝術融匯了不同族群的文化元素,在建築、雕塑、陶瓷、玻璃、金屬器、書法、繪畫等諸多領域都取得了璀璨的成果,影響了歐亞大陸的諸多國家和地區,認爲數千年來,中華文明、西亞文明與其他文明在絲綢之路相遇,以"和平合作、開放包容、互學互鑒、互利共贏"的絲路精神,共同書寫了人類社會發展的華章。姚志薇、齊然《敦煌草書寫本〈金剛般若經旨贊〉書風初探》提出敦煌莫高窟藏經洞出土《金剛般若經旨贊》草書寫本共有4件,認爲寫本的草字寫法與王羲之、智勇、顏真卿草書書風一脈相承,又有敦煌地區區別於傳統官方草字寫法的獨有俗字草書寫法,風格上則爲唐代僧人聽講筆記的"隨聽寫"式草書書風。

六、小　　結

本次學術研討會由裕固族研究會副會長、蘭州財經大學高啟安教授作總結。敦煌石窟分期歷來是敦煌學研究的基礎,也是其長久不息的熱點。而晚期石窟分期又是熱中之焦。焦點在於西夏與元代洞窟的分期。所知數次敦煌學學術會議上,都是討論之熱烈部分。此次多位學者從各自不同角度,闡述了分期的標準、依據。分期的界限必須要有標準,標準不立,言人人殊,觀點將無法取得共識。可以預見,這個議題和爭論還將持續,在爭論中,界限將越來越明晰,產生一些新的方法,因新的視角轉換而材料價值被不斷發現,推動學術研究向前發展。此次會議將敦煌石窟與裕固學緊密結合,亦可視爲兩者有機的聯繫與結合,充分説明"敦煌學"與其他學科的聯繫越來越緊密,與其他領域研究的交叉,使敦煌學的内容越來越豐滿、敦煌資料的學術效能越來越放大,敦煌學所具有的學術生命力仍燦爛旺盛。同時,裕固學研究更趨向於關注歷史進程中的發展問題,關注現代、現實,調整適應現代社會,既有韌性,亦有變容;既吸收,也爲中華民族共同體作出貢獻。此次會議也表明:裕固學與石窟研究結合,是必然也是深入的過程。這不是人爲的捏合和主觀,而是裕固族歷史發展與敦煌石窟有密切關係所決定。繼之,與敦煌石窟(包括其他中小石窟、寺觀壁畫等)、敦煌文化、絲路文化等相關内容的研究,既有傳統領域的資料挖掘、新見,又有新領域的開掘,是對敦煌石窟研究的補充和拓展,爲敦煌學輸送新鮮養料。這應該成爲將來敦煌學研究領域的一個重要内容。敦煌學需要新資料、新視角,需要新鮮空氣。

縱觀此次會議,亮點突出,主題鮮明,内容創新,意義非凡。一是學壇代有新人出,敢領風騷幾多年。一批新面孔的年輕學子,思路開闊,眼光敏鋭,學路寬泛,激情澎湃,"雛鳳清於老鳳聲",讓數十年耕耘於裕固族研究領域的學者們,頗感欣慰,後繼有人。二是敦煌學研究向縱深發展,難點逐漸清晰,新領域還在產生;在研究中開拓出新的方法,如以不同政權和不同族屬的主體色調好尚來判斷壁畫時代等。另外,用敦煌以外的材料來反證敦煌壁畫及洞窟的時代及民族屬性特徵。還有各地中小石窟及寺觀壁畫與敦煌石窟的互證等。三是就石窟研究和裕固學研究,帶來了新材料、新問題、新方法、新觀點,論證嚴密,主題鮮明,找准了前沿學術研究的點和眼,討論熱烈,有力地加強了與會專家對學術熱點的深入性探討,引發了石窟寺考古、裕固學研究、藝術、宗教、歷史等各個領域專家的高度重視,進而爲敦煌晚期石窟研究和裕固學研究等相關領域的研究提供了新鮮的活力源泉。

要而論之,本次"敦煌晚期石窟與民族文化"暨第九屆裕固學研討會順利圓滿。裕固族形成於敦煌,對敦煌晚期石窟的營建與石窟藝術的發展起到了關鍵作用,此次會議將敦煌晚期石窟與裕固學研究相結合,頗具深意,有助於推進敦煌晚期石窟研究與裕固學研究的縱深發展,比翼齊飛,並蒂蓮開。

基金項目:國家社科基金重點項目"多元民族文化與敦煌晚期石窟的分期斷代研究"(項目編號:23AZS004)階段性成果。

"敦煌與唐宋絲綢之路工作坊"綜述

劉利艾（上海師範大學）

爲促進唐宋絲綢之路的研究，發掘敦煌文化在唐宋文明互鑒中的重要作用，由敦煌研究院、中國唐史學會、上海師範大學與甘肅敦煌學學會聯合主辦，敦煌研究院敦煌文獻研究所、陝西師範大學唐文明研究院、上海師範大學人文學院共同承辦的"敦煌與唐宋絲綢之路工作坊"於 2024 年 10 月 25 日至 28 日在敦煌召開。會議邀請了來自全國各高等院校、科研機構的專家學者共 50 餘人，共收到論文 35 篇。本次會議以"敦煌與唐宋絲綢之路工作坊"爲主題，具體從唐宋時期敦煌歷史與文化文明互鑒、唐宋時期西北史地研究、敦煌與絲綢之路研究等方面展開學術交流與探討，分享最新研究成果，總結前沿研究經驗。

10 月 26 日上午，會議開幕式由敦煌研究院敦煌文獻研究所副所長、研究館員王東主持。敦煌研究院黨委委員、紀委書記王建黨，中國唐史學會副秘書長、副教授胡耀飛，上海師範大學社科處處長、人文學院歷史系教授姚瀟鶇等分別致辭。會議於 26 日全天分四場以大會發言形式有序推進。爾後於 27 日，與會代表對莫高窟進行實地考察與研討。

唐宋時期的中國以開放包容的時代風貌鑄就了輝煌燦爛文明，展現於政治制度、思想文化、文學藝術、歷史地理等諸多方面，并通過陸路和海上絲綢之路傳遍整個亞洲。其中，敦煌一地發揮了異乎尋常的作用，藏經洞文書和莫高窟壁畫在諸多領域多元呈現唐宋文明的恢弘圖景。若將視野擴大到整個絲綢之路，則更能看到唐宋文明在東西方交流與互鑒歷史中的重要地位。從本次會議報告主題來看，可從以下幾個方面進行綜述：

一、文獻研究與敦煌、絲綢之路歷史文化

敦煌是古代陸路絲綢之路的重要樞紐，是中西文化交流的重鎮和聖地，敦煌與絲綢之路出土文獻是敦煌學研究的重要內容，自敦煌莫高窟藏經洞文獻重見天日 120 餘年來，以及其他黑水城等西域地區文物文獻的日漸展露，有關出土文物文獻研究範圍甚廣、成果豐碩，此次會議論文就該項話題涉及最廣、篇幅最多。

（一）宗教文獻研究

上海師範大學崔紅芬《黑水城漢文殘經帙號及西夏多元文化交流考》對

黑水城漢文文獻所存殘經及其帙號進行梳理,并與同時期其他藏經進行比對,基於史料考證,得出《華嚴經》《長阿含經》《中阿含經》《雜阿含經》《增一阿含經》《摩訶僧祇律》《佛説菩薩本行經》《賢愚經》《佛説護净經》等帙號都與《遼藏》經本、單刻本、《房山石經》等一脈相承,且其帙號可追溯到 P.3313《開元目録》和五代《新集藏經音義隨函録》等,闡述了黑水城遺存文獻與唐、五代、宋、遼、金藏經的密切關係,展現了西夏對前朝文化的繼承,且與遼、宋、金朝之間文化的交流、互動、融合和延續。上海師範大學宋雪春、董大學《從裱補修復案例看道真的補經時長——道真"寫本群"研究之一》依據現知敦煌文獻中的與道真相關寫本,匯總、分類、構建道真"寫本群",選取道真補經細節爲切片,從題名、物理形態、題記内容、有無裱補等多元素看補經時長、程序及特點,論證認爲,道真補經工作受經典部頭大、尋訪路程遠、僧團活動多等主客觀因素影響,后又受職務升遷及信衆功德施入影響,且道真補經本非朝夕可畢之事,没有持續過久時間。上海師範大學文志勇《漢文本和西夏文本〈十王經〉研究》對兩種傳世漢文本和三種西夏文本《十王經》進行詮釋、分析、比對,認爲漢文兩種版本均出自成都府大聖慈寺沙門藏川口述流傳,然後分别發揮創作,形成不同版本;三個西夏文本可分爲兩類:俄藏本應爲作功德而抄寫文本;拍賣本與定州本均爲近代翻刻,屬同一版本,兩者有 1/3 内容完全相同,另外 2/3 是拍賣本所缺少的,内容與俄藏本相近,指出以上漢、西夏文本均包含法、報、應三身與體、相、用三大之説,將各種佛教思想和儒、道及其他思想陸續滲入《十王經》,説明疑僞經的複雜屬性與社會聯繫的密切性。上海師範大學陶志瑩《敦煌本〈沙彌十戒文〉研究》整理、分析《沙彌十戒文》不同文本,利用其間共性與特性,綴合整理出《沙彌十戒文》完整篇章結構,解讀該文本中十戒内容、違反戒律所受罪責以及恪守戒律所享福報等,并通過與傳世經文對比,總結出敦煌本《沙彌十戒文》實由多種律論經典重新整合編寫,主要用於沙彌日常學習與修行。本文同時指出在敦煌文獻中,還發現其他與"十戒"相關文獻,在格式、内容上與《沙彌十戒文》有相似之處,反映了宗教與儒家文化的融合發展過程。敦煌研究院萬瑪項傑《敦煌古藏文〈五部陀羅尼經〉諸殘片新綴》系統整理和研究敦煌文獻中目前保存最早的藏文《五部陀羅尼經》17 個編號寫本,從内容、規格、書寫風格、寫本特徵、行款、特殊標記、頁碼表述、正背面内容、字蹟、裂痕等進行對比分析,發現其中 P.t.88、P.t.359、P.t.534、P.t.535、P.t.360、P.t.2094、IOL.Tib.J.2、IOL.Tib.J.4、IOL.Tib.J.18、IOL.Tib.J.30、IOL.Tib.J.56 等 12 個編號可綴合爲 5 個編號,綴合後的寫本形態雖不完整,但很大程度上恢復了寫本原貌,爲深化探討吐蕃密教史、吐蕃文化的多樣性等奠定基礎。中國社會科學院張旭《〈大集經〉的異本和文本流變》以《出三藏記集》《開元釋教録》等經録記載爲依據,結合敦煌文獻中的品次録以及傳世的刊本和寫本,探討《大集經》從魏晉南北朝至宋代的版本流變,認爲《大集經》豐富的文本層次和卷次分合,在中古時期就受到了僧祐、智昇等經録學家的關注,通過此案例闡釋可觀察到佛教經典從寫本時代過渡到刊本時代的變化,以及對諸種刊本大藏經之間關係的理解。九江學院張琴《禪與教的互證——敦煌典籍〈禪策問答〉思想蠡測》以方廣錩先生整理的敦煌遺書《禪策問答》校本爲依據,探討其中的思想及呈現的禪與教關係問題,認爲其中學人關心的問題、所持的質疑及禪師的問答,反映了早期禪宗發展階段禪師與經論師對立的大背景,但禪宗并不排斥經教且常引經證義,説明禪與經教之間互證互解、水乳交融。香港中文大學劉褘《吐蕃時期敦煌藏文佛典紙張的使用:以〈無量壽宗要經〉與〈十萬頌般若經〉爲中心》探討以《無量壽宗要經》《十萬頌般若經》爲中心的吐蕃時期敦煌藏文佛典紙張的使用情況,認爲吐蕃時期敦煌寫經紙張大體沿用漢地造紙技法,產地集中於敦煌、河州與吐蕃本土等三地,而藏文寫本以貝葉裝和卷軸裝爲主,形制高度統一,同一形制、不同地點製作的寫本間存有外觀差異和等級秩序,抄經所用紙張加工、使用、再利用、報廢等都有嚴格的執行程式,是瞭解吐蕃佛經書册制度的寶貴資料,也印證了敦煌、河州、吐蕃等地的多元佛教文化。另有,滁州學院韓傳强《敦煌本圓暉所作〈楞伽經疏〉考述》、台州學院敖英《敦煌本〈本業瓔珞經疏〉(S.2748)中的"四十二位説"》也進行了分享。

(二) 社會文書研究

上海師範大學姚瀟鶇《魏晉隋唐間佛寺儲藥研究》基於豐富史料,從宗教社會角度指出藥物是魏晉南北朝時期佛教寺廟中的常住什物,通過采集、種植、收購、信衆佈施藥物等方面分析佛寺藥物之來源,認爲佛寺藥物之使用與魏晉南北朝間醫僧活動、寺院僧侶施樂治病慈善事業、僧侶得病或養生服食、藥物爲佛教信仰供養品之一等均有關,魏晉南北朝時期藥物已成寺院商業活動重要商品之一,也成爲寺院和僧侶收入的重要來源之一,隨着佛教在中土傳播與發展,進而促進了當時藥物貿易的發展。陝西師範大學張明《京西北神策城鎮與神策軍統兵體系考述》基於相關著述文獻,探討大歷四年起有關神策軍鎮内部的統兵結構及神策軍鎮在神策軍整體統兵體系中的重要影響,認爲此後神策軍分在京和外鎮兩部分:在京神策爲該軍本部,保持原本左右廂結構;外鎮神策分散於京西要地,各不相統,諸鎮直接聽命於神策軍統兵官,神策軍複雜的軍事使職體系與神策外鎮重新發展起來有密切關係。西南大學侯振兵《唐代行兵制度中"十馱馬"問題芻議》對吐魯番出土文書中的"十馱馬"問題進行探討,認爲"十馱馬"在徵納時,并非按照"團"爲單位進行,而是以"隊"爲單位;相關文書中出現的"幾匹幾分"的"十馱馬",其來源也不盡相同,這與行兵自身屬於府兵還是其他兵種有關,另提出"十馱馬"和"傳送馬驢"的關係值得繼續探討,二者并無直接關係,前者不能直接轉化爲後者。敦煌研究院鄭宇彤《懸泉漢簡所見傳馬名訓詁考》指出目前學界關於傳馬名稱研究尚不充分,通過分析新出《懸泉漢簡(肆)》中所見傳馬名,對舊有傳馬名材料展開分類係聯訓詁研究,進一步厘清西漢西北邊陲地區廄置傳馬取名方式及依據。河北省社會科學院張重艷《西夏奸罪所涉法條溯源及所涉三方處境分析》將《天盛改舊新定律令》(以下簡稱《天盛律令》)奸罪法條溯源,並與《唐律疏議》相關法條進行比對,認爲《天盛律令》中西夏奸罪所涉三方的刑事量刑原則,與《唐律疏議》一脈相承,根本目的是維護國家等級秩序,指出尚未完全漢化的西夏社會,通過對党項族婚前非法性行爲舊習和搶婚行爲進行立法予以廢除、將强奸幼女行爲立法、奸罪分首從等細化的法律條文作爲統治境內西夏人民的辦法。上海海關學院董强《史牘新闢:唐代關津制度對河隴地區互市貿易的影響研究》探討唐代絲綢之路重要節點河隴地區的關津制度,從通關制度、開門啓閉、過所公驗、關稅查緝等方面闡釋關津制度及其特徵,涉及區位及其關津分佈、互市貿易發展,認爲河隴地區的關津設置有其歷史必然性,尤其"關關結合"的組織形式,成爲河隴關津一大特色,唐代河隴地區關津盛衰與唐王朝邊境形勢與政局發展有着密切的內在聯繫。山東中醫藥大學宋昱含《貞觀朝突厥"內附"問題爭論與三種華夷觀》探討《貞觀政要》中的"內附"爭論,即貞觀年間大破突厥後如何安置和管理化外之人、如何處理請附與招致的關係,以及外事與內政的關係,指出基於對華夷的不同理解,體現三種不同華夷觀:一爲華夷之別與夷不亂華的保守觀,二爲華夷遍天下卻側重華夏相對於夷狄優越性的"用夏變夷"的溫和觀,三爲唐太宗"華夷一家"的新型觀,認爲該爭論背後包含的是對於國家(民族)邊界的思考,體現了中國古典政治哲學的豐富性,對於我們今天思考國際事務、處理對外關係仍有啓發與借鑒意義。

(三)民俗文化研究

敦煌研究院楊春《敦煌藏文苯教寫卷 P.T.1289〈母犏牛儀軌先例〉釋讀》基於前人研究,述明 P.T.1289《母犏牛儀軌先例》寫本特徵,通篇釋錄、注解語詞、梗概內容體例與敘事模式,專論殉牲獻祭與墓葬營建,認爲殉牲與營葬是敦煌藏文苯教儀軌先例的核心內容,P.T.1289 爲殉牲母犏牛儀軌先例,將其結合諸卷內容考證辨析,并與考古成果相對照,是解析吐蕃墓葬空間宗教禮儀因素、墓葬營建佈局緣由等細節問題之重要途徑。敦煌研究院張越《從〈傾杯曲〉到〈傾杯樂〉:敦煌文獻"傾杯"釋名與演藝空間考論》結合傳世文獻與敦煌《雲謠集》中《傾杯樂》系列曲藝,探討 S.2440V/2、P.4640V 所載"傾杯"釋名從游藝到演藝的多重內涵,指出經考釋,S.2440V/2 的"傾杯"爲帶有禮儀祭祀性質的宴飲活動而非《傾杯樂》,P.4640V 的"奏傾杯"指唐人新制《傾杯樂》,兩篇文書所指"傾杯"均承襲自前代登歌傳統,認爲從先唐登歌《傾杯曲》到唐人同名宴樂,再到唐人新制《傾杯樂》,"奏傾杯"的演藝空間發生音樂形態、禮儀空間、文化精神等層面的演進。中國社會科學院趙玉平《敦煌放生民俗研究》通過對 6 件(4 篇)涉及放生民俗敦煌寫本,即 P.2547、P.2991V、P.3772V《齋琬文》中的 3 件"畫像燃燈放生"齋文,P.2044V《釋子文範》中的 1 件"放生"齋文,北大敦 192 號《諸文要集》中的 1 件"放羊"齋文,另有 P.2940《齋琬文》"目錄"中"佑諸畜"類目下留存"放生""贖生"兩篇目(齋文內容佚失),以及莫高窟壁畫中 10 鋪涉及放生場景的藥師經變壁畫進行研究,認爲在盛唐至中唐時期,敦煌地區已出現成熟的民俗化放生活動,而這皆緣起於藥師佛(《藥師經》)信仰。浙江外國語學院周能俊《良藥、美食、毒藥與克蛇:敦煌〈伍子胥變文〉藥名詩中"蜈蚣"的符號意象》,結合敦煌唐代《伍子胥變文》所處中古時期的社會背景,探討該變文中所涉"蜈蚣"的特殊文化意象,認爲中古時期"蜈蚣"等自然生物與現象的特殊文化形象的廣泛傳播與認同,是與佛道等宗教神秘主義的促進作用分不開的,也反映了中古時期的社會認知與生活傳統逐漸被納入佛教等中古宗教認知體系構建的歷史進程。

二、敦煌石窟藝術

敦煌石窟藝術是敦煌、絲綢之路歷史文化研究不可或缺的重要組成部分。會議中有對洞窟空間構造、敦煌圖像、服飾工藝等最新解讀與研究,亦有敦煌藝術在世界的相關闡述。

大足石刻研究院王彥博《敦煌莫高窟覆斗頂形制淵源考》從考古學系統論的視角考察莫高窟覆斗頂淵源、類型及演變,認爲:受克孜爾石窟疊澀藻井形制的影響,莫高窟覆斗頂系統中的疊澀藻井要素內在演變規律爲"立體式——平面式"與"六層疊澀、五層疊澀、四層疊澀——三層疊澀、二層疊澀、一層疊澀";覆斗頂系統中的四披要素,受西晉十六國時期敦煌地區墓室四披形制的影響,其內在演變規律爲"外弧型——平直型——內弧型";莫高窟覆斗頂形制的淵源,可追溯至克孜爾石窟與西晉十六國時期敦煌地區墓室。上海世紀出版集團李誉欣《敦煌的"秘密寺":再論莫高窟 465 窟無上瑜伽派壁畫》主要研究敦煌莫高窟第 465 窟,將視角從外部史料轉向壁畫本身,探究該窟圖像佈局的內在邏輯,認爲壁畫基於勝樂金剛系統的三層次結構,推斷主室四壁的繪製有保存形象和修行方式的意圖,并認爲中心圓壇主尊更有可能是勝樂金剛,還提出了主室壁畫佈局方式與尼泊爾《勝樂金剛三三昧》存在一定相似性,但尚不足以確認直接關聯。山東大學徐言斌《複現聖境:敦煌的五臺山文殊信仰營造》梳理五臺山從"紫府"到"聖境"的神聖空間拓展情況,認爲隨着五臺山文殊信仰的廣泛流傳,出現對五臺山的"複製"與"移動"現象,流入敦煌的五臺山文殊信仰呈現形式多樣,反映當時敦煌民衆出於對信仰的主動營造。該文將敦煌石窟壁畫與寫本、版畫、絹畫等相結合研究,呈現了當時政治與信仰的合力,是爲滿足巡禮與信仰的需要,亦起到鎮國與消災的作用。敦煌研究院張田芳《莫高窟第 3 窟與元代納石失關係考辨》以敦煌莫高窟晚期石窟典型代表之一——莫高窟 3 窟爲例,對 3 窟南北壁千手千眼觀音眷屬服飾圖像進行分析,結合元代敦煌歷史背景以及莫高窟北區所發現的納石失織金圖樣進行比對考證,認爲莫高窟第 3 窟服飾中領袖、衣緣處貼金工藝是元代領袖納石失風格的體現,爲該窟營建爲元代説添一新證。中國科學院大學盛鈺《20 世紀初敦煌藝術在美國的接受與闡釋——以美國博物館館刊爲中心的考察》梳理美國重要博物館館刊於 20 世紀初敦煌藝術在美國的接受與闡釋所發揮的作用,通過分析東方學家刊登於這些刊物上的文章,揭示敦煌藝術在美國的主要傳播路徑、接受過程以及闡釋方式,研究不同學者和藝術家對敦煌藝術的解讀,以及敦煌藝術與文化内涵在跨文化語境中的意義和影響。

三、東西文明互鑒

敦煌、絲綢之路在東西文明互鑒的道路上發揮着重要作用,在諸多領域的多元交流引領世界。此次會議涉及東西方交流情況的文章如下:

復旦大學中華古籍保護研究院王啓元《湯若望的西域中亞知識》簡述來華傳教士湯若望考察西北史地的情況,論及湯若望在西安工作時記載西域有關商隊、貿易等情況,并瞭解到兩條東西貫通的内亞通道,即穿越中亞至北印度與翻越青藏高原從尼泊爾抵達印度半島,指出湯若望關於西域的地理風俗報告記載,今日當以某西洋文字、德文和拉丁文存於世間,後人研究甚少卻具原始材料之價值。上海政法學院趙凌飛《唐代陸上絲綢之路上的絲織品流通述論》梳理唐代陸上絲綢之路的絲織品流通情況,基於史料記載官方貿易、民間貿易等現象,探討西北、南方、"吐蕃道"上、草原、東北陸路等的絲織品輸出情況,認爲絲織品流通爲唐王朝有效處理民族關係起着重要作用。魯東大學李效傑《〈新唐書·西域傳〉"咀密種——古樓蘭"發微》分析《新唐書·西域傳下》"咀密種——古樓蘭"一段内容,與同卷其他内容相比有着内容簡略、似交通行程等特點,將其與《大唐西域記》進行比較,認爲該段内容源於《大唐西域記》,且根據《大唐西域記》校訂"呾密種——古樓蘭"一段内容的不足,指出《新唐書·西域傳》對《大唐西域記》的引用,應是在與其他史書進行比勘的基礎上進行,官方史書仍是《新唐書·西域傳》的主要史料來源。大連理工大學龍成松《新出碑志所見中古粟特胡人何妥家族資料研究》結合傳世文獻與新出碑刻,對中古時期著名的建築、工藝、文藝世家何妥家族的族源與世系問題進行考辨,認爲何妥家族源於西域,其在商業經營、工藝技術、經史之學、文藝修養等方面,對西域文化與中原文化的熏習傳承、交流融合皆有蹟可循并堪稱典範,體現了何妥家族在中華文明共同體凝聚中的重要意義。

四、其他方面

此次會議論文還涉及語言文字、醫藥文獻、游記綜述、社會學等其他方面研究。中國社會科學院大學李夢溪《藏傳佛教視域下〈金剛經〉在河西地區的流傳——蓮花戒〈金剛經廣注〉及其"複注"〈明義燈記〉》以敦煌所出藏譯本蓮花戒《金剛經廣注》及西夏文"複注"《明義燈記》爲例,討論藏傳佛教在河西地區流傳的延續性,認爲《明義燈記》在形式與内容上基本符合印藏佛教傳統特徵,但體例與釋詞來源於(但不限於)藏譯蓮花戒的《金剛經廣注》,吸收諸多漢傳佛教因素,體現多種文化的雜糅特性。敦煌研究院方璐《西夏語比擬句初探》系統梳理西夏文獻中出現的主要比擬句及比擬句式基本結構,認爲西夏的比擬表達有西夏語的特點,即比擬詞位於本體喻體之後,動詞或形容詞位於比擬詞后修飾的是喻體之前的名詞或名詞短語,同時指出西夏語中也出現了受漢語表達影響的比擬詞和比擬句,體現民族大融合時期的語言接觸與融合。上海中醫藥大學于業禮《絲綢之路沿綫出土藥品仿單發微》論及藥品仿單的形式與特點,引以出土宋以前仿單以及黑水城出土寫本藥品仿單,認爲出土藥品仿單有兩大類,分別爲刻印仿單和寫本仿單,作爲包裹藥物的用品,出土藥品仿單更有文物價值,尤其絲綢之路沿綫出土的藥品仿單,證明了藥品在絲綢之路上的流通情況。陝西師範大學胡耀飛、李陽《英藏敦煌文書〈諸山聖蹟志〉(S.529v)研究現狀與展望》從文書的命名、録文、綜合研究等方面對迄今爲止關於此文書的研究現狀進行總結,從關於佛寺地理位置的分佈、區域地理研究、城市史研究與其他相關文書的關係研究,具體探討關於文書利用與價值的研究,并提出該文書目前研究的不足,比如文書引用狀況不統一、記載是否真實可信、利用程度仍不足等,還指出有更多的除了交通、寺廟、城市等方面值得深入探究。河南財經政法大學司海迪《"走向世界"之前:漫談"武則天與敦煌"》簡述"武則天與敦煌"相關研究成果,認爲武則天在敦煌留下不少含有宗教氣息的政治印記,并具有特殊且重要的多元化學術價值，敦煌應爲武則天研究的重要文化地域，"武則天與敦煌"研究既能深化敦煌學研究，也有助於武則天研究構建完善且具有中國特色、世界水平的自主學術體系，還能爲中國史研究"走向世界"提供學術範本。

　　縱觀此次會議，這是一次圓滿成功的學術研討會，會議在多方面收穫頗豐。一是會議取得一些新的研究成果，衆學者將歷史學、考古學、宗教學等研究相融合，有宗教文獻、社會文書、民俗文化、石窟藝術、東西文明互鑒及其他方面研究，大多論文史料豐富，論證扎實，體現了敦煌與唐宋絲綢之路研究之新成果、新探討。二是會議與會者來自全國不同高等院校和科研院所，有德高望重、成果豐碩的前輩專家，有嶄露頭角、朝氣蓬勃的年輕學者，大家歡聚一堂、切磋探討。前輩專家對年輕學者的科學引領與諄諄教誨，爲後起之輩指明了研究思路與開拓了學術視野。青年學者的加入與成長也爲敦煌與唐宋絲綢之路研究注入了新鮮血液，可謂薪火相傳、生生不息。

"敦煌寫本文獻整理與研究"青年學者工作坊會議綜述

李姝寧（上海師範大學）

百年前敦煌寫本的發現，極大推動了中國古代文明，尤其是絲路文明交流史的研究。這些寫本跨越千年，承載了豐富的歷史、文化與宗教信息。此次會議旨在通過學者們的共同努力，進一步挖掘敦煌寫本文獻的學術價值，推動敦煌學的繁榮發展。在爲期兩天的會議中，學者們圍繞敦煌文獻與區域社會、宗教文獻與社會文化、敦煌寫本文獻學三個方面展開了深入交流與研討，爲敦煌學的進一步研究注入了新的活力與靈感。

"敦煌寫本文獻整理與研究"青年學者工作坊於 2024 年 11 月 16 日至 17 日在上海師範大學徐匯校區文苑樓 406 室舉辦。此次會議由上海師範大學人文學院與上海師範大學中國史學科共同主辦，來自甘肅省文物局、甘肅省博物館、蘭州大學敦煌學研究所、山東大學、安徽大學、湖南科技大學、南京師範大學、同濟大學、安徽師範大學、浙江師範大學、上海師範大學、河南財經政法大學、浙江工業大學共計十三家科研機構和國內高校二十余位敦煌學領域的青年學者出席了本次會議。會議現場氣氛熱烈，上海師範大學人文學院陳大爲教授主持了開幕儀式，介紹了上海師範大學敦煌學的緣起和發展。上海師範大學哲學與法政學院侯沖教授致開幕詞，表達了對各位來賓的歡迎和感謝。會議圍繞"敦煌寫本文獻整理與研究"展開了交流與研討，衆多學者分享了自己的學術成果，共收到論文 16 篇。以下按此次工作坊論文的主題進行介紹。

一、敦煌文獻與區域社會

陳于柱、張福慧《敦煌漢、藏文〈宅經〉的比較歷史學研究》從文本結構、内容特徵及表述方式等多個維度，將 P.3288V、P.T.127V 等敦煌藏文《宅經》寫本與敦煌本漢文《宅經》進行了比較。文章論證了藏文本《宅經》的定名標準、抄寫年代及使用範圍，並進一步指出其反映了吐蕃移民在住宅營造過程中對漢地術數知識的吸收與運用，從而補充了官方文獻對邊疆社會日常生活的記載不足。該研究不僅深化了敦煌寫本的斷代考辨，還拓展了敦煌社會史與民族文化交流史的研究視野。侯沖《從科儀文獻看"慶贊"》以佛教科儀文獻爲研究視角，指出"慶贊"作爲佛教法事活動的常見程式，具有靈活性與適應性，在滿足信徒宗教需求、維繫宗教傳統方面發揮了重要作用。文章揭示了"慶贊"在不同歷史時期和宗教實踐中的多樣表現與内涵,明確了其與水陸法會的關係,爲佛教儀式研究提供了新視角。吳炯炯《新出〈唐沙州刺史麻元泰妻梁氏墓記〉考釋》梳理近年發現的《唐沙州刺史麻元泰妻梁氏墓記》,考證其志主卒於大曆七年吐蕃占領區,結合傳世文獻未載的沙州刺史任職記錄,對麻元泰家族背景及其任職時間進行辨析。文章還進一步指出,墓志所載河西陣亡將士在中原追葬的現象與德宗時期唐蕃關係緩和的歷史背景相關。

武紹衛《唐代合糴制度的設計機制及其運行——兼及對〈沙州合糴前典鄧慶案〉的新解讀》從 P.3841《開元二十三年沙州會計錄歷》入手,對唐代合糴庫本、合糴規模及其合糴估進行了剖析,並以此爲基礎將鄧慶案放在唐代合糴制度的運行機制中進行重新解讀,認爲鄧慶並没有貪没小練。文章不僅完善了唐代合糴機制的研究,還以個案實證展現了敦煌文書在制度史研究中的獨特價值,爲審視唐代財政運作提供了參考。張艷玉《晚唐五代宋初敦煌民間糾紛的調解與社會秩序》考察了晚唐五代宋初時期民間糾紛調解的實際運作及其社會效應,指出調解參與者涵蓋親屬、鄰里及鄉老群體,他們通過訂立契約明確權責與違約處罰,但同時其調解效果受社會地位差異制約,存在權勢階層壓制弱勢群體的現象。文章揭示了調解機制在維護社會穩定與體現權力不平等之間的複雜性,有助於增進學界對傳統社會基層治理邏輯的理解。

二、宗教文獻與社會文化

聶志軍、蔣婉青《敦煌遺書 S.6122+S.5715〈佛頂尊勝陀羅尼經序〉殘卷綴合再研究》針對 S.6122 和 S.5715 這兩件長期被視爲無法綴合的寫本展開實證研究,通過核查原卷物理形態和文本校勘,發現 S.6122 與 S.5715 在紙張材質、界欄及字蹟特徵方面非常相似,經過比對發現兩件文書可以無限接近綴合。這一發現增加了學界對兩件文書關係的既有認知,爲《佛頂尊勝陀羅尼經》的研究提供了新證據。宋雪春《道真經錄考辨——道真"寫本群"研究之二》以敦煌文獻中涉及道真的六種類型文書爲基石,對 BD14129、敦煌 345 號等道真經錄的先後關係、經錄特點及所收經典是否修復等問題進行探究。文章還討論了補經過程中採用的多樣化著述手法和影響因素,釐清了道真所書經錄的先後順序及其合帙方式,爲理解道真經錄提供了更爲清晰的寫本學視角。曹凌《試論 BD4687 號道教論義文書的性質問題》從著作性質、撰述基礎以及文本層次等維度重新界定了 BD4687 號的歷史定位,認爲 BD4687 並非傳統理論著述,而是以實際辯論案例爲藍本的教學範本,其文書内容源自真實教學場景,反映了從現場辯論到教學傳承的完整過程。文章不僅確認了

BD4687 號文書作爲道教辯論教學核心文獻的價值,也爲重構唐代道教教育現場提供了關鍵實證。陶志瑩《敦煌本〈沙彌十戒文〉探究》以九件敦煌文書《沙彌十戒文》爲核心,探究《沙彌十戒文》的内容、來源及其在佛教戒律中的地位和作用,繼而確定了《沙彌十戒文》的基本結構,指出其内容主要來源於佛教經典中的律論部分,並吸收了儒家文化的思想。同時,文章還通過對十戒的具體内容、犯戒的罪報以及守戒的福報的解讀,揭示了其在佛教戒律體系中的重要地位,以及對沙彌日常修行的指導作用。

羅慕君《中國撰述〈八陽經〉在東亞的傳播》從佛教本土化視角切入,考察佛教經典《八陽經》在東亞的跨文化傳播脈絡。文章通過梳理中國、朝鮮、日本等地的學術史,呈現不同國家對該經的研究軌蹟與階段性特徵,認爲敦煌作爲佛教傳播樞紐,其發現的回鶻文、西夏文等多種民族文字寫本,證實了《八陽經》在西北邊疆存在持續流傳與不同語言轉譯的現象。同時,東亞海域的朝鮮半島保留大量注疏文獻,日本寺院則存有儀式性供養寫本,這些物質載體揭示佛教文獻在傳播過程中與本土信仰的融合,爲理解佛教東傳的多樣性與本土化適應提供了重要參考。嚴世偉《隨聽筆記的生成現場——談廣〈釋佛國品手記〉再考》通過分析 P.2191v、P.2595v、BD8473v 等《釋佛國品手記》及其相關寫本的筆蹟、行款以及内容的異同,探討《釋佛國品手記》在敦煌佛教講經和寫本學研究中的重要價值,最終指出《釋佛國品手記》不僅是佛教講經的記録,更是學生聽講筆記的生動體現。文章展示了中古時期知識傳播和學習的具體場景,爲瞭解中古時期的知識傳播和學習方式提供了生動的案例。傅及斯《敦煌漢藏雙語文獻的分類與特點》對 8—10 世紀吐蕃佔領敦煌時期產生的漢藏雜抄、連抄寫本展開研究,從敦煌出土的漢藏雜抄寫本中提取出 9 類内容彼此相關的文本,主要包括題記、題注、簽名、印章、習字、注音本、對譯本、詞彙手册和連抄本,並對漢藏雜抄寫本進行了系統整理與分類,最終指出這些寫本反映了漢藏雙語社會的語言接觸,對校勘文本、解釋詞義及文獻學研究具有重要意義與價值。

三、敦煌寫本文獻學

徐浩《"唐太宗避諱字"獻疑》對敦煌寫本中一些被認爲是唐太宗避諱字的字進行了重新考察,指出敦煌寫本中的"憼""憼"等字以及含"云"構件字不能簡單地視爲唐太宗避諱字,這些字的產生和使用有其自身的漢字演變規律,與避諱無直接關係。文章還指出一些字形的變動是漢字在不同歷史時期自然演變的結果,在研究時應注意漢字形體的多樣性和複雜性。張磊《幾組敦煌和吐魯番佛經殘片的新綴》探討了幾組敦煌與吐魯番佛經殘片的新發現及其綴合工作，並結合殘片綴合的三個基本方面，强調了館内殘片内部研究的重要性，指出跨館殘片綴合與時間判斷的重要價值。文章通過對區分吐魯番與敦煌文書方法的分析，增進了學界對敦煌與吐魯番文書殘片綴合的理解。林生海《從一則寫經題跋看許承堯的交遊及其舊藏流散》考察徽博 1043 號題跋的文本構成、時空背景及文物遞藏軌蹟，探究近代敦煌學重要藏家許承堯的交游網絡與文物遞藏史。文章指出題跋所載人物譜系可以折射清末民初徽州士人交游網絡，對其的研究可以補充早期敦煌學史研究之缺，拓展題跋文獻的史料維度與物質文化研究取徑。伍小劼《"逆修"内涵新證》通過分析《十方淨土經》《十王經》等佛經文本，揭示其中"逆修"的真實内涵是信奉佛法且踐行之人於生前進行的修行，與死後修福並非對立，繼而指出中古時期敦煌地區對"逆修"的理解存在兩種情況，既有嚴格遵循《十方淨土經》規定者，也有人將逆修齋與亡人齋對立，且後者的理解在後世因《十王經》的廣泛傳播而成爲主流。文章反映了當時社會文化現象和人們的思想觀念，爲研究中古時期社會歷史提供了參考。

總之，本次青年工作坊在上海師範大學等多家高校的精心組織與全體與會人員的共同努力下，活動豐富多彩，議程圓滿完成，充分達到了組織此次青年工作坊的初衷和目的。此次會議的成功舉辦，展示了敦煌寫本文獻的深厚底蘊與獨特魅力，進一步拓寬了敦煌寫本學的研究視野，創新研究方法，互通學術信息，互動增進友誼。會議期間，青年學者們積極交流、思維碰撞，激發了諸多新思路，促進了學術新合作。年輕一代學人正以飽滿的熱情和紮實的學識，用新穎的視角、創新的方法和嚴謹的態度，爲敦煌學研究注入了新的活力。本次工作坊爲青年學者提供了廣闊的學術平臺，促進了不同研究領域和機構之間的交流與合作，進一步推動了敦煌學研究的進程。

"典範"與"牽引"
——讀榮新江《滿世界尋找敦煌》的若干體會
羅安琪(中國人民大學)

20世紀初,藏經洞的發現將世界的目光聚焦在敦煌這塊"邊陲之地"。洞中所藏的各類文書,爲宗教史、社會史、法制史、中西交流史、西域民族史等議題的研究提供了强有力的一手資料。然而,彼時羸弱的國家,尚不能捍衛人民、領土等基本權益,更遑論防止文物被掠奪。有文化的官員,止於道聽途說,對敦煌的傳聞聊付一笑,事後徒喚奈何。更有甚者,當敦煌文物到達北京後,高官大員監守自盜,致使文物進一步外流。王道士的無知與疏忽、盜竊者的狡獪與貪婪常常爲千夫所指,但一個國家的文化寶藏任憑如同文盲一樣的王道士主宰,這本身就是一個時代悲劇。

"敦煌"丟了,這座本屬於中華民族的寶庫被列强瓜分殆盡。國寶被劫掠,無疑是吾國之"傷心史"。但要從根本上醫治這種傷痛,只能在研究領域迎頭趕上,否則感受到的就不僅是文物丟失之痛,更是話語權的全盤喪失。受困於資料佔有的劣勢,在很長一段時間内,中國的敦煌學研究都落後於世界。對此,陳寅恪慨歎:"吾國學者,其撰述得列於世界敦煌學著作之林者,僅三數人而已。"[1]

先生的呼聲被聽見了。從王重民、向達、姜亮夫等先賢,到本書的作者榮新江先生,一代代中國學者前仆後繼,勾連起星點散落的敦煌文書與祖國學術界。榮新江先生站在世紀之交,回顧過去中國敦煌學的發展時指出,學者們利用敦煌資料,已經在北朝隋唐均田制、賦役制、租佃關係、寺院經濟、法制文書、氏族、兵制、歸義軍史、唐五代西北民族、絲綢之路等方面取得了輝煌的成就。[2] 中國敦煌學的"迎頭趕上"令人欣喜。但學術領域的活力與生命力,既仰賴大儒坐鎮,也離不開新鮮血液的加入。前輩學者們的研究成果,多以專題論著的形式呈現,見議論之"果"而難見求索之"因"。作爲後學,我們迫切需要一本能夠展現學術文章孕育過程、指引未來可能攻堅方向的指南。

《滿世界尋找敦煌》就是這樣一本書。作者榮新江是現今敦煌學界當之

---

① 陳寅恪《陳垣敦煌劫餘錄序》,氏著《金明館叢稿二編》,北京:生活·讀書·新知三聯書店,2001年,第266—268頁。

② 榮新江《敦煌學:21世紀還是"學術新潮流"嗎?》,《辭海新知》第5輯,上海:上海辭書出版社,2000年,第65—71頁。

無愧的旗手,自 20 世紀 80 年代起,他上下求索,步履不停,幾乎跑遍了世界範圍內可能藏有敦煌吐魯番文書的每個角落。他的學術成果,自有《海外敦煌吐魯番文獻知見録》《歸義軍史研究》《和田出土唐代于闐漢語文書》等宏著證明。他的思考、方法,則在《尋找敦煌》中得以呈現。

本書大體以國家爲模塊,按照作者尋訪的先後順序,劃分爲十二章節。又有兩篇附録,分別聚焦"《永樂大典》"與"斯卡奇科夫所獲漢籍",展示了作者的求索方法在"敦煌學"之外的適用性。在序言中,作者回顧了撰寫起因,開宗明義,界定自己滿世界尋找的目標遠不止"敦煌"。其後,是"從萊頓出發"。没有敦煌卷子的荷蘭成爲了榮先生尋找"敦煌"的起點。在那裏,他翻閱了萊頓大學漢學院、印度學院以及大館東方寫本與圖書館所有西文的東方學雜志、專刊,獲得了許理和教授、馬大任館長、劉秋雲主任的推薦信(第 1—2 頁)。這些前期準備,都爲他後續的"上窮碧落下黄泉"保駕護航。在之後的十二個章節中,作者分述了在英國、法國、德國、北歐、日本、蘇聯(含後來的俄羅斯)、美國、中國的尋訪過程。每一講大致圍繞"去了什麽地方""爲什麽去那裏""那裏的藏品是如何得來的""如何利用這些藏品做出成果"以及"未來還可以如何研究"等問題進行論述,其中穿插作者的旅行見聞,在確保專業性的同時增添了文章的趣味性。

《尋找敦煌》爲什麽能夠"走紅"?因爲不同背景、不同專業層次的人都能從中受益。不研究學術的讀者,看看尋找"敦煌"的故事,可以理解學者如何以學術報國,亦可將之視爲遊記,體味 20 世紀末世界旅行的窘與樂。對於初窺史學門徑的研究生而言,《尋找敦煌》是論文寫作的教科書,也是打開敦煌研究大門的鑰匙。怎麽尋找資料,如何確立研究方向,怎樣逐漸積累資料與課題,《尋找敦煌》都用衆多案例提供了"典範"與"牽引"。細化而言,則又傳達了"情懷""方法"與"方向"。

一、學者意識與家國情懷

中國的"敦煌",爲什麽會成爲異國他鄉圖書館、博物館、美術館沾沾自喜的藏品?因爲那些"探險家""考古學者"的"功績"。在《尋找敦煌》中,作者幾乎在每一講的開篇都不吝筆墨地描述不同機構藏品的來源。英國的藏品主要來自斯坦因,他是帶走敦煌文書最多的外國人。法國的藏品主要源於伯希和,他的漢學水平極爲出色,卷走了藏經洞中最具研究價值的一批文書。二者皆因竊走的敦煌文書揚名,榮耀滿身。中國學者從伯希和口中意識到了敦煌的秘密,1911 年,剩餘的敦煌卷子被運回北京。可是,在大家都以爲所有的敦煌卷子都已收歸北京之後,1914—1915 年俄國的奧登堡出現在敦煌,又帶走了一大批敦煌卷子。

歷經數次劫掠，敦煌文書的主體部分幾乎流失殆盡。然而，中國廣袤的西北地區還藏着無數令"探險家"們眼熱的寶藏。德國一共組織了四次中亞探險隊，以吐魯番爲中心，劫掠焉耆、庫車、巴楚等地區的文物。日本西本願寺的大谷光瑞組建了大谷探險隊，挖掘了很多吐魯番的古墓，也從王道士手中購買到了一些敦煌文書。美國加入中國西北文物掠奪的起步較晚，1923 年哈佛大學考古調查團來到中國，一路向西，在 1924 年初到達敦煌並展開劫掠。因其險惡目標早早暴露，考察隊第二次的劫掠計劃未能如願。現在美國各地收藏的敦煌文物，多是後來通過收買途徑獲取的。

近年來，關於敦煌寶藏的輿論中始終存在一種聲音，認爲前述"探險家"的行徑雖是掠奪，但卻以更科學的方法"保護"了中國的文物。可事實是這樣嗎？德國探險隊的勒柯克以剥奪壁畫著稱，吐魯番柏孜克里克石窟的壁畫，庫車、巴楚地區多個佛教洞窟的壁畫，都是被他割走的（第 71—73 頁）。美國考察隊的主要人物華爾納則用化學藥水剥離莫高窟壁畫，又撬走了第 328 窟的一尊供養菩薩（第 246—247 頁）。這些野蠻、殘暴的手段都給文物造成了不可挽回的損壞。即便是手段更温和的斯坦因和伯希和，也因爲生搬硬套歐洲的收藏制度，將帶有繪畫的經帙與其包裹的文書强行分開，破壞了原本經卷對應的整體結構。這種做法正如作者所説——"把這一個佛藏給毁掉了"（第 34 頁）。收藏者宣揚的"保護"，反倒成爲了赤裸裸的傷害。

回到最初的疑問，榮新江先生爲什麼如此强調收藏品的來源？香港學者劉健明認爲，這既有助於建立卷與卷之間的整體聯繫，避免只注重某一寫本的價值，又可去僞存真，以免誤用有問題的資料來作證據。[①] 這無疑是"學理"層面的重要考量。但在專業性之外，我們也能從中感受到作者"令國寶回家"的深切情感。榮新江先生在海外考察的過程中，曾和很多相關人士探討過文物回歸問題（第 70 頁）。"探險家"們津津樂道的"旅行經歷"，恰是他們斑斑罪行的呈堂證供。作者細緻入微的記載，正是在保存這份"證據"，同時也在强調：無論現藏於何處，這些"敦煌寶藏"來自中國、屬於中國，最終也應回歸中國。

二、研究方法與治學理路

在回答"如何開展研究"這一問題上，《尋找敦煌》爲相關專業的讀者提供了教科書級別的指導。不同於傳統生硬的説教，作者以一種講故事的方式，

---

① 劉健明《評榮新江〈海外敦煌吐魯番文獻知見録〉》，《漢學研究》第 16 卷第 1 期，第 381—386 頁。

用一個個鮮活的案例,將做學問的方法化入了字裏行間:

(1)目錄書與學術史——前置工作至關重要。宋史學界的泰斗鄧廣銘先生曾提出過史學研究的"四把鑰匙",即職官、歷史地理、年代、目錄。前三者的重要性,或曰適用性,往往是剛接觸史學的學生就能夠理解的。唯有"目錄"一學,不知其所以然者在在多有。如果將本書中榮新江先生"滿世界尋找敦煌"的過程比作一次出海航行,他的指南針就是各大藏書地的館藏目錄。榮先生對目錄的關鍵性直言不諱——"每一個目錄出來,高手都在讀"(第280頁)。談及蘇聯所藏敦煌吐魯番寫本時,他強調孟列夫所編《蘇聯科學院亞洲民族研究所藏敦煌漢文寫本注記目錄》的重要性(第195—196頁);回憶訪求柏林"吐魯番收集品"時,他又稱自己在出發前已將印度藝術博物館中亞組的藏品按編號順序寫好,並註明文物圖發表與否,重點盤查沒有發表過的藏品(第220頁)。20世紀末,跨國遊學的時間、金錢成本遠非今日可比,試想若無索驥之圖,若非提前對藏品有了基本把握,作者又如何能在極爲有限的訪問時間內,地毯式地爬梳各國藏品?而在目錄書之外,榮新江先生也提示後學:"做敦煌研究的人要了解其生成過程、發表先後順序,要對每一件寫本都弄清楚學術史之後再下手,找到有用的資料,在前人的工作之後進行研究。"(第272頁)這些都是極爲寶貴的經驗分享。

(2)黑白膠卷、IDP掃描件與原卷——史料本體不可替代。難見敦煌卷子的"真容",是一直困擾敦煌學研究者的難題。得益於技術的發展,從黑白膠卷/相片到彩色圖像,再到IDP掃描件,各大藏館的藏品逐漸以更清晰、更全面、更易得的方式呈現在研究者面前。這無疑是有利於學術研究進步的利好條件。但在本書中,榮新江先生仍然強調原件對於研究的不可替代性。對於摹寫件,榮先生指出羅振玉對P.2568《張延綬別傳》的摹寫存在漏字問題,告誡後學警惕二手傳抄的陷阱(第36頁);對於黑白膠卷,榮先生舉了S.4654《羅通達邈真讚》的案例,項楚先生是認字高手,但在只能接觸到模糊膠卷的情況下,不得不留下大量空格,而一旦看到原卷,問題自解(第16頁);對於IDP掃描件,或許是顧慮到後學會過度依賴、盲目信任IDP而忽視原卷的重要性,榮先生強調——研究紙張本身、研究紙張正背面圖版對應關係、研究注文對應關係都必須看原件(第25頁)。這些鮮活的例子,都説明了史料本體不可替代。對於初學者而言,IDP上高清的掃描件是快速掌握敦煌文書整體情況的捷徑,但若涉及掃描件無法回答的"疑難雜症"之時,回到原卷或許是唯一出路。

(3)口袋與資料庫——日常積累以待質變。敦煌吐魯番文書的一大特點就是"散",現藏地散、紙張散、信息更散。在書中,榮新江先生展示了眾多化散爲整,令人拍案叫絕的"靈光一現"。如殘片 S.11564 恰是 S.3329《張淮深碑》中間缺少的那個洞(第 170—173 頁),又如用 12 件世界各地的文書殘片拼合《武周大足元年西州高昌縣户籍》(第 103—104 頁)。這固然説明了史料(即便是殘片)對整體研究的重要性,但史料無聲,不會直接告訴讀者自己的"親人"是誰。要完成綴合,只有依賴史家對材料的熟悉度與聯想能力。那麼,這種"信手拈來"的本事是如何培養的呢?榮先生在書中也給出了答案。他説自己有很多口袋,研究通頻,就從通頻的口袋裏找資料;研究甘州回鶻,就抽甘州回鶻的口袋。一個口袋裏一堆材料,再加一加材料就可以寫一篇文章(第 53—54 頁);他又説自己會根據斯坦因的標記,爲和田文物的每個遺址建立檔案,匯總成相應的資料庫,"學術就是這樣慢慢積累起來的"(第 66—67 頁)。對於初學者而言,我們常會帶着"功利心"去看書、讀材料,希望過眼的每一條信息都直接服務於某一課題,因而苦惱於没有選題、没有有用的材料。榮先生的學術經歷則生動説明——功夫在平時,無心插柳之處可能柳樹成蔭。

三、學術共榮與未來方向

一本好書、一位好的學者都應該是具有學術牽引力的,能夠帶動一批人、一批研究。獨行者快,而衆行者遠,或許是對本書中勾勒的學術互助生態的恰當描述。20 世紀末的國際交流機會來之不易,榮新江先生能夠"滿世界尋找敦煌",離不開"貴人"相助。北大的導師張廣達先生,荷蘭萊頓大學的許理和教授,英國國家圖書館中文部主任吴芳思女士,爲其提供相關研究資料的貝利教授、格羅普教授、法蘭西 438 小組成員……作者在書中感歎自己的幸運,感激獲得的幫助,但這背後的核心邏輯仍然是其以自身的才識獲得了認可。更令人動容的是,他在受助後,也毫無保留地幫助他人。僅書中所記的學術援助,就足以列出一份長長的目録:

表 1 《尋找敦煌》所見榮新江先生給他人提供的學術援助

序號	相關人物/機構	相 關 情 況	書中位置
1	趙和平、周一良先生	爲二位先生的敦煌書儀研究核對"S.329 尾+S.361 首"的原卷,確定兩個卷子能夠拼接。	第一章第 14 頁
2	法國科學研究中心敦煌研究小組(438 小組)	給敦煌組寄了恩默瑞克、杜德橋關於 P.4518—27 毗沙門天王像的研究文章,以助他們編目。	第二章第 45 頁

序號	相關人物/機構	相　關　情　況	書中位置
3	饒宗頤先生	幫饒先生編《邈真讚校錄》。其中最重要的是三個可以綴合的卷子（P.3726+P.4660+P.4986），作者利用在巴黎看原卷的機會，畫清楚了紙縫。	第二章第 51—52 頁
4	中國人民大學國學院	在國學院要發展藏學與西夏學時，作者將自己的幾百本藏學書捐給了人大國學院。	第二章第 54 頁
5	楊富學先生	出借從恩默瑞克等學者處獲得的抽印本給敦煌研究院的楊富學。	第三章第 62 頁
6	相關研究者	將海貝勒的《中國研究文選》贈送給做西南少數民族研究的人。	第三章第 64 頁
7	張長利先生	將一些蒙元史的書贈送給在社科院民族所工作的張長利。	第三章第 64 頁
8	季羨林先生	爲季羨林先生尋找哈佛大學特肯教授幫東德科學院整理的《回鶻文譯本彌勒會見記》（1980 年出版）。	第三章第 78—79 頁
9	整理旅博藏文獻課題組成員（何亦凡）	《武周大足元年西州高昌縣戶籍》的 12 件殘片分藏於日本、俄國、芬蘭和中國的多個收藏單位，從 1985 年開始，作者陸陸續續積攢材料，後來由課題組成員寫成論文。	第四章第 104 頁
10	荒川正晴先生	將從日本有鄰館獲得的一口袋長行馬文書資料寄送給荒川教授，幫助其研究驛傳制度。	第五章第 120 頁
11	陳國燦、劉安志先生	將龍谷大學圖書館藏《書道博物館所藏經卷文書目録附解説》的複印件送給陳、劉二位先生，作爲他們編《吐魯番文書總目·日本收藏卷》書道博物館部分的底本。	第五章第 125 頁
12	學生包曉悦	讓學生根據《中村集成》，利用大藏經電子數據庫，比定斷片，重編成《日本書道博物館藏吐魯番文獻目録》，在《吐魯番研究》上發表。	第五章第 127 頁

序號	相關人物/機構	相 關 情 況	書中位置
13	北京圖書館	將日本國立國會圖書館所藏敦煌文書的微縮膠卷捐給了北京圖書館敦煌吐魯番學資料研究中心。	第五章第 127 頁
14	林其錟、陳鳳金先生	將羅振玉舊藏《劉子》殘卷的照片贈給林、陳二位先生,以助其修訂《敦煌遺書劉子殘卷集録》。	第五章第 129—131 頁
15	劉波先生	劉波先生計劃出版一本敦煌吐魯番題跋的書,作者爲其做序,並提供了先前查明的"素文"相關信息。	第六章第 135 頁
16	施萍婷、陳國燦、池田溫先生	將靜嘉堂吐魯番文書的相關消息告知諸位先生。	第六章第 136 頁
17	萬毅先生	將從天理圖書館獲得的整卷《太上妙本通微妙經》複印件交給姜伯勤先生的弟子萬毅,由其録文發表。	第六章第 140 頁
18	張涌泉、黃征先生	將拍攝的寧樂美術館藏敦煌《八相變》高清照片贈送給張、黃二位先生,供他們校注《敦煌變文集》使用。	第六章第 144 頁
19	學生陳燁軒	讓學生將杏雨書屋藏吐魯番出土《唐天寶二年交河郡市估案》殘片按照池田溫的復原本綴合,做了新復原本,並寫了相關文章,發表在作者編的《絲綢之路上的中華文明》中。	第六章第 158—159 頁
20	馬德先生	九州大學收藏的《新大德造窟簷計料文書》,是莫高窟建築史料。作者介紹敦煌研究院的馬德去找阪上康俊抄寫這份文書進行研究。	第六章第 159—160 頁
21	孫繼民先生	發現英藏文書《唐北庭瀚海軍牒狀文事目曆》是十分重要的唐代軍事資料後,作者把這批經帙揭示出來的材料送給了孫繼民先生,並告知相關細節,以助其寫成專著《唐代瀚海軍文書研究》。	第七章第 166 頁
22	張鴻勳先生	發現 S.9502 號《下女夫詞》是件珍貴的唐代婦女史研究材料,後來送給了天水師專的張鴻勳先生以供其撰寫專門的研究文章。	第七章第 170 頁

續　表

序號	相關人物/機構	相　關　情　況	書中位置
23	饒宗頤先生	應饒先生邀請幫助編寫《法藏敦煌書苑精華》時，把綴合的《敕河西節度兵部尚書張公德政之碑》(S.3329＋S.11564)告知饒先生，書中用了填補空缺後的照片。	第七章第173頁
24	一位北大博士生	將曹元忠牓文(S.8516 A＋C)背面塗漿糊的照片提供給研究宋代牓文的一名北大博士生。	第七章第173頁
25	郝春文先生	幫郝春文先生校社邑文書。	第七章第181頁
26	李正宇先生	幫敦煌研究院學者李正宇先生校録P.3829《吐蕃論董勃藏重修伽藍功德記》，以助其撰寫相關研究論文。	第七章第181—182頁
27	徐俊先生	幫徐俊先生校録敦煌詩歌，填補原録文稿的空缺處，以助《敦煌詩集殘卷輯考》的完善。	第七章第182—184頁
28	學生唐星	提供吉美博物館藏令狐懷寂告身的細節照片，指導學生進行研究、撰寫論文並推薦發表。	第七章第186頁
29	學生萬翔	幫助學生在課上的作業《俄藏敦煌遺書Ф.209號寫卷考訂》發表。	第八章第205頁
30	張娜麗	把一張珍貴的《一切經音義》舊照片交給了張娜麗。張以此照片和旅博的斷片爲中心，撰寫並發表了相關文章。	第九章第234頁
31	國家圖書館	國圖影印王重民先生拍攝的敦煌吐魯番文獻舊照片時，參用了作者對應的德藏吐魯番文書新編號。	第九章第236頁
32	學生林曉潔	買下德藏文書中的《新唐書》殘片(Ch.2132＋Ch.2286＋Ch.3623＋Ch.3761＋Ch3903)的照片，交給碩士生林曉潔研究。林在對比國圖同樣版式的《新唐書》後，撰寫並發表了相關文章。	第九章第236—237頁
33	學生李昀	指導學生整理旅博藏大谷文書時，由學生爲主復原了吐魯番本《文選》李善注《七命》，最後由學生撰寫、發表相關文章。	第九章第237頁

序號	相關人物/機構	相　關　情　況	書中位置
34	學生淩文超	指導學生研究《天寶八載天山縣鸜鵒倉牒》，並由學生撰文發表。	第十章第253頁
35	李際寧先生	代其核對葛斯德圖書館的磧砂藏。	第十章第254頁
36	張總先生	作者將弗利爾美術館藏有廬山開元寺流散的《十王經》寫本的消息告訴社科院宗教所的張總先生，張將這件寫本整理並發表。	第十章第261頁
37	周紹良先生	周先生要寫《讀史編年詩》的文章，作者聯繫徐俊先生後，將徐根據老照片填補過的録文本子交給周先生。	第十一章第273頁
38	吉田豐先生	受託幫吉田抄録了北京圖書館藏BD13607《阿毗達磨俱舍論實義疏》的開頭與結尾行。吉田由此確定北圖藏的漢文本和英藏回鶻本原屬同一本書。	第十一章第280頁
39	段真子	作者將首都博物館收藏的《佛説八相如來成道經講經文》的全套照片，以及藤井有鄰館的《八相變》資料交給段供其研究、撰文並發表。	第十一章第285—286頁
40	池田温先生	將購入的馮國瑞舊藏《開元十三年西州都督府牒秦州殘牒》照片給池田温先生看，以確定同類樣子的文書是否在日本。池田先生據此寫了一篇文章，交給《敦煌吐魯番研究》發表。	第十二章第310—311頁
41	迪拉娜	將國圖收藏的BD15370背面爲回鶻文藏卷的信息告知新博副館長伊斯拉菲爾。伊斯拉菲爾的女兒迪拉娜據此做成博士論文。	第十二章第312頁
42	中華書局	與張忱石先生共同努力，重新"發現"英國圖書館、愛爾蘭切斯特·比蒂圖書館藏《永樂大典》，並獲取了微縮膠卷，以供中華書局重印。	附録一

在這份表單中，有作者的師長，有同輩學者，也有晚生、後學。而這僅僅是作者穿插在行文中的零碎記憶，表單之外還有很多次的"助人"没有被記録

下來。比如書中提及的《唐景雲二年七月九日賜沙州刺史能昌仁敕書》，是有關唐代王言的珍貴資料（第 165 頁），後來交給雷聞先生研究發表。再比如榮先生曾提供一件關鍵的俄藏僧籍給中國人民大學的孟憲實先生，幫助其撰寫僧籍相關的論文。這樣的案例還有很多很多。這種慷慨無私，使作者一個人的學術旅行迸發出了一群人的強大力量，帶動了中外敦煌學界的共同進步。

榮新江先生營建"學術共榮"優良生態的努力，同樣體現在他對學術增長點的標記上。敦煌學界在各個領域的全面開花，對於入門者而言可謂"喜憂參半"。喜的是參考文獻的豐富，憂的是現有研究是否已"語無剩意"。關於這個問題，榮新江先生也給出了回答。他是先行者，但並沒有完成所有的任務。有什麼研究工作尚需努力，本書中幾乎都一一提示。筆者粗略整理如下：

表 2　《尋找敦煌》提示的學術增長點

序號	相　關　情　況	書　中　位　置
1	敦煌寫本《瑞像記》中除八大守護神之外的其他瑞像（如八大菩薩）與敦煌莫高窟畫、榜題的對照研究。	第一章第 17—18 頁
2	芬蘭、韓國、印度藏的敦煌吐魯番收集品。	第四章第 99 頁
3	根據 IDP 彩圖與原件，重新綴合校錄大谷文書。	第五章第 115 頁
4	對照《敦煌劫餘錄續編》與《敦煌將來藏經目錄》，發現不知所在的尚有八件文書。作者提示，有一定可能是被 1945 年接管旅順的蘇聯紅軍帶走了，可嘗試尋找。	第五章第 117 頁
5	東洋文庫內部發行的《濱田德海舊藏敦煌文書收集品目錄》中，最關鍵的像《神會語錄》《歷代法寶記》等去向成謎，仍需尋覓。	第五章第 127—128 頁
6	英藏敦煌文獻中 S.6980 之後佛教部分的資料（方廣錩編至 S.8400），到現在還沒完全佔有，如果 IDP 沒有上傳，則需看微縮膠卷。	第七章第 175 頁
7	吉美博物館的伯希和檔案，目前只有少量與中國學者的通信發表出來，還有伯希和考察日記全本已出版。但大量伯希和與當時其他國家考察隊、與同時代東方學家的通信，仍然沒有整理。	第七章第 187 頁
8	西藏薩迦寺很多牆壁是用書疊的，意大利藏學家圖齊聲稱在此見過全本的回鶻文大藏經，但目前還沒有找到。	第八章第 194 頁
9	黑水城出土文書是一個重要研究點，現在有非常大的團隊在做黑水城出的各種文書研究。	第八章第 195 頁

序號	相　關　情　況	書　中　位　置
10	ДХ.234《聖地遊記述》是否是王玄策《中天竺行記》的殘卷？以及 Ф.209《聖地遊記述》的考訂問題。	第八章第 205 頁
11	MIK III 520 白文《文選》寫本背面的神像（尊者頭部被摳掉），究竟是誰摳掉了尊像？畫中不同的圖像爲何如此組合？目前還没有人把這卷畫的内容解釋清楚。	第九章第 223 頁
12	《安周碑》的下落。	第九章第 231 頁
13	中古伊朗語的書在人大國學院是最多的，是一個寶藏，可惜利用率很低。	第九章第 240 頁
14	現在安徽博物院有一批很好的敦煌文書（可能出自張廣建手下在甘肅當官的安徽幫），還没有系統地發表過。	第十章第 261 頁
15	葉昌熾曾經從汪宗翰手中獲得過一部寫經。寫經三十一頁，葉昌熾説是梵文寫經，但實際上有可能是于闐文寫經。這三十一頁的寫經如今不知所蹤，如果發現了，做一個博士論文是可以的。	第十章第 261—262 頁
16	國家圖書館的四部分敦煌材料，都編了 BD 號： 第一板塊屬於《敦煌劫餘録》的部分，計 8679 號，從新編號的 BD00001 到 BD8679 號。基本上有用的材料都被人看過了。 第二板塊是極重要的，就是 1192 部分，從 BD8680 到 BD9871，前面大多是佛經，後面"周""殷""湯"字編號中有很多是世俗文書。這裏面有不少好東西，現在也不一定完全研究透了。 第三板塊就是"三千殘片"部分，從 BD9872 到 BD13775，中國人民大學國學院圖書館有藏。這個目録最近找到了，其實還有一些東西可以做。 第四板塊就是解放後的"新"字號，從 BD13801 到 BD15984，中間有些空號是過渡用的，這些年國圖還在買卷子。	第十一章第 271—272 頁
17	中國國家博物館藏董文員供養的《觀世音菩薩與毗沙門天王像》討論的人不多。	第十二章第 311 頁
18	解放後收集的"新""簡""臨"等編號的所謂"敦煌遺書"，其中的回鶻文部分似乎還没有人系統整理。國圖收藏的回鶻文文書有些放在民族組，甚至没有收到《國家圖書館藏敦煌遺書》中。	第十二章第 311—312 頁

續　表

序號	相　關　情　況	書　中　位　置
19	重新整理日本龍谷大學所藏大谷文書,出版高清彩色圖録和録文集;出版德藏、俄藏、芬蘭藏吐魯番文獻高清圖録;整理出版吐峪溝新出文書。	第十二章第 318 頁
20	尋找英國、愛爾蘭以及其他國家可能藏有的由士兵帶走的《永樂大典》。	附録一第 348 頁

　　需要明確的是,上表所列僅是筆者閱讀時注意到的提示,書中以及榮新江先生的講座、論著中,勢必有更多的導引。好書是值得反復咀嚼的。當我們苦於沒有研究方向時,熟讀此書,再進一步對照作者此前的幾部著作,或許就會柳暗花明、豁然開朗。

結　　語

　　百餘年前,中國失去了"敦煌"。以榮新江爲代表的幾代中國學者,都在奮力找回"敦煌"。尋找"敦煌"是爲了什麼？爲了研究敦煌,爲了爭取敦煌研究的中國話語權,這是陳寅恪先生提出的拯救方案。想要真正找回"敦煌"、重新擁有"敦煌",中國學者就需要掌握對敦煌文物的解釋權,需要在國際敦煌學術界發出中國的聲音,需要讓中國學者的成果成爲任何人再次研究時不可回避的"權威"。這並非自娛自樂的精神勝利,而是建立認同的重要環節。要實現這個目標,則需要前浪牽引、後浪奔涌,不斷補齊尋找"敦煌"、尋找中國的藍圖。這或許正是作者傾盡心血成書的殷殷期待,也是我輩後學努力的方向。

孜孜不倦　傳承發展
——《敦煌寺院會計文書整理研究》評介

胡培顯（西北師範大學）

王祥偉著《敦煌寺院會計文書整理研究》一書由上海三聯書店於 2023 年 12 月正式出版，該書系國家社會科學基金後期資助重點項目"敦煌寺院會計文書整理研究"的同名專著。

敦煌寺院會計文書内容非常豐富，是學界從事經濟史、會計史、政治史、民俗史等研究時經常引用的重要資料，而專門對敦煌寺院會計文書整理研究的前輩學者主要是唐耕耦先生，其《敦煌寺院會計文書研究》一書早在 1997 年由新文豐出版公司出版，不僅是敦煌寺院會計文書研究的重要成果，也是敦煌學研究中的一項標志性成果。後來，王祥偉先生在前人研究基礎上，孜孜不倦地對敦煌寺院會計文書進行研究，最終形成了《敦煌寺院會計文書整理研究》一書，該書對前人研究成果既有傳承，又有發展。《敦煌寺院會計文書整理研究》一書包括緒論和便物曆文書、施物曆與分㑛文書、什物曆文書、諸色入破曆文書、帳狀文書、帳狀和憑據文書考釋、敦煌寺院會計文書中的破用帳及相關問題等七章，該書結合傳統文獻和吐魯番文書、簡牘等出土文獻及明清檔案等資料，對敦煌寺院會計文書進行了分類研究，並且對每類寺院會計文書中的部分殘卷進行了拼接考證而盡可能恢復文書原貌，同時從會計史、佛教社會史、寺院經濟史等不同角度，對敦煌寺院會計文書中的相關問題進行了交叉研究，在研究方法上非常注重從縱向上進行比較研究。

在對敦煌寺院會計文書展開研究之前，該書利用簡牘資料和敦煌文書，對作爲文書名稱的"簿""籍"和"曆"之間的關係和演變進行了討論。認爲隨着時代的演變，簡牘時代的財物簿、名籍等文獻在敦煌文書中一般可以稱爲"曆"。如居延漢簡 562·1A 屬於"計簿"，其内容是逐日條列帳目的序時流水帳，而敦煌文書 S.6829V《丙戌年（806）正月十一日後緣修造破用斛斗布等曆》是"破用曆"，内容也是按照時間序列依次記錄支出麥粟等物的流水帳。又如居延漢簡《建平五年十二月官吏名籍》與敦煌文書 S.5509《甲申年（925）十二月十七日王萬定男身亡納贈曆》的格式均是先記錄人名或職務名，然後記錄物品數量，雖然二者格式相似，但前者稱爲"名籍"，後者稱爲"曆"。同時又指出，敦煌文書中並非用"曆"完全取代了"簿""籍"之名，而是"曆"與"簿""籍"共存。

討論完會計帳曆文書名稱的演變後,該書展開對敦煌會計文書的分類研究。

首先,對敦煌寫本便物曆的起源及性質進行了探討。關於便物曆的起源與性質,學界多有討論,並且觀點不同。該書對這些問題重新進行了討論,討論過程不再僅僅停留在敦煌便物曆文書本身和敦煌地域内,而是放大時空範圍,將包山楚簡中的貸金簡及鳳凰山漢簡中的《鄭里廩簿》等資料與敦煌便物曆文書從内容、結構、貸便目的等方面進行比較分析,從而認爲便物曆最初的產生與佛教的救濟借貸活動無關,而是與政府的救濟借貸活動密不可分。早在先秦時期,“便物曆”類文獻就已經伴隨着政府的各類借貸活動而產生了,只不過當時還没有用“便”字作爲借貸符號,也没有用“曆”字來命名此類文獻,故當時没有“便物曆”之類的名稱而已。在便物曆的功能和性質方面,研究認爲便物曆與契約在功能和性質方面密切相關,那種有畫押、見人或口承人而發揮借貸契約作用的便物曆是契約的簡化形式,雙方都具有會計憑據和法律證明等方面的功能,故雙方的性質也是統一的。這些觀點與以往學界的觀點多有不同,大大推進了便物曆文書的研究。

其次,對記録寺院佈施物的相關會計文書進行了全面系統的整理研究。將記録佈施物的文書分爲施物曆、施物賣出曆、分嚫曆、嚫狀等,同時從種類、記帳格式、記帳特點及其相互關係等方面進行了分析討論。在對施物曆和分嚫曆文書的討論方面提出了許多新觀點,如在對分嚫曆文書進行溯源時,認爲吐魯番阿斯塔那和哈拉和卓墓中出土的相關高昌國時期的文書與敦煌分嚫曆文書在結構、性質、記帳符號等方面密切相關,因而這些吐魯番文書也是分嚫文書,並且是目前所能看到的關於佛教僧侶分配嚫利的最早記録。又如認爲嚫狀是以寺院爲單位,由寺院自己以狀文形式具報的本寺應分嚫僧尼的名單,同時考證出 P.3600、P.3619 中的諸寺狀文才應是嚫狀文書,而以往被認爲是嚫狀文書的 P.2250V 雖然與嚫狀關係密切,但其應爲勾檢分嚫曆。

最後,對什物曆的名稱和意義、諸色入破曆文書的結構和性質,以及敦煌寺院的四柱帳狀文書等分別進行了探討,認爲雖然學界將敦煌寺院的什物曆文書擬名爲“曆”,但其實有的什物文書原來的標題是“籍”而非“曆”,只是由於“籍”“曆”在敦煌文書中有時可以互用,不會影響文書的性質罷了。一件完整的入破曆文書應有標題、具體帳目、統計數據、負責人等基本構成要素,但敦煌寺院入破曆文書的要素和結構並不完全統一,這主要是由造曆目的、造曆者身份的不同等因素所致。敦煌寺院的四柱式算會牒文書在漢代簡牘中稱爲“簿”,在唐宋時期的文獻中又稱爲“案狀”“帳狀”,這類文書的四柱記帳符號經歷了漫長的演變過程,直至明清時期,四柱符號才最後得以定型;四柱帳狀中對外欠帳的登載方式並不相同,在將不同登載對象的數量進行合計時也會採用不同的合計方法。

在對敦煌寺院會計文書進行分類研究的同時,該書還對每類會計文書殘卷進行拼接綴合和考證。文獻是進行歷史研究的基礎,然而由於種種原因,一件敦煌寺院會計文書往往被撕裂爲若干部分而分藏於世界各地,導致文書信息缺失,極大地影響了文書的研究價值。該書對數十件敦煌寺院會計文書殘卷從綴合拼接復原、內容、性質、所屬機構和年代等方面進行了整理考證,從而使得這些文書的內容更加完整,所含的歷史信息更加豐富和明確。如將殘卷 Дх.01426、P.4906、Дх.02164 綴合在一起,並考證出是 962 年報恩寺的破曆文書;將殘卷 S.4649、S.4657(2)、S.7942 綴合在一起,並考證出是 970 年報恩寺的破曆文書;將殘卷 Дх.00981、Дх.01311、Дх.05741、Дх.05808、S.5927V 和 S.9405 綴合在一起,考證出是 856 年龍興寺諸色入破曆算會牒文書;將殘卷 S.1600(1)、S.1600(2)、Дх.01419、S.6981(1) 綴合在一起,考證出是 960 年 12 月 11 日至 963 年 12 月靈修寺招提司諸色入破曆算會牒稿文書。諸如此類的整理考證成果多達數十件,大大豐富了敦煌寺院會計文書的內容,提高了文書的研究價值。

在對敦煌寺院會計文書進行分類研究和綴合考證的同時,該書還將敦煌寺院會計文書中豐富的破用帳與佛教社會史、寺院經濟、民俗等問題結合起來進行研究,具體是在對勞作破用帳、人事破用帳、弔孝破用帳、教化乞施破用帳進行梳理的基礎上,對破用帳的內容、數量及其比重等問題進行了分析討論,同時還對破用帳所體現出的敦煌寺院經濟的性質、敦煌佛教的社會化和敦煌民俗等問題進行了討論,這種交叉研究促進了敦煌寺院會計文書研究的深入。

總之,該書的研究內容較爲廣泛,觀點和研究方法多有創新,不僅使敦煌寺院會計文書的內容更加豐富完整,爲學界的相關研究工作提供了便利,而且在一定程度上促進了敦煌寺院會計文書的研究,增添了會計史、佛教社會史和敦煌學的研究內容,是敦煌學研究領域的又一項重要成果。

當然,雖然作者對敦煌寺院會計文書盡可能全面地進行整理考證,但是由於某些文書內容殘缺太多,故其所屬機構或年代尚未考證出來,從而在一定程度上限制了對敦煌寺院會計制度和寺院經濟等問題的全面研究。因此,作者仍需繼續挖掘相關文書內容中所含的信息,並利用不斷公佈的零星敦煌文書資料,對敦煌寺院會計文書進行考證和完善。

月氏的歷史遷徙與文化融合
——讀《絲綢之路上的大月氏》

趙東凱(蘭州大學)

　　劉全波教授所著通俗讀物《絲綢之路上的大月氏》(陝西師範大學出版社,2024年)以九章篇幅,爲我們徐徐描繪出一幅大月氏興衰沉浮的歷史畫卷,勾勒出其動態遷徙的壯闊軌蹟。從河西走廊啓程,跨越沙漠戈壁、雪山綠洲、高山草原,直至阿姆河流域,大月氏的多次西遷不僅是地理空間的轉移,更是不同文明之間碰撞交融的歷史縮影。書中對遷徙路徑的考古印證,如沙井文化遺存與新疆巴里坤草原的緊密關聯,以及匈奴崛起所引發的政治連鎖反應,無不凸顯了大月氏作爲歐亞文明互動"催化劑"的重要角色。强調了大月氏在遷徙過程中與塞人、烏孫、匈奴等民族的深度互動,及其在東西方文化交流中的橋樑作用,綜合考察了大月氏的遷徙歷程、小月氏的歷史貢獻,以及未竟的學術爭議,旨在爲讀者呈現一幅全面、立體的大月氏歷史畫卷,揭示其在絲綢之路文明進程中的關鍵作用。

　　歷史上的歐亞腹地,幅員之廣,涵蓋裏海以北、河中地、伊朗高原,向東延伸到哈薩克草原、蔥嶺、天山南北,甚至觸及河西走廊地帶,這一地區也是陸上絲綢之路的貿易中心區域,[①]作爲東方文化圈與西方文化圈的文明緩衝地帶,往往是文化碰撞和人群衝突的前沿。西自歐亞大平原,延至阿爾泰山脈東、西,各草原遊牧部落在這片應許之地上,諸族並立、繁衍生息,因其文化特徵趨同,雖名稱各異,但應同屬印歐人種,統稱之爲"塞種"。[②]在這一時期,草原遊牧文明與東、西方文化圈並存且相互影響,三大文化圈之間也存在較大範圍的交互地帶,而神秘的月氏在此後的很長一段時間,活躍在遊牧文化圈、東方文化圈及其交互地帶之間。

　　"月氏(yuè shì)"一詞在今天的普遍看法,是作爲我國古代西北的民族名,又作月支(yuè zhī),其族先居今甘肅敦煌市與青海祁連縣間。我們通過翻檢史籍,可以得知在漢文帝前元六年(前174)時,月氏遭匈奴攻擊,西遷至塞種故地今新疆伊犁河上游一帶,稱大月氏,其餘不能去者入祁連山區,稱小

---

　　① 榮新江先生認爲:"漢唐絲綢之路的基本走向是,陸路從長安或洛陽出發,經河西走廊、塔里木盆地,越過帕米爾高原,進入中亞、伊朗、阿拉伯和地中海世界。"其中心與月氏歷史上的活動範圍大體重合,參見榮新江《絲綢之路與東西文化交流》,北京:北京大學出版社,2015年,第2—3頁。
　　② 漢文稱之爲塞種;波斯文獻稱之爲塞克、薩迦;希臘、羅馬文獻稱之爲西徐亞、斯基泰。參見劉全波《絲綢之路上的大月氏》,西安:陝西師範大學出版社,2024年,第2頁。

月氏。《漢書·張騫傳》載"騫以郎應募使月氏",張騫所去的就是大月氏。關於月氏一詞的實際含義,則衆説紛紜。① 而月氏的祖源在何地,何光嶽認爲月氏祖先是有族,歸姓東夷的一支。② 此處所説的"有族",見諸古籍中,本歸姓,爲東夷族的一個分支,叫鬱夷,又作禺夷、禺氏、禺知。《尚書》中稱帝堯"分命羲仲,宅嵎夷,曰暘穀",又有"海岱惟青州,嵎夷既略"。可見它是個古老的部族,③在帝堯時,已是散佈於東方海濱青州一帶的强大部族。這一支先民與夏、胡、河爲同族,起源於山東、江蘇交界地方,約當公元前五六千年時,他們逐漸沿著黄河南岸不斷西遷,一支定居於河南中部,建立有國,另一支繼續過著遊牧生活,沿著黄河東岸北遷,經河套到河西走廊,稱爲禺知,即大月氏。在這條古老的道路上,大月氏的西遷歷程無疑是其中濃墨重彩的一筆,其影響深遠,值得深入探究。

《史記》載月氏居敦煌祁連間,④雄踞河西走廊,憑藉東西咽喉的地理優勢,經營著絲綢之路的前身——玉石之路,主導其交通與貿易,使得國力富强,一度控弦者可一二十萬,實力躍居烏孫、匈奴等部族之上,是謂"東胡强而月氏盛"。⑤ 然而當秦漢之時,北方草原正醞釀著一場顛覆性的權力更迭,匈奴的崛起如風暴般席捲草原,月氏的命運也悄然發生了轉折。冒頓單于以鳴鏑馴服匈奴諸部,將"控弦三十餘萬"的遊牧鐵騎指向南方,控扼交通要道的河西走廊首當其衝,來自草原的鋒芒直指月氏腹地。《漢書·西域傳》載:"至冒頓單于攻破月氏,而老上單于殺月氏,以其頭爲飲器。"⑥將月氏王顱骨打作飲器的事件,不僅是軍事征服的象徵,更是對心理防綫的衝擊。

在匈奴人的猛烈攻擊下,月氏人被迫西遷。首次遷徙如驚弓之鳥,未能跟隨轉移的小部分族群,退入祁連山脈中"保南山羌",即小月氏。⑦ 月氏主力

---

① 李炳海認爲:"月氏指月亮降落的地方,亦即西方邊遠地區。氏的本字指人手提著物品,衍生出下行、降落之義。"《漢書·張騫李廣利傳》提到張騫出使月氏,師古注:"月氏,西域胡國也,氏音支。"陶宗儀在《説郛》卷八五中引釋適之《金壺字考》曰:"月支,月音肉,支如字。亦作氏。"月字讀爲肉,這種情況在古代早期文獻中確實有案例可尋。參見:李炳海《西域國名大月氏、安息、條枝考釋》,《江漢論壇》2021年第9期,第1頁;(東漢)班固撰,(唐)顔師古注《漢書》卷六一《張騫李廣利傳》,北京:中華書局,1962年,第2687頁;《漢書》卷九六《西域傳》,第3872頁;(明)陶宗儀《説郛三種》,上海:上海古籍出版社,1988年,第3933頁。

② 何光嶽《鬱夷、大月氏的來源和遷徙》,《新疆社會科學》1986年第5期,第1頁。

③ (西漢)孔安國傳,(唐)孔穎達疏《尚書正義》卷二《堯典》,李學勤編《十三經注疏》,北京:北京大學出版社,1999年,第29、141頁。

④ (西漢)司馬遷《史記》卷一二三《大宛列傳》,北京:中華書局,1959年,第3162頁。原文如下:始月氏居敦煌、祁連間,及爲匈奴所敗,乃遠去,過宛,西擊大夏而臣之,遂都媯水北,爲王庭,其餘小衆不能去者,保南山羌,號小月氏。

⑤ 《漢書》卷九四《匈奴傳上》,第3748頁。

⑥ 《漢書》卷九六《西域傳》,第3890—3891頁。

⑦ 李炳海認爲,這裏的大、小之稱,是以距離中土遠近所作的劃分。在《詩經·小雅·大東》也有"小東大東"之語,清人惠周惕作了如下辨析:"小東大東,言東國之遠近也。《魯頌》'遂荒大東',箋'大東,極東也'。"因此,我們根據其距離推斷,此言是可取的。而漢時所謂的大、小月氏,同理也可推斷。其中距離中原遥遠的月氏人爲大月氏,距離中土較近的月氏人則爲小月氏,如此理解也符合實際。參見李炳海《西域國名大月氏、安息、條枝考釋》,《江漢論壇》2021年第9期,第85頁。

則不得已遠離故土,倉皇西遁,至東天山地區又遭遇匈奴右賢王的一次近乎致命的打擊,月氏只得再次奔逃,並携哀兵之勢一舉擊敗了伊犁河流域的塞人,佔據了這片肥沃的土地。似乎逃亡的月氏人這次可以在伊犁河流域安頓下來,重建他們的家園,但與月氏爲世仇的烏孫卻得到了匈奴的支持,以復仇之名向月氏發起進攻,月氏再度潰退。故國淪喪,新占之地又難以立足,其部族如風中蓬草,疲憊之師只得向西、南遷徙,飄向中亞的阿姆河畔,最終攻破佔據此地的大夏,月氏竟以敗軍之姿重新建立了他們的國家。① 之後的時間里他們吞併大夏、南侵印度河流域,並在犍陀羅的佛像與大夏希臘化城邦的殘垣間,播撒下貴霜帝國的種子。

大月氏的西遷對西域、中亞、南亞地區產生了深遠的影響。劉全波認爲,月氏的西遷打亂了西域原有的民族構成與政權格局,並且引發了西域諸國的新一輪遷徙與勢力整合。② 他們在阿姆河流域定居後,迅速融入當地社會,與原有的塞人等民族相互交流融合。西遷的大月氏分爲五部,各部落首領稱爲"翕侯"(休密翕侯、雙靡翕侯、貴霜翕侯、肸頓翕侯、高附翕侯)。兩漢之交時,貴霜翕侯征服其他翕侯,統一各部落後自立爲王。之後入侵安息,攻佔高附,滅亡濮達、罽賓等國,後侵入印度西北部,滅亡天竺,建立對南亞恒河和印度河流域的統治權。《三國志·魏書》記載:"罽賓國、大夏國、高附國、天竺國皆並屬大月氏。"③東漢末年,大月氏逐步走向衰落,東晉末年,貴霜這個橫亘在東西通道咽喉上的大帝國終於在嚈噠的打擊下滅亡。

月氏的潰散與重生,悄然改變著西域至南亞的文明交融。《後漢書·西域傳》載:"月氏自此之後,最爲富盛,諸國稱之皆曰貴霜王。漢本其故號,言大月氏云。"④他們失去了對河西玉石之路的主導,卻意外成爲佛教東傳與文化交融的早期媒介。貴霜迦膩色伽時代的金幣上,佛陀與波斯、希臘神祇的形象共存,印度河畔,佛陀法相刻上犍陀羅石壁,月氏與土著的融合催生出犍陀羅藝術,其希臘化佛陀造像沿絲路東漸,在敦煌石窟中也可一窺東西美學相融的藝術,恰是月氏文化寬容政策下,東西文明交融發展的實物證明。

史書載月氏王爲匈奴冒頓所殺,其大部西逃蔥嶺(大月氏),小部退入祁連山、昆侖山。大月氏主體不斷西遷,每次西遷時總會留下小衆不能去者,即小月氏。書中稱其爲"被人遺忘的小月氏",劉全波認爲,這些留居原地不曾遷移的月氏人,經常被人遺忘,但他們是歷代民族遷徙過程中不遷徙者的代

---

① (西漢)司馬遷《史記》卷一二三《大宛列傳》,北京:中華書局,1959 年,第 3162 頁。
② 書中以匈奴擊敗大月氏時的西域二十六國與東漢班固所記載西域三十六國進行對比,得出月氏西遷是一次西域政治格局的一次大洗牌,大整合。參見劉全波《絲綢之路上的大月氏》,第 49—50 頁。
③ (西晉)陳壽《三國志·魏書》卷三〇《倭人傳》,北京:中華書局,1959 年,第 859 頁。
④ (劉宋)范曄《後漢書》卷八八《西域傳》,北京:中華書局,1965 年,第 2921 頁。

表,應當給予他們重視。① 小月氏常被人們遺忘,可並非從歷史中消失,更不會被史家遺漏,這支部群雖小,卻仍可在史冊中得見一二,尤其是在西北地區的民族交往格局中,仍發揮著重要的文化紐帶作用和軍事價值。湟中月氏胡與羌人"錯居雜處""被服飲食言語略與羌同",可見其與羌人的融合,《漢書·景武昭宣元成功臣表》載,元封四年(前 107),騠兹侯稽谷姑率小月氏右苴王部千騎降漢,獲封食邑千九百戶;瓡讘侯杆者更以七百六十戶之封,成爲漢廷羈縻政策的縮影。② 這些歸附者絕非被動棋子:當趙充國平定西羌叛亂時,"湟中月氏胡四千騎"與漢軍協同作戰,其"勇健富強,每以少制多",③湟中月氏胡既助漢廷平羌亂,又隨董卓鐵騎捲入東漢末年的紛爭,甚至捲入廢立天子的政治漩渦。

當小月氏蜷縮祁連山時,其族群記憶仍保留著通往西域的路綫情報——這些碎片化知識,或許通過河西"小月氏種""義從胡"傳入漢廷,成爲張騫、班超等人西行路綫的潛在參考。張騫"鑿空西域"的壯舉,某種程度上是一場追尋月氏蹤蹟的地理探險,一條因戰亂而廢棄的玉石之路,被漢使持節重新點亮爲絲綢之路。更深遠的意義是,小月氏故地(如敦煌、酒泉)恰是玉石之路與絲綢之路的重疊段,其部眾的定居點客觀上維繫了商道局部暢通。正如懸泉漢簡所載"送大月氏客"的驛置記錄,小月氏雖不再是絲路主宰,卻以商道中介的身份使得東西物資與信息的流動更加順暢。中原內地也有大量月氏人的記錄,他們大都冠以支姓,如東漢支通期、唐代支光家族,其族裔墓志中的"支"姓,如同散落史海的綫索,標記著這個族群從域外部族到漢地編戶的改變。留居祁連的小月氏,如文化基因的活化石,與周邊漢、羌、胡等民族雜糅共生,留下中原史冊中"義從胡"的模糊剪影,亦成爲民族遷徙中"不遷徙者"的典範。

斯基泰人與塞人有何區別?月氏人是否與塞人先民的後代有關?古籍中"禺知"是否是月氏的古名?月氏居敦煌祁連間之前此地是否有先民?月氏西遷抵達伊犁河流域時趕走的塞人下落如何?途經大宛時爲何相安無事?月氏所滅的大夏是何背景?貴霜帝國是否爲大月氏直系後裔?滅亡貴霜的嚈噠與大月氏人是何關係?諸多學界爭論激烈、懸而未決的爭議,作者都基於史實,經過客觀的分析與考慮,給出了中肯的回答。大月氏固然輝煌,小月氏雖未能建立帝國霸業,卻在漢羌匈奴的三方角力場中,以"小族大用"的姿

---

① 劉全波《絲綢之路上的大月氏》,第 91 頁。
② 原文爲:騠兹侯稽谷姑,以小月氏右苴王將衆降,侯,千九百戶。(元封)四年十一月丁未封,三年。太初元年薨,亡後。琅邪。瓡讘侯杆者,以小月氏王將軍衆千騎降,侯,七百六十戶。正月乙酉封,二年薨。六月,侯勝嗣,五年,天漢二年薨,制所幸封,不得嗣,河東。參見《漢書》卷一七《景武昭宣元成功臣表》,第 660 頁。
③ 《後漢書》卷一六《鄧寇傳》,第 609 頁。

態迸發出自己的聲音,他們未被寫入貴霜帝國的壯闊史詩,卻在《漢書·景武昭宣元成功臣表》的爵位名録中,留下"騠茲侯""瓡讘侯"等封號,内遷至琅邪、河東等地,在時代的奔騰中,逐漸融入中華民族的歷史長河。

　　因匈奴崛起引發的多米諾效應,迫使月氏在河西走廊—伊犁河谷—阿姆河流域的漫長征途中不斷行進,不斷解構與重構其文明認同。這種流動性與適應性,恰是絲路文明的精髓所在。今日學者凝視沙井遺址的彩陶殘片、比對貴霜與月氏墓葬的器型譜系,或是在追問另一個命題——究竟是大月氏連通了絲路,還是絲路重塑了大月氏? 月氏—貴霜的歷史敘事,興衰更替,他們簇擁著來自草原的武士改寫了歐亞大陸中心地帶的政治基因,卻也在印度河的洗禮中稀釋了遊牧血脈。過往歷史的答案,或許深埋於河西黃沙,或許冰封於雪山蔥嶺,亦或許如阿姆河粼粼波光,後人不懈追問與翻尋,在歷史與記憶的交織中永遠閃動。

　　基金項目:本文係甘肅省民族事務委員會鑄牢中華民族共同體意識研究項目一般項目:"《中華民族交往交流交融史料彙編(甘肅卷)》成果轉化路徑和實踐探索方法研究"(2024－YJXM－08)階段性成果。

書 訊 三 則

《敦煌學大辭典》(第二版)出版
吳映穎(上海師範大學)

郝春文主編《敦煌學大辭典》(第二版)已於 2024 年 12 月由上海辭書出版社出版發行。

《敦煌學大辭典》(第二版)編纂工作於 2018 年 4 月由中國敦煌吐魯番學會、敦煌研究院、上海辭書出版社共同發起,由時任中國敦煌吐魯番學會會長郝春文擔任主編,榮新江、方廣錩、趙聲良、張涌泉、鄭炳林、伏俊璉、張敏擔任副主編,組織敦煌學界近 160 位中青年學者耗時 6 年編纂而成。

《敦煌學大辭典》(第二版)對季羨林主編的《敦煌學大辭典》(1998 年版)進行了全面修訂和系統增補。在內容編纂方面體現出專業性、系統性相結合,世界性、時代性相統一的鮮明特點。詞條數量由第一版的 6 900 餘條增加至 12 000 餘條,圖片數量由 600 餘幅黑白圖片增加至 1 200 餘幅高清彩圖,字數由 240 萬字增加至 400 餘萬字。該書不僅全面增補了 20 世紀以來重要的敦煌學考古成果和 20 世紀末以來重要的敦煌文獻刊佈與整理研究成果,還系統增加了現代科技在敦煌學研究與保護應用方面的詞條,現當代重要的國內外敦煌學人物類詞條,與敦煌古代歷史相關的人、事、物類詞條,以及第一版未收錄的碑銘讚、尊像畫等其他重要門類詞條。

《敦煌學大辭典》(第二版)是一部總結敦煌學最新研究成果、反映中國敦煌學研究水平、適應敦煌學學科發展需要的大型專科辭書。該書的出版,是中國學者掌握國際敦煌學主導權和話語權又一重要標志性成果,爲新時代敦煌學研究樹起新的里程碑,對於傳承和弘揚以敦煌文化爲代表的中華優秀傳統文化、推動社會主義文化大發展、大繁榮以及建設中華民族現代文明具有重要意義。

《滿世界尋找敦煌》出版
鄒　玉(上海師範大學)

榮新江著《滿世界尋找敦煌》一書已於 2024 年 5 月由中華書局出版發行。
該書以"學術+遊記"的獨特視角,記錄了作者 40 多年來到世界各地尋訪敦煌文獻的親身經歷。全書十二章,按照作者尋找敦煌寶藏的時間順序進行敘述,呈現了其奔赴荷蘭、英國、法國、德國、丹麥、瑞典、日本、俄國和中國的尋訪過程。只要查到和敦煌相關的信息,作者就去找,就這樣一站一站地跑,體現了作者爲學術"刨根問底"的精神。從倫敦到巴黎,從哥本哈根到聖彼得堡,四十年來,作者一路追尋敦煌文獻的吉光片羽,尋找敦煌寶藏,尋找民族之魂。該書內容以敦煌的東西爲主,但不限於敦煌,也包括吐魯番、和田、庫車、焉耆出土的東西,都構成了作者"滿世界尋找敦煌"的話題。附錄還有作者重新發現流失海外的《永樂大典》和調查斯卡奇科夫所獲漢簡的故事,與滿世界尋找敦煌吐魯番的掌故相比同樣精彩。

該書是當代學者如何通過國際合作推動敦煌學研究的回憶錄,是研究者的個人學術成長史,也是一部敦煌學的學術史。

《甘肅藏敦煌文獻》(13—30 册)出版
肖翊婷(上海師範大學)

敦煌研究院編,趙聲良、蘇伯民主編《甘肅藏敦煌文獻》(13—30 册)高清全彩圖錄已於 2024 年 9 月由甘肅教育出版社出版。

《甘肅藏敦煌文獻》系全國古籍整理出版規劃領導小組主持的"敦煌文獻系統性保護整理出版工程"重點項目——《敦煌文獻全集》的子項目,旨在以高清全彩方式高水平集成刊佈、高質量系統整理甘肅省收藏的敦煌文獻。《甘肅藏敦煌文獻》共 30 册,前 12 册已於 2023 年 12 月出版。《甘肅藏敦煌文獻》收錄甘肅省內 11 家單位收藏的 1183 號敦煌漢文文獻。其中,以佛經居多,也有不少經、史、子、集"四部書"及社會文書。編纂團隊對文獻進行了深入整理、研究,詳細著錄了文獻的編號、名稱、題記、現狀等情況,特別是根據最新研究成果,對之前部分文獻重新進行了定名、勘誤;同時,新增了 473 號敦煌研究院藏敦煌文獻信息。

《甘肅藏敦煌文獻》是一部集歷史、藝術、學術於一體的珍貴文獻集。它的整理與出版爲敦煌學研究提供了權威可靠的圖版文本,對敦煌文化的永續傳承具有重要意義。

桃李遍天下，著述已等身

——郝春文教授與敦煌遺書讀書班三十年回顧

吕麗軍（太原師範學院）

敦煌藏經洞的開啟是 20 世紀中國最重要的文化發現，伴隨七萬多件中古時期文本的流散，一門新的國際顯學——"敦煌學"誕生了。一百多年來，對敦煌遺書的整理代不乏人，每個時代的研究者都對敦煌遺書的整理和研究做出了重要貢獻。郝春文教授和他開設的敦煌遺書讀書班置身其中，在人才培養和敦煌遺書的整理和研究方面都做出了令世人矚目的成就。

一、開設敦煌遺書讀書班的歷程

1993 年，郝春文先生首次爲首都師範大學歷史系 90 級本科生開設選修課"敦煌文獻研讀"，開設這門課程的初衷是想改革高校的教學方式。當時首都師範大學歷史學課程的教學是以課堂教學爲主，基本模式是教師滿堂灌，學生在下面努力記筆記。而"敦煌文獻研讀"課則採用小班制的討論課形式，即由教師指導同學自己動手整理敦煌遺書，每次課均由一名同學講授自己整理的文書，其他同學參與討論修改，其目的是提高本科生的動手能力和處理史料的能力。這門課程最大的特點是將以教師爲中心轉變爲以學生爲中心，教師只作引導、啟發、糾偏，這種新穎的教學方式受到學生歡迎，也收到了很好的效果。這門課程作爲首都師範大學歷史學的特色課程，自 1993 年以後，一直斷斷續續地開設，並逐漸由本科生高年級的選修課發展爲面向研究生和本科生的選修課。

2010 年，以郝春文教授爲首席專家的"英藏敦煌社會歷史文獻整理與研究"獲批國家社科基金首批面向基礎研究的重大招標項目。此後，郝春文老師將敦煌遺書讀書班和"英藏敦煌社會歷史文獻整理與研究"結合了起來。自 2011 年初開始，讀書班開始圍繞英藏敦煌文獻進行，常年開設，延續至今。2011 年以後的敦煌遺書讀書班，不僅首都師範大學的研究生和本科生可以選修，也常有北京大學、清華大學、北京師範大學等高校的研究生前來旁聽。已經畢業參加工作的讀書班成員也有繼續堅持參加讀書班的，如上海師範大學的宋雪春老師和山東大學的武紹衛老師就線上參加了 2022 年春季的讀書班。游自勇老師作爲讀書班的"都講"（助教），則參加了 2011

年以後的歷次讀書班。最近兩年,受疫情影響,讀書班無法正常在綫下舉辦,於是改爲綫上進行。

二、敦煌遺書讀書班的具體做法

讀書班的做法類似學習游泳,每次開班第一講都是由郝老師講"如何整理敦煌遺書"。其内容包括:1. 如何辨認敦煌遺書中的俗字,並介紹若干種查閱敦煌遺書中俗字的工具書;2. 説明敦煌遺書原件、圖版在整理敦煌遺書中的重要意義,以及如何尋找敦煌遺書的彩色圖版和黑白圖版等,並强調釋録敦煌遺書文字的基本要求是反復核對圖版;3. 介紹如何檢索有關敦煌遺書整理和研究的成果,要求是徹底調查每件敦煌遺書的校録成果和相關研究信息;4. 如何查找和確定敦煌文本的參校本;5. 解釋敦煌遺書中名詞的方法;6. 確定敦煌遺書的性質和年代的主要方法;7. 整理敦煌遺書的基本體例和基本原則。以上内容類似學習游泳時教練所講的"游泳常識",下一步就在教練指導下下水,在水中經過自己的實踐體驗逐漸把握游泳的技巧。敦煌遺書讀書班也是這樣,在講過"如何整理敦煌遺書"以後,郝老師會給每個選課的同學分配一件敦煌遺書,讓他們依據老師講述的整理方法自己動手整理。以後的課程就是由參與的同學輪流上臺講解自己整理的文書,其他同學則參與討論和修改。每件提交讀書班討論的文書都要求在一周前將初稿發給全體讀書班成員,以便大家在課下準備意見。在讀書班上,大家就該文本釋文的正誤、校記格式、寫本性質、參考文獻、參校本、前人釋文等各方面問題自由發表自己的看法。由於同學整理的文本一般存在問題會比較多,所以讀書班往往是逐句逐段討論。

早期的敦煌讀書班是以訓練選修同學處理史料的能力爲主,2011 年以後的讀書班則越來越突出研究性質。這是因爲讀書班已經和完成國家重大課題結合在一起,所以通過讀書班統一體例和在具體實踐中逐漸把握體例以及解決整理工作中出現的疑難問題日益成爲讀書班的主要工作。由於《英藏敦煌社會歷史文獻釋録》具有嚴密的體例,已形成一套獨有的釋録模式,每個參加者在整理實踐中真正準確掌握這套體例並非易事,也很難一蹴而就。所以,讀書班就是通過一個個具體案例的反復糾正,使參與者逐漸掌握體例的具體運用。至於通過讀書班解決整理中的疑難問題,可以舉出的例證很多。如斯 1815 背之"除夕驅儺文",墨色極淡,很難辨識,此前《敦煌詩集殘卷輯考》《全敦煌詩》僅釋録了前四句。在讀書班上通過大家反復研讀該件 IDP 彩色圖版,不僅辨認出爲其他驅儺文所不載的"著火鬼""受作鬼""師姑鬼""腳子鬼""偷羊鬼"等"新鬼",而且最終將以往釋録者未能釋録的絶大部分文字都辨認出來了。

讀書班最富有魅力和最吸引人的是民主、平等的學術氛圍，作爲《英藏敦煌社會歷史文獻釋録》主編的郝春文先生和副主編游自勇教授不會因自己的身份而居高臨下，討論任何一個問題，大家都是以證據和學理爲評判準則，而不是以發言者的身份地位定對錯，即使修改一個標點符號，如果新學員説的是對的，意見也會被吸取。所以，在這樣的氛圍中，新加入的學員逐漸地也敢於表達自己的看法，真正做到了暢所欲言，即便有時有的意見尚顯初級或不正確，老師們也能夠耐心地講出正確的解決方案。正是在這個過程中，新學員得到了鍛煉與鼓勵，課下會花大量功夫查找資料、深入思考，最終達到培養人才的目的。

三、敦煌遺書讀書班與人才培養

30 年來，先後參加過郝春文老師開設的敦煌遺書讀書班的學員已有數百人，他們在經歷了嚴格而系統的敦煌文獻整理與研究的學術訓練後，現在散佈在全國各地的大學、科研院所、圖書館和出版社等單位。如史睿在北京大學，趙貞在北京師範大學，楊梅在中國人民大學，吳蔚琳在中山大學，張鵬和武紹衛在山東大學，么振華在蘭州大學，王秀林和王曉燕在中央民族大學，田衛衛在北京外國語大學，李芳瑶在暨南大學，劉屹和遊自勇在首都師範大學，陳大爲、董大學和宋雪春在上海師範大學，周尚兵和杜立暉在山東師範大學，韓鋒在曲阜師範大學，李博在江蘇師範大學，聶志軍在湖南科技大學，侯成成在杭州電子科技大學，于亞龍在邯鄲學院，陳麗萍、張國旺和侯愛梅在中國社會科學院中國古代史研究所，趙玉平在文學研究所，管俊瑋在《歷史研究》雜志社，劉毅超在中國國家圖書館，等等。很多參加過讀書班的同學已經成爲學術帶頭人、教授和博導，其中一大批成爲敦煌遺書整理和研究的骨幹力量。如游自勇以首席專家的身份主持國家社科基金重大招標項目，劉屹則主持並承擔了國家社科基金重點項目。至於國家社科基金一般項目和教育部、北京市項目更是多達幾十項。可以毫不誇張地説，經敦煌遺書讀書班培訓出來的學生，已經成爲我國敦煌吐魯番文獻整理和研究的重要方面軍。

所以，與其説敦煌遺書讀書班是一個課堂，不如説它是培養敦煌遺書整理和研究學術人才的搖籃。讀書班的開設不僅保障了國家社科基金重大項目"英藏敦煌社會歷史文獻整理與研究"的高質量完成，同時爲國家和社會培養了一大批敦煌文獻整理與研究的專門人才。

四、敦煌遺書讀書班取得的學術成果

敦煌遺書讀書班在致力於人才培養的同時，也取得了豐碩的學術成果。在開設敦煌遺書讀書班期間，郝春文老師陸續完成了多個重要項目。陸續出版了《敦煌社邑文書輯校》（合著）《唐後期五代宋初敦煌僧尼的社會生活》和《中國古代社邑研究》三本專著。三書分別獲 1998 年北京市第五屆哲學社會科學優秀成果一等獎、2000 年北京市第六屆哲學社會科學優秀成果二等獎、2002 年第二屆郭沫若中國歷史學獎三等獎、2008 年北京市第十屆哲學社會科學優秀成果一等獎。

讀書班最重要的成果當屬"英藏敦煌社會歷史文獻整理與研究"項目的階段性成果《英藏敦煌社會歷史文獻釋錄》。該書是依英國國家圖書館所編流水號將數百或一千多年前的手寫敦煌社會歷史文獻全部釋錄成通行繁體字，並對原件的錯誤加以校理，盡可能地解決所涉及文書的定性、定名、定年等問題，每件文書釋文後附有校記和百年來學術界有關該文書的研究文獻索引。其最終目標是完成英國國家圖書館收藏的全部敦煌漢文佛教典籍以外的文獻的整理工作。該書自 2001 年出版第 1 卷，以後每兩年或一年出版 1 卷，至今已出版 20 卷，目前已完成全書 30 卷的近三分之二。這項成果不僅爲敦煌學研究者提供了經過整理的研究資料，也爲社會科學的諸多學科和自然科學的一些學科的研究者利用英藏敦煌社會歷史文獻掃除了文字上的障礙，每件文書後所附的説明和研究信息，還可直接將讀者引領到該文書研究的學術前沿。所以，《英藏敦煌社會歷史文獻釋錄》是將這批文獻推向整個學術界，充分發揮其文獻作用，提高其利用價值的關鍵步驟，是推動敦煌學進一步深入發展、弘揚祖國優秀傳統文化的重大基礎工程。《英藏敦煌社會歷史文獻釋錄》各卷陸續出版後，早已成爲研究敦煌學的必備參考書，被譽爲"敦煌學研究的里程碑"和"代表國家水平、分量厚重的傳世之作"。

至於參加過敦煌遺書讀書班的同學發表和出版的論著，更是不勝枚舉。僅列入國家哲學社會科學成果文庫的著作就有四部，包括上海師範大學陳大爲教授之《唐後期五代宋初敦煌僧寺研究》、北京師範大學趙貞教授之《唐宋天文星占與帝王政治》、首都師範大學劉屹教授之《六朝道教古靈寶經的歷史學研究》和山東師範大學杜立暉教授之《元代地方行政運作制度》。後兩種還分別獲得北京市第 15 屆哲學社會科學優秀成果一等獎和山東省第 35 屆社會科學優秀成果特等獎。

2024 年敦煌學研究論著目録

劉　生　管世堯（上海師範大學）

　　2024 年度,中國大陸地區共出版敦煌學專著 80 多部,公開發表相關論文 700 餘篇。現將研究論著目録編制如下,其編排次序爲:一、專著部分;二、論文部分。論文部分又細分爲概説、歷史、社會文化、宗教、語言文字、文學、藝術、考古與文物保護、少數民族歷史語言、古籍、科技、書評與學術動態十二個專題。

一、專　著

崔岩、楊婧嬙《敦煌服飾藝術圖集(藝術再現與設計創新卷)》,北京:中國紡織出版社,2024 年 10 月。

鄧文寬《敦煌日月:出土天文曆法文獻探賾》,太原:山西人民出版社,2024 年 4 月。

鄧文寬《狷廬文叢》(全三册),太原:山西人民出版社,2024 年 4 月。

敦煌研究院、重慶中國三峽博物館編,趙聲良、蘇伯民主編《重慶藏敦煌文獻》(全三册),上海:上海古籍出版社,2024 年 10 月。

敦煌研究院編,趙曉星著《絲綢之路藝術:從印度到敦煌(敦煌石窟卷)》,蘭州:甘肅人民出版社,2024 年 8 月。

敦煌研究院編《從敦煌出發——吳健攝影藝術作品》,南京:江蘇鳳凰美術出版社,2024 年 3 月。

敦煌研究院《莫高窟第 256、257、259 窟考古報告》,北京:文物出版社,2024 年 1 月。

敦煌研究院編《千年瑰寶守護人:莫高窟人的奮鬥歷程》,蘭州:甘肅人民出版社,2024 年 6 月。

樊錦詩《敦煌石窟守護雜記》,蘭州:甘肅文化出版社,2024 年 6 月。

方廣錩《緣督室劄記》,北京:商務印書館,2024 年 8 月。

方廣錩編《務本堂藏敦煌遺書(二)》,桂林:廣西師範大學出版社,2024 年 1 月。

馮家興、黃志傑、左朋等《敦煌歌辭與唐代世俗社會研究》,蘭州:甘肅教育出版社,2024 年 5 月。

馮麗娟《一朵蓮花説敦煌:敦煌石窟蓮花紋樣的圖像譜系與演變》,蘭州:敦煌文藝出版社,2024 年 8 月。

伏俊璉主編《寫本學研究》(第三輯),北京:商務印書館,2024 年 1 月。

伏俊璉主編《寫本學研究》(第四輯),上海:上海古籍出版社,2024 年 11 月。

甘肅簡牘博物館、甘肅省文物考古研究所、西北師範大學簡牘研究院、清華大學出土文獻研究與保護中心編《懸泉漢簡(肆)》,上海:中西書局,2024 年 9 月。

高德祥《敦煌民間音樂文化集成(寶卷卷)》,合肥:安徽文藝出版社,2024 年 6 月。

高德祥《敦煌民間音樂文化集成(民歌卷)》,合肥:安徽文藝出版社,2024 年 6 月。

高德祥《敦煌民間音樂文化集成(曲子戲卷)》,合肥:安徽文藝出版社,2024 年 6 月。

高海燕《絲綢之路新疆敦煌等地區石窟寺佛教圖像研究》,蘭州:蘭州大學出版社,2024 年 1 月。

高靜雅著、金瀅坤主編《敦煌蒙書校釋與研究(文場秀句卷)》,北京:文物出版社,2024 年 6 月。

高克勤《臨風想望》,杭州:浙江古籍出版社,2024 年 8 月。

葛承雍《證史啓今三千年——四十年史論文選》,上海:中西書局,2024 年 1 月。

郝春文《敦煌學隨筆》,杭州:浙江古籍出版社,2024 年 6 月。

郝春文等編著《英藏敦煌社會歷史文獻釋録》(第二十卷),北京:社會科學文獻出版社,2024 年 8 月。

郝春文主編《2024 敦煌學國際聯絡委員會通訊》,上海:上海古籍出版社,2024 年 8 月。

郝春文主編《敦煌吐魯番研究》(第二十三卷),上海:上海古籍出版社,2024 年 9 月。

郝春文主編《敦煌學大辭典》(第二版),上海:上海辭書出版社,2024 年 12 月。

何鴻、王亞林《敦煌石粉彩繪壁畫研究與活化》,北京:中國美術學院出版社,2024 年 1 月。

[美]胡素馨《敦煌畫稿:中國古代的繪畫與粉本》,北京:北京大學出版社,2024 年 12 月。

胡同慶、王義芝、張鋒《本色敦煌:壁畫背後的故事》,北京:五洲傳播出版社,2024 年 1 月。

李錦繡《半枒小草》,蘭州：甘肅文化出版社,2024 年 6 月。

李迎軍、温馨《敦煌服飾藝術圖集(天人卷)》,北京：中國紡織出版社,2024 年 10 月。

劉廣和《梵漢對音與漢語研究》,北京：中國社會科學出版社,2024 年 6 月。

劉進寶《流失海外的敦煌文物》,蘭州：甘肅人民出版社,2024 年 10 月。

劉夢溪《甲骨學、簡帛學、敦煌學、考古學》,北京：北京時代華文書局,2024 年 3 月。

劉元風編《絲路之光：2024 敦煌服飾文化論文集》,北京：中國紡織出版社,2024 年 10 月。

劉元風、常青《敦煌服飾藝術圖集(菩薩卷)》(上册),北京：中國紡織出版社,2024 年 10 月。

劉元風、藍津津《敦煌服飾藝術圖集(菩薩卷)》(下册),北京：中國紡織出版社,2024 年 10 月。

[印] 羅凱什·錢德拉、聶瑪拉·莎瑪著,來依拉譯《新德里國家博物館中的敦煌藝術》,北京：世界圖書出版公司,2024 年 7 月。

馬德《敦煌佛教社會史研究》,廣州：廣東人民出版社,2024 年 6 月。

馬德主編、付華林副主編《敦煌石窟知識辭典》,蘭州：敦煌文藝出版社,2024 年 7 月。

瑪麗《"簡"讀中國：敦煌漢簡裏的絲綢之路》,杭州：浙江文藝出版社,2024 年 11 月。

寧可著,郝春文、寧欣主編《寧可文集》(第四卷、第五卷、第六卷、第九卷、第十卷),北京：人民出版社,2024 年 1 月、6 月、6 月、1 月、11 月。

饒宗頤著,鄭煒明、羅慧編《文選厄言：饒宗頤先生文學論文集》,上海：上海古籍出版社,2024 年 12 月。

榮新江《敦煌學十八講》(第二版),北京：北京大學出版社,2024 年 9 月。

榮新江《法國國家圖書館藏敦煌文獻》(21—110 册),上海：上海古籍出版社,2024 年 8 月、11 月、12 月。

榮新江《滿世界尋找敦煌》,北京：中華書局,2024 年 5 月。

榮新江《温故與知新——榮新江序跋二集》,杭州：浙江古籍出版社,2024 年 1 月。

沙武田《敦煌壁畫故事與歷史傳説》,蘭州：甘肅人民出版社,2024 年 7 月。

沙武田《敦煌藏經洞史話》,蘭州：甘肅人民出版社,2024 年 7 月。

沙武田《粟特人與敦煌莫高窟洞窟營建》,蘭州：甘肅文化出版社,2024 年 4 月。

沙武田主編《敦煌石窟研究導論》（上、下），蘭州：甘肅文化出版社，2024 年
5 月。

施萍婷著、王惠民編《隴上學人文存・施萍婷卷》，蘭州：甘肅人民出版社，
2024 年 10 月。

施秀萍《念念敦煌》，蘭州：甘肅教育出版社，2024 年 9 月。

史葦湘、歐陽琳《守望敦煌》，蘭州：讀者出版社，2024 年 6 月。

史忠平《敦煌美術概論》，蘭州：敦煌文藝出版社，2024 年 12 月。

唐耕耦著《唐耕耦敦煌學論集》（上、下），上海：上海古籍出版社，2024 年
8 月。

王承文《六朝道教古靈寶經的基礎研究》，北京：中華書局，2024 年 10 月。

王冀青《華爾納與中國文物》，蘭州：甘肅教育出版社，2024 年 12 月。

王可《敦煌服飾藝術圖集（圖案卷）》（下册），北京：中國紡織出版社，2024 年
10 月。

魏軍剛《後涼史料輯録》，蘭州：甘肅文化出版社，2024 年 11 月。

温和著、孟凡玉編《敦煌樂譜學術史研究》，北京：現代出版社，2024 年 5 月。

巫鴻、榮新江、鄭炳林等著《了不起的敦煌》，北京：生活・讀書・新知三聯書
店，2024 年 6 月。

吴波、侯雅慶、魏佳欣《敦煌服飾藝術圖集（世俗人物卷）》（下册），北京：中國
紡織出版社，2024 年 10 月。

吴波、余穎《敦煌服飾藝術圖集（世俗人物卷）》（上册），北京：中國紡織出版
社，2024 年 10 月。

西北民族大學、上海古籍出版社、英國國家圖書館編纂《英國國家圖書館藏西
域藏文文獻》（21—23 册），上海：上海古籍出版社，2024 年 12 月。

項楚主編《中國俗文化研究》（第二十五輯），成都：四川大學出版社，2024 年
5 月。

許爾忠、楊富學主編《佛教與敦煌文學新探》，蘭州：甘肅文化出版社，2024 年
9 月。

楊富學、張田芳、王書慶《敦煌寫本禪籍輯校》，北京：文物出版社，2024 年
3 月。

楊秀清《敦煌壁畫中的兒童生活》，西安：未來出版社，2024 年 2 月。

張春佳、蘇鈺《敦煌服飾藝術圖集（圖案卷）》（上册），北京：中國紡織出版社，
2024 年 10 月。

張小貴《王權、法律與神祇——薩珊波斯與古代中國》，北京：中國社會科學出
版社，2024 年 8 月。

張緒山《國史邊緣》,北京:商務印書館,2024 年 11 月。

張涌泉《敦煌寫本文獻學》(增訂本),北京:商務印書館,2024 年 8 月。

張涌泉《走近敦煌》,杭州:浙江古籍出版社,2024 年 8 月。

張總《〈十王經〉信仰:經本成變、圖畫像雕與東亞葬俗》,上海:上海書店出版社,2024 年 2 月。

趙豐《敦煌吐魯番絲綢研究》,杭州:浙江大學出版社,2024 年 1 月。

趙聲良《藏經洞敦煌藝術精品(大英博物館)》,杭州:浙江古籍出版社,2024 年 5 月。

趙聲良《瀚海雜談》,蘭州:甘肅文化出版社,2024 年 6 月。

趙聲良主編《甘肅藏敦煌文獻》(13—30 冊),蘭州:甘肅教育出版社,2024 年 9 月。

趙曉星《莫高窟之外的敦煌石窟》,蘭州:讀者出版社,2024 年 8 月。

鄭阿財著、金瀅坤主編《敦煌蒙書校釋與研究(導論卷)》,北京:文物出版社,2024 年 1 月。

鄭阿財著、金瀅坤主編《敦煌蒙書校釋與研究(新集文詞九經抄)》,北京:文物出版社,2024 年 7 月。

鄭炳林《美術背景下敦煌西夏石窟繪畫研究》,蘭州:甘肅教育出版社,2024 年 2 月。

鄭炳林主編、王勝澤著《美術史背景下敦煌西夏石窟繪畫研究》,蘭州:甘肅教育出版社,2024 年 2 月。

周尚兵《敦煌寫本齋文所見敦煌民眾的精神世界與日常生活》,上海:上海古籍出版社,2024 年 3 月。

卓瑪才讓著《敦煌古藏文法律文書與吐蕃司法制度研究》,北京:民族出版社,2024 年 11 月。

二、論　文

(一)概説

鮑婧婧、林依鳳、張磊《由敦煌本〈觀無量壽經〉的新綴看寫卷殘損的原因》,《文物鑒定與鑒賞》2024 年第 4 期。

陳麗萍《敦煌文化所蘊含的中華文明突出特性》,《中國史研究》2024 年第 4 期。

敦煌研究院《賡續守護,讓千年文化瑰寶璀璨依舊》,《求是》2024 年第 8 期。

樊錦詩《敦煌文化遺產的智慧啓示》,《敦煌研究》2024 年第 4 期。

郭丹《遼寧省博物館藏敦煌文獻綴殘及其意義》,《敦煌研究》2024 年第 5 期。

李青《王履祥先生與敦煌圖案學》,《西北美術》2024 年第 4 期。

李正宇《躋身"破門之學"》,《敦煌研究》2024 年第 4 期。

劉進寶《姜亮夫教授與"敦煌學"講習班》,《中國史研究動態》2024 年第 4 期。

劉進寶《周林與中國敦煌吐魯番學會》,《社會科學戰綫》2024 年第 6 期。

劉進寶《朱雷老師與姜伯勤先生的學術友誼》,《中國社會科學報》2024 年 8
月 22 日。

劉陽《敦煌研究院樊再軒入圍 2023 年"大國工匠年度人物"》,《石窟與土遺址
保護研究》2024 年第 1 期。

吕超楠《敦煌文化對外傳播路徑研究》,《隴東學院學報》2024 年第 6 期。

榮新江《關於敦煌文獻的"數字化"問題》,《敦煌研究》2024 年第 4 期。

[日] 森安孝夫著,甄廣成、白玉冬譯《學問人生——森安孝夫先生學術生涯
回顧》,《絲路文明》(第九輯),上海: 上海古籍出版社,2024 年 12 月。

史睿《敦煌寫本書籍史研究路徑的探索》,《文獻》2024 年第 6 期。

孫武軍《文本經典、考古圖像與田野報告的互證——張小貴〈中古祆教東傳及
其華化研究〉及其他著作讀後》,《西域研究》2024 年第 2 期。

徐航、陶志瑩、李銀濤《2023 年敦煌學研究綜述》,《2024 敦煌學國際聯絡委員
會通訊》,上海: 上海古籍出版社,2024 年 8 月。

徐浩《李盛鐸等人竊取敦煌寫卷的證據》,《浙江大學學報》2024 年第 7 期。

徐偉喆《新公布的敦煌研究院藏宋遼金印本藏經殘片研究》,《文獻》2024 年
第 6 期。

楊寶玉、賈海濤《流散至印度的敦煌文物文獻》,《中國藝術史研究》(第一
輯),北京: 中國紡織出版社,2024 年 1 月。

[俄]伊琳娜·波波娃著、王平先譯《十九至二十世紀之交俄羅斯的中亞考察
與奧登堡的敦煌探險》,《敦煌研究》2024 年第 4 期。

張妮《推動敦煌文化藝術資源的數字化共享與回歸》,《中國文化報》2024 年 1
月 4 日。

張新朋《新疆所出〈黄仕强傳〉殘片綴合與研究》,《敦煌學輯刊》2024 年第
3 期。

趙青山《道藉人弘——記敦煌學大家鄭炳林先生》,《國學茶座》第 37 輯,濟
南: 山東人民出版社,2024 年 8 月。

趙聲良《敦煌文化的當代啓示》,《文匯報》2024 年 9 月 25 日。

鄭炳林、馬振穎《藏經洞的封閉與敦煌學之興起》,《甘肅日報》2024 年 9 月
18 日。

鄭炳林《傳承保護敦煌文化 將敦煌學做大做强》,《中國社會科學報》2024

年 9 月 23 日。

鄭炳林《傳承弘揚敦煌文化　建設中華民族現代文明》,《中國社會科學》2024 年第 7 期。

周思敏《新出〈香港藏敦煌遺書〉與中村不折收藏品殘片的綴合及思考》,《敦煌學輯刊》2024 年第 3 期。

鄒清泉《夢隨江水繞沙州——施萍婷先生的敦煌情緣與學術研究》,《中國藝術史研究》(第二輯),北京:中國紡織出版社,2024 年 12 月。

（二）歷史

包曉悦《國圖藏唐天寶年間敦煌縣印曆考——兼論唐代縣級的司士類政務運作》,《文獻》2024 年第 6 期。

陳大爲、馬聚英《敦煌永安寺僧人借糧糾紛案研究》,《敦煌研究》2024 年第 5 期。

陳踐《吐蕃告身(yig gtshang)瑣識》,《西域歷史語言研究集刊》(第二十輯),北京:中國藏學出版社,2024 年 4 月。

陳晶晶《漢代效穀縣及所屬相關置、亭位置再考》,《蘭州文理學院學報》2024 年第 5 期。

陳瑞青、劉沖《日藏敦煌所出四葉夏漢合璧典當文書研究》,《西夏研究》2024 年第 3 期。

陳瑋《河隴陷蕃後河西、西域與唐廷交通往來新探》,《西域研究》2024 年第 4 期。

德毛措《敦煌古藏文寫卷 P.T.1075 號盜竊律研究》,西北民族大學 2024 年碩士學位論文。

杜海、蔣候甫《遷徙歷史與家族世系——敦煌索氏家族的祖先歷史書寫》,《魏晉南北朝隋唐史資料》(第四十九輯),上海:上海古籍出版社,2024 年 5 月。

杜海《敦煌令狐氏家族源流考論》,《敦煌學輯刊》2024 年第 4 期。

范英傑《敦煌本〈史大奈碑〉補考》,《唐史論叢》(第三十八輯),西安:三秦出版社,2024 年 9 月。

馮培紅《〈唐曹懷直墓志銘並序〉與敦煌粟特曹氏》,《唐研究》(第二十九卷),北京:北京大學出版社,2024 年 3 月。

侯梓騰《歸義軍時期敦煌曹氏家族佛教藝術贊助研究》,西北師範大學 2024 年碩士學位論文。

黃維忠、象毛措《吐蕃重臣算使(rtsis pa)初探》,《西域歷史語言研究集刊》(第二十輯),北京:中國藏學出版社,2024 年 4 月。

黄銀洲、劉央、孫治等《唐瓜沙間階亭驛、新井驛的確定及其地理意義》,《中國歷史地理論叢》2024 年第 1 期。

姜萬《敦煌文書所見唐代劍南道研究》,西北師範大學 2024 年碩士學位論文。

金玉《敦煌大族與隋朝經略西域——新出〈隋張毅墓志〉考釋》,《中國邊疆學》(第十八輯),北京:社會科學文獻出版社,2024 年 4 月。

晉文、郭妙妙《漢代絲路上的"信使"與"翻譯":懸泉漢簡所見"驛騎"與"譯騎"》,《社會科學》2024 年第 2 期。

李韞卓《敦煌吐魯番文書所見唐天寶年間河西節鎮史事二題》,《敦煌吐魯番研究》(第二十三卷),上海:上海古籍出版社,2024 年 9 月。

李韞卓《敦煌文書所見僖宗朝西北藩鎮交通史事考——以朔方軍爲中心》,《絲路文明》(第九輯),上海:上海古籍出版社,2024 年 12 月。

馬智全《漢簡所見甘露年間辛武賢征討烏孫出師敦煌考》,《絲綢之路》2024 年第 2 期。

馬智全《胡奴、胡婢、胡客、胡譯——以漢簡所見絲綢之路上的民族交流》,《甘肅開放大學學報》2024 年第 1 期。

切羊卓麼《論敦煌法律文化在〈民法典〉中的傳承與發展》,《絲綢之路》2024 年第 4 期。

邵强軍《敦煌壁畫中的絲路商旅與文化交流》,《中國社會科學報》2024 年 12 月 13 日。

蘇陽《〈懸泉漢簡(貳)〉所載"東烏澤亭"地望蠡測》,《魯東大學學報》2024 年第 3 期。

萬德吉《敦煌古藏文民事訴狀文書研究——以敦煌藏文寫卷 P.T.1077 號爲例》,西北民族大學 2024 年碩士學位論文。

王使臻《從敦煌寫本看宋代孔目官的教育職能——以氾祐禎爲中心》,《寫本學研究》(第四輯),上海:上海古籍出版社,2024 年 11 月。

王使臻《宋代敦煌孔目官楊洞芊寫本群初探》,《寫本學研究》(第三輯),北京:商務印書館,2024 年 1 月。

王子今《敦煌懸泉置簡文"宛酒擔二"解説》,《中山大學學報》2024 年第 6 期。

王子今《敦煌懸泉置簡文記録的風災》,《敦煌學輯刊》2024 年第 3 期。

魏軍剛《甘肅敦煌新出魏晉十六國鎮墓文研究》,《敦煌研究》2024 年第 2 期。

魏迎春、鄭炳林《西漢敦煌郡移民問題再探——以敦煌懸泉漢簡爲中心》,《敦煌學輯刊》2024 年第 3 期。

魏迎春、鄭炳林《陽關:西漢經敦煌郡與西域間交流交往的關隘——基於史籍與出土文獻的考察》,《蘇州大學學報》2024 年第 1 期。

武紹衛《敦煌本〈聖地遊記述〉再研究》,《中國歷史地理論叢》2024 年第 1 期。

徐暢《唐前期京畿兵民與絲綢之路——敦煌吐魯番文書的印證》,《魏晉南北朝隋唐史資料》(第四十九輯),上海:上海古籍出版社,2024 年 5 月。

徐偉喆《曹氏歸義軍交聘後漢史事表微——以 P.3438V 王鼎狀爲中心》,《敦煌研究》2024 年第 6 期。

楊富學《試論敦煌多元文化的認同——基於藏族元素的研究視角》,《甘肅民族研究》2024 年第 1 期。

張靜怡《敦煌懸泉漢簡中的置所馬政及其相關問題研究》,蘭州大學 2024 年博士學位論文。

張俊民《對敦煌漢代南塞的再認識》,《石河子大學學報》2024 年第 1 期。

張慶禱《敦煌文書 S.2078V〈史大奈碑〉相關問題研究》,《敦煌學輯刊》2024 年第 1 期。

張雨《敦煌文獻 P.4518(9bis)敕牒年代的初步分析》,《西域文史》(第十八輯),北京:科學出版社,2024 年 8 月。

張雨《法藏敦煌文獻 P.4745 考——以〈唐年代未詳(貞觀或永徽)吏部格或式斷片〉爲中心》,《寫本學研究》(第四輯),上海:上海古籍出版社,2024 年 11 月。

張元林、鍾佳岐《〈李君莫高窟佛龕碑並序〉反映的敦煌李氏家族的法華信仰》,《宏德學刊》(第十八輯),北京:商務印書館,2024 年 8 月。

章澤瑋《從長沙吳簡與敦煌文獻新釋步騭生平》,《史學月刊》2024 年第 8 期。

趙晶《敦煌、吐魯番文獻與仁井田陞的中國法制史研究(下)》,《文津學志》(第二十二輯),北京:國家圖書館出版社,2024 年 6 月。

鄭炳林、司豪強《敦煌郡在西漢經營西域中的戰略定位——以敦煌簡牘文獻爲中心》,《史學月刊》2024 年第 4 期。

鄭炳林、司豪強《西漢敦煌郡南塞防禦體系的構建》,《敦煌學輯刊》2024 年第 1 期。

鄭炳林、魏迎春《西漢敦煌郡聚落與移民、水渠關係研究——以敦煌出土文獻記載大穰里爲中心》,《敦煌研究》2024 年第 4 期。

鄭炳林、魏迎春《西漢政府經敦煌與且末間的交流交往》,《敦煌學輯刊》2024 年第 2 期。

(三)社會文化

陳菊霞、劉宏梅《回鶻王室兒童供養人及其服飾研究》,《敦煌研究》2024 年第 2 期。

陳璿曄《違約視角下的唐五代宋初敦煌收養文書研究》,《蘭臺世界》2024 年第 3 期。

崔長鳳《晚唐五代敦煌地區官方祭祀研究》,曲阜師範大學 2024 年碩士學位論文。

杜力遥《敦煌占卜文獻中的日常擇吉——以"沐浴洗頭"爲中心》,《敦煌吐魯番研究》(第二十三卷),上海:上海古籍出版社,2024 年 9 月。

范鵬《開放包容通而不統——絲綢之路精神在 8—11 世紀敦煌文化中的體現》,《敦煌研究》2024 年第 5 期。

胡發强《敦煌印本曆日的編輯刊印特點及媒介功能拓展》,《敦煌學輯刊》2024 年第 2 期。

胡耀飛《敦煌本〈百家姓〉校釋》,《古文獻整理與研究》(第九輯),南京:鳳凰出版社,2024 年 12 月。

姜美芸《敦煌家訓類蒙書研究》,貴州師範大學 2024 年碩士學位論文。

蔣勤儉《敦煌産育題材文學的傳承及其在喪葬習俗中的運用》,《中國俗文化研究》(第二十五輯),成都:四川大學出版社,2024 年 5 月。

李博昊《〈雲謡集·内家嬌〉中的敦煌相術及佛教相好——以"眼如刀"爲切入點的考察》,《古籍整理研究學刊》2024 年第 1 期。

李國、沙武田《敦煌石窟中的山西——三晉僧俗信衆莫高窟巡禮題記輯録》,《敦煌研究》2024 年第 5 期。

買小英《論古代敦煌人的幸福觀》,《敦煌研究》2024 年第 5 期。

沈壽程《雜亂的習字與有序的日常——以 S.361V+S.329V〈伎術院學士郎習字文書〉爲中心》,《吴宗國先生誕辰九十周年紀念論文集》,北京:社會科學文獻出版社,2024 年 9 月。

王方晗《喪葬禮俗中農耕元素的多元呈現——以敦煌魏晉十六國墓葬爲中心》,《民俗研究》2024 年第 5 期。

王建、吕浩喆《從〈開蒙要訓〉看敦煌地區的農業》,《絲綢之路》2024 年第 1 期。

王龍、龐倩《西夏與敦煌行香儀式比較研究》,《宏德學刊》(第十九輯),北京:商務印書館,2024 年 11 月。

魏迎春、黄鳳霞《敦煌壁畫中的家俱變遷》,《光明日報》2024 年 9 月 13 日。

肖從禮、敏春芳《由懸泉漢簡"祭祠具"談漢代河西邊地的社祭與臘祭》,《敦煌學輯刊》2024 年第 1 期。

楊春《敦煌藏文苯教寫卷所見吐蕃喪葬儀軌空間》,《中國藏學》2024 年第 4 期。

楊春《吐蕃王室喪葬儀禮時序考論——兼 P.t.1042 葬儀時序與漢藏烏鳴占表

時序之比較》,《敦煌學輯刊》2024 年第 1 期。

楊夢玫、魏宏遠《從唐詩看敦煌寫本〈茶酒論〉的茶文化書寫》,《敦煌學輯刊》
2024 年第 3 期。

楊燕、楊富學《古代敦煌多元文化交融中的中華民族共同體意識》,《鄭州大學
學報》2024 年第 2 期。

于良紅《從敦煌地區多民族共有文化符號看中華民族交往交流交融——以唐
五代"馬文化"爲中心》,《敦煌研究》2024 年第 3 期。

余孟佳《唐代敦煌地區寺學的儒學化傾向》,《西部學刊》2024 年第 14 期。

張黎瓊、焦樹峰《集體記憶與秩序建構——歸義軍時期喪葬寫本的社會學視
角觀察》,《美術研究》2024 年第 2 期。

張新朋《敦煌吐魯番出土蒙書殘片考辨六則》,《敦煌吐魯番研究》(第二十三
卷),上海:上海古籍出版社,2024 年 9 月。

張新朋《敦煌習字用蒙書〈上大夫〉民間流變考》,《教育史研究》2024 年第
2 期。

張元林、周曉萍《〈李君莫高窟佛龕碑並序〉首段文字反映的初唐時期"三教融
會"思潮蠡探》,《敦煌研究》2024 年第 4 期。

張藝凡、陶志瑩《漢姓蕃名:吐蕃時期敦煌地區漢藏語言文化的交融》,《西藏
研究》2024 年第 4 期。

趙洋《從豐碑到習字——敦煌習字"史大奈碑"的銘撰、重複性及其傳抄》,
《形象史學》(第三十二輯),北京:中國社會科學出版社,2024 年 11 月。

鄭阿財、趙鑫桐《中古僧侶應對疫癘策略初探——以敦煌文獻爲中心》,《敦煌
學輯刊》2024 年第 2 期。

鄭阿財《敦煌文獻與西夏文獻在雜字蒙書發展史上的價值》,《敦煌研究》2024
年第 4 期。

鄭紅翔、鄭炳林《從長安、邏些到敦煌:唐、蕃文化的匯聚與融合》,《光明日
報》2024 年 3 月 23 日。

朱曉蘭、沙武田《敦煌彌勒經變剃度圖澡豆考》,《敦煌研究》2024 年第 6 期。

（四）宗教

白光《關於敦煌文獻斯 2546 號所含達磨資料的再探討——兼論禪宗與唯識
宗關係的演化及其學術價值》,《佛教文獻研究》(第四輯),桂林:廣西師範
大學出版社,2024 年 9 月。

［美］柏夷著,薛聰、吕鵬志譯《英藏敦煌寫本 S.6825〈老子想爾注〉導論》,《古
典文獻研究》第二十七輯上卷,南京:鳳凰出版社,2024 年 4 月。

柴傑、楊富學《撮録本〈孔雀王咒經〉生成時代考辨》,《五臺山研究》2024 年第

3 期。

段鵬《大理國僧人帶俗姓制度研究——以榆林窟第 19 窟"大禮平定四年"題記爲中心》,《宏德學刊》(第十八輯),北京:商務印書館,2024 年 8 月。

段鵬《清至民國時期道教正一派在敦煌地區的流傳——以敦煌莫高窟所見齋醮榜文爲中心》,《敦煌研究》2024 年第 3 期。

馮婧《敦煌册子本的綴合與復原——以佛經册子爲例》,《文獻》2024 年第 6 期。

尕本加《唐代波斯景教在吐蕃邊境的傳播及其特徵——以藏文記載爲中心》,《宗教學研究》2024 年第 1 期。

郭丹《遼寧省博物館藏敦煌〈大般涅槃經〉敘録》,《敦煌吐魯番研究》(第二十三卷),上海:上海古籍出版社,2024 年 9 月。

何亦凡《敦煌本〈越州諸暨縣香嚴寺經藏記〉考論》,《敦煌研究》2024 年第 6 期。

吉寧韻《敦煌佛教寫卷漢文背記探微》,《文史》2024 年第 3 期。

計曉雲《論文本範式不同的講經文——以敦煌本〈佛本行集經講經文〉爲中心》,《敦煌學輯刊》2024 年第 4 期。

計曉雲、吳宗輝等《P.3944〈妙法蓮華經講經文〉校註》,《中國俗文化研究》(第二十六輯),成都:四川大學出版社,2024 年 11 月。

[韓]李相旼著,史經鵬譯《菩提流支是否爲地論宗北道派的思想創始人?——通過羽 726R 對菩提流支名下早期地論文獻的再反思》,《佛教文獻研究》(第四輯),桂林:廣西師範大學出版社,2024 年 9 月。

李奥、鄭阿財《試論疑僞經文本的生成與流變——以〈大方廣華嚴十惡品經〉研究爲例》,《敦煌學輯刊》2024 年第 4 期。

李國《道教雷神崇拜與世俗生活——以榆林窟第 23 窟雷神圖像爲中心的考察研究》,《敦煌學輯刊》2024 年第 1 期。

李清泉、楊文萱《冥界十王信仰與敦煌引路菩薩像的産生》,《藝術探索》2024 年第 5 期。

李思飛《中亞與中國的祖爾萬:粟特藝術與敦煌文書中最神秘難解的祆教神祇》,《世界歷史評論》2024 年第 3 期。

李子涵《唐玄、肅時期敦煌度僧道文書考釋四題》,《敦煌吐魯番研究》(第二十三卷),上海:上海古籍出版社,2024 年 9 月。

林麗娟《中國境内出土景教敘利亞語文書研究綜述》,《西域研究》2024 年第 3 期。

林世田、薩仁高娃《法藏 P.2094 翟奉達補抄〈金剛經〉形態探析》,《寫本學研究》（第三輯），北京：商務印書館，2024 年 1 月。

劉傑《隱藏在〈道藏〉中的兩篇書儀——〈通啓儀〉〈弔喪儀〉考》，《文獻》2024
　　年第 4 期。

劉志《敦煌文獻〈太玄真一本際經〉寫本考辨》，《世界宗教文化》2024 年第
　　6 期。

路錦昱《俄藏 Дх.11196 與〈新集藏經音義隨函録〉的流傳及使用》，《中國典籍
　　與文化》2024 年第 4 期。

馬德《敦煌本〈讚僧功德經〉合校與淺識》，《寫本學研究》（第四輯），上海：上
　　海古籍出版社，2024 年 11 月。

馬振穎、鄭炳林、王文婷《敦煌寫本〈大蕃敕尚書令尚起律心兒聖光寺功德頌〉
　　相關問題研究》，《敦煌學輯刊》2024 年第 1 期。

彭曉靜《敦煌本法成講授〈瑜伽師地論〉筆記的文獻學考察》，《敦煌研究》
　　2024 年第 3 期。

彭曉靜《唐代唯識思想在敦煌文獻與壁畫中的呈現》，《宏德學刊》（第十九
　　輯），北京：商務印書館，2024 年 11 月。

齊勝利《敦煌佛教文學中的出家主題》，《絲綢之路》2024 年第 2 期。

屈直敏《敦煌寫本〈大唐三藏聖教序〉考釋》，《敦煌學輯刊》2024 年第 4 期。

屈直敏《敦煌寫本〈大唐後三藏聖教序〉考略》，《西域歷史語言研究集刊》（第
　　二十輯），北京：中國藏學出版社，2024 年 4 月。

［英］沙木·馮·謝克著，牛宏、劉霽譯《吐蕃禪宗的授受與傳承——對敦煌
　　藏文禪宗文書 IOL Tib J 710 的分析》，《絲路文明》（第九輯），上海：上海古
　　籍出版社，2024 年 12 月。

史經鵬《南北朝敦煌遺書〈涅槃經〉注疏考述》，《浙江大學學報》2024 年第
　　7 期。

司家民《敦煌本〈老子化胡經〉的重現與早期東西方漢學交流》，《國際漢學》
　　2024 年第 5 期。

宋雪、伏俊璉《唐五代敦煌佛事唱誦教材的生成與傳播——以 P.4597 爲中
　　心》，《文津學志》（第二十二輯），北京：國家圖書館出版社，2024 年 6 月。

宋雪《寫本學視域下敦煌佛門偈、讚、文應用場景探究——以 P.4597 寫本爲中
　　心》，《寫本學研究》（第四輯），上海：上海古籍出版社，2024 年 11 月。

唐露恬《敦煌〈大般涅槃經〉的傳抄與流變》，《敦煌學輯刊》2024 年第 4 期。

唐普《敦煌道教盟文所見唐代道觀與法位制度》，《敦煌研究》2024 年第 1 期。

王孟《敦煌遺書〈摩利支天經〉文獻研究史》，《佛教文獻研究》（第四輯），桂
　　林：廣西師範大學出版社，2024 年 9 月。

王祥偉《敦煌報恩寺文書考證五例》,《敦煌研究》2024 年第 1 期。

吳正科《敦煌寫本〈大云無想經卷第九〉考釋與斷代》,《絲路文化研究》(第十輯),北京:商務印書館,2024 年 9 月。

武紹衛《抄經所的規矩:敦煌寺院抄經的制度設計及其運行實態》,《世界宗教研究》2024 年第 9 期。

徐鍵、張涌泉《敦煌高僧法成〈瑜伽師地論〉講解流程考》,《浙江大學學報》2024 年第 11 期。

徐鍵《試論敦煌佛典翻譯通俗化——以法成譯〈瑜伽師地論〉爲中心》,《中國俗文化研究》(第二十五輯),成都:四川大學出版社,2024 年 5 月。

徐偉喆《中國國家圖書館藏 BD13799 號經册所見〈遼藏〉殘片及其綴合》,《敦煌吐魯番研究》(第二十三卷),上海:上海古籍出版社,2024 年 9 月。

嚴世偉《P.2335v〈維摩手記〉考》,《古文獻研究》第十二輯,南京:鳳凰出版社,2024 年 12 月。

嚴世偉《P.2823v〈維摩手記〉考》,《中國典籍與文化》2024 年第 4 期。

嚴世偉《P.2885v〈大乘二十二問本略抄〉校考》,《敦煌吐魯番研究》(第二十三卷),上海:上海古籍出版社,2024 年 9 月。

楊敬蘭《〈佛説觀佛三昧海經〉對莫高窟第 254 窟的影響》,《中國藝術史研究》(第一輯),北京:中國紡織出版社,2024 年 1 月。

楊祖榮《敦煌佚名〈維摩經義記〉新識》,《傳統文化研究》2024 年第 4 期。

易曉輝、林世田《BD00721〈金剛般若波羅蜜經〉真僞鑒定略談》,《古籍保護研究》2024 年第 3 期。

尤澳《敦煌文獻中神楷法師〈維摩經疏〉相關文獻新識》,《文津學志》(第二十二輯),北京:國家圖書館出版社,2024 年 6 月。

尤彩娜《敦煌寫本三種佛經注疏録文校正》,《河西學院學報》2024 年第 6 期。

尤彩娜《敦煌寫卷佛經注疏四種録文補正》,《出土文獻綜合研究集刊》(第二十輯),成都:巴蜀書社,2024 年 11 月。

于瑞、林世田《國家圖書館藏敦煌遺書 BD00623〈十二光禮禮懺文等〉整理研究》,《文津學志》(第二十二輯),北京:國家圖書館出版社,2024 年 6 月。

俞倫倫、楊富學《福清本〈香空寶懺〉與回鶻本〈摩尼教徒懺悔詞〉同源説》,《東方論壇—青島大學學報》2024 年第 2 期。

張海娟《元代河西地區的觀音信仰探析》,《宏德學刊》(第十八輯),北京:商務印書館,2024 年 8 月。

張緒山《景教東傳從醫活動考略》,《清華大學學報》2024 年第 1 期。

張瀛之、陳大爲《唐五代宋初敦煌私家蘭若的興建與社會功能研究》,《文津學志》（第二十二輯），北京：國家圖書館出版社，2024 年 6 月。

趙洪雅、林世田《敦煌寫卷〈妙法蓮華經玄贊〉研究》，《文獻》2024 年第 1 期。

趙家棟《P.2269〈盂蘭盆經贊述〉校讀及文本研究》，《南京師範大學文學院學報》2024 年第 1 期。

趙洋《英藏敦煌文獻北宋禪籍補遺四則》，《隋唐遼宋金元史論叢》（第十五輯），上海：上海古籍出版社，2024 年 12 月。

（五）語言文字

董婷婷、黃威《敦煌寫本〈雜集時用要字〉"乾味子"勘正》，《寫本學研究》（第三輯），北京：商務印書館，2024 年 1 月。

段莉《〈懸泉漢簡（貳）〉常用詞研究》，西北師範大學 2024 年碩士學位論文。

郜同麟《談音韻學在敦煌道教文獻校勘中的作用》，《南京師範大學文學院學報》2024 年第 1 期。

胡家堯、王偉《敦煌〈楚辭音〉所見佚書佚文考》，《忻州師範學院學報》2024 年第 6 期。

黃英《敦煌社會文獻"宴飲"場詞彙構詞研究》，《中國語言學研究》（第四輯），北京：社會科學文獻出版社，2024 年 1 月。

黃征、黃衛《對俗字與敦煌俗字的定義》，《宏德學刊》（第十九輯），北京：商務印書館，2024 年 11 月。

焦佳瑤《〈懸泉漢簡（貳）〉動詞研究》，西北師範大學 2024 年碩士學位論文。

劉丹《敦煌改字本〈十誦比丘尼戒本〉研究——兼論"詞彙替換"作爲佛經編輯方式》，《文獻》2024 年第 1 期。

羅順《敦煌寫卷疑難字考釋四則》，《中國文字研究》（第三十九輯），上海：華東師範大學出版社，2024 年 6 月。

宋倫雪《敦煌〈文選音〉反切結構類型研究》，貴州師範大學 2024 年碩士學位論文。

王洋河《敦煌歌辭疑難詞辨析二則》，《南開語言學刊》2024 年第 1 期。

吳昌政《敦煌醫藥寫本 P.4038 與羽 043 草書考辨五則》，《古漢語研究》2024 年第 1 期。

吳謝海《英藏敦煌寫經疑難俗字劄考》，《古籍研究》2024 年第 2 期。

武紹衛《敦煌兌廢稿"兌"字新探》，《敦煌研究》2024 年第 5 期。

許建平《談談敦煌經部文獻校勘的知識儲備問題》，《敦煌研究》2024 年第 4 期。

姚芷姍《敦煌變文聯綿詞研究》，湖北大學 2024 年碩士學位論文。

張敏《〈懸泉漢簡〉（壹）（貳）形容詞研究》，西北師範大學 2024 年碩士學位論文。

張文冠《釋敦煌文獻中與"秤"有關的四則疑難字詞》,《敦煌研究》2024 年第 1 期。

張文冠《試論語義類型學對判定通假的作用——以敦煌變文中表"美"義的 "强"爲例》,《古籍整理研究學刊》2024 年第 2 期。

張小艷《"按語"中的學術世界——淺談〈敦煌文獻語言大詞典〉中"按語"的 作用》,《辭書研究》2024 年第 3 期。

張小艷《敦煌數術文獻字詞輯考》,《出土文獻與古文字研究》(第十一輯),上 海:上海古籍出版社,2024 年 5 月。

張小艷《敦煌文獻異形詞例釋》,《南京師範大學文學院學報》2024 年第 1 期。

趙靜蓮《從敦煌本與宋四本〈勝鬘經〉異文看佛經的用字問題——以通假字與 古今字爲例》,《現代語文》2024 年第 4 期。

趙靜蓮《敦煌文獻詞語考辨四則》,《大連大學學報》2024 年第 2 期。

趙孟茹《〈懸泉漢簡(貳)〉用字研究》,西北師範大學 2024 年碩士學位論文。

朱學斌《敦煌早期鎮墓文考證三則》,《中國文字研究》(第三十九輯),上海: 華東師範大學出版社,2024 年 6 月。

(六) 文學

伏俊璉《S.6234+P.5007、P.2672 唐詩手稿探賾》,《寫本學研究》(第四輯),上 海:上海古籍出版社,2024 年 11 月。

高天霞、鄭瑞《敦煌類書所見唐代詩文創作的審美追求》,《河西學院學報》 2024 年第 4 期。

馬麗娜《孟姜女變文的詩性敍事與儀式化敍事》,《天水師範學院學報》2024 年第 3 期。

邵小龍《論敦煌韻文作品在流傳中的結集、單行與寄生》,《絲路文化研究》 (第九輯),北京:商務印書館,2024 年 4 月。

王雯珺《淺析敦煌曲子詞中的"月"意象》,《中國民族博覽》2024 年第 1 期。

王心悅《敦煌曲子詞研究》,西藏大學 2024 年碩士學位論文。

楊倩《敦煌〈孔子項託相問書〉寫本綴合及應用研究》,《寫本學研究》(第三 輯),北京:商務印書館,2024 年 1 月。

玉素甫·艾沙《文本的聯結與轉換:敦煌應用文書〈難月文〉材料輯考》,《中 國俗文化研究》(第二十六輯),成都:四川大學出版社,2024 年 11 月。

喻忠傑《沿襲與新變:變文文體對後世戲劇文本生成的影響》,《敦煌學輯刊》 2024 年第 2 期。

張培陽《敦煌詞〈山花子〉詞調歸屬獻疑——兼論詞調歸屬判斷的若干原則》,

《南都學壇》2024 年第 3 期。

張小艷、郭丹《敦煌寫本 P.2044V 詩偈作者考述》,《文獻》2024 年第 6 期。

趙庶洋《雜抄詩集:"寫本時代"唐詩文本流傳的特殊形態——敦煌、日本所存雜抄詩集考論》,《古典文獻研究》(第二十七輯中卷),南京:鳳凰出版社,2024 年 4 月。

鄭阿財《敦煌敘事文學的雅俗辨析——以史傳變文爲例》,《中國俗文化研究》(第二十五輯),成都:四川大學出版社,2024 年 5 月。

鄭天楠、張涌泉《〈韓擒虎話本〉文本性質試探——寫本原生態視角的觀察》,《敦煌學輯刊》2024 年第 2 期。

周曉《敦煌寫本 P.t.1208+P.t.1221 正面所抄唐人詩歌研究》,《寫本學研究》(第四輯),上海:上海古籍出版社,2024 年 11 月。

朱利華《敦煌本〈燕歌行〉異文研究》,《古典文獻研究》(第二十七輯上卷),南京:鳳凰出版社,2024 年 4 月。

朱利華《敦煌本唐人詩題的文獻價值與寫本特徵——以 P.2567+P.2552 爲中心》,《中國典籍與文化》2024 年第 4 期。

(七) 藝術

[日] 八木春生著,牛源譯《敦煌莫高窟隋至初唐洞窟西壁所繪圖像的功能》,《敦煌研究》2024 年第 2 期。

白日《唐長安佛教寺院佈局影像研究——以敦煌莫高窟壁畫中的鐘樓、經樓爲中心》,《吐魯番學研究》2024 年第 1 期。

蔡藝源、沙武田《武周時期沙州保衛戰的圖像記憶——以莫高窟第 332 窟"八王分舍利圖"爲中心》,《形象史學》(第二十九輯),北京:中國社會科學出版社,2024 年 2 月。

陳鋒《淵源與流變——敦煌唐代行草書寫本風格釋析》,《美術大觀》2024 年第 1 期。

陳凱源、沙武田《移植與再造:莫高窟第 331 窟東壁十一面觀音造像組合考》,《藝術設計研究》2024 年第 1 期。

陳文彬《古代"爲虎拔刺"文本流傳與圖像創造——兼談敦煌行腳僧圖像表現的人物集體性》,《敦煌研究》2024 年第 1 期。

陳振旺、吳雨涵《氣象內斂,開拓新變——中唐晚期莫高窟藻井圖案發微》,《南京藝術學院學報》2024 年第 4 期。

程鑫《敦煌飛天藝術價值賞析》,《藝術大觀》2024 年第 26 期。

崔岩《敦煌圖案創新應用探微——以 1952 年亞太和平會議國禮和平鴿絲巾設計爲例》,《敦煌研究》2024 年第 6 期。

党燕妮、李茹《敦煌藏經洞布帛畫的流散、内容與價值》,《收藏家》2024 年第 8 期。

樊雪崧《敦煌莫高窟第 254 窟帝釋窟説法佛傳圖像新辨——"難陀出家因緣變"獻疑》,《藝術探索》2024 年第 4 期。

馮淳筠、張建宇《P.4524〈舍利弗降六師長卷〉的初創與二次利用》,《湖北美術學院學報》2024 年第 1 期。

馮浩《〈敦煌樂譜〉有、無標題曲的旋律關係研究》,《音樂文化研究》2024 年第 3 期。

高少珂《敦煌文獻的早期發現與考察——兼議西北簡牘書法》,《中國書法》2024 年第 9 期。

高晏卿《莫高窟唐前期 C 字形雲頭紋與栓形花組合紋樣藝術特徵》,《佛學研究》2024 年第 2 期。

格桑卓瑪《佛教美術中國化視域下的佛本生故事畫——以敦煌莫高窟壁畫爲例》,《中國宗教》2024 年第 6 期。

葛承雍《仰觀: 從穹頂畫到藻井畫——以異域、西域和敦煌石窟爲文明比較》,《敦煌研究》2024 年第 1 期。

顧春芳《敦煌樂舞圖像的藝術造境與中華美學精神》,《中國社會科學》2024 年第 6 期。

郭子睿、沙武田《爲家國而作——莫高窟第 321 窟十一面觀音像的圖像特徵及主題》,《美術大觀》2024 年第 8 期。

何鄂《解鎖千年塑匠創造密碼——微觀敦煌莫高窟第 45 窟龕内北側唐代彩塑菩薩的發現》,《敦煌研究》2024 年第 4 期。

胡發强、馬德《蜀地佛教版畫在五代宋初敦煌的傳播》,《藝術設計研究》2024 年第 1 期。

胡發强《版畫爲媒: 敦煌文殊版畫對"新樣文殊"壁畫的影響》,《南京藝術學院學報》2024 年第 5 期。

黄孟鋆《敦煌歸義軍時期的邈真像功能探微》,《敦煌學輯刊》2024 年第 1 期。

黄孟鋆《敦煌歸義軍時期邈真像研究》,蘭州大學 2024 年博士學位論文。

黄子安《敦煌壁畫中的車輛圖像研究》,西北師範大學 2024 年碩士學位論文。

賈又三《莫高窟吐蕃贊普禮佛圖中服飾圖像學研究》,四川師範大學 2024 年碩士學位論文。

蔣旎《人工智能語境下敦煌藝術的數字化保護與傳播》,《敦煌學輯刊》2024 年第 3 期。

焦樹峰《群體影像: 莫高窟第 390 窟供養人圖像研究》,《中國美術研究》2024

年第 1 期。

景晶《敦煌莫高窟壁畫藝術中的阿育王故事》,《中國宗教》2024 年第 11 期。

康馬泰、李思飛《敦煌風神與粟特風神的圖像互聯》,《敦煌研究》2024 年第 1 期。

鄺墩煌《"露"上無屋覆——敦煌壁畫"櫓""樓櫓"圖像及相關問題研究》,《南京藝術學院學報》2024 年第 1 期。

藍充、陳冬陽《十六國北朝時期敦煌石窟藝術中的多元文化融合》,《藝術教育》2024 年第 5 期。

藍津津、劉元風《英法藏唐宋敦煌遺畫地藏菩薩袈裟紋樣研究》,《絲綢》2024 年第 4 期。

李琴《胡人馴獅與西涼伎——從敦煌祁家灣 M369 畫像磚談起》,《美術大觀》2024 年第 7 期。

李茹、馬千里《敦煌聯珠紋圖像研究》,《西部文藝研究》2024 年第 6 期。

李姝珮《從長安到敦煌——敦煌唐代壁畫中馬的形象與源流》,《文化學刊》2024 年第 10 期。

李姝珮《敦煌唐代壁畫竹畫研究》,《美術學報》2024 年第 6 期。

李婷婷、竇鑫雨《敦煌道具舞蹈的語言敘事方式研究》,《中國舞蹈學》2024 年第 2 期。

李星儒《盛唐時期敦煌法華經變中觀音形象的中國化》,《中國宗教》2024 年第 4 期。

李志軍《從地藏造像的缺失看敦煌西夏石窟水月觀音信仰形態及組合關係的變化》,《西夏學》2024 年第 2 期。

林素坊《絲路傳播:中原音樂的西流與東歸——以敦煌曲子辭等爲例》,《藝術傳播研究》2024 年第 6 期。

劉慧娟《敦煌壁畫餓鬼形象及其文化因素探析》,《美術大觀》2024 年第 2 期。

劉文榮《中國國家圖書館藏敦煌遺書音樂文獻輯錄與釋正》,《南京藝術學院學報》2024 年第 6 期。

劉俞辰《莫高窟盛唐天王造像藝術風格研究》,西北師範大學 2024 年碩士學位論文。

龍忠、陳麗娟《俄藏敦煌遺畫 Дх224、Дх15、Дх223 彌勒經變研究》,《敦煌研究》2024 年第 1 期。

馬麗《敦煌壁畫維摩詰經變中的天竺人考證》,《美術大觀》2024 年第 3 期。

馬鵬洲《敦煌壁畫中的"行旅圖像"研究》,西北師範大學 2024 年碩士學位論文。

龐嘉成《敦煌草書〈因明入正理論後疏〉研究及創作實踐》,太原師範學院 2024 年碩士學位論文。

祁峰、寧强《榆林窟第 32 窟維摩詰經變探究》,《敦煌研究》2024 年第 2 期。

任政、毛秋瑾《中古時期絲綢之路蓮花紋瓦當的流變》,《山東工藝美術學院學報》2024 年第 1 期。

賽本加、于春《敦煌藏經洞絹畫 Stein painting35.Ch.lvi.0034 考》,《西藏民族大學學報》2024 年第 1 期。

沙武田《敦煌石窟回鶻裝王像身份歸屬新探》,《西夏學》2024 年第 2 期。

盛岩海《莫高窟初盛唐壁畫試筆雜寫題記淺識》,《宏德學刊》(第十八輯),北京:商務印書館,2024 年 8 月。

石晶《敦煌壁畫臨摹的繼承與創新》,《藝術大觀》第 31 期。

史忠平《敦煌繪畫中的芭蕉圖像》,《敦煌研究》2024 年第 5 期。

史忠平《敦煌繪畫中的手持"交莖蓮花"與"蓮花幡杆"》,《美術大觀》2024 年第 2 期。

宋焰朋《敦煌、雲岡石窟中所見龍形項飾圖像研究》,《宏德學刊》(第十八輯),北京:商務印書館,2024 年 8 月。

宋焰朋《莫高窟第 285 窟南壁圖像與北壁發願文關係試論》,《敦煌研究》2024 年第 6 期。

汪雪《外道的譏謔——敦煌石窟"弄婆羅門"圖像考索》,《中國音樂學》2024 年第 3 期。

王靜、李辰《敦煌圖案藝術中植物紋樣的演變》,《中國美術研究》2024 年第 1 期。

王巧雯《BIM 技術下敦煌壁畫中佛寺院落的數字化重構——以莫高窟 172 窟主室北壁壁畫中佛寺院落爲例》,《敦煌學輯刊》2024 年第 3 期。

王煜、陳姝伊《敦煌魏晉壁畫墓"祥瑞"圖像研究》,《考古》2024 年第 9 期。

王志强《敦煌"新樣"四天王樣式源流及其密教屬性研究》,《敦煌學輯刊》2024 年第 2 期。

魏奕婷《隋唐時期敦煌石窟的摩尼寶珠圖像研究》,河南大學 2024 年碩士學位論文。

温和《敦煌樂譜的名稱演變及其學術内涵》,《音樂藝術》2024 年第 3 期。

巫鴻《莫高窟第 72 窟中的涼州聖容像變》,《敦煌研究》2024 年第 4 期。

吳禎雯《敦煌壁畫騎馬者身份與空間構形》,《西部學刊》2024 年第 19 期。

奚臨臨《文化自信視角下敦煌文化的藝術特性研究》,《西部文藝研究》2024 年第 6 期。

肖浪《敦煌絹畫研究體系及近二十年研究綜論》,《藝術探索》2024 年第 3 期。

謝明月《敦煌莫高窟第 61 窟壁畫中雲紋的藝術功能》,《美術文獻》2024 年第 7 期。

楊福榮《敦煌莫高窟第 320 窟樂舞圖像研究》,西北師範大學 2024 年碩士學位論文。

楊富學、張麗蓉《回鶻西夏共交接——莫高窟第 345 窟主室壁畫的分期與斷代》,《形象史學》(第三十一輯),北京:中國社會科學出版社,2024 年 8 月。

楊紅《敦煌遺書硬筆寫本的書法特點、歷史價值與現實意義探微》,《天津美術學院學報》2024 年第 4 期。

楊青《英藏敦煌絹畫原始目錄中所載〈地藏十王圖〉人物身份問題考析》,《美術大觀》2024 年第 1 期。

楊曉慧《敦煌莫高窟西魏 285 窟菩薩像頭飾造型探究》,《山東工藝美術學院學報》2024 年第 3 期。

楊曉軍《敦煌書法研究的回顧和展望》,《西部文藝研究》2024 年第 1 期。

楊燕、高明《唐五代時期敦煌佛幡用色研究——以 20 世紀初流散境外收藏品及文書爲中心》,《美術研究》2024 年第 1 期。

易丹韻《論敦煌報恩經變中的法界佛像》,《美術大觀》2024 年第 4 期。

岳陽《敦煌壁畫中的截金工藝研究》,《西部文藝研究》2024 年第 3 期。

張田婧《敦煌壁畫中管樂器藝術形態及其文化象征意義》,《藝術大觀》2024 年第 21 期。

張小剛《從肅北五個廟看敦煌西夏石窟藝術的譜系——五個廟石窟研究之二》,《敦煌研究》2024 年第 4 期。

張亞莎《西藏扎塘寺壁畫與敦煌藝術關係之再議》,《敦煌研究》2024 年第 2 期。

張耀龍《傳統大漆在敦煌壁畫繪畫中的應用研究》,《西部文藝研究》2024 年第 6 期。

張元林、寧璇《選擇性忽略——關於敦煌法華經變·提婆達多品畫面的幾個問題》,《敦煌研究》2024 年第 3 期。

趙聲良《色彩雍容——敦煌裏的中國色彩美學》,《光明日報》2024 年 7 月 24 日。

趙聲良《隋及唐初敦煌藝術對外來影響的吸收與創新》,《敦煌研究》2024 年第 3 期。

趙曉星《北宋至西夏時期敦煌石窟的回鶻藝術體系》,《湖北美術學院學報》2024 年第 1 期。

趙袖榮《瓜州東千佛洞第 2 窟頂髻尊勝佛母曼荼羅壁畫臨摹新探》,《宏德學刊》(第十八輯),北京:商務印書館,2024 年 8 月。

趙運《從〈嚴公覜墓志〉再探敦煌本柳公權書〈金剛經〉》,《敦煌學輯刊》2024年第 3 期。

周晶晶《從敦煌懸泉漢簡看早期草書的演進模式與狀況》,《南京藝術學院學報》2024 年第 5 期。

周曉萍《敦煌西域石窟壁畫中的回鶻天公主、可敦冠式考論》,《敦煌學輯刊》2024 年第 3 期。

周星、關櫻麗《敦煌石窟世俗樂舞的圖像指代》,《中國舞蹈學》2024 年第 2 期。

朱曉蘭《敦煌的婆羅門拆幢圖像——基於文本與歷史的雙重考察》,《美術大觀》2024 年第 8 期。

朱旭光、李思羽《唐代敦煌瓔珞風格及其本土化》,《藝術研究》2024 年第 1 期。

莊永平《論〈敦煌樂譜〉樂曲調式實質》,《南京藝術學院學報》2024 年第 3 期。

(八)考古與文物保護

陳凱源《中原風尚與地方引領——論唐前期敦煌大族家窟對石窟營建之影響》,《山西大同大學學報》2024 年第 1 期。

李國、張先堂《一件敦煌考古新案例探秘——莫高窟第 9 窟新發現題壁〈千字文〉探考》,《宏德學刊》(第十八輯),北京:商務印書館,2024 年 8 月。

李雲鶴、孔令梅等《我所經歷的敦煌石窟文物修復》,《敦煌研究》2024 年第 4 期。

李志軍《淺談敦煌西夏石窟營建的背景及造像思想解讀的可能性》,《西夏研究》2024 年第 3 期。

梁紅、沙武田《瓜州榆林窟第 3 窟西夏屬性申論》,《宏德學刊》(第十八輯),北京:商務印書館,2024 年 8 月。

劉進寶《〈莫高窟六字真言碣〉拓本的流傳與碣石保管權之爭》,《敦煌研究》2024 年第 4 期。

呂曉菲、李燕飛、李榮華《敦煌莫高窟洞窟內容調查研究——基於敦煌研究院早期檔案資料的整理》,《絲綢之路》2024 年第 2 期。

呂文旭《敦煌石窟考古測繪工作的早期(1900—1943)探索研究》,《石窟與土遺址保護研究》2024 年第 2 期。

馬德《河西早期石窟與寺院的多民族文化元素探究》,《宏德學刊》(第十八輯),北京:商務印書館,2024 年 8 月。

馬洪連《敦煌墓葬考古反映魏晉十六國歷史圖景》,《中國社會科學報》2024年1月12日。

[美]内維爾·阿根紐、瑪莎·迪馬斯等著,王平先譯《準則、規劃和保護：在莫高窟的保護合作》,《敦煌研究》2024年第4期。

祁峰《榆林窟第32窟研究》,蘭州大學2024年博士學位論文。

喬兆福、王海彬《日本大谷探險隊敦煌石窟漫題考識淺議》,《宏德學刊》(第十八輯),北京：商務印書館,2024年8月。

沙梅真《莫高窟崖體搶救性保護歷程及保護體系的初建》,《石窟與土遺址保護研究》2024年第4期。

沙武田《敦煌西夏石窟的歷史面貌與獨特貢獻》,《光明日報》2024年4月17日。

沙武田《敦煌西夏石窟的營建與國家背景》,《世界宗教文化》2024年第4期。

史文文《唐宋之際敦煌石窟馬蹄形佛壇設計意涵探析——以莫高窟第196窟爲例》,《吐魯番學研究》2024年第1期。

孫伯君《瓜州榆林窟第29窟西夏國師鮮卑智海考》,《敦煌研究》2024年第5期。

陶蓉蓉《元代敦煌諸族共建石窟考論》,西北民族大學2024年碩士學位論文。

王斌斌《敦煌莫高窟第332窟研究》,蘭州大學2024年碩士學位論文。

王方晗《祭祀、轉化與死後居所：敦煌佛爺廟灣西晉畫像磚墓的禮儀空間塑造》,《文史哲》2024年第6期。

王海文《敦煌石窟"隱形"題記紫外熒光圖像採集與後期調色分析研究》,《絲路文化研究》(第十輯),北京：商務印書館,2024年9月。

王曉玲《敦煌西夏石窟斷代研究述評》,《吐魯番學研究》2024年第1期。

魏睿驁《張淮深重修北大像的年代再探》,《敦煌研究》2024年第1期。

楊富學《遊人題壁與石窟興廢關係別議》,《宏德學刊》(第十八輯),北京：商務印書館,2024年8月。

楊文博《歸義軍時期敦煌石窟中的紀功現象研究——以供養人像中抱弓侍從爲例》,《敦煌研究》2024年第3期。

余水暘《莫高窟第61窟建築空間營造研究》,西安建築科技大學2024年碩士學位論文。

袁頔《宋夏絲路文化交流與敦煌石窟藝術發展的新局面》,《西夏研究》2024年第3期。

張建榮、宋利良《李貞伯等拍攝敦煌石窟影像檔案的内容及價值》,《敦煌研究》2024年第3期。

張建榮《敦煌石窟影像檔案預防性保護初探》,《石窟與土遺址保護研究》2024 年第 1 期。

張鵬《須彌華藏：莫高窟隋初第 302、303 窟中心柱形象意涵新探》,《南京藝術學院學報》2024 年第 4 期。

張先堂、李國、楊天榮《從工匠題記考察敦煌石窟西夏至民國時期的重修活動——敦煌石窟題記系列研究之四》,《敦煌研究》2024 年第 5 期。

張先堂《敦煌西千佛洞回鶻時期石窟造像題材新考》,《敦煌研究》2024 年第 3 期。

張小剛《肅北五個廟石窟北朝遺蹟考述——五個廟石窟研究之一》,《敦煌研究》2024 年第 3 期。

趙聲良、鄒清泉《傳芳瀚海——敦煌研究院趙聲良書記談敦煌石窟的保護》,《美術大觀》2024 年第 10 期。

趙曉星《關於敦煌西夏後期洞窟的判定——西夏石窟考古與藝術研究之六》,《國學學刊》2024 年第 1 期。

趙燕林《敦煌莫高窟隋代第 292 窟"祇園記圖"考釋》,《敦煌研究》2024 年第 3 期。

鍾妍、黃京《莫高窟北大像非武則天造型論》,《形象史學》(第三十一輯),北京：中國社會科學出版社,2024 年 8 月。

周真如、孫毅華《寶刹飛來　蜂臺合勢：敦煌莫高窟晚唐第 14 窟建築意匠探討》,《建築史學刊》2024 年第 3 期。

(九) 少數民族歷史語言

阿依達爾・米爾卡馬力、閻婷婷《從若干回鶻文獻的綴合看敦煌吐魯番文獻流散的另一路徑》,《西域研究》2024 年第 3 期。

才讓扎西、淦喻成《敦煌藏譯本〈孔子項託相問書〉翻譯探微》,《民族翻譯》2024 年第 3 期。

多傑東智《敦煌古藏文文獻 P.T.1288 中 zhugs-long-dmar-po 的解讀及相關問題探討》,《民族語文》2024 年第 4 期。

范晶晶《對〈出生無邊門陀羅尼經〉于闐語本與漢譯本的考察》,《敦煌吐魯番研究》(第二十三卷),上海：上海古籍出版社,2024 年 9 月。

格日傑布《敦煌藏文大事紀年文書 Or.8212.187 末卷的文本標註與語法探析》,《西域歷史語言研究集刊》(第二十輯),北京：中國藏學出版社,2024 年 4 月。

哈斯巴特爾《元代蒙古文刻本〈彰所知論〉——敦煌文書 B163：40－1、B163：40－2 再考》,《文獻》2024 年第 6 期。

海霞、李國《敦煌莫高窟新見察合台文題記探析》,《宏德學刊》(第十八輯),北京：商務印書館,2024 年 8 月。

洪勇明《敦煌藏文書 Or.8212 新釋》,《絲路文化研究》(第九輯),北京：商務印書館,2024 年 4 月。

華銳吉《古藏文〈吐蕃兵律〉寫卷校釋與研究》,蘭州大學 2024 年博士學位論文。

勘措吉、李國《莫高窟第 160 窟新見藏文祈願文釋讀與研究》,《宏德學刊》(第十九輯),北京：商務印書館,2024 年 11 月。

李剛《回鶻文題記中的多元一體文化因子淺析——以敦煌吐魯番諸石窟中的回鶻文題記爲例》,《宏德學刊》(第十九輯),北京：商務印書館,2024 年 11 月。

劉少華、孫褘達《西夏文〈六祖壇經〉與漢文本淵源關係新考》,《文獻》2024 年第 1 期。

薩仁高娃《敦煌藏文 BD03165v〈説一切有部沙彌頌〉考略》,《西域歷史語言研究集刊》(第二十一輯),北京：中國藏學出版社,2024 年 9 月。

[日] 松井太、薛文靜、楊富學《敦煌出土回鶻文曆占書殘片》,《吐魯番學研究》2024 年第 3 期。

索朗旺傑《敦煌吐蕃歷史文書 P.T.1288 "堆之瑪爾瑪" 地名考略》,《西藏研究》2024 年第 5 期。

索南、索朗白珍《敦煌藏文寫卷〈開示輪迴〉解讀》,《敦煌研究》2024 年第 2 期。

索南才旦《古藏文文獻中的吐蕃 "蒼穹王" 與 "天降王" 名號考辨》,《西域歷史語言研究集刊》(第二十一輯),北京：中國藏學出版社,2024 年 9 月。

索南加《敦煌本〈吐蕃大事紀年〉689 年紀事所載阿夏王考》,《中國藏學》2024 年第 4 期。

吐送江·依明《敦煌莫高窟北區第 465 窟回鶻文題記釋讀》,《宏德學刊》(第十八輯),北京：商務印書館,2024 年 8 月。

吐送江·依明《英、法藏敦煌吐魯番回鶻語文獻》,《西域歷史語言研究集刊》(第二十輯),北京：中國藏學出版社,2024 年 4 月。

萬瑪項傑《P.T.1288〈吐蕃大事紀年〉第 7—8 行與松贊干布執政史事鈎沉》,《西藏研究》2024 年第 3 期。

魏玉鐲、陸離《敦煌藏文文書 IOL Tib J731 中的 "血親復仇" 情節分析》,《敦煌學輯刊》2024 年第 2 期。

[日] 岩尾一史著,沈琛譯《敦煌卷式藏文寫經〈十萬頌般若經〉之研究》,《歐

亞譯叢》(第八輯),北京：商務印書館,2024 年 8 月。

楊春《敦煌藏文苯教相關儀軌先例寫卷整理與研究》,蘭州大學 2024 年博士
學位論文。

扎西當知《吐蕃時期古藏文占卜文書的存量調查及其分類》,《敦煌學輯刊》
2024 年第 2 期。

張福慧、陳于柱《甘肅省博物館藏敦煌藏文寫卷 10556〈苯教祝禱儀軌書〉釋録
與研究》,《敦煌研究》2024 年第 3 期。

張鐵山、皮特·茨默《敦煌莫高窟第 462 窟回鶻文題記研究》,《宏德學刊》(第
十八輯),北京：商務印書館,2024 年 8 月。

張鐵山、喬兆福《敦煌莫高窟第 5 窟回鶻文題記補遺》,《絲路文化研究》(第十
輯),北京：商務印書館,2024 年 9 月。

張鐵山、喬兆福《敦煌莫高窟 217 窟回鶻文題記補考》,《西域歷史語言研究集
刊》(第二十一輯)北京：中國藏學出版社,2024 年 9 月。

張鐵山、松井太《敦煌莫高窟第 468 窟回鶻文題記研究》,《敦煌研究》2024 年
第 5 期。

（十）古籍

蔡佩宏《敦煌寫本殘卷整理與研究——以〈文選〉殘卷爲例》,貴州大學 2024
年碩士學位論文。

曹丹《業蘊“纂金"：論敦煌寫本類書〈纂金〉與唐代科舉》,《敦煌學輯刊》
2024 年第 4 期。

馮婧《寫本的地層學——以敦煌藏經洞發現的册子本爲例》,《敦煌研究》2024
年第 6 期。

馮婧《敦煌册子本所見絲綢之路上的寫本流動——以寫本紙張特徵爲綫索》,
《中國典籍與文化》2024 年第 4 期。

高天霞《敦煌本 P.3715〈類書草稿〉殘卷綴合與研究——兼論 P.3715 與
BD15402、BD09343－2 的關係》,《敦煌研究》2024 年第 6 期。

胡家堯《敦煌〈楚辭音〉所見經籍異文考》,《漢字文化》2024 年第 3 期。

胡圓圓《敦煌寫本 S.1441 與 P.2838 抄寫研究》,《寫本學研究》(第四輯),上
海：上海古籍出版社,2024 年 11 月。

黃晟《敦煌寫本縫綴裝裝幀形制研究——以 S.5692 寫本爲例》,《寫本學研
究》(第四輯),上海：上海古籍出版社,2024 年 11 月。

李娟《法藏敦煌本〈史記〉改字考證》,《江西科技師範大學學報》2024 年第
3 期。

李君《敦煌寫本 P.5037 考述——兼談敦煌寫本同卷内容的關聯問題》,《寫本

學研究》(第四輯),上海:上海古籍出版社,2024 年 11 月。

李玲麗《敦煌類書寫本文獻研究》,貴州師範大學 2024 年碩士學位論文。

劉褌《敦煌文獻對〈天地瑞祥志〉研究的價值:以分類體系爲中心》,《敦煌吐魯番研究》(第二十三卷),上海:上海古籍出版社,2024 年 9 月。

呂曉芳《敦煌册子本縫綴形式初探——以英藏和法藏敦煌文獻爲中心》,《古籍保護研究》2024 年第 1 期。

榮新江《便攜的方册——中古知識傳播的新途徑》,《敦煌吐魯番研究》(第二十三卷),上海:上海古籍出版社,2024 年 9 月。

沈琛、江淳《敦煌本〈劉子〉的寫本學研究》,《敦煌吐魯番研究》(第二十三卷),上海:上海古籍出版社,2024 年 9 月。

宋若谷《敦煌本〈闔外春秋〉編纂研究》,《敦煌研究》2024 年第 5 期。

孫月影《敦煌寫本〈碁經〉的再整理研究》,天水師範學院 2024 年碩士學位論文。

田國華《寫本學視域下敦煌本〈齖䶗新婦文〉新探》,《寫本學研究》(第四輯),上海:上海古籍出版社,2024 年 11 月。

宛盈《敦煌文獻所見長安地區寺院寫本生成舉隅》,《文獻》2024 年第 6 期。

王琨《俄藏敦煌文獻 Дх.6069+Дх.2148+Дх.1400 補釋》,《絲綢之路》2024 年第 4 期。

袁勇《敦煌梵夾裝〈大乘入楞伽經〉寫本研究》,《敦煌吐魯番研究》(第二十三卷),上海:上海古籍出版社,2024 年 9 月。

張興武《敦煌寫本〈兔園策府〉的文學史料價值》,《南開學報》2024 年第 1 期。

(十一) 科技

顧曉霞、劉馨遥、田雲夢等《敦煌醫學中神志病相關文獻研究概述》,《中國民間療法》2024 年第 8 期。

郝二旭《唐五代敦煌地區榨油裝置初探》,《敦煌研究》2024 年第 5 期。

胡發强《敦煌印本歷日的編輯刊印特點及媒介功能拓展》,《敦煌學輯刊》2024 年第 2 期。

李藝宏《敦煌法藏脈學新材料 P.2815V 研究》,《中醫文獻雜志》2024 年第 3 期。

劉海偉、張學梅《敦煌遺書〈灸經圖〉中敦煌古穴腳痹經》,《西部中醫藥》2024 年第 8 期。

劉馨遥、李應存、王川《敦煌莫高窟第 61 窟佛傳故事〈牧女獻糜〉的醫學内容探究》,《西部中醫藥》2024 年第 9 期。

呂子微、梁建慶《敦煌醫學中"三才"思想對新型冠狀病毒感染防治的指導價值》,《中國民間療法》2024 年第 21 期。

馬駿、楊曉軼、李應存等《敦煌〈輔行訣五臟用藥法要〉組方規則與轉化應用》,《中華中醫藥雜志》2024 年第 4 期。

寧宇《俄藏敦煌六十甲子曆文書研究》,《敦煌學輯刊》2024 年第 4 期。

屈宏德、李應存《敦煌古醫方分型辨治新型冠狀病毒感染後遺症經驗》,《中醫臨床研究》2024 年第 22 期。

榮新江《現存最早的雕版印刷品——開元二十九年戒牒》,《中國典籍與文化》2024 年第 4 期。

張瀟亞、許琳琳、李廷保《敦煌遺書中臨證辨治牛皮癬角藥探析》,《中國民族民間醫藥》2024 年第 21 期。

張洲《敦煌醫學文獻中急危重症的文獻整理與應用特點研究》,《甘肅中醫藥大學》2024 年碩士學位論文。

趙劍波、季文達、張洲等《敦煌遺書疫病文獻初探》,《中醫文獻雜志》2024 年第 2 期。

趙劍波、李應存、張洲等《敦煌經卷中水腫病診治探析》,《中國民間療法》2024 年第 6 期。

趙曉榮《敦煌醫學佛醫思想的人類學探微》,《青海民族研究》2024 年第 1 期。

趙貞《敦煌曆序中的時日宜忌申論》,《敦煌學輯刊》2024 年第 1 期。

趙貞《中古曆日的整體特徵及影響》,《魏晉南北朝隋唐史資料》(第四十九輯),上海:上海古籍出版社,2024 年 5 月。

鄭訪江、肖國民、董春璿等《從敦煌〈灸經圖〉組穴特點探討針灸"治未病"理論的發展應用》,《中華中醫藥雜志》2024 年第 6 期。

(十二) 書評與學術動態

曹文軒《四川大學教授項楚數十年鑽研校勘考據——在古典文獻中潛心求索》,《人民日報》2024 年 5 月 31 日。

柴劍虹《守護、研究、創新,相需相輔相成——爲賀敦煌研究院創建八十周年院慶作》,《敦煌研究》2024 年第 4 期。

常沙娜《七十多年來,敦煌與我的緣分》,《文明》2024 年第 11 期。

陳丹曦、王顯凝《一夢千曲説敦煌:評高德祥〈敦煌民間音樂文化集成〉》,《福建藝術》2024 年第 12 期。

陳菊霞、馬丹陽《〈絲綢之路石窟藝術叢書:瓜州東千佛洞〉評介》,《敦煌學輯刊》2024 年第 1 期。

董夢真《敦煌石窟研究方法論的全面鋪陳與細致闡釋——〈敦煌石窟研究導論〉評介》,《吐魯番學研究》2024 年第 4 期。

段真子《尋夢百年，歸來又出發——讀〈尋夢與歸來：敦煌寶藏離合史〉》，《光明日報》2024 年 2 月 3 日。

付馬《敦煌、吐魯番出土文書對古代中外關係史研究的推進——榮新江〈從張騫到馬可·波羅：絲綢之路十八講〉讀書筆記》，《絲路文明》（第九輯），上海：上海古籍出版社，2024 年 12 月。

郜同麟《談〈敦煌文獻語言大詞典〉在文獻研究中的作用》，《辭書研究》2024 年第 3 期。

葛兆光《新史料與新問題：學術史的國際競賽——從戴密微〈吐蕃僧諍記〉説起》，《復旦學報》2024 年第 1 期。

韓昇《立雪懷想池田温先生》，《讀書》2024 年第 9 期。

郝春文《敦煌文獻圖版編纂印製的新進展——〈法國國家圖書館藏敦煌文獻〉讀後》，《光明日報》2024 年 3 月 11 日。

何英、楊敬蘭《1900—2020 年伯希和與法國敦煌學研究概述》，《2024 敦煌學國際聯絡委員會通訊》，上海：上海古籍出版社，2024 年 8 月。

［美］克里斯蒂安·胡達克、倪密·蓋茨著、王平先譯《美國敦煌基金會的歷史》，《敦煌研究》2024 年第 4 期。

李林《魏晉十六國時期河西先民社會生活再現——讀〈敦煌佛爺廟灣—新店臺墓群 2015 年度發掘報告〉》，《陝西歷史博物館論叢》（第三十一輯），西安：三秦出版社，2024 年 12 月。

梁尉英《我與〈敦煌研究〉牽手相伴四十載——爲紀念敦煌研究院建院八十周年而作》，《敦煌研究》2024 年第 4 期。

劉進寶《姜亮夫教授與“敦煌學”講習班》，《中國史研究動態》2024 年第 4 期。

劉進寶《金寶祥先生的學術人生》，《文史知識》2024 年第 2 期。

劉進寶《略談“讀書得間”——跟隨金寶祥先生問學記》，《中國社會科學報》2024 年 1 月 19 日。

劉進寶《如何守護好敦煌石窟？——讀樊錦詩〈敦煌石窟守護雜記〉》，《絲路文明》（第九輯），上海：上海古籍出版社，2024 年 12 月。

劉進寶《守護敦煌的段文傑》，《光明日報》2024 年 9 月 23 日。

劉進寶《一代學人的使命與擔當——“雅學堂叢書”暨〈敦煌石窟守護雜記〉讀後》，《光明日報》2024 年 12 月 9 日。

劉陽《〈敦煌石窟全集〉第二卷〈莫高窟第 256、257、259 窟考古報告〉正式出版》，《石窟與土遺址保護研究》2024 年第 1 期。

敏春芳《講好敦煌歷史、做强敦煌學研究——〈敦煌通史〉評介》，《敦煌學輯刊》2024 年第 3 期。

聶志軍、李錦新《湖南敦煌學研究四十年述略》,《南京師範大學文學院學報》2024 年第 1 期。

彭曉靜、劉拉毛卓瑪《敦煌論壇: 敦煌學研究弘揚的世界意義學術研討會綜述》,《敦煌研究》2024 年第 2 期。

榮新江、范晶晶《段晴教授論著編年目錄》,《絲綢之路研究: 段晴教授紀念專號》,北京: 生活·讀書·新知三聯書店,2024 年 5 月。

榮新江《敦煌繪畫　光彩重輝——評〈藏經洞敦煌藝術精品〉》,《光明日報》2024 年 8 月 10 日。

盛岩海、馬德《于右任 1941 年敦煌莫高窟行蹟補遺》,《敦煌研究》2024 年第 4 期。

宋喜群《鋪展絲路明珠兩千年歷史畫卷——讀七卷本〈敦煌通史〉》,《光明日報》2024 年 2 月 3 日。

宋旭華《浙江大學出版社 40 年來敦煌學出版述略》,《浙江大學學報》2024 年第 7 期。

孫儒僴《莫高軼事——記莫高窟的園林綠化》,《敦煌研究》2024 年第 4 期。

陶志瑩《"傳承與創新: 中國敦煌吐魯番學會成立四十周年"學術研討會綜述》,《2024 敦煌學國際聯絡委員會通訊》,上海: 上海古籍出版社,2024 年 8 月。

王美瑩《扎根大漠戈壁　守護璀璨華光》,《光明日報》2024 年 6 月 4 日。

武紹衛《敦煌,如何被尋回?》,《讀書》2024 年 9 月 1 日。

解婷婷《敦煌北朝壁畫樂器數據簡析》,《大漠長雲——黃文弼誕辰 130 週年紀念論文集》,南京: 鳳凰出版社,2024 年 12 月。

胥堡惠《文本發現與文本質疑: 不斷深掘敦煌學研究新方法——〈敦煌通史(魏晉北朝卷)〉評介》,《吐魯番學研究》2024 年第 4 期。

徐俊《"敦煌"在哪裏,腳步就追到哪裏》,《中華讀書報》2024 年 6 月 5 日。

徐言斌《林仁昱〈敦煌佛教讚歌寫本之"原生態"與應用研究〉》,《敦煌吐魯番研究》(第二十三卷),上海: 上海古籍出版社,2024 年 9 月。

薛永年《奠基與開拓——緬懷金維諾先生》,《中國藝術史研究》(第二輯),北京: 中國紡織出版社,2024 年 12 月。

閆麗《石窟保護與傳承:〈中國石窟·敦煌莫高窟〉出版始末》,《社會科學戰綫》2024 年第 6 期。

楊寶玉、王夏陽《薪火相傳行穩致遠: 中國社會科學院古代史研究所的敦煌學研究》,《形象史學》(第二十九輯),北京: 中國社會科學出版社,2024 年 2 月。

楊富學《加强中華民族共同體意識研究是當前敦煌學的一項迫切任務》,《民族學論叢》2024 年第 3 期。

袁勇《"道是無晴卻有晴——段晴教授追思會"紀要》,《絲綢之路研究：段晴教授紀念專號》,北京：生活·讀書·新知三聯書店,2024 年 5 月。

張麗蓉《回鶻·西夏·元代石窟研究的新奉獻——"敦煌晚期石窟的分期與斷代研究工作坊(第三期)"成果述評》,《2024 敦煌學國際聯絡委員會通訊》,上海：上海古籍出版社,2024 年 8 月。

趙大旺《王慶菽與敦煌文學研究》,《社會科學戰綫》2024 年第 6 期。

趙晶《論池田温的唐代法制史研究》,《中國古代法律文獻研究》(第十八輯),上海：中西書局,2024 年 6 月。

趙青山、王梓璇《四十年來國内敦煌漢文佛教文獻研究綜述》,《敦煌學輯刊》2024 年第 1 期。

趙聲良《繼往開來砥礪前行——敦煌研究院八十年》,《敦煌研究》2024 年第 4 期。

鄭炳林《四十年來我國敦煌學發展及展望》,《歷史研究》2024 年第 12 期。

鍾佳岐《敦煌壁畫中的樂舞文化及其傳播——評〈敦煌樂舞研究文集〉》,《中國教育學刊》2024 年第 3 期。

增寶當周《藏學學術史視域下百年藏文傳記文學漢譯述論》,《西藏大學學報》2024 年第 3 期。

扎西當知《敦煌古藏文占卜文書的研究綜述及其新趨勢》,《中國藏學》2024 年第 4 期。

朱玉麒《海棠先著北枝花——我所知道的段晴教授和她的冷門絶學》,《絲綢之路研究：段晴教授紀念專號》,北京：生活·讀書·新知三聯書店,2024 年 5 月。

2024 年吐魯番學研究論著目録

陳魚江　李姝寧　胡添翼（上海師範大學）

　　本年度中國大陸地區共出版吐魯番學專著及相關文集 40 餘部,公開發表的相關論文達 320 餘篇。現將研究論著目録編制如下,編排次序爲:一、專著;二、論文。論文又分爲概説、歷史、社會文化、宗教、語言文字、文學、藝術、考古與文物保護、少數民族歷史語言、古籍、科技、書評與學術動態十二類專題。

一、專　　著

[英] 奧萊爾·斯坦因著,向達譯《西域考古記》,北京:民主與建設出版社,2024 年 1 月。

聶順新主編《天下長安——古都與絲綢之路》,西安:陝西師範大學出版社,2024 年 1 月。

榮新江、張志清主編《中國國家圖書館藏西域文書:漢文卷》,北京:中華書局,2024 年 1 月。

劉全波《絲綢之路上的大月氏》,西安:陝西師範大學出版社,2024 年 1 月。

武斌《絲綢之路簡史》,北京:外文出版社,2024 年 1 月。

第六屆絲綢之路敦煌國際文化博覽會論文集編委會編《第六屆絲綢之路(敦煌)國際文化博覽會論文集》,蘭州:讀者出版傳媒有限公司,2024 年 2 月。

吐送江·依明主編《海外回鶻學研究譯文集(一)》,蘭州:甘肅文化出版社,2024 年 3 月。

黄文弼《羅布淖爾考古記》,北京:應急管理出版社,2024 年 3 月。

張信剛《大絲路行紀:漫遊草原絲綢之路》,昆明:雲南人民出版社,2024 年 3 月。

叢振《絲綢之路遊藝文化交流研究》,北京:中國社會科學出版社,2024 年 3 月。

白玉冬《瀚海金河:中古北疆歷史考索》,上海:上海古籍出版社,2024 年 4 月。

石雲濤《絲綢之路與漢唐文學的關係》,北京:社會科學文獻出版社,2024 年 4 月。

黄文弼《塔里木盆地考古記》,北京:應急管理出版社,2024 年 4 月。

魏軍剛《後涼史料輯録》,蘭州:甘肅文化出版社,2024 年 11 月。

黄文弼《吐魯番考古記》,北京:應急管理出版社,2024 年 4 月。

黄文弼《高昌陶集》,北京:應急管理出版社,2024 年 4 月。

黄文弼《高昌磚集》,北京:應急管理出版社,2024 年 4 月。

苗利輝、趙麗婭、沙娜、古麗扎爾·吐爾遜《龜兹石窟藝術》,北京:清華大學出版社,2024 年 4 月。

劉子凡《萬里向安西:出土文獻與唐代西北經略研究》,北京:社會科學文獻出版社,2024 年 4 月。

[美]歐文·拉鐵摩爾著,王敬譯《從塞北到西域:重走沙漠古道》,上海:光啓書局,2024 年 5 月。

安文華、侯宗輝主編《絲綢之路古文明印記》,北京:中國社會科學出版社,2024 年 5 月。

中國人民大學國家發展與戰略研究院、中國人民大學國學院編《絲綢之路研究:段晴教授紀念專號》,北京:生活·讀書·新知三聯書店,2024 年 5 月。

常櫻《筆底柔條因風長——絲綢之路葡萄藤蔓紋飾研究》,北京:人民出版社,2024 年 6 月。

王炳華《瀚海行腳:西域考古 60 年手記》,北京:生活·讀書·新知三聯書店,2024 年 6 月。

王炳華《尋找消失在沙漠深處的文明:樓蘭、鄯善考古研究》,桂林:廣西師範大學出版社,2024 年 6 月。

孟憲實《漢唐時代的絲綢之路:使者·絹馬·體制》,北京:社會科學文獻出版社,2024 年 6 月。

李梅景《奧登堡中國西北考察研究》,蘭州:甘肅文化出版社,2024 年 6 月。

劉子凡《唐代北庭文書整理與研究》,上海:中西書局,2024 年 7 月。

王玉芳主編《漢魏時期絲綢之路石刻拓本精粹》,蘭州:甘肅文化出版社,2024 年 7 月。

徐龍《絲路食語:從絲綢之路走來的食材》,北京:商務印書館,2024 年 7 月。

敦煌研究院編《絲綢之路藝術——從印度到敦煌(新疆石窟卷)》,蘭州:甘肅人民出版社,2024 年 8 月。

王炳華《吐魯番考古手記》,北京:生活·讀書·新知三聯書店,2024 年 8 月。

王濤編著《絲綢之路錢幣圖鑒》,西安:陝西師範大學出版社,2024 年 8 月。

[俄]奧登堡編著,楊軍濤、李新東譯《1909—1910 年俄羅斯新疆探險考察初步簡報》,上海:上海古籍出版社,2024 年 9 月。

安家瑶《唐城考古·絲路玻璃》,北京:中華書局,2024 年 9 月。

［德］卡恩・德雷爾著，陳婷婷譯《絲路探險：1902—1914 年德國考察隊吐魯
　　番行記》，上海：上海古籍出版社，2024 年 9 月。

陳粟裕《沙海浮圖：中古時期西域南道佛典與圖像》，北京：商務印書館，2024
　　年 11 月。

惠源《絲綢之路上的葡萄酒》，廣州：南方日報出版社，2024 年 11 月。

劉安志《敦煌吐魯番文書與唐代西域史研究》（增訂本），北京：社會科學文獻
　　出版社，2024 年 12 月。

王冀青《絲綢之路考古學的起源》，蘭州：甘肅教育出版社，2024 年 12 月。

二、論　　文

（一）概説

王子今《蜀道與絲綢之路交通》，《絲路文明》（第九輯），上海：上海古籍出版
　　社，2024 年。

劉進寶《"絲綢之路"的提出及其學科概念》，《文化交流》2024 年第 3 期。

趙大旺、劉進寶《漢唐時期的絲綢之路與中外文明互鑒》，《浙江大學學報》
　　2024 年第 9 期。

馬麗蓉《"絲路學"概念考釋與"一帶一路"學術話語權建設研究》，《新疆師範
　　大學學報》2024 年第 2 期。

李鵬、張沐可《陸上絲綢之路行旅的生命史考察》，《學術研究》2024 年第
　　8 期。

叢振、金天《絲綢之路遊藝文化交流場所研究》，《絲綢之路》2024 年第 2 期。

陳泰宏《鑒古知今的絲路研究》，《新楚文化》2024 年第 31 期。

王欣、耿蕾《甥舅之誼：唐朝回鶻和親與中華民族共同體的構建》，《北方民族
　　大學學報》2024 年第 5 期。

米治鵬、張小飛、張學圭《克孜爾石窟第 175 窟農耕圖像與中華民族共同體研
　　究》，《文物鑒定與鑒賞》2024 年第 8 期。

榮新江《吐魯番學研究中的學術規範問題》，《吐魯番學研究》2024 年第 2 期。

楊蕤、車昌洋《蕃處中國：宋人筆記中的西域》，《西域研究》2024 年第 1 期。

牛汝極《絲綢之路上回鶻人的中華文化觀》，《北方民族大學學報》2024 年第
　　5 期。

肖堯軒、劉沛東《從新疆所現的琵琶類文物看各民族交往交流交融的歷史事
　　實》，《新疆藝術學院學報》2024 年第 3 期。

陳天柱《漢唐時期西域文化的交往、交流與交融——基於米蘭遺址的考察》，
　　《華西民俗研究》2024 年第 1 期。

古麗努爾·漢木都《從高昌回鶻女供養人服飾看民族融合》,《環球人文地理》2024 年第 8 期。

鄭麗穎、米哈伊爾·德米特里耶維奇·布哈林《近代俄國和德國在吐魯番考古領域的合作與衝突》,《西域研究》2024 年第 1 期。

丁斯甘《法國探險家保寧 1899—1900 年中國西北探查活動考述》,《敦煌研究》2024 年第 3 期。

沈雪晨《1873—1874 年福賽斯使團"出使"新疆路綫與探查活動考》,《西域研究》2024 年第 2 期。

范宏濤《大谷探險隊與世界東方學家的互動——以大谷光瑞爲中心的考察》,《絲路文化研究》(第九輯),北京:商務印書館,2024 年。

鄭智明撰,趙鍇譯《斯坦因的新疆考察與"印度"的相關性》,《西域文史》(第十八輯),北京:科學出版社,2024 年。

王冀青《蔣夢麟與斯坦因第四次新疆考察》,《西域文史》(第十八輯),北京:科學出版社,2024 年。

鄭麗穎、米哈伊爾·德米特里耶維奇《奥登堡中國西北考察裝備研究——以俄羅斯科學院聖彼得堡檔案館新見資料爲中心》,《西域文史》(第十八輯),北京:科學出版社,2024 年。

蔣小莉《德國吐魯番探險隊研究》,蘭州大學 2024 年博士學位論文。

(二) 歷史

[日] 荒川正晴《玄奘與吐魯番》,《絲路文明》(第九輯),上海:上海古籍出版社,2024 年 11 月。

張子青《東漢時期羅馬和貴霜對西域歸屬漢朝的認知》,《新疆大學學報》2024 年第 3 期。

陳瑋《河隴陷蕃後河西、西域與唐廷交通往來新探》,《西域研究》2024 年第 4 期。

喬玉蕊《宋使劉渥出使龜兹回鶻考》,《敦煌學輯刊》2024 年第 4 期。

王紅梅《高昌回鶻與中原王朝的朝貢往來考》,《石河子大學學報》2024 年第 3 期。

王强《漢代中原和西域交流繁盛的實證"五星出東方利中國",漢代織錦的巔峰》,《世界博覽》2024 年第 21 期。

馬麗、劉木子《懸泉漢簡所見長安與西域的互通交往》,《西部文藝研究》2024 年第 5 期。

伍思遠《高、武時期唐廷對西州政策的轉變與上烽契文書的出現》,《吐魯番學研究》2024 年第 2 期。

孫麗萍《唐初對西州的治理——基於"來豐案卷"的探析》,《中國邊疆史地研究》2024 年第 4 期。

鄭炳林《古典學視野下的西漢敦煌西域史探索與重構》,《華中師範大學學報》2024 年第 6 期。

趙海軍、王慶昱《郭嗣本與唐貞觀時期北疆經營探究》,《石河子大學學報》2024 年第 1 期。

張瑛《從出土漢簡看漢王朝經營西域的動因和路徑》,《絲綢之路》2024 年第 3 期。

王旭送、胡亮霞《隋唐時期中央王朝對于闐的治理》,《和田師範專科學校學報》2024 年第 5 期。

侯曉晨《唐玄宗開元初期的西域經略觀》,《地域文化研究》2024 年第 4 期。

武振煜《隋代裴矩經營西域研究》,《今古文創》2024 年第 48 期。

王希隆《新疆軍府制的創立、發展與深化——以西漢、唐、清三朝爲中心》,《西域研究》2024 年第 4 期。

王旭送《唐代西州基層組織管理的再審視——以鄉城、鄉主者、坊爲例》,《西域研究》2024 年第 1 期。

謝慧嫻《吐魯番文書所見唐代西州的户曹與倉曹及其相互關係》,《西域研究》2024 年第 3 期。

章益誠《唐代里正上直及所用"到簿"考》,《敦煌吐魯番研究》(第二十三卷),上海：上海古籍出版社,2024 年。

張賀森、李瑞豐《漢晉時期高昌地區行政體制的演變》,《文化創新比較研究》2024 年第 35 期。

尚玉平、武海龍《吐魯番新出唐〈程府君墓志〉考釋——兼論安史之亂後伊西庭地區的軍政一體化》,《西域研究》2024 年第 1 期。

董永強《唐西州天山軍相關問題研究——從新見〈王懷勗墓志〉談起》,《魏晋南北朝隋唐史資料》(第四十九輯),上海：上海古籍出版社,2024 年。

樂紹涵、李嚴、王思淇《新疆阿克蘇地區唐代軍事聚落的體系化佈局研究》,《風景園林》2024 年第 8 期。

王聖琳《吐魯番所出〈唐尚書省牒爲懷岌等西討大軍給果毅傔人事〉性質新解》,《吐魯番學研究》2024 年第 2 期。

賀雙《〈唐西州都督府牒爲請留送東官馬填充團結欠馬事〉所見軍馬調配行爲試析》,《吐魯番學研究》2024 年第 2 期。

胡興軍《新疆尉犁縣克亞克庫都克烽燧遺址出土勛告文書初步研究》,《西域研究》2024 年第 1 期。

劉子凡《唐代軍鎮體制沿革研究》,《歷史研究》2024 年第 8 期。

田海峰、譚程月《略談唐代疏勒鎮守軍的戰略地位》,《絲綢之路》2024 年第 4 期。

侯文昌《高昌回鶻的私有地權研究》,《中國邊疆史地研究》2024 年第 2 期。

劉子凡《阿斯塔那 506 號墓出土付領錢物抄與北庭關係考》,《魏晉南北朝隋唐史資料》(第四十九輯),上海:上海古籍出版社,2024 年 5 月。

王旭送《唐代西州畜牧業研究》,《吐魯番學研究》2024 年第 4 期。

范曉陽《唐朝統治于闐時期的漢寺經濟——以和田出土漢語文書爲中心》,《首都師範大學學報》2024 年第 4 期。

袁煒《〈泉志〉載封思業所獲西域錢幣考》,《中國國家博物館館刊》2024 年第 8 期。

宋鷹揚《回鶻與吐蕃衝突背景下的唐與回鶻絹馬貿易研究》,山東師範大學 2024 年碩士學位論文。

李艷玲《漢唐西域水上交通管窺》,《史學集刊》2024 年第 6 期。

張龍海《蒙元時期新疆、中亞驛道新論》,《新疆大學學報》2024 年第 2 期。

陳曉露《絲綢之路開通前塔里木盆地交通格局》,《歷史研究》2024 年第 7 期。

侯曉晨《隋唐西域範圍札記》,《新疆地方志》2024 年第 3 期。

王玉平、田恬《唐代伊州通西州道路的變遷》,《歷史地理研究》2024 年第 3 期。

張安福、牛齊培《天山廊道交通視域下的唐代輪臺地望考》,《中國邊疆史地研究》2024 年第 1 期。

于海琴《吐魯番永昌城的歷史及今地考》,《吐魯番學研究》2024 年第 3 期。

薛正昌、薛煦《絲路交會地:北庭故城歷史與文化》,《地域文化研究》2024 年第 1 期。

范英傑《玉塞胡落:6—9 世紀北疆民族史地研究》,蘭州大學 2024 年博士學位論文。

(三)社會文化

張國慶、馬振穎《五至八世紀吐魯番地區氾氏家族考論》,《吐魯番學研究》2024 年第 3 期。

段文崗《吐魯番文書所見粟特史姓居民身份整理研究》,《吐魯番學研究》2024 年第 3 期。

楊宗苹《六至八世紀前期吐魯番地區夫妻年齡差考略》,《吐魯番學研究》2024 年第 3 期。

陳愛峰、徐偉《麴氏高昌世系、職官補考——以〈麴仕悦像記〉爲中心》,《魏晋南北朝隋唐史資料》(第四十九輯),上海:上海古籍出版社,2024 年。

裴成國《魏晋南北朝漢文化在西域的傳播》,《魏晋南北朝隋唐史資料》(第四十九輯),上海:上海古籍出版社,2024 年。

謝振華《西域占卜術東傳與北齊西胡化問題》,《西域研究》2024 年第 2 期。

劉陽、劉知和、胡芳芳、劉青《絲綢之路于闐文化與唐代長安體育的繁榮》,《體育世界》2024 年第 11 期。

叢振《從絲綢之路到遊藝之路:遊藝文化在絲綢之路上的交流研究》,《敦煌學輯刊》2024 年第 3 期。

李寧、李文亮《新疆吐魯番出土隨葬衣物疏分類釋考及所見中華文化的交融與共生》,《吐魯番學研究》2024 年第 1 期。

牟新慧、丁禹《阿斯塔那古墓群出土的花式點心》,《大衆考古》2024 年第 6 期。

陳怡丹、王江君《晋唐時期吐魯番地區飲食器具研究》,《東方收藏》2024 年第 3 期。

姚磊、黄月《西北漢簡所見粟研究》,《農業考古》2024 年第 6 期。

盧向前《麴氏高昌和唐代西州的葡萄、葡萄酒》,《文化交流》2024 年第 3 期。

張慕華《儒釋道文化影響下的喪葬禮儀文體辨析——以敦煌吐魯番文獻爲中心》,《江西師範大學學報》2024 年第 6 期。

趙曉芳《"兔毫"與五胡時代西北地區的喪葬文化傳播》,《敦煌研究》2024 年第 1 期。

張總《敦煌吐魯番等諸民族間喪儀葬俗之交流——以漢藏回鶻西夏〈十王經〉存本談起》,《敦煌研究》2024 年第 2 期。

李亞棟《吐魯番晋唐墓葬葬具文書出土形態研究》,《青海師範大學學報》2024 年第 5 期。

沈雪、鄭炳林《吐魯番出土隨葬衣物疏所見服飾信息辨析——以褶袴爲例》,《敦煌研究》2024 年第 3 期。

苟娟娟《充耳琇瑩——新疆發現的耳飾及其文化内涵探析》,《文物鑒定與鑒賞》2024 年第 15 期。

娜仁《三至九世紀龜玆男性服飾初探——以克孜爾石窟壁畫爲考察依據》,《西部皮革》2024 年第 20 期。

田茹《從新疆出土帽飾文物淺談新疆與中原地區的文化交流》,《西部皮革》2024 年第 6 期。

李和《古代中國邊疆民族的服飾文化與交流》,《染整技術》2024 年第 5 期。

蘇瑞晨《從駱駝形象看唐代的社會風貌與對外交流》,《東方收藏》2024 年第

11 期。

曹利華、張磊《交融互鑒：高昌國、唐西州各族民衆社會生活研究——以吐魯番出土文書爲中心》,《新疆大學學報》2024 年第 1 期。

（四）宗教

沈奧《〈唐乾封二年（667）西州高昌縣董真英隨葬功德疏〉再釋——兼論天台宗在吐魯番地區的傳播》,《吐魯番學研究》2024 年第 2 期。

尤澳、楊祖榮《吐魯番文書中的〈維摩詰經〉及其注疏》,《吐魯番學研究》2024 年第 2 期。

魏婧潔《高昌義和五年和夫人供養〈妙法蓮華經〉拾補》,《吐魯番學研究》2024 年第 3 期。

徐偉喆《日本散藏吐魯番出土文獻中的〈遼藏〉殘片》,《吐魯番學研究》2024 年第 2 期。

謝慧嫻《吐魯番文書中的"丁谷寺"及其相關問題研究》,《敦煌吐魯番研究》（第二十三卷）,上海：上海古籍出版社,2024 年。

趙洋《旅順博物館藏新疆出土〈法苑珠林〉殘片考——論〈法苑珠林〉佛經引典與"述曰"的來源》,《敦煌吐魯番研究》（第二十三卷）,上海：上海古籍出版社,2024 年。

定源《敦煌、吐魯番出土〈金剛暎〉寫本及相關問題研究》,《傳統文化研究》2024 年第 2 期。

柴傑、楊富學《撮録本〈孔雀王咒經〉生成時代考辨》,《五臺山研究》2024 年第 3 期。

崔中慧《吐魯番出土幾件〈華嚴經〉寫本殘卷研究》,《五臺山研究》2024 年第 4 期。

侯明明、胡興軍《吐魯番發現的"大隨求陀羅尼經咒圖"研究》,《青海民族研究》2024 年第 2 期。

畢光美、程恭讓《〈金光明經〉的女神信仰及其佛法意義》,《宏德學刊》第十八輯,北京：商務印書館,2024 年。

宋博文、張鐵山《回鶻契約文書反映的民間佛教信仰》,《敦煌學輯刊》2024 年第 4 期。

王龍、陳愛峰《吐峪溝石窟新出兩件"六念文"初釋》,《敦煌學輯刊》2024 年第 1 期。

張風雷《芮芮還是于闐：法獻佛牙來源考》,《世界宗教研究》2024 年第 5 期。

任平山《克孜爾壁畫"見佛歸兵"考》,《西域研究》2024 年第 3 期。

宋艷玉《"邁向菩提座"的佛傳視覺敘事探微——兼對克孜爾第 110 窟東壁存

疑壁畫考辨》,《南京藝術學院學報》2024 年第 6 期。

馬莉《克孜爾第 118 窟天相圖中的"提兜比丘"釋讀》,《南京藝術學院學報》
　　2024 年第 6 期。

史浩成《中古時期新疆地區佛教僧侣世俗生活研究》,《石窟寺研究》(第十六
　　輯),北京：科學出版社,2024 年。

牛汝極《高昌回鶻汗國的東方教會敘利亞文〈聖經〉文庫》,《國際漢學》2024
　　年第 2 期。

牛汝極《敘利亞文巴沙巴主教傳説揭示東方教會經木鹿向中亞和中國高昌回
　　鶻傳教》,《基督宗教研究》2024 年第 1 期。

牛汝極《高昌回鶻人佩戴的一件東方教會敘利亞語護身符》,《世界宗教文化》
　　2024 年第 1 期。

蓋建民、鍾麒《文化潤疆的歷史邏輯——以道教文化與西域文化的涵化現象
　　爲例》,《世界宗教文化》2024 年第 2 期。

陳愛峰、陳玉珍《回鶻之祆教娜娜女神向佛教護法神的轉變》,《宏德學刊》第
　　十八輯,北京：商務印書館,2024 年。

洪勇明《〈摩尼贊美詩〉宗教信息考》,《北方考古》(第十七輯),北京：文物出
　　版社,2024 年。

（五）語言文字

肖瑜《〈中國文化遺産研究院藏西域文獻遺珍〉二一四音義殘片初探》,《中國
　　訓詁學報》(第十輯),北京：商務印書館,2024 年。

王子今《論河西簡文"胡驛(胡譯)""羌譯""羌胡譯""匈奴譯"》,《出土文獻》
　　2024 年第 2 期。

張小艷《吐魯番出土文獻字詞考釋》,《魏晋南北朝隋唐史資料》第四十九輯,
　　上海：上海古籍出版社,2024 年。

張艷奎《吐魯番出土〈北涼高昌郡内學司成白請差刈苩蓿牒〉文書初探》,《吐
　　魯番學研究》2024 年第 1 期。

張鐵山《絲綢之路古代文字的傳播與相互影響》,《敦煌研究》2024 年第
　　3 期。

羅帥《漢字傳入西域的歷史影響——兼論魏晋時期鄯善通行佉盧文之原因》,
　　《浙江大學學報》2024 年第 9 期。

代焕玉《〈吐魯番出土文書〉(唐代)通假字研究》,喀什大學 2024 年碩士學位
　　論文。

王烈《公元 6—8 世紀吐魯番墓磚銘刻研究》,中國藝術研究院 2024 年碩士學
　　位論文。

（六）文學

王志鵬、劉麗志《魏晋南北朝詩歌中的絲路景觀》，《西夏研究》2024 年第
2 期。

史睿、李成晴《吐魯番出土唐寫本句圖復原與考釋》，《敦煌吐魯番研究》（第
二十三卷），上海：上海古籍出版社，2024 年。

胡蓉《論 13—14 世紀東西方戲劇文化的交流互鑒》，《石河子大學學報》2024
年第 5 期。

蔡江寧、楊葉青《"新疆曲子戲"名稱由來探究》，《昌吉學院學報》2024 年第
2 期。

高建新《平定高昌與唐代絲路的暢通——柳宗元〈唐鐃歌鼓吹曲十二篇·高
昌〉解讀》，《名作欣賞》2024 年第 28 期。

高孜璇《唐詩中的西北地理意象研究》，河北大學 2024 年碩士學位論文。

李佳珈《文學地理學視域下的西域詩路研究》，喀什大學 2024 年碩士學位
論文。

（七）藝術

苗利輝、趙麗婭《龜兹地區回鶻藝術研究》，《中國美術研究》2024 年第 2 期。

任平山《佛與情歌：克孜爾石窟第 110 窟"帝釋窟説法"》，《美術大觀》2024
年第 10 期。

楊傳宇《北庭回鶻佛教晚期的空間秩序與藝術風格——以 S102 殿塑像群爲
中心》，《昌吉學院學報》2024 年第 1 期。

肖堯軒《龜兹石窟伎樂壁畫研究的新問題、新方法、新材料》，《中國音樂》2024
年第 5 期。

吾買爾·卡得爾、徐亞新《吐峪溝石窟"樹下誕生"圖淺析》，《石窟寺研究》
（第十六輯），北京：科學出版社，2024 年。

李敏睿《回看"屈支，管弦伎樂，特善諸國"——龜兹石窟壁畫 76 窟伎樂圖研
拓》，《文化月刊》2024 年第 12 期。

卯旭虎、孫玲玲《地域文化視角下佛教壁畫圖示流變研究——以克孜爾與莫
高窟本生故事壁畫爲例》，《當代美術家》2024 年第 2 期。

邱雲《克孜爾壁畫的色彩語言》，《藝術大觀》2024 年第 33 期。

崔静、田偉、李琴《克孜爾壁畫中的構成語言分析》，《大觀（論壇）》2024 年第
12 期。

路珊珊《柏孜克里克第 20 窟圖像藝術研究》，新疆藝術學院 2024 年碩士學位
論文。

榮新江《海外回歸的兩件粟特彩繪浮雕石床前檔圖像》，《故宫博物院院刊》

2024 年第 1 期。

李秋紅《龜兹石窟壁畫金翅鳥擒蛇平結圖像及其來源》,《敦煌研究》2024 年第 2 期。

張博、王一潮《絲綢之路交融下早期于闐佛寺壁畫中的人體圖像研究——以和田達瑪溝出土晉代壁畫爲中心》,《黑河學院學報》2024 年第 8 期。

劉若嵐《于闐佛寺四臂神圖像及身份淵源考辨》,《南京藝術學院學報》2024 年第 1 期。

胡子琦《從印度到克孜爾:"帝釋窟説法"圖像的演變及其背景》,《中國宗教》2024 年第 1 期。

雷啓興《克孜爾中心柱窟甬道頂部菱格圖案形式、意涵與淵源新探》,《裝飾》2024 年第 9 期。

温和《敘事與象徵——音樂文獻學視野下的"奏樂婆羅門"研究》,《中國音樂》2024 年第 5 期。

劉若嵐《于闐佛寺訶利帝像身份及風格來源探賾》,《美術大觀》2024 年第 7 期。

姚淑芳《入華粟特人石質葬具商旅圖及其影響》,《東方收藏》2024 年第 10 期。

劉榆《柏孜克里克石窟中"鹿野苑説法"圖像研究》,新疆藝術學院 2024 年碩士學位論文。

閆岫育《高昌回鶻時期地藏菩薩圖像藝術研究》,新疆藝術學院 2024 年碩士學位論文。

王馨妤、祖木拉提·哈帕爾《文化融合:中原式箜篌的演變與傳播》,《吐魯番學研究》2024 年第 4 期。

王永平《何處是西河——從唐曲看絲綢之路胡漢文化的交融》,《中國邊疆史地研究》2024 年第 3 期。

苗利輝《龜兹樂器考》,《中國音樂》2024 年第 5 期。

張杭琪《北齊胡樂文化内涵及其特徵考探》,《中國音樂》2024 年第 5 期。

汪雪《"反彈琵琶"源出男性胡舞新證》,《北京舞蹈學院學報》2024 年第 4 期。

蔡均適《敦煌石窟與龜兹石窟巾舞壁畫比較研究》,《南京藝術學院學報》2024 年第 6 期。

楊林《克孜爾石窟壁畫中中國古典舞元素探究》,《新疆藝術學院學報》2024 年第 3 期。

楊芹、博雅傑《龜兹石窟佛教壁畫描繪的樂舞藝術》,《中國宗教》2024 年第 4 期。

王永强、李曉睿《絲綢之路新疆段石窟樂器交流的歷史溯源》,《嘉應文學》2024 年第 11 期。

楊再紅《古代西域戲劇傳播規律初探》,《邊疆經濟與文化》2024 年第 1 期。

韓林兵《探究絲綢之路上新疆弓絃樂器的發展》,《戲劇之家》2024 年第 36 期。

楊婷《從克孜爾石窟伎樂壁畫看龜茲樂舞與民間歌舞的繼承與存續》,《浙江工藝美術》2024 年第 1 期。

木合牙提·加海《漢唐時期西域木雕承載的中華造物美學精神和生態價值》,《絲路文化研究》(第九輯),北京:商務印書館,2024 年。

劉念《新疆阿拉溝墓地出土玻璃珠的工藝及產地分析》,《科技考古》(第八輯),北京:科學出版社,2024 年。

木合牙提·加海《論漢唐時期西域木雕巫祀、宗教母題的融合發展》,《中國美術研究》2024 年第 1 期。

木合牙提·加海《論 6—9 世紀西域木雕晉唐風韻的形成》,《中國文化與管理》2024 年第 1 期。

李曉、單海蘭、馬金輝、程甘霖、張瀟娟《新疆吐魯番發現的傳統紡織品上"樹紋"裝飾藝術源流考論》,《上海視覺》2024 年第 1 期。

唐明陽《克孜爾石窟中的忍冬紋——以 17 窟、175 窟、219 窟爲例》,《嘉應文學》2024 年第 12 期。

王天鳳《13—14 世紀伊朗與中國工藝裝飾風格的異趣和互通——管窺故宮博物院"璀璨波斯:伊朗文物精華展"陳列的伊利汗國文物》,《美術觀察》2024 年第 4 期。

張卉顏《新疆出土織物中漢唐染纈圖案研究》,《文物鑒定與鑒賞》2024 年第 8 期。

孫維國《探析新疆出土獅形紋樣文物及其特點》,《昌吉學院學報》2024 年第 2 期。

魏堅、李思佳《珍珠與蓮花相映——麹氏高昌至唐西州時期吐魯番墓葬明器彩繪解析》,《中華民族共同體研究》2024 年第 3 期。

鮑子儀《唐代粟特式八棱杯伎樂紋樣研究》,《東方收藏》2024 年第 7 期。

袁健《古代西域書法緣起與墨蹟的書法史價值研究》,《新疆藝術學院學報》2024 年第 1 期。

龐雄、李成旺《河西簡牘書法書體演變與筆法特徵芻議》,《絲綢之路》2024 年第 4 期。

畢羅《中國書法在西方的傳播:歷史經驗與未來發展》,《當代美術家》2024 年第 6 期。

孫瑜洽《絲綢之路中中國藝術風格和審美意識的嬗變——以龜兹樂舞爲例》，《作家天地》2024 年第 33 期。

王博《新疆羅布淖爾漢簡梳理與書法研究》，新疆藝術學院 2024 年碩士學位論文。

張丁陽《新疆古代印章研究與篆刻實踐》，新疆藝術學院 2024 碩士學位論文。

潘秋彤《新疆漢代石刻書法藝術研究》，新疆藝術學院 2024 年碩士學位論文。

王可欣《樓蘭漢文簡紙楷書演變梳理與研究》，新疆藝術學院 2024 年碩士學位論文。

徐林《高昌時期柏孜克里克石窟寫經書法研究》，新疆藝術學院 2024 年碩士學位論文。

張新宇《樓蘭簡紙文書筆法演化研究與實踐》，新疆藝術學院 2024 年碩士學位論文。

（八）考古與文物保護

王炳華《高昌三題》，《西域研究》2024 年第 1 期。

任冠、杜夢《唐朝墩景教寺院聖臺和聖堂的考古學研究》，《西域研究》2024 年第 3 期。

張元、伊力、劉維玉、麗娜、張玉忠、佟文康、范小明《新疆阿拉溝東風廠墓地發掘簡報》，《吐魯番學研究》2024 年第 1 期。

周珊《李征對昌吉古城的調查與研究》，《吐魯番學研究》2024 年第 1 期。

尚玉平《高昌佛教遺蹟的分佈、調查及研究現狀分析》，《絲綢之路》2024 年第 3 期。

羅爾璨、魏文斌《二十世紀早期至今哈密佛寺遺址調查史及比較研究》，《敦煌吐魯番研究》（第二十三卷），上海：上海古籍出版社，2024 年。

周尚娟《古城與佛寺及其區域聚落關係——吐魯番大、小阿薩遺址調查與研究》，《敦煌學輯刊》2024 年第 3 期。

劉韜《"德國皇家吐魯番探險隊"收集吐魯番壁畫殘片簡目》，《敦煌吐魯番研究》（第二十三卷），上海：上海古籍出版社，2024 年。

胡興軍《新疆洛浦縣比孜里墓地 M36 出土彩繪木棺考釋》，《考古與文物》2024 年第 4 期。

王煜、張馳《新疆地區漢唐時期彩繪木棺初探》，《絲綢之路考古》（第九輯），北京：社會科學文獻出版社，2024 年。

陳曉露、韓建業《新疆泉水溝遺址、都木都厄布得格遺址試掘簡報》，《文物》2024 年第 2 期。

田小紅、吳勇、王馨華《新疆庫車友誼路墓群 2021—2023 年發掘簡報》,《文物》2024 年第 10 期。

王澤祥、劉文鎖、王龍、曹葉安青《新疆吐魯番市西旁唐宋時期景教寺院遺址》,《考古》2024 年第 7 期。

葛承雍《驛路寺城:新疆奇臺唐朝墩古城考古的新認識》,《世界宗教研究》2024 年第 1 期。

劉文鎖、王澤祥、王龍《新疆吐魯番西旁景教寺院遺址 2021 年發掘報告》,《考古學報》2024 年第 3 期。

丁得天、馬驍《新疆庫車市蘇巴什佛寺遺址(魏晉—唐)》,《石窟與土遺址保護研究》2024 年第 3 期。

夏立棟《高昌石窟遺蹟與"高昌樣式"》,《考古》2024 年第 1 期。

鄒飛《中亞與中國新疆地區佛寺形制佈局比較研究》,《絲路文化研究》(第九輯),北京:商務印書館,2024 年。

阮秋榮《試論吉仁台溝口文化》,《絲綢之路考古》(第九輯),北京:社會科學文獻出版社,2024 年。

聶穎、王永強《新疆尼勒克縣吉仁台溝口墓地出土人骨的人類學研究》,《科技考古》(第八輯),北京:科學出版社,2024 年。

孟憲實《唐代西域官寺及其功能》,《首都師範大學學報》2024 年第 1 期。

夏立棟《考古重建西州回鶻家族寺院的生命史》,《美術大觀》2024 年第 4 期。

娃斯瑪·塔拉提《唐代于闐王城形制佈局初探》,《故宮博物院院刊》2024 年第 3 期。

新疆維吾爾自治區文物考古保護研究所《新疆霍城縣切德克蘇墓地發掘簡報》,《北方考古》(第十七輯),北京:文物出版社,2024 年。

尚玉平《新疆吐魯番巴達木東墓群》,《大衆考古》2024 年第 4 期。

王永強、袁曉、田多、阮秋榮《新疆尼勒克縣吉仁台溝口墓地發掘簡報》,《文博》2024 年第 6 期。

陳菊霞、馬丹陽《唐與回鶻和親紀念堂:庫木吐喇第 79 窟新探》,《中國美術研究》2024 年第 2 期。

多爾別熱夫撰,李梅景譯《探尋北庭故城遺址》,《西域文史》(第十八輯),北京:科學出版社,2024 年。

劉翔、蔣佳怡《新疆地面墓葬試析——兼論伊犁河谷青銅時代晚期考古學文化》,《西部考古》(第二十六輯),北京:科學出版社,2024 年。

溫睿、王成位《新疆出土早期皮革制品的特徵研究——兼談皮革制品的傳播》,《西部考古》(第二十六輯),北京:科學出版社,2024 年。

楊睿《新疆托庫孜薩來遺址（唐王城遺址）》，《大衆考古》2024 年第 4 期。

劉學堂《伊犁河谷史前考古的新進展》，《吐魯番學研究》2024 年第 3 期。

魏東、張宇亮、田小紅、吳勇《新疆庫車友誼路墓群人工變形顱的新發現》，《西域研究》2024 年第 4 期。

周潔、陳玉珍、孫麗娟《阿斯塔那 M7 號墓出土伏羲女媧絹畫的檢測分析》，《吐魯番學研究》2024 年第 2 期。

田小紅、吳勇、肖占玉、徐豐《新疆庫車友誼路墓群保護展示項目（新增用地）考古發掘簡報》，《吐魯番學研究》2024 年第 3 期。

蔣金國《地理信息系統與遥感技術在文物普查中的應用研究——以吐魯番爲例》，《吐魯番學研究》2024 年第 3 期。

錢靜軒《新疆托庫孜薩來古城遥感考古研究》，《中國國家博物館館刊》2024 年第 5 期。

劉昭昭《新疆庫木吐喇石窟壁畫材料的無損分析研究》，《東方收藏》2024 年第 7 期。

劉念《新疆阿拉溝墓地出土玻璃珠的工藝及産地分析》，《科技考古》（第八輯），北京：科學出版社，2024 年。

張俊民《漢晋之時西域簡紙文書出土與整理研究概述》，《西域研究》2024 年第 4 期。

王嘉慧《吐魯番阿斯塔那 TAM38 號墓〈樹下老人圖〉試探》，《吐魯番學研究》2024 年第 2 期。

李澤偉《蘇貝希文化中的高冠研究》，《吐魯番學研究》2024 年第 2 期。

李亞棟《吐魯番晋唐墓葬葬具文書出土形態研究》，《青海師範大學學報》2024 年第 5 期。

蘇奎《漢代胡人馴獅銅飾的題材與流通》，《四川文物》2024 年第 6 期。

朱格格《吐魯番出土隨葬衣物疏中的雞鳴枕探析》，《東方收藏》2024 年第 1 期。

鄒英傑《新疆五堡、艾斯克霞爾古墓群出土紡織品文物色彩分析》，《東方收藏》2024 年第 5 期。

郭豐秋、夏雨航《阿斯塔那 169 號墓"聯珠雙鳳錦複面"名稱考辨》，《絲綢》2024 年第 1 期。

先怡衡、曹昆等《新疆昭蘇波馬金面具的寶石工藝及年代新識》，《文物》2024 年第 8 期。

劉昭昭《試論龜兹石窟窟型分類》，《文物鑒定與鑒賞》2024 年第 19 期。

胡興軍《新疆尉犁縣克亞克庫都克烽燧文書所見"野麻"考》，《農業考古》

2024 年第 6 期。

黃婷婷、魏文斌《中國西北地區出土漢晉帛魚探析》,《農業考古》2024 年第 3 期。

張家毓《雨神形象及祈雨儀式的文化旨意——以新疆地區和敦煌石窟壁畫爲例》,《山西大同大學學報》2024 年第 5 期。

李洪峰《新疆額敏 EKD4Y3 岩畫圖像的當代意義研究》,《東方收藏》2024 年第 7 期。

魏怡璇《和田地區佛寺佈局的考古學研究》,西北師範大學 2024 年碩士學位論文。

羅爾礫《哈密地區古代佛寺遺址研究》,蘭州大學 2024 年博士學位論文。

張巍林《陳宗器與中國西北考古研究》,西北師範大學 2024 年碩士學位論文。

華來《新疆出土的吐蕃簡牘類型研究》,西北民族大學 2024 年碩士學位論文。

王亞亞、張美芳《西域文書殘片修復方法創新性研究》,《檔案學研究》2024 年第 5 期。

余騰飛《新疆尼雅遺址出土錦護膊的保護修復》,《吐魯番學研究》2024 年第 1 期。

余騰飛、胡興軍《新疆尉犁縣克亞克庫都克烽燧遺址出土部分紙質文書的保護修復》,《石窟與土遺址保護研究》2024 年第 1 期。

高春蓮《吐魯番石窟寺保護現狀與對策思考》,《絲綢之路》2024 年第 4 期。

宋會宇《新疆尼雅墓地出土刺繡短靴文物分析研究》,《西部皮革》2024 年第 3 期。

（九）少數民族歷史語言

崔焱《回鶻文〈玄奘傳〉中的音譯型佛教術語考釋舉隅》,《吐魯番學研究》2024 年第 1 期。

李剛《吐魯番博物館藏三件回鶻文〈慈悲道場懺法〉殘葉研究》,《中國典籍與文化》2024 年第 1 期。

張鐵山《俄國克羅特科夫收藏品中八件回鶻文契約文書研究》,《魏晉南北朝隋唐史資料》(第四十九輯),上海:上海古籍出版社,2024 年。

魏兆源《火焰山下的毗婆沙師:吐魯番出土〈順正理論〉梵文殘葉的初步研究》,《吐魯番學研究》2024 年第 3 期。

范晶晶《于闐語〈佛本生贊〉的"結構精妙"與"文采鋪贍"》,《首都師範大學學報》2024 年第 1 期。

洪勇明《米蘭戍堡古突厥文文書語史新探》,《絲綢之路》2024 年第 3 期。

韓樹偉《新疆出土佉盧文書所見女巫現象研究》,《西南民族大學學報》2024

年第 9 期。

程佳玉《回鶻文契約文書中的人口買賣問題》,《絲綢之路》2024 年第 1 期。

熊文彬《柏林藏吐魯番多語種二十一度母文本與版畫殘片再探——兼論元代多民族文化的交融》,《西藏大學學報》2024 年第 2 期。

陳雲聰、張鐵山《回鶻文社會經濟文書漢源詞譯音研究》,《石河子大學學報》2024 年第 4 期。

高洪雷《回鶻——大唐王朝的"親密兄弟"》,《春秋》2024 年第 1 期。

(十) 古籍

趙洋《柏孜克里克石窟出土吐魯番文獻拾遺》,《西域研究》2024 年第 1 期。

[日] 高田時雄撰,山本孝子譯《〈大唐西域記〉的序文》,《中山大學學報》2024 年第 6 期。

古麗茹合薩·扎米爾《中國塔吉克族古籍整理評述》,《新疆地方志》2024 年第 4 期。

韓宇嬌《洋海墓地 M4 出土〈詩經〉寫本補説》,《故宮博物院院刊》2024 年第 7 期。

竇秀艷、梁金正《德藏吐魯番唐寫本〈爾雅〉郭注異文類型及價值初探》,《海岱學刊》2024 年第 1 期。

靳小雅《吐魯番出土〈孝經〉及其書法研究——以阿斯塔納 169 號墓〈孝經〉爲例》,《書法賞評》2024 年第 2 期。

馬海若《早期伊利汗國史料〈蒙古消息〉的文獻學考察》,《西域研究》2024 年第 4 期。

(十一) 科技

張一《吐魯番文書所見疾病和社會救助研究》,《敦煌吐魯番研究》(第二十三卷),上海:上海古籍出版社,2024 年。

吴承艷、朱石兵、吴承玉等《敦煌吐魯番醫藥文獻無名方劑整理研究》,《中華中醫藥雜志》2024 年第 2 期。

王安萍、張麗君、牛崇信等《以敦煌吐魯番文書爲中心探討中古時期民間醫療行爲》,《西部中醫藥》2024 年第 12 期。

黄樓《西域文書所見晉唐時期的棉花與棉布——以疊毦、疊布、緤花、緤布、疊毛布爲中心》,《西域研究》2024 年第 3 期。

楊富學、孫志芹《吐蕃立鳥紋錦所見中西技術互動與文化交融》,《青海師範大學學報》2024 年第 5 期。

張中原、儀德剛《吐魯番洋海弓箭分類研究》,《自然科學史研究》2024 年第 1 期。

李君竹、郭琦琪、劉銜宇《公元 4—6 世紀新疆克孜爾石窟與山西雲岡石窟壁畫中礦物顔料的對比分析》,《寶石和寶石學雜志》2024 年第 2 期。

匡瑞傑、蔣洪恩《〈麴氏高昌永康年間供物、差役帳〉所見農業活動考略》,《中國科技史雜志》2024 年第 3 期。

侯振兵《中古時期吐魯番地區的曆法使用及其意義研究——以出土磚志資料爲中心》,《西部史學》2024 年第 1 期。

（十二）書評與學術功能

裴成國《評榮新江〈和田出土唐代于闐漢語文書〉》,《西域研究》2024 年第 1 期。

齊勝利《研精覃思,精彩紛呈:讀〈西域文獻與中古中國知識——信仰世界〉》,《西域研究》2024 年第 3 期。

劉屹《榮新江〈唐宋于闐史探研〉》,《敦煌吐魯番研究》（第二十三卷）,上海:上海古籍出版社,2024 年。

黃正建《唐代官文書的斷句標點及其他——讀〈吐魯番出土文獻散録〉劄記之一》,《魏晉南北朝隋唐史資料》（第四十九輯）,上海:上海古籍出版社,2024 年。

祁曉慶《〈唐宋回鶻史研究〉述評》,《西夏研究》2024 年第 3 期。

楊富學《四重證據,揭秘上古傳説——讀王曉玲著〈吐魯番阿斯塔那古墓人首蛇身交尾圖像研究〉》,《美術大觀》2024 年第 2 期。

劉丹航、劉明《以文物之言　正歷史之名——評〈烏魯木齊的史前時代〉》,《新疆地方志》2024 年第 1 期。

沙娜《"中華文化視野下的龜茲學研究學術研討會暨第七屆龜茲學年第會"綜述》,《西域研究》2024 年第 3 期。

徐玉娟《"絲綢之路與中國西北科學考查團"學術研討會綜述》,《西域研究》2024 年第 2 期。

吐送江·依明、孟佩君《四十年來國內西域胡語文獻研究綜述》,《敦煌學輯刊》2024 年第 4 期。

王穎璇《唐至宋元時期吐魯番交通的研究綜述》,《吐魯番學研究》2024 年第 3 期。

王傲《吐魯番盆地戰國—兩漢墓葬研究評述》,《北方民族考古》（第十六輯）,北京:科學出版社,2024 年。

王璐、張童謡《挖掘宗教文化資源促進文明交流互鑒"于闐佛教文化遺址保護利用學術會議"綜述》,《中國宗教》2024 年第 8 期。

袁劍《"中國新疆的歷史與未來"國際論壇綜述》,《中華民族共同體研究》

2024 年第 4 期。

馬昕越、吕琳《2023 年吐魯番學研究綜述》,《2024 敦煌學國際聯絡委員會通訊》,上海：上海古籍出版社,2024 年。

王炳華《難忘李征》,《吐魯番學研究》2024 年第 1 期。

朱玉麒《相逢在科學的春天——李征致袁復禮書信疏證》,《吐魯番學研究》2024 年第 1 期。

徐維焱《高昌曆法研究的先行者——李征遺稿鈎沉》,《吐魯番學研究》2024 年第 1 期。

王炳華《深心托豪素,倏忽六十年——記黄文弼先生一封談新疆考古的長信》,《西域文史》(第十八輯),北京：科學出版社,2024 年。

2024 年日本敦煌學研究論著目録

林生海（安徽師範大學）

一、論　　文

1. 政治・地理

森部豊,唐代における動亂の発生とその暴力の源：「安史の亂」再考,宮宅潔編『暴力のありか中國古代軍事史の多角的檢討』,臨川書店,153—157,2024－05

荒川正晴,ユーラシア東部論再考：「世界」の一体化への胎動を如何に考えるか,史學研究 318,1—29,2024－06

白須淨眞,前涼の西域長史・李柏に関する文書は、どのように読み解けばよいのか：龍谷大學所蔵の538Aと538B 二文書の釈文とその文意めぐる一提言,東洋史苑 99,17—48,2024－09

會田大輔,墓志の中の戦争：北朝末における戦争記憶の一斑,歴史學研究 1055,38—49,2024－11

P.デルゲルジャルガル,シルクロードと月氏・匈奴・柔然,日本モンゴル學會紀要 54,1—10,2024

菅沼愛語,唐代和蕃公主に関する諸史料の訳注：『舊唐書』『新唐書』『資治通鑒』より,京都女子大學大學院文學研究科研究紀要・史學編 23,63—92,2024

2. 社會・經濟

岩本篤志,敦煌石窟における女性の出行圖の表徵をめぐって：行障と坐障を中心に,敦煌寫本研究年報 18,21—43,2024－03

向井佑介,漢魏晋墓の神坐と墓主図像：墓のなかの「見えるもの」と「見えないもの」,外村中、稲本泰生編『「見える」ものや「見えない」ものをあらわす：東アジアの思想・文物・藝術』,勉誠社,19—36,2024－03

任占鵬,敦煌及びホータン出土文書に見える『蘭亭序』の習字學習,書法漢學研究 35,21—30,2024－07

中田裕子,回鶻路と絹馬交易,唐代史研究 27,21—41,2024－08

吉田豊,シルクロード商人の妻たちの墓志から：西安出土の3つの中世イラン語碑文,史艸 65,1—30,2024－11

3. 法律・制度

永田知之,「表狀箋啓書儀」試論: 形成の過程及び日本の古往來との比較,敦煌寫本研究年報 18,65—84,2024 - 03

山本孝子,『記室備要』に見られる月儀: 書儀としての性質と製作の過程に着目して,敦煌寫本研究年報 18,85—104,2024 - 03

荒川慎太郎,西夏文字の創製と使用の実際: 字書に現れる文字は本當に全て使われたのか? ことばと文字 17,26—36,2024 - 04

小野木聡,唐後半期における冬薦制度の展開,洛北史學 26,49—66,2024 - 06

4. 語言・文學

髙井龍,「孔子項託相問書」漢文寫本研究,敦煌寫本研究年報 18,105—124,2024 - 03

林仁昱,敦煌〈五臺山曲子(寄在蘇莫遮)〉寫本面貌與應用爭議辨析,敦煌寫本研究年報 18,45—55,2024 - 03

春本秀雄,「三武一宗の法難」の稱謂について,大正大學研究紀要 109,1—22,2024 - 03

富嘉吟,『趙志集』三題,敦煌寫本研究年報 18,57—63,2024 - 03

陳錦清,「威奈大村墓志」における参考書物:『語対』系敦煌古類書を間接に利用した可能性,日本漢文學研究 19,1—21,2024 - 03

三木雅博,古代浦島説話における「玉手箱」開箱と韓朋譚: 中國尉犁(イリ)県出土「韓朋賦」斷簡・ベトナム瑶(ヤオ)族民間古籍『韓朋伝』に見える開箱の記述との比較考察,梅花女子大學文化表現學部紀要 20,86—101,2024 - 03

大橋由治,唐代小説「李徵」札記,大東文化大學漢學會志 63,53—76,2024 - 03

淺見洋二,中國詩學における「力」の諸相,中國: 社會と文化 39,5—25,2024 - 07

荒見泰史著,胡逸蝶譯,劉丹校,敦煌與佛傳文學,長江學術 2024(1),83—96,2024

5. 宗教・思想

門田明,漢簡に見える「黑色」の記載について(上),書法漢學研究 34,1—10,2024 - 01

向井佑介,古代中國の墓と霊魂のまつり: 前漢時代における墓と廟の変革,史林 107(1),7—45,2024 - 01

王祥偉著,小倉聖訳,稀有な「狐鳴占」に関する文献とそれに関連した問題,水口幹記編『東アジア的世界分析の方法：〈術數文化〉の可能性』,文學通信,2024－02

游自勇著,小倉聖訳,敦煌寫本「百怪図」補考,水口幹記編『東アジア的世界分析の方法：〈術數文化〉の可能性』,文學通信,2024－02

游自勇著,水口幹記訳,敦煌寫本「百怪図」続綴,水口幹記編『東アジア的世界分析の方法：〈術數文化〉の可能性』,文學通信,2024－02

黒田彰,翟門生石床とゾロアスター教（上）：中國ソグド図像の基礎的研究,文學部論集 108,1—27,2024－03

根敦阿斯尓、張曉琳,佛教民俗學の視點から見る敦煌『仏説報父母恩重経変』の源流：甘粛省博物館所蔵宋代の絹本を中心に,比較民俗研究 38,52—62,2024－03

門田明,漢簡に見える「黒色」の記載について（下）,書法漢學研究 35,1—10,2024－07

榮新江著,田衛衛訳,西域の仏典伝播における紙の貢献,東洋哲學研究所編『シルクロード研究論集』第 2 巻,東洋哲學研究所,2024－12

6. 考古・美術

孫彬、黒田彰,董黯図溯源：ガンダーラ仏から孝子伝図へ,京都語文 31,211—257,2024－02

孫彬、黒田彰,燃燈仏授記（布髪）図、アングリマーラ帰依図：董黯図溯源,京都語文 31,5—52,2024－02

高橋早紀子,「法界仏像」における諸形象の表象意識：キジル石窟第十七窟両像と敦煌莫高窟第四二八窟像を中心に,外村中、稲本泰生編『「見える」ものや「見えない」ものをあらわす：東アジアの思想・文物・藝術』,勉誠社,219—253,2024－03

檜山智美、橘堂晃一,クチャ・スバシ東岸寺院址の「地獄繪」壁畫の分析：第一次大谷探検隊の記録を手掛かりに,國際仏教學大學院大學研究紀要 28,93—132,2024－03

田林啓、坂尻彰宏,米國所蔵絹本著色敦煌畫三題の位置づけ,大阪市立美術館紀要 24,9—30,2024－03

坂尻彰宏、田林啓,米國フリーア美術館蔵水月観音菩薩図再考,敦煌寫本研究年報 18,1—20,2024－03

加島勝,中國・シルクロードにおける舎利容器の形式変遷について,加島勝編『器と信仰：東アジアの舎利荘厳をめぐる美術史・考古學からのア

プローチ』,勉誠社,5—23,2024‐03

肥田路美,仏教美術の物語表現法,説話文學會編『説話文學研究の海図:説話文學會六〇周年記念論集』,文學通信,2024‐07

依明・吐送江、吳家璇,莫高窟第 152 窟背屏后供養人回鶻文榜題研究,内陸アジア言語の研究 39,75—89,2024‐09

檜山智美,クチャと焉耆の仏教遺蹟とその美術,東洋哲學研究所編『シルクロード研究論集』第 2 巻,東洋哲學研究所,2024‐12

張元林著,東家友子訳,莫高窟第二四九窟天井壁畫に見られるペルシア風要素に関する論考,東洋哲學研究所編『シルクロード研究論集』第 2 巻,東洋哲學研究所,2024‐12

八木春生,敦煌莫高窟隋至初唐洞窟西壁所繪圖像的功能,敦煌研究 2024(2),38—50,2024

濱田瑞美,敦煌莫高窟隋代の藥師経変の図像について,横浜美術大學教育・研究紀要 14,46—59,2024

正垣雅子,京都市立芸術大學における古典絵畫の模寫に対する理念と実践:「伝承と創新」2023 敦煌石窟芸術國際學術研討會における発表,京都市立芸術大學美術學部研究紀要 68,113—126,2024

7. 文書・譯註

白須淨眞,〈李柏文書〉と〈李柏尺牘稿〉(上)その二つの呼稱がはからずも導出してしまった誤解,書法漢學研究 34,21—34,2024‐01

田村祐之,敦煌故事賦「燕子賦」訳注(1):ツバメ夫婦、スズメ一家に新居を乗っ取られる,姫路獨協大學國際言語文化論集 5,49—64,2024‐02

龔麗坤,中國國家圖書館所藏の敦煌出土チベット語文書について(二)敦煌多言語社會に關する資料補遺,敦煌寫本研究年報 18,137—149,2024‐03

赤木崇敏,敦煌研究院蔵「辛亥年臘八燃燈分配窟龕名數」文書のテキスト校訂,「石窟史料からみた敦煌オアシス地域の研究」成果報告書,1—10,2024‐03

橘堂晃一,文殊山石窟ウイグル語銘文についての覚書き,「石窟史料からみた敦煌オアシス地域の研究」成果報告書,11—21,2024‐03

長谷部剛,敦煌曲子詞訳注稿(3),関西大學東西學術研究所紀要 57,167—178,2024‐07

白須淨眞,〈李柏文書〉と〈李柏尺牘稿〉(下)その二つの呼稱がはからずも導出してしまった誤解,書法漢學研究 35,11—20,2024‐07

森部豊訳,陳寅恪『唐代政治史述論稿』:「上篇　統治階級之氏族及其升降」

訳注稿(4),関西大學東西學術研究所紀要 57,227—251,2024‒07

小助川貞次,敦煌本論語の資料的性格について,訓點語と訓點資料 153,126—111,2024‒09

Zieme Peter, Simone-Christiane RASCHMANN：Bibliography,内陸アジア言語の研究 39,91—109,2024‒09

8. 動向・調査

高田時雄,鍾彤澐とその著作,敦煌寫本研究年報 18,125—135,2024‒03

三谷真澄、佐藤智水,小川貫弌師舊蔵資料の総合的研究,世界仏教文化研究論叢 62,1—46,2024‒03

根敦阿斯尔、張曉琳、程亮、譚昱芊,中國・敦煌仏教民俗學國際シンポジウム(2023)報告,比較民俗研究 38,191—202,2024‒03

藤本誠,中國仏教説話(六朝隋唐期)の疾病(障害)関係史料目録,障害史研究 6,1—14,2024‒03

西村陽子,新時代吐魯番學傳承與發展：第六屆吐魯番學國際學術研討會,東方學 148,58—65,2024‒07

陶德民,『隋丁道護書啓法寺碑』が出版された前後の羅振玉と内藤湖南：書簡・題跋にみる初期民國および大正日本の「伝古」精神と技術,関西大學東西學術研究所紀要 57,281—294,2024‒07

柿沼陽平,貨幣とともに歩む歴史：交換史観の試み,歴史學研究 1054,21—28,2024‒10

気賀沢保規,敦煌・吐魯番研究の最前綫：その伝統と革新趣旨説明,東洋文庫創立 100 周年記念國際シンポジウム報告内稿集,1—6,2024

髙見美友,敦煌出土漢字寫本における字形分析：藤枝分期法の再検討を中心として,龍谷大學大學院文學研究科紀要 46,146—167,2024

9. 書評・介紹

土口史記、渡辺信一郎著『中國古代國家論』,文明動態學 3,308—314,2024‒03

辻正博編『中國前近代の関津と交通路』,歴史地理學 66(2),29—32,2024‒03

西村陽子、西田祐子著『唐帝國の統治体制と「羈縻」：『新唐書』の再検討を手掛かりに』,内陸アジア史研究 39,57—65,2024‒03

平田陽一郎、新見まどか著『唐帝國の滅亡と東部ユーラシア：藩鎮体制の通史的研究』,内陸アジア史研究 39,67—75,2024‒03

雪嶋宏一、諫早直人、向井佑介編著『馬・車馬・騎馬の考古學：東方ユーラ

　シアの馬文化』,洛北史學 26,101—106,2024‑06

林美希、平田洋一郎著『隋:「流星王朝」の光芒』,唐代史研究 27,153—156, 2024‑08

新見まどか,森部豊著『唐:東ユーラシアの大帝國』,唐代史研究 27,149— 152,2024‑08

松本保宣,渡邊信一郎著『中國古代國家論』,唐代史研究 27,193—202, 2024‑08

松井太,Hülya UZUNTAŞ,Eski Uygur Türkçesinde yer ~ yir belgeleri. Çanakkale:Paradigma Akademi,2022,394 p,内陸アジア言語の研究 39, 111—124,2024‑09

佐川英治、渡辺信一郎著『中國古代國家論』,中國研究月報 78(11),38—41, 2024‑11

勝呂奏、山田哲久著『井上靖の歴史的想像力』,日本近代文學 111,207—210, 2024‑11

會田大輔、佐川英治編『多元的中華世界の形成:東アジアの「古代末期」』, 史學雑志 133(11),1675—1683,2024‑11

　　10. 學者・其他

森安孝夫、荒川正晴、吉田豊、中村淳、松井太、杉山清彦、赤木崇敏,學問の思 い出:森安孝夫先生を圍んで,東方學 147,118—159,2024‑01

王偉彬,「中華思想」再考:那波利貞『中華思想』の検討をかねて,修道法學 46(2),1—40,2024‑02

高木尚子,内藤湖南における歴史的自覚と時代區分(4),湖南 44,56—66, 2024‑03

小松昌弘,内藤湖南関係主要文獻と解題(その2),湖南 44,67—73,2024‑03

金子修一,池田先生の思い出:「律令の比較研究會」の追憶,東方學 148, 114—117,2024‑07

丸山裕美子,池田温先生を偲んで,唐代史研究 27,220—222,2024‑08

荒川正晴,池田温先生を偲んで,内陸アジア言語の研究 39,125—129, 2024‑09

吉澤誠一郎,白鳥庫吉と内藤湖南:同時代人としての共通點,アジア遊學 299,51—62,2024‑11

柴田幹夫,大谷光瑞の光と影,アジア遊學 299,268—281,2024‑11

宇佐美文理,内藤湖南の中國絵畫論,杏雨 27,123—152,2024

趙聲良著,生田貴穂訳,追悼池田大作先生と敦煌,東洋學術研究 63(1),10—

13，2024

二、著　　書

菊地章太，東アジアの信仰と東西交渉，研文出版，2024－01

折山桂子，敦煌莫高窟における弥勒の変遷，京都大學博士學位論文，2024－01

稲田奈津子、王海燕、榊佳子編，古代東亞世界的買地券，浙江人民出版社，2024－01

池田証壽，日本辭書史研究：草創と形成，汲古書院，2024－01

水口幹記編，東アジア的世界分析の方法：〈術數文化〉の可能性，文學通信，2024－02

大形徹、武田時昌、平岡隆二、髙井たかね編，東アジア伝統醫療文化の多角的考察，臨川書店，2024－02

齋藤龍一，中國道教像研究，法藏館，2024－02

濱田瑞美，敦煌石窟美術の研究，中央公論美術出版，2024－02

関尾史郎，塼畫墓・壁畫墓と河西地域社會，汲古書院，2024－02

西原一幸，楷書の秘密：「字様」が発見されるまで，勉誠社，2024－02

今枝由郎、西田愛、岩尾一史，古代チベット仏教伝道文學と葬儀の変容，東洋文庫，2024－03

外村中、稲本泰生編，「見える」ものや「見えない」ものをあらわす：東アジアの思想・文物・藝術，勉誠社，2024－03

加島勝編，器と信仰：東アジアの舎利荘厳をめぐる美術史・考古學からのアプローチ，勉誠社，2024－03

渡辺信一郎，天空の玉座：中國古代帝國の朝政と儀禮（増補），法藏館，2024－03

池澤優，古代中國の"死者性"の転倒：戰國秦漢期における死生観の変遷，汲古書院，2024－03

坂尻彰宏，2020年度~2023年度科學研究費補助金　基盤研究（B）「石窟史料からみた敦煌オアシス地域の研究」成果報告書，2024－03

二階堂善弘，中國の信仰世界と道教：神・仏・仙人，吉川弘文館，2024－05

宮宅潔編，暴力のありか：中國古代軍事史の多角的檢討，臨川書店，2024－05

説話文學會編，説話文學研究の海図：説話文學會六〇周年記念論集，文學通信，2024－07

玉素甫・艾沙,敦煌文獻における學士郎題識の研究,広島大學博士學位論文,2024－09

楊柳,アングリマーラ伝承の東漸：仏教思想の変遷と説話の展開,広島大學博士學位論文,2024－09

田川純三,張騫：シルクロードの開拓者,講談社,2024－09

肥田路美編,美術史料として読む『集神州三寶感通録』：釈読と研究,早稲田大學大學院東洋美術史,2024－10

杉山清彦、東園子、赤木崇敏,中國文明の始まりと中華帝國：黄河文明から唐,集英社,2024－10

東洋哲學研究所編,仏教東漸の道（西域・中國・極東篇）,東洋哲學研究所,2024－12

榎本淳一,隋唐朝貢体制と古代日本,吉川弘文館,2024－12

高戸聰,中國神話における神々と巫：天と人との媒介として,汲古書院,2024－12

《2023 年日本敦煌學研究論著目録》增補

邱吉,山本悌二郎のコレクションとその交友：内藤文庫所蔵の未刊書簡を手掛かりに,東アジア文化交渉研究 14,449—459,2023－03

シャルロッテ・フォン・ヴェアシュア,モノと権威の東アジア交流史：鑒真から清盛まで,勉誠社,2023－04

柴田幹夫,大谷光瑞と高雄：パイナップル畑の購入をめぐって,東アジア比較文化研究 22,89—99,2023－06

陳寅格著,村井恭子訳注,唐代の蕃將と府兵を論ず,神戸大學史學年報 38,1—21,2023－06

長谷部剛,敦煌歌詞與日本的關系,中國文學研究 35,2023－06

高田時雄,從非漢字的角度看漢字文化,中古中國研究 4,199—205,2023－7

金文京,象が田を耕す話：舜子孝行譚,小峯和明編『日本と東アジアの〈環境文學〉』,勉誠社,2023－07

濱田瑞美著,馬歌陽譯,敦煌莫高窟的禮拜空間與正面佛龕的圖像構成：以唐五代時期的覆斗頂形窟爲中心,石文主編《面壁窮經一甲子：施萍婷先生敦煌研究六十年紀念文集》,甘肅文化出版社,506—527,2023－07

田林啟著,王輝鍇譯,神異僧相關問題研究：兼談研究簡史,石文主編《面壁窮經一甲子：施萍婷先生敦煌研究六十年紀念文集》,717—735,2023－07

中田裕子、村岡倫,阿爾泰地區發現的蒙古帝國時期的佛像及其意義：基於

2016 年實地調查報告,石文主編《面壁窮經一甲子：施萍婷先生敦煌研究六十年紀念文集》,824—843,2023‒07

會田大輔,北朝における可汗號,中國史學 33,109—125,2023‒10

Robert Jean-Noël 著,今枝由郎訳,仏教の歴史：いかにして世界宗教となったか,講談社,2023‒11

尾崎昇,敦煌出土の古チベット語出行択日占文書,待兼山論叢・史學篇 57,55—80,2023‒12

村井恭子,鄧小南「五代宋初における『胡/漢』コンテクストの消失に関する試論」（翻訳と解説）,神戸大學文學部紀要 50,49—79,2023

橘堂晃一,古テュルク語訳「慈恩伝」研究の現在地と新視座,近本謙介、影山悦子編『玄奘がつなぐ中央アジアと日本』,臨川書店,307—340,2023

影山悦子,ソグドのペンジケント遺蹟宮殿址で出土した壁畫について,シルクロード研究論集 1,333—359,2023

大形徹,草野友子著『中國新出土文獻の思想史的研究：故事・教訓書を中心として』,立命館アジア・日本研究學術年報 4,214—218,2023

大西磨希子,武則天的明堂與嵩山封禪：以《大雲經疏》S・6502 爲中心,域外漢籍研究集刊 26,381—401,2023

中村健太郎,「重修文殊寺碑」ウイグル語面の訳注,アジア・アフリカ言語文化研究 106,67—109,2023

《敦煌學國際聯絡委員會通訊》稿約

一、本刊由"敦煌學國際聯絡委員會""中國敦煌吐魯番學會"和"首都師範大學古文獻研究中心"共同主辦,策劃:高田時雄、柴劍虹;主編:郝春文。本刊的内容以國際敦煌學學術信息爲主,刊發的文章的文種包括中文(規範繁體字)、日文和英文,每年出版一期。截稿日期爲當年3月底。

二、本刊的主要欄目有:每年的各國敦煌學研究綜述、歷年敦煌學研究的專題綜述、新書訊、各國召開敦煌學學術會議的有關信息、書評或新書出版信息、項目動態及熱點問題爭鳴、對國際敦煌學發展的建議、重要的學術論文提要等,歡迎就以上内容投稿。來稿請寄:上海市徐匯區桂林路100號上海師範大學歷史系陳大爲,郵政編碼:200234,電子郵箱:chendw@shnu.edu.cn。

三、來稿請附作者姓名、性别、工作單位和職稱、詳細地址和郵政編碼以及電子郵箱,歡迎通過電子郵件用電子文本投稿。

圖書在版編目（CIP）數據

2025 敦煌學國際聯絡委員會通訊／郝春文主編 ；陳
大爲副主編. -- 上海 ：上海古籍出版社，2025. 8.
ISBN 978-7-5732-1697-7

Ⅰ. K870. 6-55

中國國家版本館 CIP 數據核字第 2025K1N184 號

2025 敦煌學國際聯絡委員會通訊

郝春文　主編

陳大爲　副主編

上海古籍出版社出版發行

（上海市閔行區號景路 159 弄 1-5 號 A 座 5F　郵政編碼 201101）

（1）網址：www.guji.com.cn

（2）E-mail：guji1@guji.com.cn

（3）易文網網址：www.ewen.co

上海惠敦印務科技有限公司印刷

開本 787×1092　1/16　印張 15　插頁 4　字數 262,000

2025 年 8 月第 1 版　2025 年 8 月第 1 次印刷

ISBN 978-7-5732-1697-7

K・3904　定價：88.00 元

如有質量問題，請與承印公司聯繫